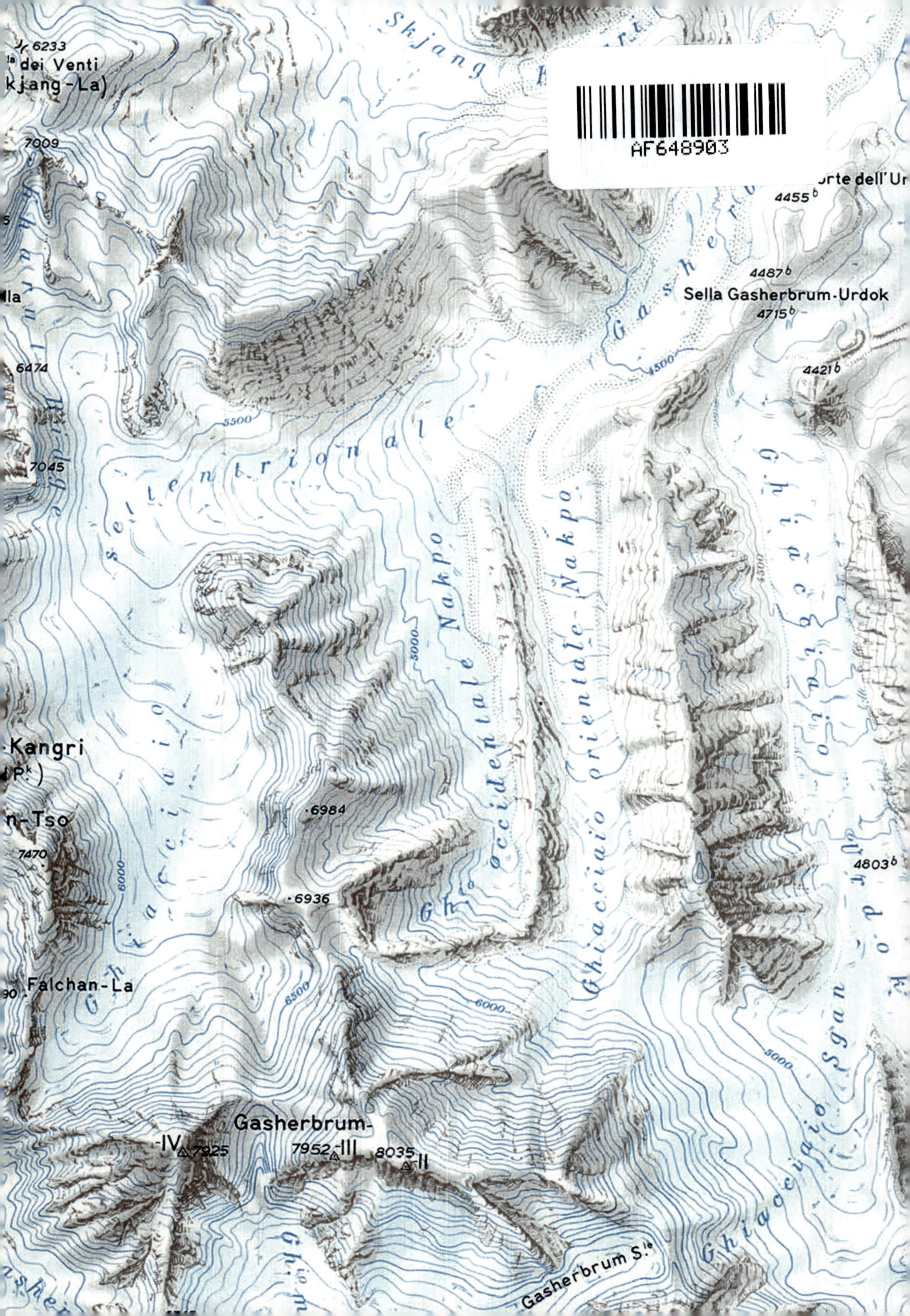

6233
dei Venti
kjang-La)
Skjang
7009
6474
7045
settentrionale
Nakpo
occidentale
Ghiacciaio orientale Nakpo
Sella Gasherbrum-Urdok
4455
4487
4715
4421
4803
-Kangri
n-Tso
7470
6984
6936
Falchan-La
Gasherbrum-
-IV 7925
7952 -III
8035 -II
Gasherbrum S.le
Ghiacciaio Sgan

K2

BERGWELTEN

Hans Kammerlander
Walther Lücker

K2

Der härteste Berg der Welt

Triumphe, Tragödien und Kontroversen

BENEVENTO

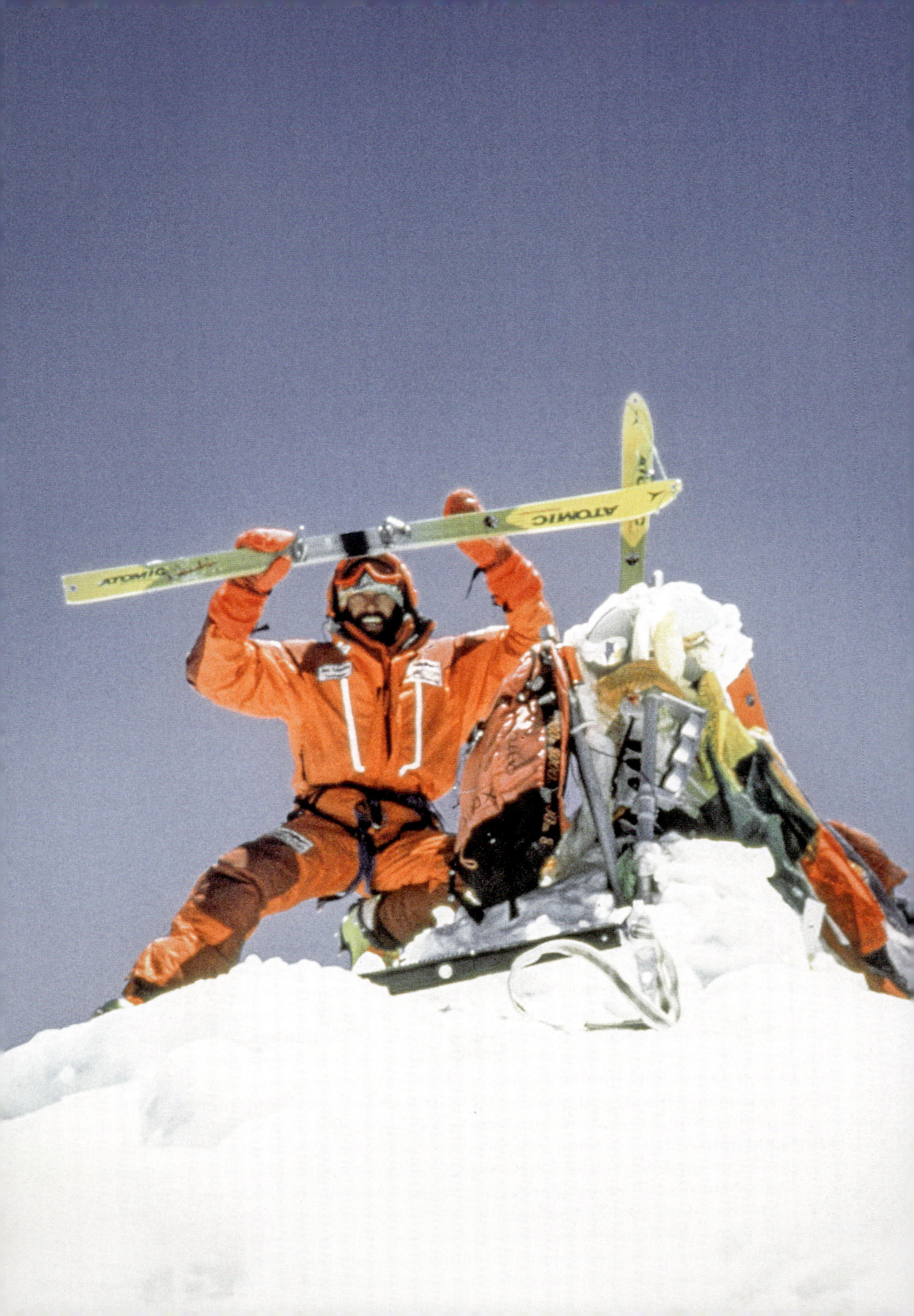
ATOMIC
ATOMIC

Wie Hans Kammerlander Alpingeschichte schrieb

Walther Lücker

Ein steiles Leben: **Hans Kammerlander** zählt zu den erfolgreichsten Höhenbergsteigern unserer Zeit. Hier kniet er im Jahr 1996 auf dem Gipfel des Mount Everest, des höchsten Bergs der Welt. Für den zweithöchsten Berg, den K2, brauchte er insgesamt drei Versuche, bis er schließlich 2001 den Gipfel erreichte.

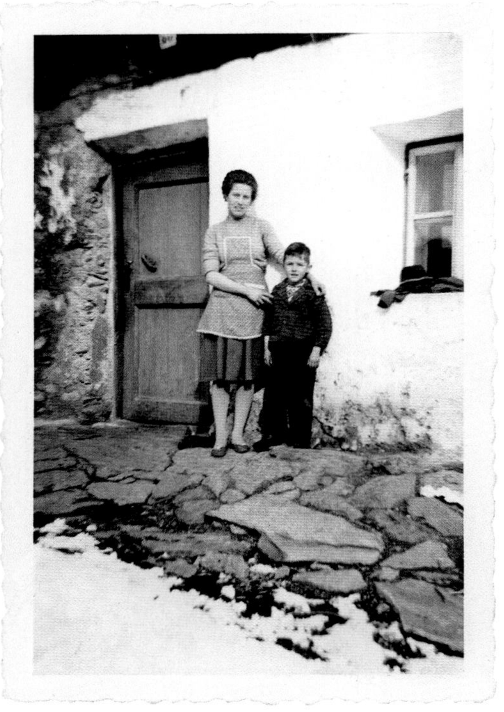

Das sechste und jüngste Kind einer Südtiroler Bergbauernfamilie: **Sabine**, die ältere Schwester von Hans, sorgte sich viel um den jungen Buben, erst recht nach dem viel zu frühen Tod der Mutter.

»Kein anderer Achttausender hat mir so viel abverlangt«, sagt Hans Kammerlander. »Mit keinem anderen Berg habe ich so gekämpft wie mit dem K2. Zu keinem anderen Berg der Welt bin ich so oft hingereist. Kein anderer Gipfel hat mich so viel Kraft gekostet.« Das klingt, als wolle einer sagen, er habe gelitten und sich an der Grenze des Möglichen gewähnt. Das mag den Funken jener Wahrheit haben, die es für gute Geschichten braucht. Doch derlei Aussagen eines Mannes, der zwischen 1983 und 2001, also fast zwanzig Jahre, lang zu den weltbesten Bergsteigern gehörte, sind ebenso ein Signal dafür, dass er auch die andere Seite erlebt hat, als er das Ziel erreicht hatte – Glück, Zufriedenheit, Genugtuung, dass er den Erfolg genießen konnte, dem er so lange nachgelaufen war. Tatsächlich ist die Geschichte, die den Südtiroler Extrembergsteiger Hans Kammerlander mit dem zweithöchsten Berg der Erde verbindet, zu gleichen Maßen beachtlich, abenteuerlich und beeindruckend.

Als kleiner Junge stand Hans oft daheim vor dem elterlichen Bauernhof, der hoch über den Dächern von Sand in Taufers im Südtiroler

Ahrntal in einen sehr steilen Hang in Ahornach hineingebaut worden war. Die vergletscherten Gipfel des Alpenhauptkammes sah er von daheim aus zwar nicht, sehr wohl aber den Peitlerkofel, die Marmolada, das markante Dreieck des Piz Boè und weitere Berge zwischen Furkelpass und Prags. Hinter ihm lag der Große Moosstock, der 3.059 Meter hohe Hausberg. Kammerlander bestieg ihn als Achtjähriger zum ersten Mal. Heimlich folgte er einem deutschen Ehepaar, das ihn nach dem Weg gefragt und ihn neugierig gemacht hatte. Als ihn die beiden Erwachsenen oben entdeckten, wie er unweit vom Gipfelkreuz hinter einer der schwarzen Felsplatten kauerte, bekam er nicht die erwartete Ohrfeige, sondern einen rotbackigen Apfel. Unten, nahe dem letzten Bergbauernhof in Ahornach, holte er seine Schultasche aus dem Gebüsch und trollte sich heim, dem Donnerwetter entgegensehend. Hundertmal hat er diese Geschichte schon erzählt, und doch ist sie immer wieder gut. Vor allem muss man sie kennen, um dem Menschen Hans Kammerlander näherzukommen.

Die Mutter von Hans starb zwei Jahre nach diesem allerersten Bergerlebnis. Viel zu früh, sagt Kammerlander bis heute. Er war das sechste Kind einer Bergbauernfamilie. Ein Nachzügler. Daheim auf dem kärglichen Hof mit ein paar Stück Vieh und üppig blühenden, aber steilen Bergwiesen musste Hans Kammerlander schon früh mit anpacken. Nach dem Tod der Mutter sorgte sich fortan die ältere Schwester Sabine um ihn. Das Wort »sorgen« ist richtig gewählt, denn als Hans Kammerlander an jenem Tag vom Moosstock herunterkam, war er nicht mehr derselbe: In ihm loderte fortan ein Feuer, eine unstillbare Sucht. Nicht umsonst heißt eines seiner Bücher *Bergsüchtig* (Piper Verlag, 1998).

Sein Vater war Bauer mit Leib und Seele, aber auch Schuster und oft mit seinem Wanderhandwerk unterwegs. War er daheim, hielt er die von tiefem Glauben geprägte Familie mit starker Hand zusammen. Dass ihm der Vater das Schnitzen gezeigt und ihm Geschick in der Werkstatt vermittelt hat, erwähnt Kammerlander oft und gern. Das Beten hat ihm hingegen nicht gefallen. Die Schule war ihm offenkundig ein Gräuel, das Skifahren auf selbst getretenen Pisten, vom frühen Morgen bis zur Dunkelheit, war sein Leben in jungen Jahren. Er war gut in dem, was er da tat. So gut, dass er sich viele Jahre später, 1996, am höchsten Punkt der Erde die Ski anschnallte und über die Nordflanke des Mount Everest bis in das vorgeschobene Basislager hinunterfuhr.

Im Sommer waren Klettern, Bergsteigen und Laufen genau das Seine. Über sechs Jahre gewann er sicher ebenso viele Bergläufe wie Skirennen.

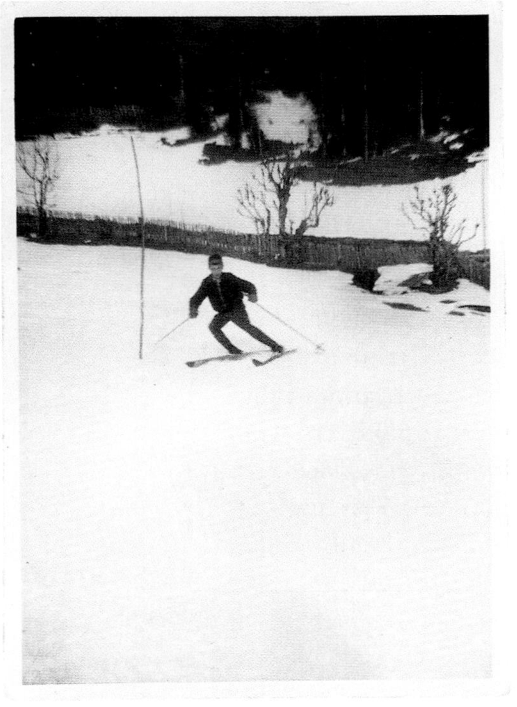

Der Beginn einer lebenslangen Passion: Die Faszination am **Skifahren** entdeckte Hans schon sehr früh – hier auf der Wiese neben dem elterlichen Hof in Ahornach.

Kein Zweifel, der Moosstock hatte im Leben von Hans Kammerlander so gut wie alles verändert. »Damals auf dem Gipfel, mit diesem deutschen Ehepaar«, erinnert sich Kammerlander, »hat ein unglaublich weiter Weg für mich begonnen, der mich in die Gebirge der ganzen Welt geführt hat. Wenn ich mit achtzig, vielleicht auch mit neunzig, noch mal auf den Moosstock steigen könnte, dann wäre mein Weg wie ein Kreis. Das wäre doch ein schöner Abschluss.« Als Kammerlander 2024 wieder diesen Satz sagt, ist er 67 Jahre alt. Da ist noch Luft nach oben – für vieles.

Mit seinem älteren Bruder Alois durchstieg er 1972, kaum 16 Jahre alt, die Nordwand des Peitlerkofels auf der klassischen Route. Als Hans damals die paar Meter zum Gipfel hinüberlief, sah er die anderen Bergsteiger dort oben sitzen. Doch keiner von denen kam da her, wo er gerade herkam, und seine Brust schwoll vor unverhohlenem Stolz. Viel wichtiger jedoch als dieses tiefe Gefühl der Genugtuung war die Aussicht vom Peitlerkofel. Dort eröffnet sich ein Meer von Gipfeln, das vom Großglockner bis fast zum Ortler, von den Sextener Dolomiten bis in die

Zillertaler Alpen reicht. Mit einem Fernglas hätte Hans Kammerlander seinen heimatlichen Hof sehen können, vor allem begriff er an diesem Tag eines: »Die Welt war eben nicht am Peitlerkofel zu Ende, wie ich immer dachte. Dort begann die Welt erst.« Und von da an bestieg der Südtiroler diese Berge – einen nach dem anderen. Ein Kletterkurs, auf dem der Bruder bestanden hatte, vermittelte ihm das nötige Basiswissen. Er bestieg sowohl Dolomitengipfel als auch die eisigen Berge am nahen Hauptkamm der Alpen in Serie. Kein Wochenende mehr ohne Nordwände mit Steigeisen, sonnige Plattenschüsse mit den ersten Kletterpatschen. Schon mit 21 Jahren bestand Hans Kammerlander die Bergführerprüfung. Endlich war er nicht mehr Maurer oder Kranführer auf der Baustelle. Seine Ausbilder erkannten in ihm ein Jahrhunderttalent. »Lange Arme, tiefer Körperschwerpunkt, eine unglaubliche Kondition, ein wachsames Auge und die Fähigkeit, selbst gigantische Wände lesen zu können«, analysierte sein langjähriger Freund, der Brunecker Arzt und Alpinist Werner Beikircher.

Reinhold Messner, 1982 schon zum Weltstar in der damals noch kleinen Nische des Achttausender-Bergsteigens avanciert, muss die Entwicklung von Kammerlander ähnlich beobachtet haben. Unter den Geislerspitzen in Villnöß aufgewachsen, holte er den jungen Bergführer Kammerlander in seine Alpinschule. Unter der berüchtigten Nordwand der Furchetta, wo Emil Solleder und Fritz Wiessner erstmals den sechsten Grat in den Dolomiten kletterten, brachte Kammerlander Gästen in Kursen die ersten Schritte im lotrechten Fels bei. Am späten Nachmittag kletterte er mit dem Sterzinger Bergführer Hanspeter Eisendle mal eben durch genau diese Furchetta-Wand, und zum Abendessen waren die beiden wieder zurück bei ihrer Gruppe auf der Glatschalm.

Kammerlander galt als der Verrückteste in dieser neuen Südtiroler Klettergeneration. Verrückt in des Wortes Ursprung. Er verrückte Grenzen. Und es schien fast, als würde er das nach Belieben tun. Binnen weniger Jahre notierte er fünfzig Erstbegehungen in seinem Tagebuch. Darunter so beeindruckende Routen wie die »Fata Morgana« oder die »Shit Hubert« in der Südwand des Piz Ciavazes am Sellastock. Mehr als sechzig Mal durchstieg er solo schwierige Routen wie die Cassin an der Kleinen Zinne, die beiden großen Kanten an der Tofana di Rozes, die Mauro-Minuzzo-Route an der Großen Zinne, die Route von Lino Lacedelli, dem Erstbesteiger des K2, in der Südwestwand der Cima Scotoni. Dort schreckte er am frühen Morgen zwei Japaner in ihren Biwaksäcken auf. Kammerlander war auf der Überholspur. Als er 1983 die »Messner« in der Peitler-Nordwand ganz allein kletterte und dabei in arge Bedrängnis geriet, hätte ihn dieses entrückte Treiben fast das Leben gekostet.

Ein Jahr zuvor, 1982, hatte Reinhold Messner den gerade 26 Jahre alten Hans Kammerlander am Bauernhof in Ahornach angerufen, um ihn zum Versuch einer Winterdurchsteigung der noch nicht durchstiegenen Südwestwand des Cho Oyu im Himalaja mitzunehmen. Die grundlos tiefen Schneemassen und wuchtigen Winterstürme des Himalaja ließen die Expedition scheitern, doch kaum ein halbes Jahr später waren Messner und Kammerlander wieder da, diesmal mit Michl Dacher, einem deutschen Spitzenbergsteiger aus dem bayerischen Peiting. Dacher hatte vier Jahre zuvor mit Reinhold Messner als erster Deutscher den K2 bestiegen. Die Zahl derer, die das Höhenbergsteigen richtig gut konnten, war damals noch klein, und Kammerlander bewegte sich in Messners Fußstapfen so geschickt wie auf seinen Steigeisen. Er sog Messners Wissen über Höhen und Taktik, über Gefahren und die Kunst des Überlebens auf wie ein trockener Schwamm.

Zusammen wurden die beiden in der Folge die erfolgreichste Seilschaft an den Achttausendern. Reinhold Messner und Hans Kammerlander erreichten binnen von nur vier Jahren sieben der höchsten Gipfel der Welt. Am 8.188 Meter hohen Cho Oyu hatten sich Messner, Dacher und Kammerlander kaum richtig akklimatisiert und stiegen trotzdem in nur drei Tagen bis auf den Gipfel. Auf dem Weg nach unten murmelte Kammerlander ein »Nie wieder!« in den struppigen Bart: »Nie wieder wollte ich dieses Schneegetrete, dieses stundenlange Gestampfe im frischen Pulver und diese sinnlose Schinderei bis auf den Gipfel auf mich nehmen«, sagt Kammerlander auch heute noch.

Nur ein Jahr später gelang Messner und Kammerlander eine beispiellose Doppelüberschreitung des Gasherbrum II (8.034 m) und des Hidden Peak (8.080 m) im Karakorum. Sie benötigten acht Tage und waren fünf davon in der sogenannten Todeszone. Wiederholt wurde dieser Ritt auf des Messers Schneide nie. Kammerlander hätte er beim unkontrollierten Sturz in eine Gletscherspalte fast das Leben gekostet. Fast. Immer nur fast. In der Frühlingssaison 1985 knackten Messner und Kammerlander im Himalaja binnen 19 Tagen die Südwand der Annapurna (8.091 m) in einer atemberaubenden Erstbegehung und direkt danach den Nordostgrat am Dhaulagiri (8.167 m). Dabei mussten sie in das Kali-Gandaki-Tal, die tiefste Schlucht der Welt, absteigen. Von beiden Gipfeln aus bemessen, sind das fast siebentausend Meter hinunter und wieder hinauf.

Zu diesem Zeitpunkt hatte sich ein fast schon erbittertes und gefährliches »Wettrennen« ergeben, wer als erster Mensch alle vierzehn Achttausender bestiegen haben würde. Messner, der Pole Jerzy Kukuczka und eine Zeitlang der Schweizer Erhard Loretan waren die aussichtsreichsten Anwärter. Die Medien nahmen 1986 regen Anteil an dem Wettlauf, an dem teilzunehmen Messner nie eingestehen wollte. Am 26. September hatte er mit Kammerlander und dem Südtiroler Friedl Mutschlechner den Makalu (8.485 m) bestiegen. Kaum drei Wochen später erreichten die beiden den höchsten Punkt am Lhotse (8.516 m), und Kammerlander stand direkt an der Seite Messners, als der in den Höhensturm schrie: »Nichts wie weg hier, sonst kommen wir um.« Kammerlanders siebter war Messners vierzehnter Achttausender.

An jenem 16. Oktober, am Nachmittag dieses stürmischen Tages, war Messner am Ziel und Hans Kammerlander allein. Es war klar, dass der eine sich nun ganz anderen Zielen – wie Wüsten, den Erdpolen und der Politik – zuwenden würde, während der andere den Weg auf die hohen Berge unbedingt fortsetzen wollte, allerdings auf ganz andere Weise als bisher. Fortan nahm Hans Kammerlander bei jeder Achttausender-Expedition seine Ski mit. Was ihm in der Jugend so viel Spaß gemacht hatte und als Skilehrer sein Broterwerb war, sollte nun an den höchsten Bergen der Welt harter Ernst werden. »Reinhold war ja kein Skifahrer, er konnte das gar nicht. Aber ich habe bei unseren Aufstiegen immer wieder nach Linien gesucht, die man vielleicht hinunterfahren könnte. Das wäre so viel leichter gewesen als der mühselige Abstieg«, erinnert sich Kammerlander. Erstmals fuhr er am Makalu 1986 vom Lager II bis in das Basecamp ab, das er so einen Tag vor Messner und Mutschlechner erreichte. »Schnelligkeit ist an den Achttausendern auch Sicherheit – Reinhold selbst hat mir das immerzu gepredigt«, sagt Kammerlander, der sich nie länger als unbedingt notwendig in großen Höhen aufhielt.

Die erste Expedition, die Kammerlander ohne Messner organisierte, führte ihn 1990 zurück nach Pakistan zum Nanga Parbat, dem neunthöchsten Berg der Welt. Der Südtiroler war mit Diego Wellig

»Ich habe immer wieder nach Linien gesucht, die man vielleicht hinunterfahren könnte. Das wäre so viel leichter gewesen als der mühselige Abstieg.«

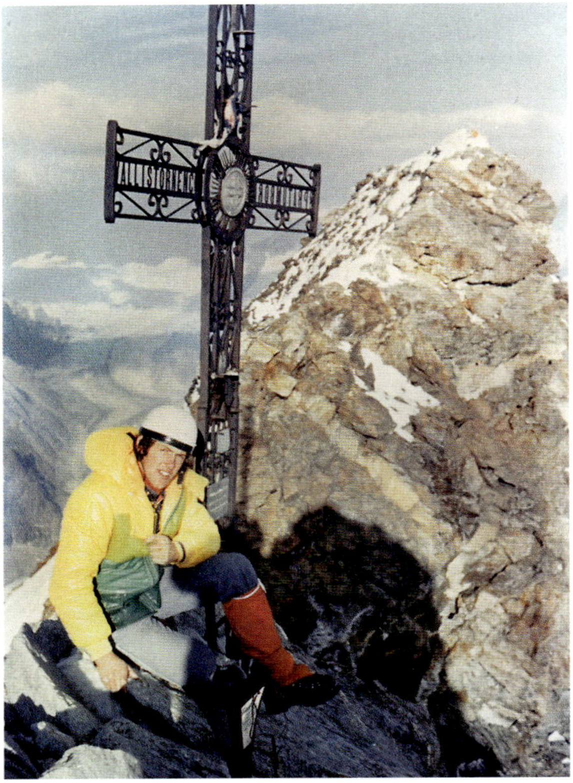

Wahrzeichen der Alpen:
Das 4.478 Meter hohe **Matterhorn** hat Hans Kammerlander (im Bild) mit Werner Beikircher 1976 über die Nordwand bestiegen.

unterwegs. Der aufgeweckte Schweizer Bergführer hatte bis dahin drei Achttausender bestiegen – die Shishapangma in Tibet, den Broad Peak und den Gasherbrum II im Karakorum. Kammerlander war 33 Jahre alt, Wellig knapp 29. Beide waren fantastische Skifahrer und zu allem entschlossen, als sie von der berühmten Märchenwiese unter dem Nanga Parbat gebannt in die riesige Diamirwand, die höchste Wand der Erde, starrten. »Manchmal donnerten dort dreißig Lawinen am Tag über die Wand herunter«, erinnert sich Kammerlander. Als sie am Ende der klassischen Kinshofer-Route angelangt waren, blieb Wellig zurück, und Kammerlander ging allein in einer schier endlosen Querung das letzte Stück bis zum Gipfel.

Die Skiabfahrt vom höchsten Punkt hatten beide wegen des felsigen Geländes im Gipfelbereich bereits aufgegeben. Nach Kammerlanders Gipfelgang trafen sich die beiden wieder und fuhren mit Ski bis zum Beginn einer 50 Grad steilen Rinne. Kammerlander zögerte, schaute, zögerte weiter. Auch Diego Wellig hatte ein mulmiges Gefühl, denn die Rinne war zum Bersten mit Schnee gefüllt und an ihrem oberen Ende kaum zehn Meter breit. Schließlich sprang Kammerlander einen Meter tief in den gepressten Schnee. Ein Schwung. Noch einer. Beim dritten passierte es. Unter seinem linken Ski brach die Schneedecke in der gesamten Breite der Rinne auf. Es gab dabei dieses beängstigende »Rumms«-Geräusch, die Schneemassen lösten sich und schossen die Rinne hinunter. Kammerlander hatte das Gleichgewicht nicht verloren und blickte wie paralysiert der Lawine nach, die die Diamirflanke hinunterschoss. Man hörte das Krachen und Bersten der Schneemassen beim Aufschlag. »Ein Inferno, einfach unglaublich«, so Kammerlander, »ich stand da wie gebannt. Der Riss in der Schneedecke war sicher einen Meter tief, und die Massen an Schnee wurden unterwegs ungeheuer. Der Schnee schoss über die Vorsprünge meterweit hinaus, der Lärm wurde immer größer, und mein Schrecken wollte sich nicht legen.« Dieses Schauspiel dauerte fast zehn Minuten, ehe es still wurde.

Für Kammerlander war es ein Gefühl, als wolle die Natur Luft holen. Tatsächlich kam von 4.000 Metern weiter unten ein Luftzug nach oben. Und mit ihm blies es feinen Schneestaub nach oben, der die beiden Bergsteiger vollständig in einen Nebel tauchte, in dem sie nichts mehr sahen. Dieser zweite Akt des Schauspiels dauerte fast eine weitere Viertelstunde. Die beiden Bergsteiger in über 8.000 Meter Höhe schauten sich an. Wie in einem stillen Einverständnis fuhren sie nacheinander in die Rinne hinein. Die Lawine hatte den Neuschnee ausgefegt, und ohne die enorme Höhe wäre es fast ein Vergnügen gewesen, da hinunterzufahren.

Ein Jahr nach dieser Abfahrt am Nanga Parbat lud Kammerlander eine Gruppe Südtiroler ein, ihn zum Manaslu zu begleiten, den achthöchsten der vierzehn Achttausender. Zu elft gingen sie hinauf zum Basislager: Hans Kammerlander, Karl Großrubatscher, Erich Seeber, Christian Rier, Friedl Mutschlechner, dessen Bruder Hans Mutschlechner, Martin Tinkhauser, Stefan Plangger, Albert Brugger, Gregor Demetz und Roland Losso. Die meisten von ihnen hatten keine Erfahrungen an den ganz hohen Bergen, aber entschlossen waren alle. Allerdings sollte die Angelegenheit in einem Desaster enden. Das Wetter war schlecht in diesem Jahr: Es schneite viel und wollte einfach nicht stabil werden. Es hatte sich noch keine Chance auf den Gipfel ergeben, und die Enttäuschung wurde umso größer, je näher der Rückreisetermin rückte.

Wegen des Irak-Kriegs standen die Ölfelder in Kuwait in Flammen, und die Höhenwinde trieben den Ruß genau in die Berge des Himalaja.

Dort tobte der Sturm so heftig, dass er Kammerlander auf alle viere zwang. Diese Expedition würde ohne Gipfelerfolg zu Ende gehen.

Im Basislager des Manaslu kochte die Gruppe um Hans Kammerlander das Wasser oft dreimal ab, und selbst dann stand noch ein Ölfilm in den Tassen. Dadurch wurden auch Gewitter in den großen Höhen begünstigt, was sonst außerhalb des Monsuns fast nie der Fall war. Als die Träger bereits begannen, das Gepäck aus dem Basislager abzutransportieren, öffnete sich doch noch ein Wetterfenster. Da die Hochlager jedoch nicht allzu üppig Platz boten, bekam eine sechsköpfige Gruppe diese letzte Chance. Alle anderen, darunter auch Hans Kammerlander selbst, sollten im Basislager bleiben. »Es war von Beginn an nicht mein Bestreben, unbedingt den Gipfel zu erreichen. Mir ging es darum, dass junge Bergsteiger aus Südtirol, die einen solchen finanziellen Aufwand nicht allein hätten stemmen können, einen Achttausender versuchen können. Ich war damals gern bereit, als Allerletzter oder gar nicht hinaufzugehen«, sagt Kammerlander. Im tiefen Schnee ging es bis in das Lager I, dann kehrten alle sechs um. Unten vernahmen Hans Kammerlander, Friedl Mutschlechner, Christian Rier und Karl Großrubatscher die Nachricht überrascht und stiegen in Richtung Lager I auf, um dort die anderen zu treffen. Man beratschlagte, aber es blieb dabei: Die Hauptgruppe stieg ab. Nur Kammerlander, Friedl Mutschlechner und Karl Großrubatscher blieben.

Mutschlechner war Kammerlanders alpiner Mentor. Er hatte dem ungestümen Draufgänger beigebracht, was eine gute Seilführung, ein sicherer Standplatz und eine souveräne Linie im Fels ist. Kammerlander hatte diesem großen Alpinisten aus Bruneck im Pustertal unendlich viel zu verdanken. Zusammen waren sie in vielen Dolomitenwänden und im Eis des Alpenhauptkammes geklettert, außerdem mehrmals mit Reinhold Messner auf Expeditionen gewesen. Am Lhotse hatte Mutschlechner 1986 nur wegen starker Zahnschmerzen auf den Gipfel verzichten müssen. Davor war er mit Messner am K2, der Shishapangma, am Cho Oyu, am Dhaulagiri und am Kangchendzönga, wo er sich starke Erfrierungen zugezogen hatte, unterwegs gewesen. Für den Manaslu ließ sich der sieben Jahre ältere Friedl Mutschlechner von Kammerlander überreden, noch einmal zusammen eine Expedition zu unternehmen. Der damals 29 Jahre alte Karl Großrubatscher war ein außerordentlich starker Bergsteiger, anerkanntes Mitglied in der Grödner Klettergilde der »Catores« und ein umsichtiger Bergretter mit Höhenerfahrung. Vor der Manaslu-Expedition hatte er schon in den Dolomiten große Klettertouren und Alleinbegehungen bewältigt und den Cerro Torre in Patagonien in weniger als 48 Stunden ab Basislager bestiegen. Daheim in Südtirol hatte er die Bergführerprüfung abgelegt. Sein Ausbilder: Friedl Mutschlechner.

Und nun saßen die drei im Hochlager, noch über 2.000 Höhenmeter vom Gipfel des Manaslu entfernt. Etwas Hoffnung auf den Gipfel gab es noch. Als am nächsten Tag wieder die Sonne schien, trieb ihr Vorhaben sie bis auf etwas mehr als 7.000 Meter hinauf. Das war anstrengend genug, und kaum dass sie den Hochlagerplatz aus dem Eis gepickelt hatten, kam Sturm auf. Am Morgen schien der Spuk vorüber.

Blutrot ging die Sonne auf, gut tausend Höhenmeter waren es noch bis zum Gipfel. Um sechs Uhr verließen die drei die Zelte. Bald danach band sich Friedl Mutschlechner aus dem Acht-Millimeter-Seil aus. Es war zu kalt mit seinen vorgeschädigten Zehen. Mutschlechner ging zurück, und kaum eine halbe Stunde später gab auch Karl Großrubatscher auf. Er war zu schnell gestartet und konnte nun das hohe Tempo nicht halten, das Kammerlander ging. Der überlegte, ob er auch Schluss machen sollte, ging dann aber doch noch weitere 400 Höhenmeter zum Grat hinauf. Dort tobte der Sturm so heftig, dass er Kammerlander auf alle viere zwang. Das hatte keinen Sinn. Diese Expedition würde ohne Gipfelerfolg zu Ende gehen. »Auch in Ordnung, dachte ich damals, wir hatten ja trotz des miesen Wetters eine schöne Zeit an einem Achttausender gehabt«, sagt Kammerlander mit dem Blick zurück. Er ahnte nicht, was in den nächsten Stunden passieren sollte.

Knapp unter dem Grat setzte Kammerlander einen Funkspruch ab, dann stieg er zum Hochlager zu Friedl Mutschlechner ab. Der kam gleich aus seinem Zelt, Karl Großrubatscher nicht. Da stimmte etwas nicht. Sie begannen zu rufen und fanden Großrubatschers Eispickel. In der Schlaufe steckte ein Handschuh. Der leblose Körper des Grödners lag hundert Meter entfernt in einer Gletschermulde, über der Schneebrücke einer Spalte. Offenbar war er von einem Sérac gestürzt und dann diesen Hang hinuntergerutscht. An seinen Schuhen befand sich nur ein Steigeisen, das andere hatte er bei seinem Sturz verloren. Das ergab alles keinen Sinn und ist bis heute unerklärlich. Kammerlander und Mutschlechner

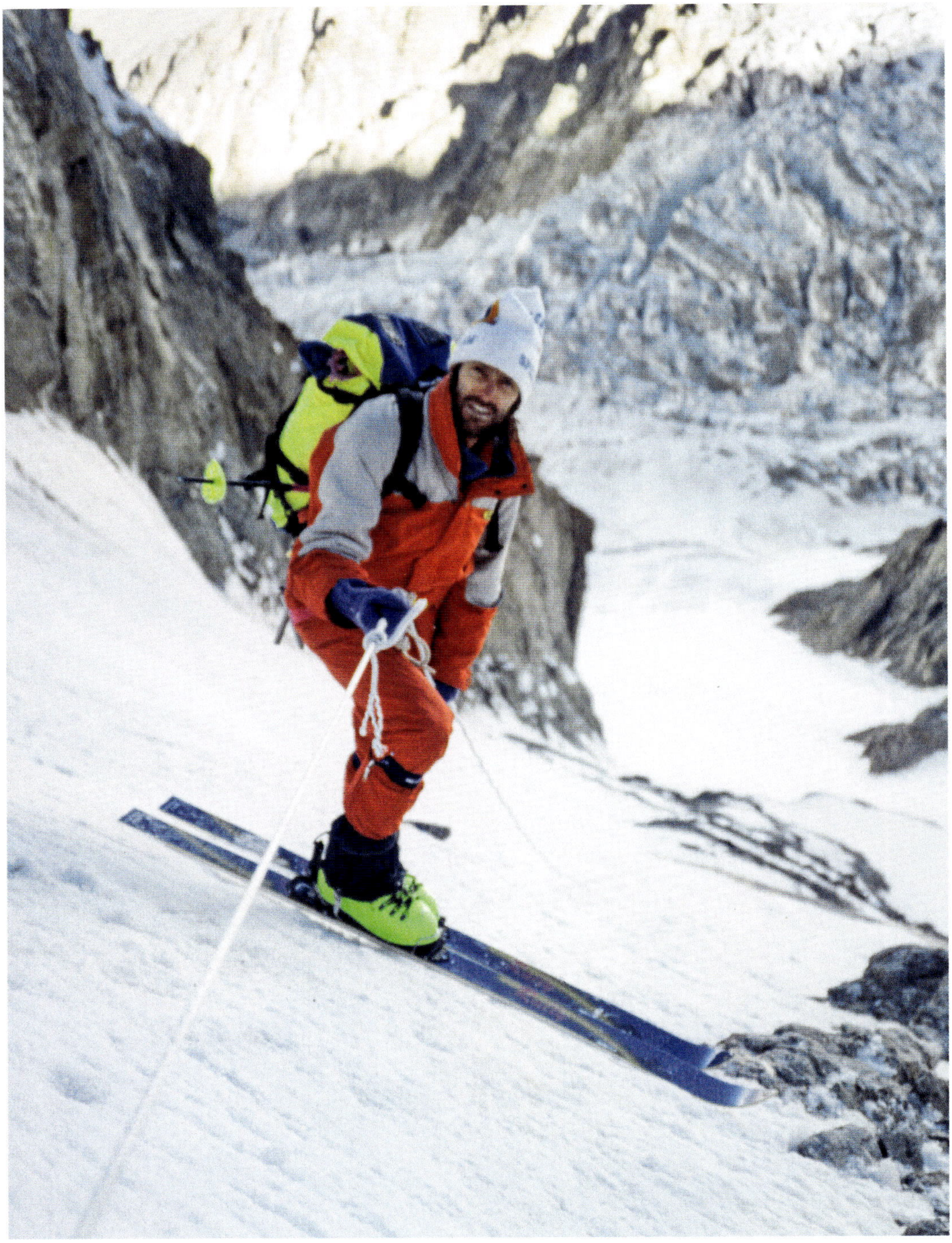

Von den Alpen auf die höchsten Berge der Welt: Der exzellente Skifahrer und Bergsteiger Hans Kammerlander führte beide Disziplinen an den Achttausendern – hier am **Nanga Parbat** 1990 – zusammen.

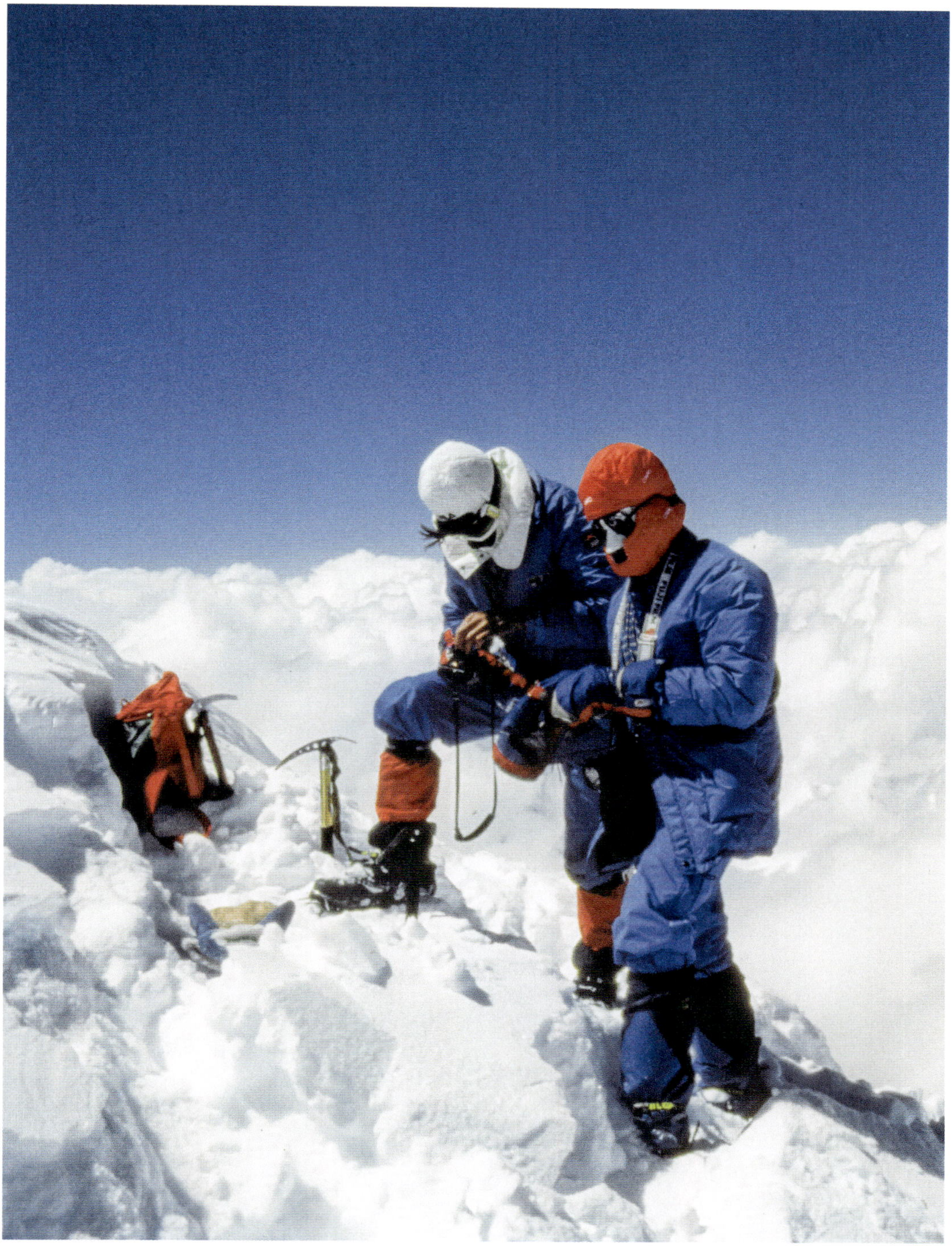

Die erfolgreichste Achttausender-Seilschaft aller Zeiten: Auf sieben seiner zwölf höchsten Gipfel stand Hans Kammerlander gemeinsam mit **Reinhold Messner**. Den 8.485 Meter hohen Makalu erreichten die beiden im Jahr 1986.

bestatteten den Freund, dann begannen sie überwältigt von dem tragischen Ereignis die Flucht nach unten. Dabei kamen sie immer langsamer voran, weil sich die Sicht extrem verschlechterte. Mit den Ski im Lager II wollten sie schnellstmöglich zum Basislager abfahren. Kammerlander fuhr voraus, Mutschlechner mühsam hinterher. Eigentlich war er ein brillanter Skifahrer, wegen seiner Erfrierungen trug er jedoch Bergschuhe in Übergröße, mit denen Skifahren fast unmöglich war.

Noch eine knappe halbe Stunde war es bis zum Lager I. Wenigstens bis dahin mussten sie kommen. Um 17 Uhr brach das Inferno los. »Wir müssen hier weg«, schrie Kammerlander, »da kommt ein Gewitter.« Es sei besser abzuwarten, riet Mutschlechner noch. Kammerlander spürte die Elektrizität an seinem kleinen Ohrring. Mutschlechner hatte Funken auf dem Eispickel an seinem Rucksack. Im nächsten Moment waren Blitz und Donner auch schon eins. Wenig später lag Friedl Mutschlechner tot im Schnee. Erschlagen von einem der zahllosen Blitze des Gewitters, das sich direkt über ihren Köpfen austobte. Hans Kammerlander erinnert sich: »Ich wurde von einem Stromschlag getroffen, obwohl ich schon ganz flach am Boden lag. Dann war es eine Zeitlang still. Ich schrie nach Friedl, doch der antwortete nicht mehr.« Kammerlander kroch zu seinem Freund. »Von einer auf die andere Sekunde befand ich mich in einer vollständig verzweifelten Situation«, beschreibt Kammerlander diesen Moment in seinem Buch *Bergsüchtig*: »Oben lag Karl. Tot. Nur wenige Meter von mir entfernt lag Friedl. Tot. Und ich lebte. Warum? Was war hier eigentlich los? Dieser verdammte Berg. Er sollte endlich aufhören. Ich war mit meinen Nerven am Ende.«

Irgendwie schaffte es Kammerlander bis zum Lager I. Er kroch in das erste Zelt hinein, legte sich auf den Rücken, nahm seine kleine Kamera, richtete sie auf sich selbst und löste aus. Als wollte er belegen, dass er zu dem Zeitpunkt noch am Leben war – ein unglaubliches Foto für eine kaum zu beschreibende Situation: Hans Kammerlander zwischen Leben und Tod, dem Wahnsinn nahe.

Es dauerte, bis das Gewitter endlich nachließ. Niemand vermag zu erahnen, was in diesen Stunden mit Hans Kammerlander geschah. Doch all seine Freunde sagen, er sei danach nicht mehr derselbe gewesen. Er nahm schließlich das Funkgerät aus seiner Jacke und rief das Basislager. Alle warteten dort unten auf eine Nachricht. Am meisten Kammerlanders damalige Frau Brigitte, die zu dieser Zeit ebenfalls im Basislager war. Sie hatte Marianne Mutschlechner überredet, ihren Mann Friedl nach der Expedition im Basislager zu überraschen. Sie war zu diesem

Zeitpunkt nur noch wenige Tagesetappen entfernt. In einem weiteren Funkspruch etwas später berichtete Kammerlander in seiner kaum mehr zu bändigenden Angst, dass das Gewitter offenbar zurückkäme. Da riss Brigitte Kammerlander das Funkgerät an sich und schrie: »Hans, komm jetzt endlich von diesem Scheißberg runter!« Gregor Demetz, der beste Freund von Karl Großrubatscher, nahm ihr das Gerät aus den Händen. Verzweiflung oben, Verzweiflung unten. Da schien der ganze Berg zu beben. Erst gegen vier Uhr morgens beruhigte sich das Wetter.

Mit dem ersten Tageslicht machten sich ein paar Sherpa zusammen mit Stefan Plangger, Christian Rier und Werner Tinkhauser auf den Weg Richtung Lager I. Es hatte in dieser Nacht fast einen Meter geschneit. Hans Kammerlander nahm unterdessen seine Ski und fuhr auf wackligen Beinen sehr langsam nach unten. Er begegnete den anderen auf halbem Weg. Kammerlander zog sein Armband ab und sagte: »Nehmt es mit. Gebt es Friedl, bevor ihr ihn bestattet. Und bringt mir seine Halskette. Für Marianne.« Genauso geschah es. Einen Tag später eilten Hans Kammerlander und Hans Mutschlechner vom Basislager ins Tal. Irgendwann trafen sie auf Marianne Mutschlechner. Es bedurfte keiner Worte. Sie verstand sofort, als sie die beiden kommen sah.

Es dauerte, ehe Hans Kammerlander wieder Hand an den Fels legte, ehe er wieder in die Berge ging. Er wollte nach den traumatischen Erlebnissen an jenem Tag eigentlich nie wieder Alpinist sein. Der Manaslu hatte ihm nicht nur zwei Freunde, sondern auch die Freude an allem genommen, was sein Leben bis dahin so intensiv gemacht hatte. Erst sein damals acht Jahre alter Neffe Daniel Rogger, Sohn von Brigitte Kammerlanders Schwester Greti und heute ein großartiger Bergführer in Sexten, konnte den schwer gezeichneten Kammerlander zu einer Tour auf den Zwölfer in den Sextener Dolomiten überreden. Dieser Tag wurde zum Glücksfall, denn an der Seite dieses Jungen erkannte Kammerlander, dass der Berg nicht die Schuld an diesem Unglück trug. Vielmehr war es eine Verkettung nicht beeinflussbarer Geschehnisse.

Drei Jahre später, im Sommer 1994, sah Hans Kammerlander dann zum zweiten Mal den K2.

Niemand vermag zu erahnen, was in diesen Stunden mit Hans Kammerlander geschah. Doch seine Freunde sagen, er sei danach nicht mehr derselbe gewesen.

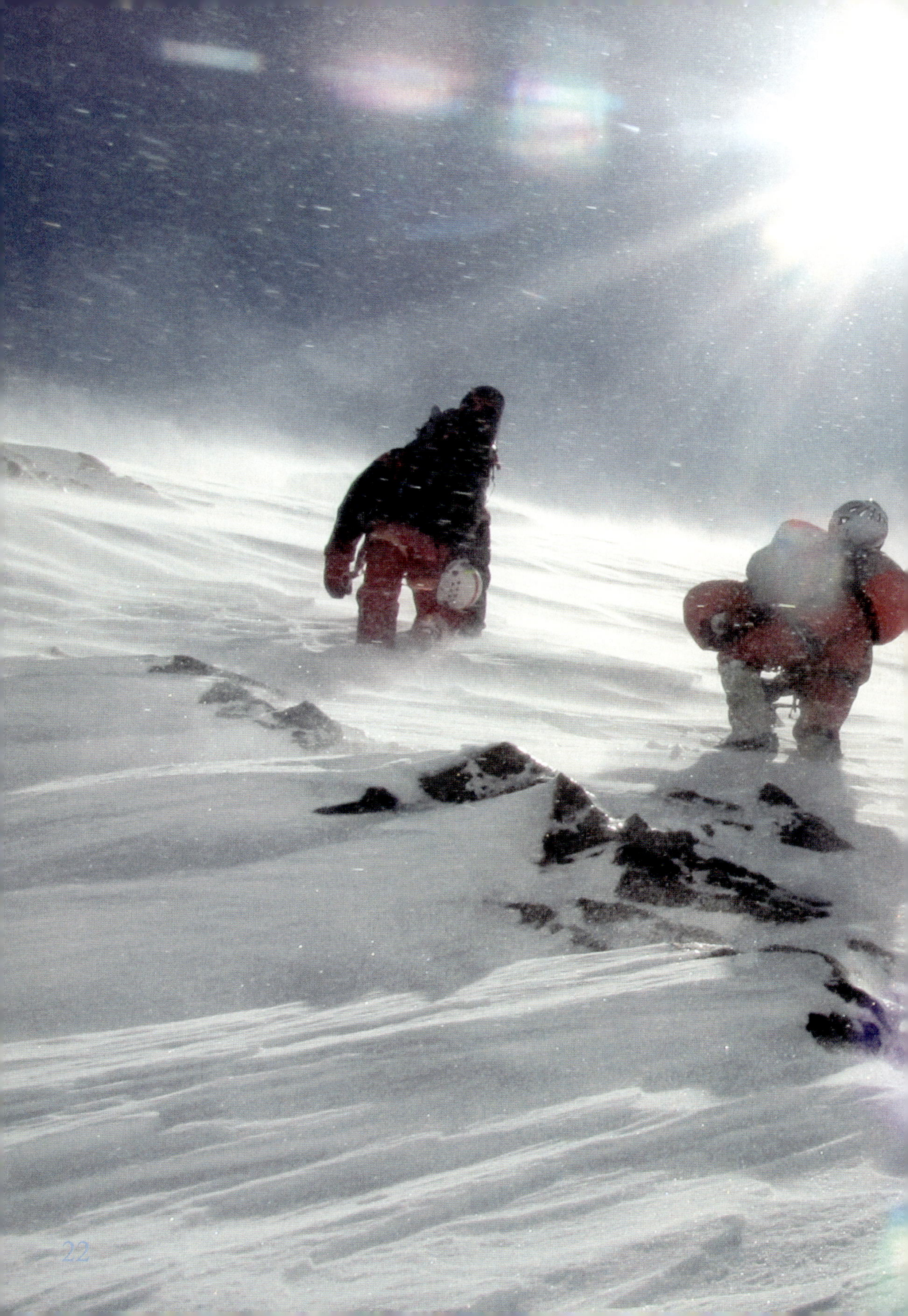

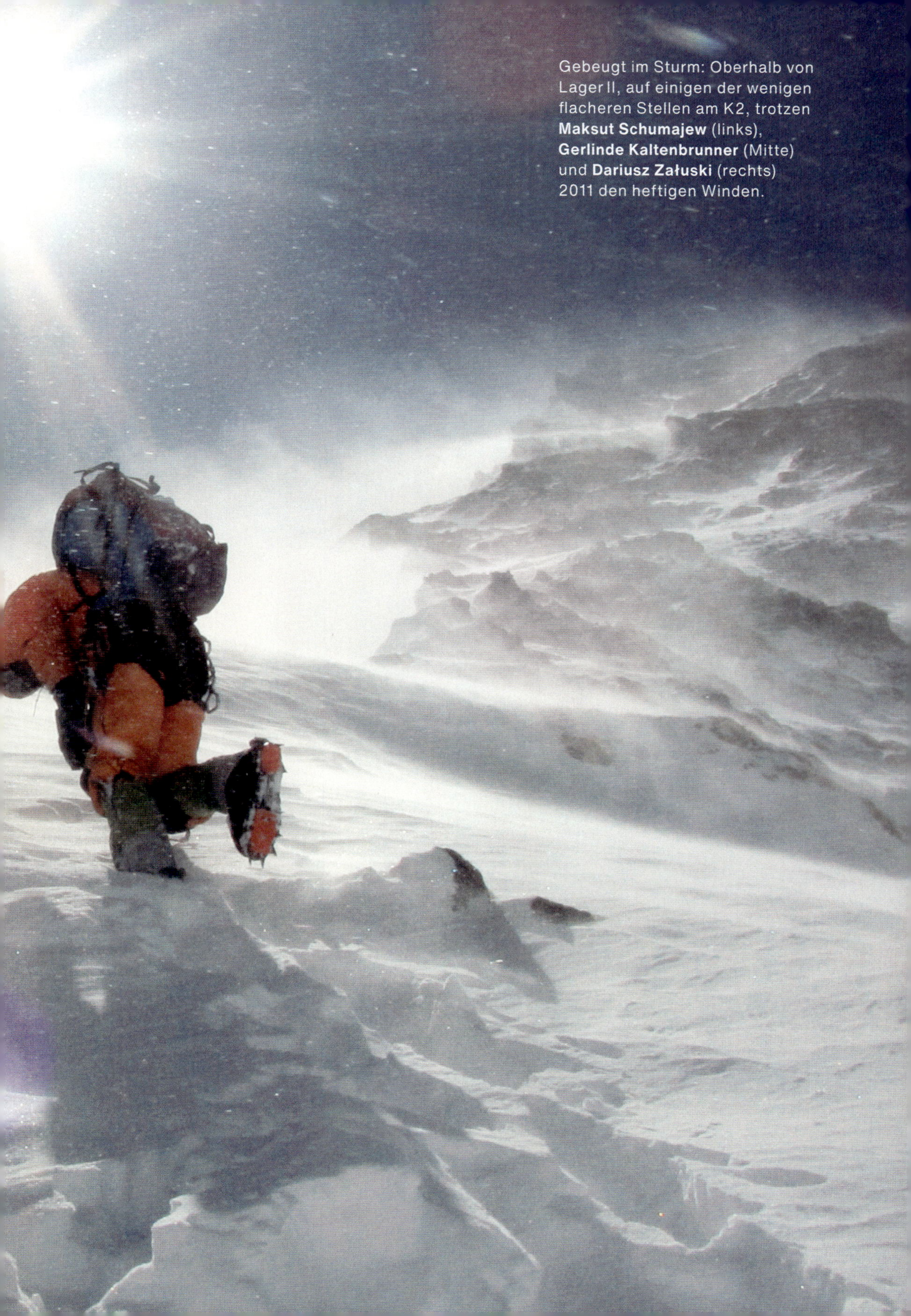

Gebeugt im Sturm: Oberhalb von Lager II, auf einigen der wenigen flacheren Stellen am K2, trotzen **Maksut Schumajew** (links), **Gerlinde Kaltenbrunner** (Mitte) und **Dariusz Załuski** (rechts) 2011 den heftigen Winden.

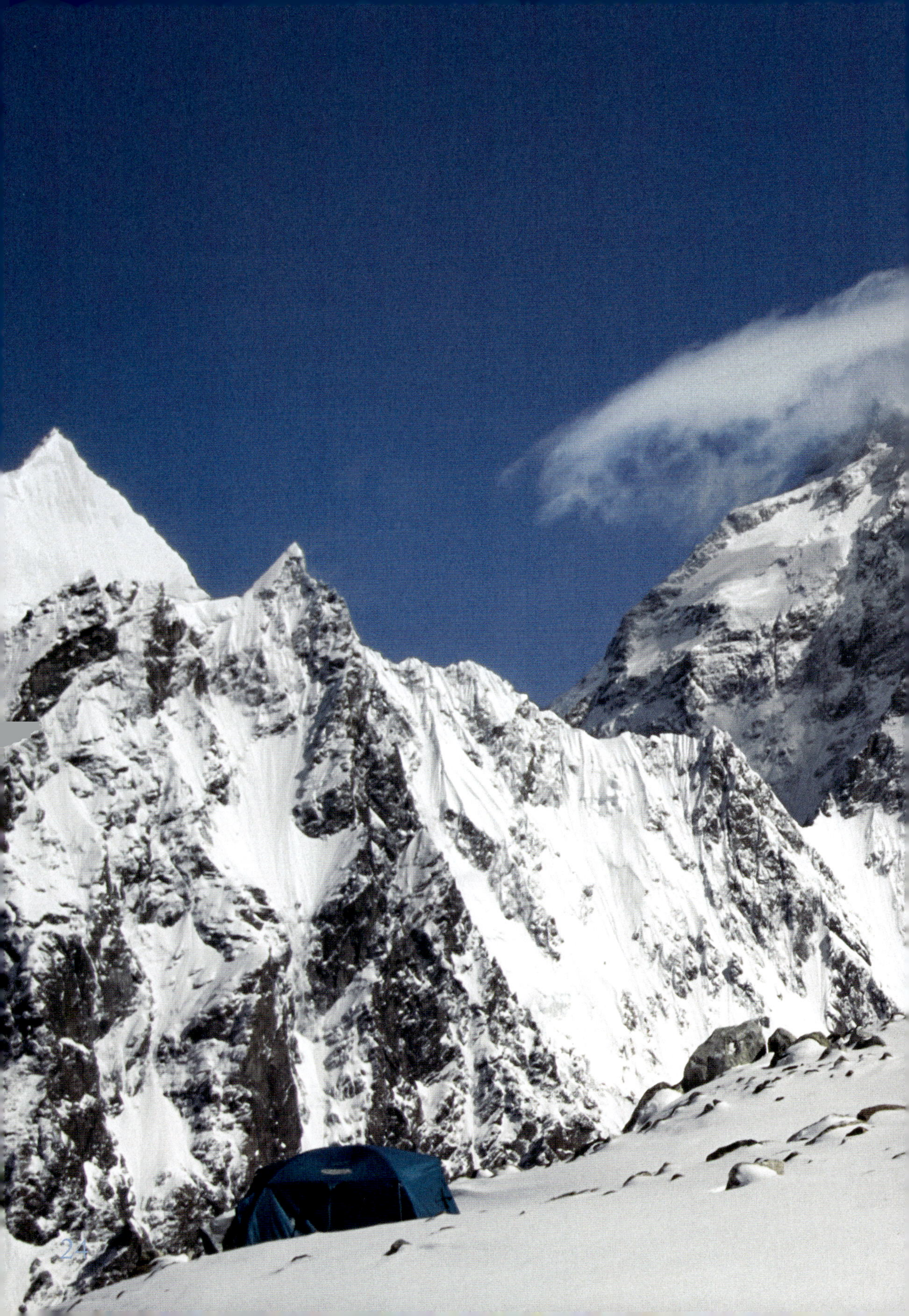

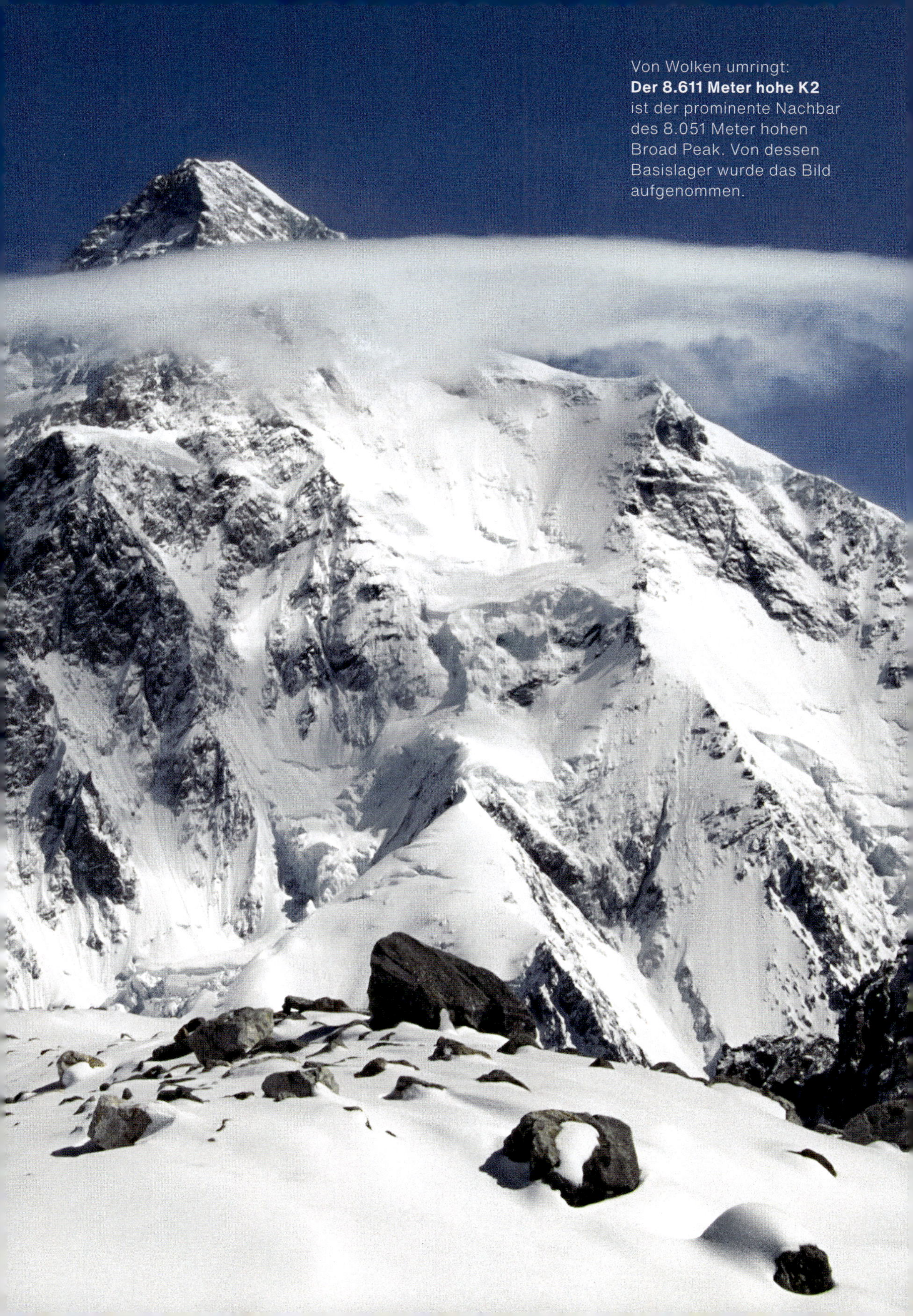

Von Wolken umringt:
Der 8.611 Meter hohe K2
ist der prominente Nachbar
des 8.051 Meter hohen
Broad Peak. Von dessen
Basislager wurde das Bild
aufgenommen.

Hans Kammerlander

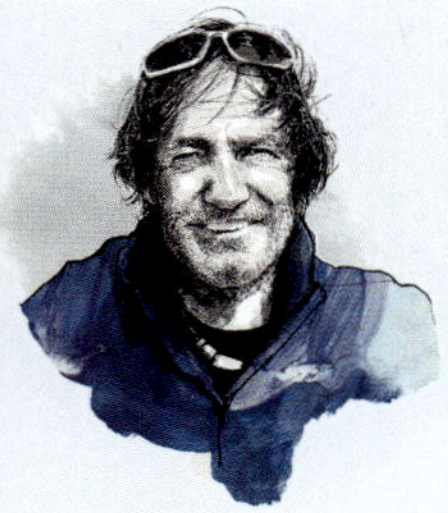

Eine Urgewalt aus Fels, Eis und Schnee

Als ich endlich ganz oben stand, überkam mich ein merkwürdiges Gefühl. Ich dachte: Und jetzt? Was kommt jetzt? Was könnte nach dem K2 denn noch sein? Wie sollte ich mehr erreichen als den Gipfel des schwierigsten aller Achttausender? 8.611 Meter am härtesten Berg der Erde. Da gibt es keine Steigerung mehr. Diese Gedanken vermischten sich da oben mit dem unbeschreiblichen Glücksgefühl, das ich dort empfand. Sofort nach dem Glücksmoment machte sich auch Erleichterung in mir breit. Erleichterung, dass es endlich vorbei war. All die Strapazen der vergangenen drei Tage. Der Sauerstoffmangel, die enorme Steilheit an diesem Berg, das Ausgesetztsein, die Einsamkeit.

Nicht weit von mir weg stand der französische Spitzenbergsteiger Jean-Christophe Lafaille und fotografierte. Er hatte wohl ähnliche Gedanken in diesen paar Minuten. Mir kam der Weg zu diesem Gipfel auf einmal so unendlich weit vor. Wie im Zeitraffer schossen Sequenzen dieses Weges mitten in meine Gedanken hinein. Der Bauernhof daheim, mein erster Gipfel, die ersten Achttausender, dann immer mehr Expeditionen, dramatische Erlebnisse, über 3.500 Klettertouren, so viele Erstbegehungen, so viele Soloklettereien. Und nun der Gipfel des K2. Ich war angekommen. Endlich dort, wo ich schon so lange hinwollte. Und jetzt?

Ich hatte zu diesem Zeitpunkt an dreizehn der vierzehn Achttausender in Nepal, Tibet und Pakistan meine Fußspuren hinterlassen. Zwölfmal hatte ich den Weg bis zum Gipfel gefunden, auf der Shishapangma und am Manaslu hatte ich den höchsten Punkt nicht erreicht. Die Bilanz bis dahin: Cho Oyu 1983, Gasherbrum II und Hidden Peak 1984, Annapurna und Dhaulagiri 1985, Makalu und Lhotse 1986, Nanga Parbat 1990, Broad Peak 1994, Shishapangma-Mittelgipfel und Mount Everest 1996, Kangchendzönga 1998. Und nun 2001, am 22. Juli, der K2. Der Berg der Berge. Der König. Der schönste und härteste der 14 Achttausender. Ich könnte ihn mit weiteren Superlativen schmücken und doch meine Gefühle nicht in Worte fassen, wenn ich diesen Berg betrachte.

Als ich den K2 zum ersten Mal sah, war ich auf dem Weg zum Broad Peak. Wir kamen zum berühmten Concordiaplatz, wo die größten Gletscher des Karakorum-Gebirges zusammenfließen. Dieser Ort ist gigantisch in seinen Ausmaßen und grandios als Kulisse. Plötzlich stand ich vor dem K2. Auf einmal tauchte er auf, wie aus dem Nichts und sperrte mit seiner wuchtigen Gestalt das ganze Tal ab. So als wolle er sagen: Stopp, bis hierher und nicht weiter! Dieser Berg hat im ersten Moment fast etwas Beängstigendes, beeindruckend ist er allemal. Die ersten Menschen, die dorthin gekommen sind, müssen sicher gedacht haben, dass es da hinten nicht mehr weitergehen kann.

Der K2 hat in meinem Leben eine Eigendynamik entwickelt. Ich wollte ihn immer besteigen, und irgendwie blieb mir diese Aufgabe an den Achttausendern dann bis zum Schluss. Und es brauchte fünf Anläufe, nachdem ich zweimal dort aufgegeben hatte und zweimal gar nicht bis zum Fuß des Berges gekommen war. Wenn ein Bergsteiger alle Achttausender bestiegen hat, aber der K2 noch fehlt, hat er den schwersten Brocken noch vor sich.

Ich war mit Ski am Nanga Parbat über die Diamirflanke abgefahren, die zweithöchste Wand der Welt. Später dann die Nordflanke des Mount Everest. Ich hatte die Ski am Manaslu dabei und am Kangchendzönga, an der Shishapangma, am Makalu und am Broad Peak. Und auch den K2 hatte ich jedes Mal, wenn ich dort war oder ein Foto studierte, nach einer Linie abgesucht. Nach einer Linie, die sich vielleicht für eine Skiabfahrt eignen könnte. Ich wollte das unbedingt versuchen. Aber ich habe nie wirklich einen Anfang gesehen, keine Einfahrt für eine Abfahrt. Sonst habe ich an jedem anderen Berg sofort erkannt, wo es möglicherweise gehen könnte. Nicht am K2. Dieses Ungetüm war einfach zu komplex. Ich sah das bergsteigerische Hinauf sehr wohl, das erschien recht bald logisch. Die Sicht auf den Skiweg hinunter blieb mir aber immer versperrt. Und es ist ein erheblicher Unterschied, ob man den Einstieg nach oben finden muss oder den Weg auf so außergewöhnliche Weise hinunter.

Oft habe ich zum K2 hinaufgeschaut. Hinauf zu diesen gewaltigen Flanken, zu dem vielen Neuschnee, zu den ständigen Lawinen und zu diesen steilen Felsriegeln. Eine Flanke mit einem Auslauf nach unten ist etwas anderes als eine solche Aneinanderreihung von Felsriegeln. Für mich blieb die Frage offen, ob man da überhaupt durchgehend abfahren kann oder zwischendurch immer wieder abseilen muss. Der K2 wirkt dann schnell sehr, sehr abweisend. Erdrückend fast und belastend. Anderen Bergsteigern mag vor allem die volle Schönheit des K2 auffallen. Die habe ich auch gesehen, auch seine Dominanz, diese Wucht und Eindrücklichkeit. Aber wenn das Projekt an diesem Berg eine Skiabfahrt ist, hat man gleich ganz andere Bilder im Kopf. Wie am Everest: Die Abfahrt dort war in nahezu allen Phasen höchst fordernd. Da gab es keine Zeit, die Spannung einmal abzubauen. Aber die Nordflanke des Everest ist nicht mit der Gefährlichkeit des K2 an seiner Südseite vergleichbar.

Meine Expedition zum Broad Peak hat mir die Augen für den K2 geöffnet: Da sah ich ihn auf Augenhöhe und nicht mehr als Zwerg von unten nach oben. Das war komplett anders als all die Fotos. Von diesem Moment an war der K2 für mich wie ein Magnet.

Ich wollte diese Linie, an die ich ständig denken musste, irgendwann auch finden. Mit Ski den K2 hinunter – das wurde zum großen, nicht ausgesprochenen Ziel.

Der K2 ist ein Kunstwerk der Natur, die größte Pyramide unserer Erde und eine Urgewalt aus Stein, Eis und Schnee. Als ich an jenem 22. Juli 2001 in 8.611 Meter Höhe am Gipfel stand, war das alles anders. Denn die schönsten Berge der Erde haben alle einen Nachteil gemeinsam. Man sieht sie nicht mehr, wenn man oben steht. Doch wenn man etwas nicht sieht, kann man es dennoch spüren. Und ich fühlte den ganzen K2, dieses schwarze Monstrum nun unter mir und mich ganz oben. Das hatte für einen kleinen Moment etwas Erhabenes.

Ich löste meine Steigeisen von den Schuhen. Dann legte ich meine Ski auf den beinharten Firn des Gipfels und stieg in die Bindung. Die Angst von 1996, als ich am Everest-Gipfel so lange gebraucht hatte, den Knoten der Furcht in mir zu lösen, hatte ich dieses Mal nicht. Ich rutschte einfach los. Ganz langsam. Dem Gipfelgrat folgend. Danach, in der Flanke oberhalb des Flaschenhalses, wurde es steil, und es war extrem kalt. Sicher 40 Grad unter null. Der Himmel war inzwischen mit Schleierwolken bedeckt. Die Sicht wurde zunehmend schlechter. Ich versuchte in dieser Steilheit mit den Ski umzuspringen. Zwei, drei dieser Sprünge. Dann rutschte ich wieder seitwärts ab. Meine Lunge schien unter der Belastung zu explodieren. Alles war weiß, milchig, ohne erkennbare Konturen. Unter mir sah ich Jean-Christophe Lafaille absteigen, und ich war nicht schneller als er. Als ich auf diese Weise kaum 150 Höhenmeter hinuntergekommen war, hielt ich auf einem Absatz an. Ich hatte die Wahl. Diese überraschende Besteigung, an die ich drei Tage zuvor überhaupt nicht mehr geglaubt hatte und zu der mich Jean-Christophe hatte überreden müssen, entweder auf Steigeisen sicher ins Tal zu bringen oder mein Leben auf einer Skiabfahrt bei schlechter Sicht zu riskieren.

Ich entschied mich für das Leben. Das war gut so. Es fühlte sich richtig an – damals wie heute. Ich habe diese Entscheidung nie angezweifelt. Geblieben ist die Erinnerung an diesen großartigen Berg.

Dieser K2 hat eine fast unglaubliche Historie, mit ebenso unglaublichen Details. Die Geschichte des Berges ist es allemal wert, näher betrachtet zu werden.

Machen wir uns also auf zu einer Reise in die Vergangenheit. Reisen wir gemeinsam zu diesem Berg, wie er damals war und wie er im Heute angekommen ist. Reisen wir durch die Jahrzehnte zu den Forschern und Vermessern, Alpinistinnen und Alpinisten, die dort unterwegs waren. Ich lade Sie, liebe Leserinnen und Leser, auf das Abenteuer K2 ein – den zweithöchsten Berg der Erde und vielleicht faszinierendsten von allen.

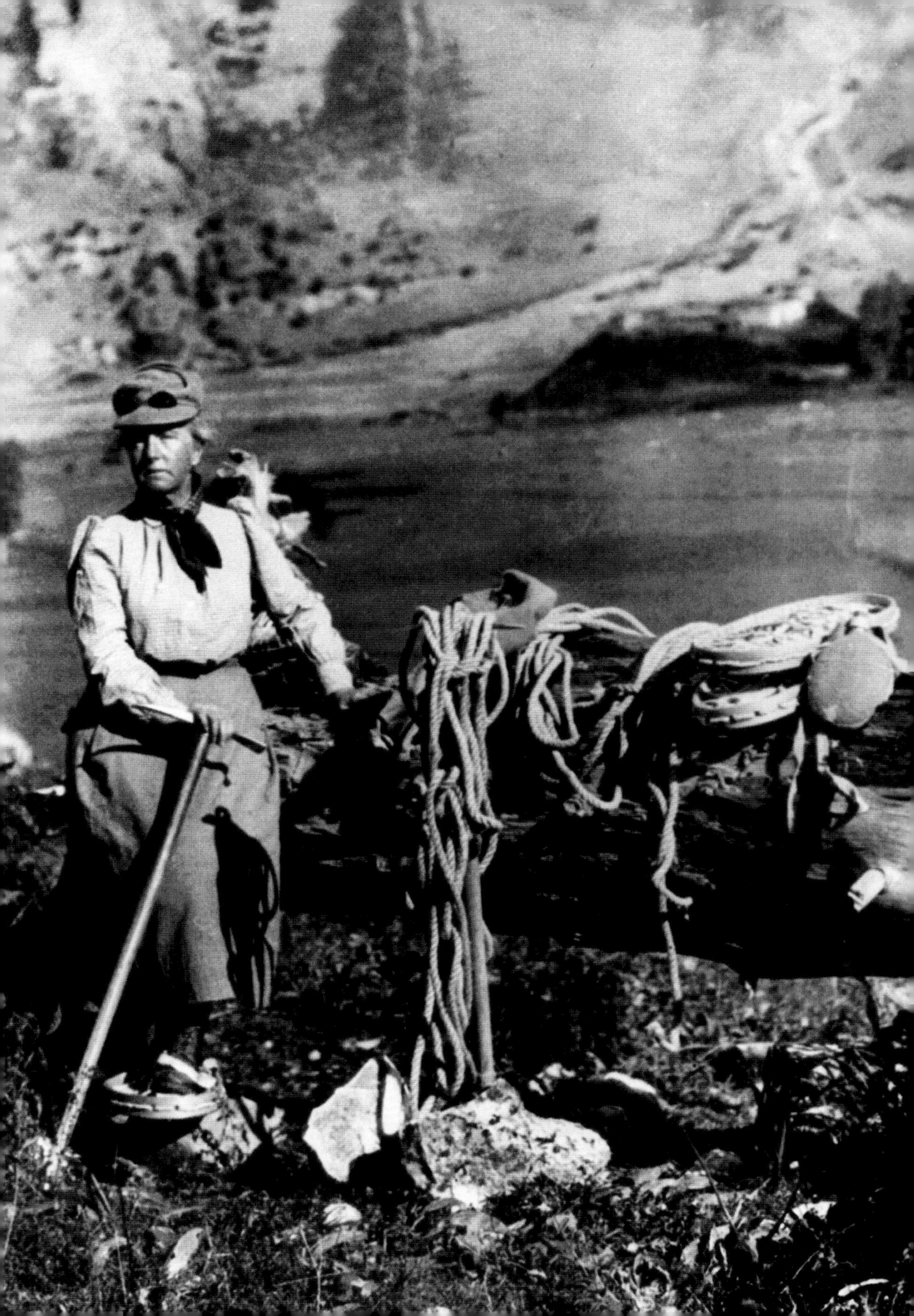

1856
Die Entdeckungen der britischen Landvermesser

Frauenpower am Berg: Die US-Amerikanerin **Fanny Bullock Workman** unternahm mit ihrem Mann ab Ende des 19. Jahrhunderts acht Reisen in den Karakorum, stellte dort Höhenrekorde auf und dürfte als erste Frau den K2 gesehen haben.

Gibt man einem vierjährigen Kind ein Blatt Papier und einen Stift und bittet es dann, einen Berg zu malen, wird es mit hoher Wahrscheinlichkeit die Form des K2 zeichnen. Ein Dreieck, also ein Dreieck mit – geometrisch gesehen – etwa gleich langen Schenkeln. Darüber vielleicht noch eine Wolke. Fertig ist das Bild vom perfekten Berg. So, wie der K2 aussieht, nehmen viele Menschen auch im Erwachsenenalter einen Berg noch immer wahr: als magisches Dreieck. Bergsteiger und Alpinisten aus der ganzen Welt hat diese Form unwiderstehlicher Ausdrucksstärke bewogen, die zweithöchste Erhebung unserer Erdkruste voller Ehrfurcht und Zugewandtheit den »Berg der Berge« zu nennen. Das klingt fast majestätisch und duldet keinen Widerspruch. Auch das Kind würde nur unwillig den Kopf schütteln, wollte man ihm weismachen, dass ein Berg anders aussehen könne.

In der Zeit, als der Karakorum in Pakistan noch unerforscht, als sämtliche Grate, alle Eisflanken, die Wände, Pfeiler, Gletscher und Gipfel noch gänzlich unberührt waren, war das riesige Gebirge eine in sich geschlossene Welt. Ein paar wenige Reisende hatten ein paar wenige Abhandlungen verfasst. Sie beschrieben, was sie aus respektvoller Entfernung erhaschen konnten. Erst das Bestreben der Briten, die weißen Flecken auf der Landkarte einzufärben, brachte Bewegung in die Erforschung: Sie schickten Vermessungsingenieure in Offiziersuniform, Männer wie Thomas George Montgomerie. Der war eine Aufmerksamkeit erregende Persönlichkeit: großgewachsen, breite Schultern, muskulös, mit einer in zunehmendem Alter immer höher wirkenden Stirn und gesegnet mit einem struppigen Rauschebart. »Hipster« würde man heute wohl zu ihm sagen. Geboren 1830 im schottischen Ayrshire, schlug er eine militärische Laufbahn ein und ließ sich mit 31 Jahren auf eigenen Wunsch zum Great Trigonometrical Survey versetzen, der »Großen Trigonometrischen Vermessung«, die fast das gesamte 19. Jahrhundert andauerte. Im Rahmen dieses Großprojekts wurde nahezu der gesamte indische Subkontinent vermessen und kartografiert. Thomas George Montgomerie bekam die Aufgabe, beinahe das gesamte Karakorum-Gebirge zu erfassen. Dieses zweithöchste Gebirge der Welt reicht vom Norden Pakistans über Indien bis in den Südwesten Chinas. Es bildet die Wasserscheide zwischen dem indischen Subkontinent und den staubigen Wüsten der Hochflächen Zentralasiens.

Die Vermessungen der Briten im Himalaja und im Karakorum waren geopolitisch motiviert. Sie dienten der Erstellung möglichst genauer Landkarten, um dem britischen Empire bessere Kenntnis von den

Kolonien auf dem Subkontinent zu verschaffen. Wer nämlich eine genaue Karte hatte, kannte das Land und konnte es besser beherrschen.

Ausgestattet mit Theodolit, Heliotrop und einem Messtisch, begab sich Montgomerie auf Reisen. Ein Theodolit ist ein Winkelmessgerät, mit dem man in Horizontal-, Vertikal- und Zenitwinkeln misst. Man muss sich diesen wie einen Kasten vorstellen, in dem eine Art Zielfernrohr montiert ist. Mit diesem Fernrohr kann man durch Kippen und Drehen entweder horizontale Richtungen oder vertikale Winkel bemessen. Mit einem Heliotrop indessen kann man Sonnenlicht mittels aufgesetzter Spiegel in jede Richtung umlenken, die man mit einem Fernrohr anvisiert hat. Das Heliotrop wird auf den Theodolit ausgerichtet, um Entfernungen und Höhen zu berechnen.

1856 begab sich Montgomerie auf seine Wanderung in das Herz der Karakorum-Berge. Er stieg dabei immer mutiger in Höhen deutlich jenseits von 5.000 Meter Höhe auf. Eines Tages erreichte er einen Berg nicht weit weg von Kaschmir, mit dem Ziel, die Grenzen des britischen Kolonialreichs zu kartieren. Als er dort seine Geräte aufbaute, vermaß er eine Erhebung, die größer und höher als alles war, was er je zu Gesicht bekommen hatte.

Zwei Jahre zuvor war es einem anderen britischen Landvermesser einige hundert Kilometer weiter östlich nicht anders gegangen als Montgomerie jetzt. Dort, im Himalaja-Gebirge, hat an einem sonnigen Frühlingstag ein junger Mitarbeiter des Survey of India atemlos gerufen: »Ich glaube, ich habe den höchsten Berg der Erde entdeckt.« Der junge Mann namens George Everest sollte recht behalten. Denn dieser Peak XV wurde mit zunächst 8.840 Meter Höhe in die Karte eingetragen und brachte es später als Mount Everest zu Weltruhm.

Im September 1856 richtete Thomas George Montgomerie seinen Theodolit bei einer weiteren trigonometrischen Untersuchung – auf einem unscheinbaren Bergrücken stehend – gen Norden aus. Dort erhob sich eine mächtige Kette aneinandergereihter Gipfel.

Sie schickten Vermessungsingenieure wie Thomas George Montgomerie. Der war eine Aufmerksamkeit erregende Persönlichkeit: großgewachsen, breite Schultern, muskulös und gesegnet mit einem struppigen Rauschebart.

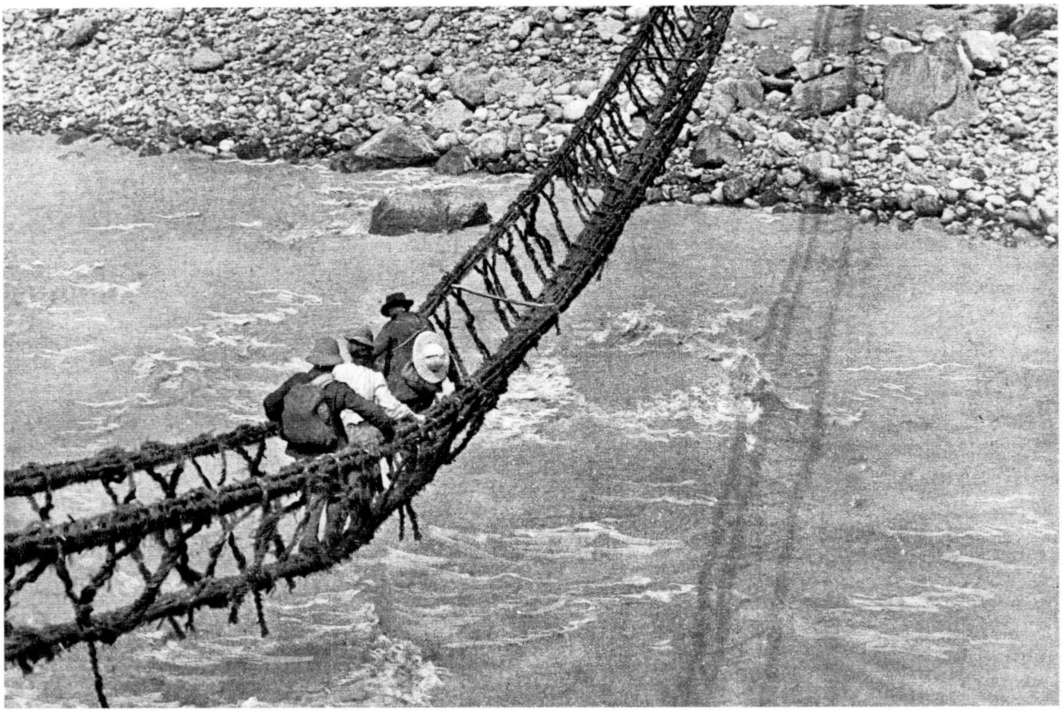

Eine **wackelige Angelegenheit**: Weite Teile des Karakorum-Gebirges waren im 19. Jahrhundert noch völlig unbekannt und dessen Erkundung überaus mühsam. Die mächtigen Gletscher der Region speisen reißende Flüsse, die hier über eine Seilbrücke überwunden werden.

Obwohl er deutlich über 200 Kilometer weit weg und damit in viel größerer Entfernung als gewohnt positioniert war, begann Montgomerie seine Messungen und fertigte zudem eine rudimentäre Zeichnung an. Schließlich nummerierte er all die Gipfel von Westen aus beginnend durch. Auf der Zeichnung sieht man in Form und Gestalt zunächst links den markant spitzen K1, der später den Namen Masherbrum erhielt. Und daneben die dreieckige Form des K2. Das K stand für Karakorum. Die Zahl gab die Reihenfolge der Berge in westöstlicher Richtung an und zeigt 35 Gipfel. »Alle sehr hoch«, notierte Montgomerie zunächst und trug später 8.619 Meter Höhe für den K2 in seinen Unterlagen ein. Das waren 221 Meter weniger als die damalige Vermessung des Everest und doch 109 Meter mehr als der Lhotse. Das machte den K2 zum zweithöchsten Berg der Erde. Auf 8.616 Meter, also drei Meter weniger, kam der italienische Bergsteiger, Geologe und Kartograf Ardito Desio fast dreißig Jahre später mit deutlich verbesserten Instrumenten. Heute liegt die exakte Angabe für den K2 bei 8.611 Meter Höhe. Läppische acht Meter lag Montgomerie im Vergleich zur heutigen Angabe daneben. Dass er zunächst den Masherbrum und den K2 verwechselte und in der Höhe falsch zuordnete – ebenso läppisch und allenfalls eine marginale Fußnote in der reichen Geschichte des zweithöchsten Berges.

1861, also fünf Jahre später, machte sich ein gewisser Henry Haversham Godwin-Austen zu einer langen Expeditionsreise auf. Sein Bart war nicht minder beeindruckend als der Montgomeries, wenn auch etwas gepflegter. Er war ebenfalls ein Topograf und Geologe. Ebenfalls mit militärischer Ausbildung und Mitglied des Survey of India.

Während Montgomerie zusehends kränklich wurde und immer häufiger nach England zurückkehren musste, reiste Godwin-Austen tief in den Karakorum hinein. Er zahlte ein paar besonders starken und hartgesottenen Trägern, die aus dem nahegelegenen Baltistan stammten und als äußerst furchtlos galten, viel Geld, damit sie ihm in eine ungeheure Eiswüste folgten. Im östlichen Karakorum erkundeten sie bei einem beispiellosen Fußmarsch den Baltoro-Gletscher. Der gilt mit einer Länge von 62 Kilometern und einer Gesamtfläche von über 500 Quadratkilometern als einer der größten Tal-Gletscher der Welt. Bis zu drei Kilometer breit und über 200 Meter dick ist sein Eis, und selbst auf Satellitenbildern bietet er einen respekteinflößenden Anblick.

Godwin-Austen näherte sich mit seinen Trägern bis auf 15 Kilometer dem Punkt, an dem mehrere Gletscherzungen zusammenfließen: der Baltoro-Gletscher, der Abruzzi-Gletscher und schließlich auch der Godwin-Austen-Gletscher, dessen Entdecker später als Namensgeber geehrt wurde. Wäre der Engländer noch vier, fünf Stunden weiter auf dem fast ebenen, aber von wilden Moränenhügeln und reichlich Sedimenten bedeckten Baltoro-Gletscher gegangen, hätte er den Punkt erreicht, wo die Eismassen zusammenfließen. Heute ist diese Stelle als Concordiaplatz bekannt. William Martin Conway, ein britischer Bergsteiger, Politiker und Kunsthistoriker, der 1892 eine Expedition in den Karakorum leitete, gab dem Platz diesen Namen. Er ließ später wissen, dass er sich an den Place de la Concorde in Paris erinnert fühlte, weil dort vier wichtige Verkehrsadern zusammenkommen und um den Obelisken von Luxor fließen. In jedem Fall hat der Concordiaplatz im Karakorum etwas Magisches, das einen in den Bann zieht, wenn man dort nach tagelangen, zehrenden Etappen ankommt.

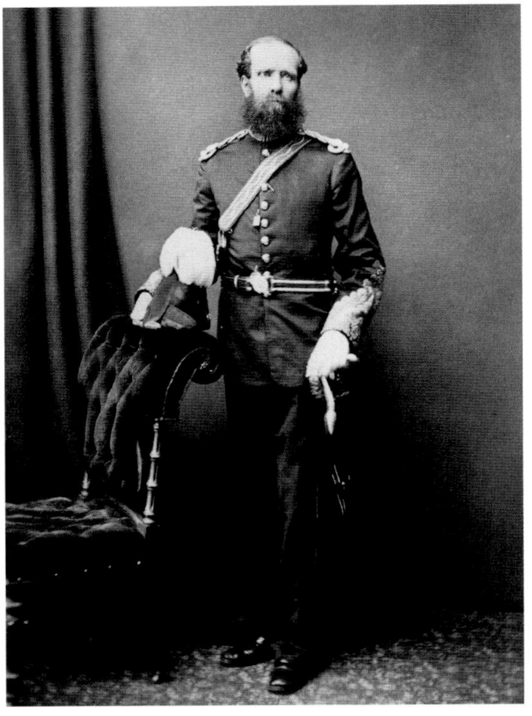

Der Vermesser: Im Rahmen der »Großen Trigonometrischen Vermessung« wurde im 19. Jahrhundert der indische Subkontinent kartiert. **Thomas George Montgomerie** war für das Karakorum-Gebirge zuständig und gab dem K2 seinen spröden Namen: Im September 1856 richtete der Schotte sein Messinstrument auf 35 Gipfel aus – das »K« stand für Karakorum, und die Zahl gab die Reihenfolge in westöstlicher Richtung an.

Reinhold Messner hat den K2 einst als »Berg der Berge« bezeichnet. So erhaben und alles andere mit Leichtigkeit beherrschend ist er, wenn man ihn zum ersten Mal freistehend in seiner vollen Größe, Wucht und Erhabenheit vom Concordiaplatz aus erblickt.

Dass dieser grandiose Berg die Bezeichnung K2 behielt – so technokratisch, so unkapriziös, so wenig melodiös –, ist kaum nachvollziehbar. Alle anderen Erhebungen der K-Serie – vom Masherbrum bis zu den Gasherbrum-Gipfeln – bekamen später eigene Namen. Die Bezeichnung »K2« jedoch blieb. Angebote zur Umbenennung gäbe es reichlich: »Kechu« sagen die Völker der Urdu und der Balti. Allerdings ist auch das abgeleitet vom Begriff K2, »K-two«. »Lambha Pahar« indes bedeutet Hoher Berg. So wird der K2 in der pakistanischen Amtssprache geschrieben. »Mount Godwin-Austen« hätten die Briten gern gesehen. Ganz so wie beim Mount Everest, der nach dem damaligen Leiter des Survey of India, Sir George Everest, benannt ist. Doch ein entsprechender Antrag bei der Royal Geographical Society in London wurde 1888 abgelehnt. Es blieb dabei, nur der Gletscher trägt Godwin-Austens Namen.

K2 setzte sich schließlich mehr und mehr auf den britischen Landkarten durch. Die Balti nennen ihren »Hausberg« meist »Chogori«. Fast so, wie er auch auf der chinesischen Nordseite bezeichnet wird. »Chogo« bedeutet »groß«, »ri« heißt »Berg«. Irgendwie läuft es stets auf dasselbe hinaus. Groß, hoch, magisch – K2.

Nur wegen eines technisch wirkenden Namens verliert der K2 nichts von seiner Wirksamkeit. Vor allem für die Bergsteiger, die nach den Vermessern kamen. Sie hinterließen Geschichten, über die man schmunzeln möchte: William Hunter Workman und seine Frau Fanny Bullock zum Beispiel, ein US-amerikanisches Ehepaar, erkundeten ab Ende des 19. Jahrhunderts unbekannte Gebiete und Gipfel im Karakorum. Von Fanny Bullock Workman, einer rigiden Frauenrechtlerin und überaus energischen Person, ist überliefert, dass sie mit ihrer Peitsche und bisweilen mit einem Revolver alles aus dem Weg räumte, was sich ihr in den Weg stellte – ob Mensch oder Tier. Ihr Mann war offenkundig etwas vorsichtiger: Beim Vordringen in große Höhen kam er zur Überzeugung, dass es oberhalb von 6.500 Metern nicht möglich sei, auch nur eine Nacht zu überleben, ohne elend zu sterben oder zumindest erhebliche Schäden an Körper und Geist davonzutragen. Bei ihrem Unternehmen überwanden sie eine schwindelerregende Seilbrücke bei Askole, schlugen Camp um Camp auf und setzten für den Kontakt nach außen gleich fünf Postläufer nach Askole ein. Bei Ogre fanden sie auf dem Moränenschutt die Steinpyramide, die William Conway errichtet hatte, und kamen zu Conways Snow-Lake-Camp. Sie gelangten bis zum Hispar-Pass in 5.326 Meter Höhe, waren aber aufgrund der Witterung zur Umkehr gezwungen. Fanny Bullock Workman dürfte die erste Frau gewesen sein, die den K2 gesehen hat, und ein umfangreiches Archiv an Fotos, Zeichnungen und Notizen kündet bis heute von dem Forscherdrang der beiden.

Die ersten Abenteurer kamen demnach im feinen Tweed und sogar im Rock an diese beängstigenden Berge. Vor allem waren sie der unbeirrbaren Überzeugung, dass es dort ebensolchen Mutes bedurfte wie vier Jahrhunderte zuvor auf den Weltmeeren. Wenn Fanny Bullock, die in den Bergen Asiens Höhenrekorde für Frauen aufstellte, eine wilde Wand hinaufgeklettert war, kehrte sie stets zum Einstieg zurück, um das Datum und ihre Initialen in den Fels zu kratzen. So entstanden allmählich Spuren in einer unbekannten Region. Steinzeitlich durch diese Ritzungen oder die Zahlen der Vermesser. Etwas jedoch einte all diese frühen Augenzeugen des K2: das Überwältigtsein, die Fassungslosigkeit und die Freude an etwas, das so außergewöhnlich schön ist.

Hans Kammerlander

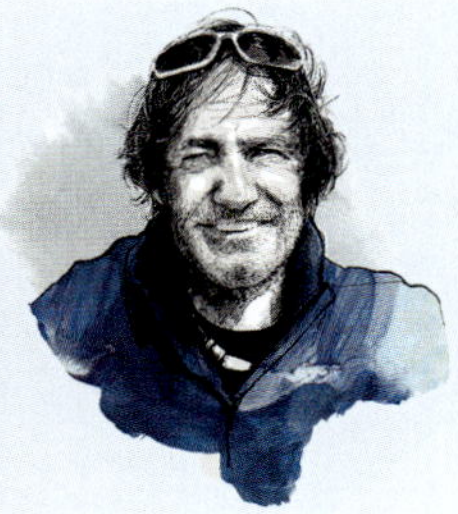

Was die frühen Abenteurer mit den Bergtouristen von heute verbindet

Es ist wirklich bemerkenswert, was diese Geologen und Vermesser in ihrer Zeit an Strapazen auf sich genommen haben. Mit schlechter Ausrüstung am Körper, mit endlos langen Reisewegen und vor allem nicht ahnend, was sie überhaupt erwartete. Es sind diese forschenden Geister gewesen, die die ersten Wege hin zu den Achttausendern im Himalaja und im Karakorum freigemacht haben. Ihnen gebührt bis heute allergrößter Respekt.

Von den ersten Forschungsreisen bis hin zu den ersten Expeditionen am K2 ist es ein sehr weiter Weg gewesen. Ich denke, das war am Everest ein wenig anders, weil es dort nicht ganz so wild ist. Männer wie Montgomerie oder Godwin-Austen mit ihren endlosen Träger-Karawanen und ihren komplizierten Vermessungsgeräten hatten es im Karakorum enorm schwer. Sie brauchten Material und Verpflegung für viele Wochen. Vor allem aber brauchten sie den unbedingten Willen, dem Klima zu trotzen, all den Schwierigkeiten und Problemen, die sich ihnen entgegenstellten. Da war zwar durch die große Vermessungsaktion alles finanziert. Doch Geld sorgt noch lange nicht für Stehvermögen.

Lange bevor ich zum ersten Mal vor dem K2 stand, hatte ich viele Fotos von diesem gewaltigen Berg gesehen. Und doch war ich dann vollkommen überwältigt, als ich diese Wucht und diese alles überragende Größe sah. Manchem Achttausender sieht man nicht unbedingt an, wie hoch er ist. Beim K2 und auch beim Mount Everest sieht man das hingegen sofort.

Schmunzeln muss ich über dieses amerikanische Ehepaar. Das waren allen Merkwürdigkeiten zum Trotz verwegene Leute. Viel unterschied sie nicht von so manchem Bergtouristen, der seine Expedition heute mit allem Schnickschnack im Katalog bucht.

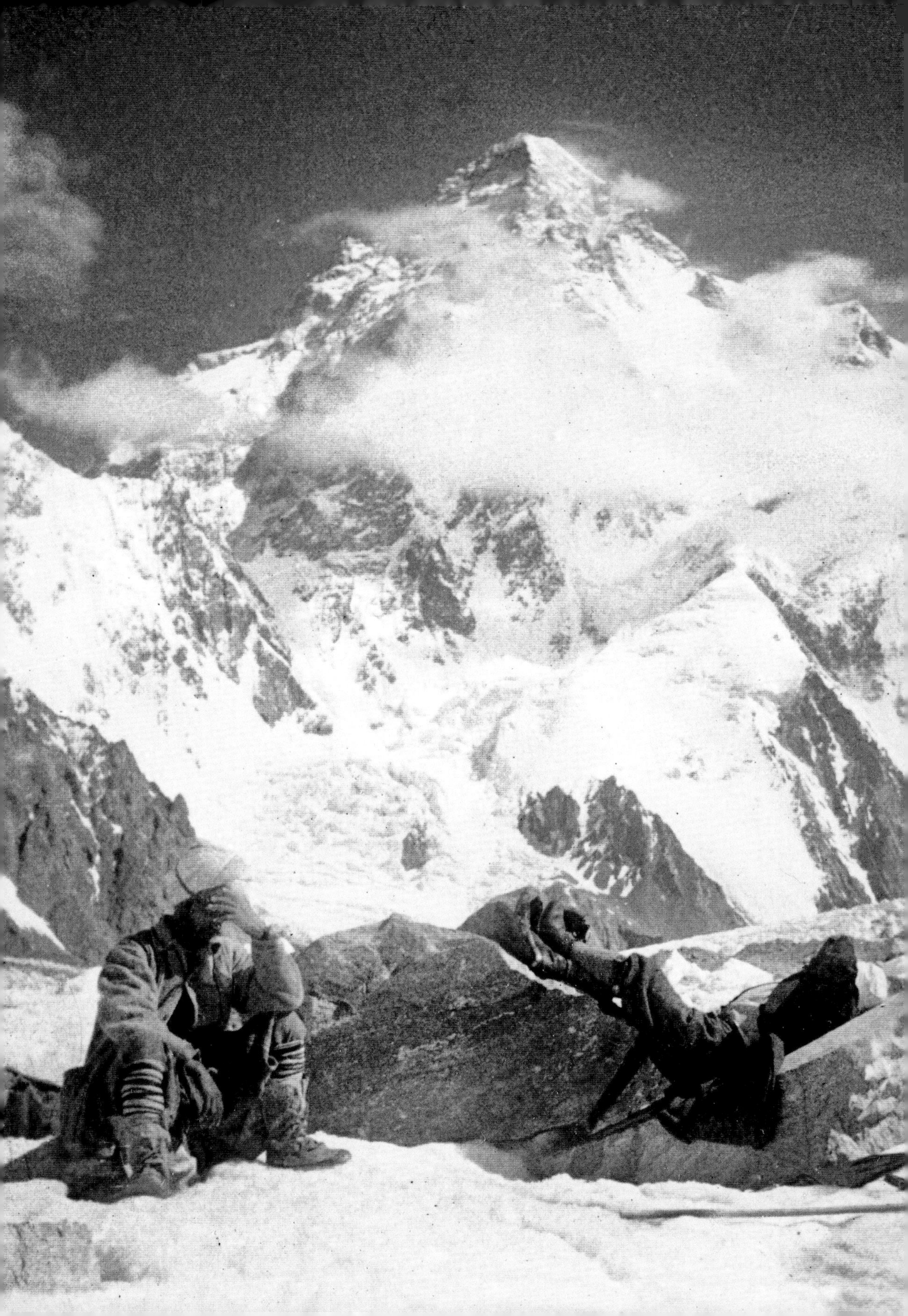

1890
Die ersten Bergsteiger und ein Okkultist am K2

Arzt und Alpinist: **Jules Jacot-Guillarmod** nahm an der K2-Expedition im Sommer 1902 teil und wurde öfter mit seltsamen Symptomen seiner Expeditionskollegen konfrontiert, die man heute als Höhenkrankheit kennt. Zudem brachte der Schweizer auch die ersten Fotos vom K2 mit.

Alles, was man hörte, klang wenig verlockend: lausige Kälte, praktisch keine Infrastruktur und enorm dünne Luft.

Thomas George Montgomerie und Henry Haversham Godwin-Austen waren zweifelsfrei mutige, zielstrebige und von ihrer Abenteuerlust getriebene Männer. Doch sie waren eben keine Bergsteiger. In die Zeit um 1850 fielen die Besteigungen von Alpenbergen wie dem Monte Rosa und der Dufourspitze, der Aiguille du Midi und dem Allalinhorn, von Castor, Liskamm und Nordend, von Dent Blanche und der Marmolada. 1865 bestieg Edward Whymper das Matterhorn. Die großen Gletscherregionen in der Schweiz und in Frankreich wurden erkundet und die Alpenvereine gegründet. Aus gutem Grund wird diese Zeit als das »Goldene Zeitalter des Alpinismus« bezeichnet. Mit der Vermessung all der Berge im Himalaja und im Karakorum gewannen auch diese hohen Gipfel an Bedeutung, auch wenn sich kaum jemand eine tatsächliche Besteigung vorstellen mochte. Alles, was man hörte, klang nicht unbedingt verlockend: lausige Kälte, praktisch keine Infrastruktur und enorm dünne Luft. Das galt auch und vor allem für den steil aufragenden K2.

Doch die Wagemutigen kamen dem Berg immer näher: Francis Younghusband, ein 1863 im indischen Murree geborener Brite, war einer von ihnen. Der Mann war Religionsphilosoph, schrieb Bücher, war ein Reisender aus Passion, aber auch Offizier und darüber hinaus ein ausgezeichneter Leichtathlet mit einem Weltrekord über die 300-Yard-Strecke. Schon als 19-Jähriger erkundete Younghusband Gegenden im Himalaja. Zu seinen ersten Glanzpunkten gehörten 1887 die Durchquerung der Wüste Gobi und die Überschreitung des Muztagh-Passes in Richtung der Südseite des K2. Younghusband war ursprünglich von Peking durch die Gobi nach Yarkand, das im Westen Chinas und nördlich von Ladakh liegt, gekommen. Von dort visierte er direkt den Muztagh-Pass an. Doch der damals noch wachsende Gletscher, der sich bedrohlich über die Passhöhe legte, bereitete ihm offenbar große Schwierigkeiten. Younghusband musste schließlich seine sämtlichen Maultiere zurücklassen. Mit nur wenigen Begleitern wagte er den gefährlichen Abstieg. Nach Tagen erst erreichte er das pakistanische Dorf Askole, das bis heute eine große Rolle bei K2-Expeditionen von Süden her spielt. Bis Askole rumpeln nämlich – von Skardu kommend – die Jeeps auf einer 120 Kilometer langen Schotterpiste. Dieses Schlagloch-Abenteuer, entlang unglaublicher Felsabbrüche und mitten durch wilde Bäche, verkürzt den Anmarsch zum Basislager um tagelange Gewaltmärsche.

Younghusband erlebte den K2 in seiner ganzen Größe, wie ihn schon Henry Haversham Godwin-Austen von den Hängen am Masherbrum aus gesehen hatte. Und auch er war grenzenlos beeindruckt: »Der K2 erschien als ein perfekter Kegel, unglaublich hoch. Ich war sehr erstaunt.« Näher heran kam er allerdings nicht.

Der erste italienische Forschungsreisende, der den Fuß des K2 erreichte, war 1890 der aus Gressoney im italienischen Aostatal stammende Roberto Lerco. Er war am Fuß des Monte-Rosa-Massivs aufgewachsen und war in Pakistan nur mit einer kleinen Gruppe von Trägern unterwegs. Zuerst hatte er die Täler um den Nanga Parbat erkundet und war dann weitergezogen, tief hinein in das Baltoro-Gebiet. Als er schließlich den Godwin-Austen-Gletscher hinaufwanderte, wo heute an der Südseite des K2 das Basislager aufgeschlagen wird, geriet er in einen Gletscherbruch. Diese kurze, etwas heikle Passage aus Spalten, brüchigem Eis und großen Séracs flößte ihm Respekt ein. Doch er überwand die Stelle und stand bald darauf auf einem Sattel am Fuß des K2, wo es hinübergeht in Richtung Skyang Kangri. Dort gibt es heute meist ein kleines, vorgeschobenes Lager, das als Materialdepot dient. Nun wandte sich Lerco, der ein recht passabler Bergsteiger war, wohl instinktiv nach links, also nach Norden. Er stand unter einem steilen Hang und stieg dort ein gutes Stück hinauf – nicht ahnend, dass dies die Einstiegspassage zum »Abruzzengrat«, wie er später genannt wurde, war. Es wirkt heute fast bedauerlich, dass Lerco nach seiner Rückkehr von diesem Abenteuer keinen schriftlichen Bericht verfasst hat. Es gibt nur eine mündliche Überlieferung, die allerdings sehr detaillierte Beschreibungen des Abruzzengrats beinhaltete und dessen, was er mit dem Blick nach oben beurteilen konnte. Somit war er der Erste, der dort geklettert war. Wer je an diesem Ort stand, kann beurteilen, wie steil der Berg schon da wirkt. Lerco hatte ohne Zweifel einen ganz wichtigen Punkt erreicht.

Nach Roberto Lerco leitete ein englischer Adeliger die erste bedeutsame Expedition, mit dem Ziel, dem K2 etwas näher zu kommen: William Martin Conway, der dem Concordiaplatz den Namen gab, war der Sohn eines Pfarrers und von unaufhaltsamer Umtriebigkeit geprägt. Er lernte das Bergsteigen in den Schweizer Bergen und durchquerte die Alpen vom Nordwesten Italiens bis zum Großglockner. Mit 28 Jahren war

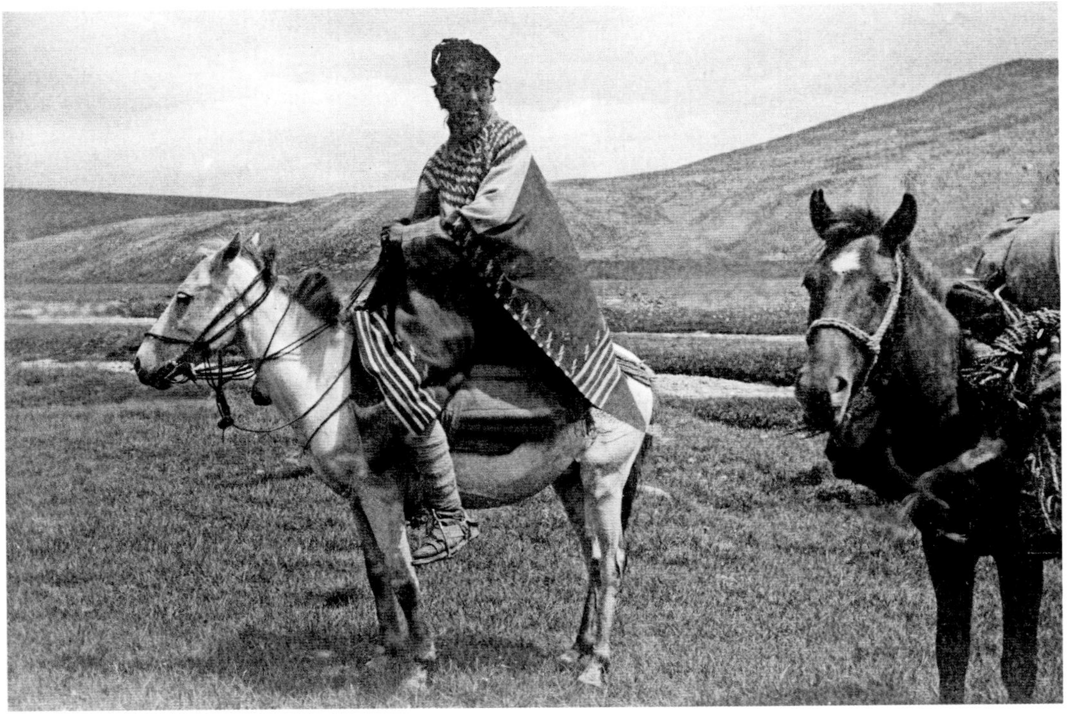

Schräger Vogel: Der britische Magier und Schriftsteller **Aleister Crowley** – hier 1902 auf einem Pferd nahe Skardu – ließ Teile seiner Bibliothek zum Berg schleppen und beanspruchte später einen Höhenrekord für sich.

er bereits Professor an der Universität Liverpool, und 1931 wurde er als Baron Conway of Allington in den Adelsstand erhoben. Inmitten dieses bewegten Lebens, als Politiker und Inhaber eines Lehrstuhls für Kunstgeschichte, zwischen Bergsteigerei, der Restaurierung eines Schlosses, als Kunstkritiker und Sammler von Kunstgegenständen, trieb es Conway 1892 in das Gebiet des Baltoro-Gletschers und des Muztagh Tower.

Mitglieder dieses waghalsigen Unternehmens waren Charles Bruce, der später zwei der ganz frühen Everest-Expeditionen leitete, sowie Oscar Eckenstein, ein britischer Bergsteiger deutsch-jüdischer Abstammung und Erfinder des modernen Steigeisens. Den Bergführer Matthias Zurbriggen, dem einige Jahre später, 1897, die Erstbesteigung des Aconcagua gelingen sollte, kannte Conway aus der Schweiz. Außerdem war Zurbriggen – wie beschrieben – mit jenem amerikanischen Ehepaar William Hunter Workman und Fanny Bullock am K2. Zudem kamen der Maler McCormick, Lloyd Dickin und Heywood Roudebush sowie vier nepalische Gurkha, die eine Ausbildung in einer Eliteeinheit des Militärs erhalten hatten, und drei junge Balti als Träger mit. Einer von ihnen trug auf allen Wegen und Pfaden sein Schwert und einen großen Regenschirm mit sich. Das war zwar eher hinderlich, und doch weigerte er sich, auch nur einen Schritt ohne diese Ausrüstung zu gehen.

Mit diesem Team wollte Conway einen Versuch Richtung Gipfel machen. Doch die Konflikte, die fast jeder Expeditionsgruppe innewohnen, waren da bereits programmiert: Der junge, ungestüme Eckenstein und der eher vornehm zurückhaltende, konservative Conway – das harmonierte von Beginn an nicht und wurde auch später nicht besser. Schließlich verließ Eckenstein das Team bereits auf dem Biafo-Gletscher, also noch bevor die Expedition auch nur in die Nähe des Ziels gelangt war.

Trotz seines frühen Ausscheidens sind wertvolle Tagebucheinträge von Eckenstein erhalten geblieben, die den Expeditionsalltag beschreiben. Über ein Essen in einem Hochlager, das er mit dem Major Charles Bruce eingenommen hatte, schrieb er: »Am Abend, an dem wir ankamen, hatten wir, Bruce und ich, zwei Hühner in Butter gebraten, ein Dutzend Spiegeleier, ein halbes Dutzend große Chapatis in Butter gebraten und eine halbe Gallone (Anm.: 2,3 Liter) Milch. Doch wir waren wirklich zu müde, um etwas zu essen, was unter den gegebenen Umständen eine anständige Mahlzeit gewesen wäre, und wir schliefen augenblicklich wie Murmeltiere, als wir uns hinlegten.« Allein diese Eintragung belegt, wie entrückt die damaligen Unternehmen der Zivilisation waren und wie sehr sie genau diese Zivilisation inmitten der Wildnis suchten.

Fast ein ganzes Jahr war die illustre Expeditionsgruppe im Baltoro-Gebiet unterwegs, erforschte Gletscher und Berge, kartografierte über 5.000 Quadratkilometer der Gebirgswelt im Karakorum, und an einem Nebengipfel des Baltoro Kangri gelang ihnen mit knapp 6.600 Metern ein neuer Höhenrekord. Sie befanden sich monatelang in einer Gegend, die zu den beeindruckendsten Gebirgsregionen der Welt gehört. Gleich vier Achttausender im Umkreis von nur 25 Kilometern – der K2 (8.611 m), der Gasherbrum I (8.080 m, auch als Hidden Peak bekannt), der Broad Peak (8.051 m), der Gasherbrum II (8.034 m) ragen dort dicht an dicht in den Himmel. Dazu namhafte Gipfel wie der Gasherbrum IV (7.932 m), der Skyang Kangri (7.545 m), der Muztagh Tower (7.276 m), der Gasherbrum V (7.147 m) und die berühmten Trango-Türme.

Zurück in England, wurde William Martin Conway für seine Verdienste zum Ritter geschlagen.

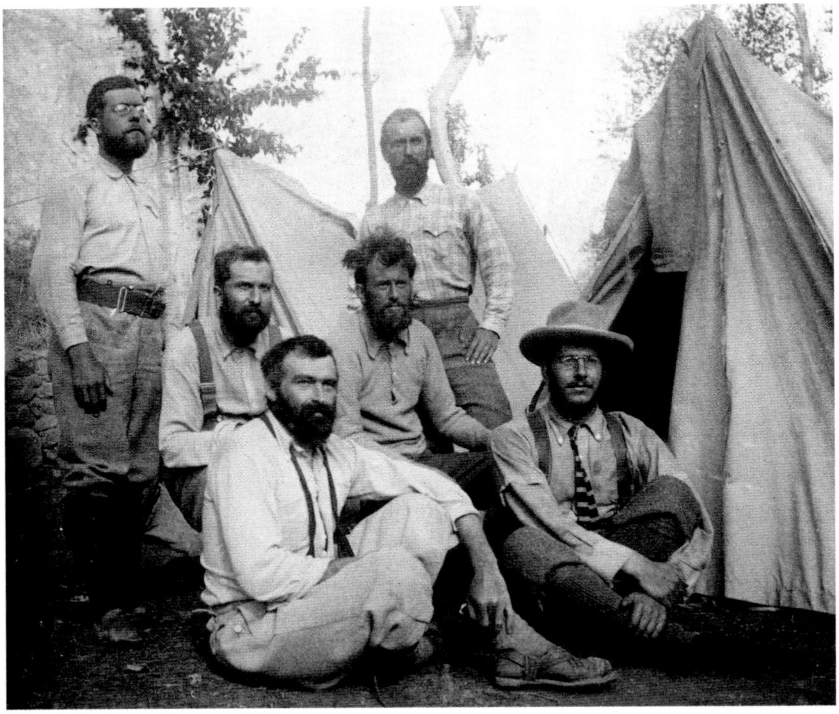

Ein illustres Expeditionsteam (von links nach rechts): **Viktor Wessely, Expeditionsleiter Oscar Eckenstein, Jules Jacot-Guillarmod, Aleister Crowley, Heinrich Pfannl und Guy Knowles** erkundeten im Jahr 1902 den Berg jenseits der 6.000-Meter-Marke und trugen in der dünnen Luft so manchen Konflikt miteinander aus.

Oscar Eckenstein war nach seiner vorzeitigen Rückreise rasch klar, dass er wiederkommen würde. Der Mann, der dem modernen Steigeisen zehn Zacken gab und mit der damit verbundenen Eckenstein-Technik im Eis für Aufsehen sorgte, reiste 1902, also zehn Jahre später, erneut zum K2. Der Start in ein neues Jahrhundert schien für ihn wie das Einläuten einer neuen Zeit des Höhenbergsteigens: Er holte sich Jules Jacot-Guillarmod, einen Schweizer Expeditionsarzt und versierten Bergsteiger, ins Team. Dazu den britischen Kunstsammler Guy Knowles, der das Projekt finanzierte, sowie die beiden österreichischen Bergsteiger Heinrich Pfannl und Viktor Wessely.

Und schließlich war noch ein weiterer Brite namens Aleister Crowley in Eckensteins Team dabei. Der machte vor und nach der Expedition eine bemerkenswerte »Karriere« als Okkultist und Schriftsteller. Crowley war ein recht passabler Bergsteiger, vor allem aber ein ziemlich schräger und respektloser Mensch. In diversen Publikationen, unter anderem in der *Enzyklopädie des Bergsteigens* des Historikers Walt Unsworth, wird er als Zauberer und Dichter bezeichnet, als bizarrer Bildermaler, Gotteslästerer und Scharlatan, heroinsüchtig und ein Pornograf, ein Tierliebhaber und ein leidenschaftlicher Schachspieler. Auf Fotos wirkt er düster und fast unheimlich, gekleidet in merkwürdige Gewänder.

Eckensteins Expeditionsteam erkundete wochenlang den Baltoro-Gletscher und stieg dann am ausgeprägten Nordostgrat ein Stück den K2 hinauf: 6.100 Meter sind in der einen oder anderen Besteigungshistorie vermerkt, 6.700 behauptete Aleister Crowley später. 6.600 Meter waren es laut Oscar Eckenstein.

In dem Expeditionsteam wollte Aleister Crowley, der sogar einen Teil seiner Bibliothek in den Karakorum schleppen ließ, sein Kletterkönnen, seinen Mut und natürlich auch seine Exzentrik zur Schau stellen. Doch er kam nicht voran. Später schrieb er, alle anderen Teilnehmer dieser Expedition seien allenfalls mittelmäßige Alpinisten gewesen, während er es am K2, an diesem schwierigen Nordostgrad, bis auf 6.700 Meter geschafft habe. Die Aufzeichnungen seiner Kollegen lesen sich anders: Demnach seien sie nur auf 6.400 Meter hinaufgekommen, und Aleister Crowley sei an Malaria erkrankt. Zudem sei er höhenkrank gewesen. Crowley behauptete schließlich steif und fest, er sei der »Entdecker« der Route am Südostgrat gewesen, über den 52 Jahre später die Erstbesteiger den Gipfel erreichten.

Mysteriös mutet auch eine Begebenheit an, die sich am Nordostkamm unter dem eigentlichen Grat abgespielt haben soll. Im Streit um die Routenwahl habe der zornige Crowley einen Revolver gezogen und diesen auf den Kunstsammler und Mäzen Guy Knowles gerichtet. Es sei zu einem Handgemenge gekommen. Ein Kinnhaken soll Crowley schließlich niedergestreckt haben, bevor er entwaffnet werden konnte. Spätestens jetzt war das große Vorhaben, den zweithöchsten Gipfel der Erde zu erreichen, gescheitert.

Im letzten Akt dieses Melodrams wollten alle den Sattel zwischen dem K2 und dem Berg Skyang Kangri erreichen. Doch mit zunehmender Höhe litt der Österreicher Heinrich Pfannl wohl an einem Lungenödem. Obwohl Crowley bis dahin alles in den Wind geschlagen hatte, was auch nur im Entferntesten medizinisch klang, wollte er nun – im Gegensatz zu allen anderen – die große Gefahr erkannt haben. Er habe, erzählte er später überzeugt, energisch darauf bestanden, Pfannl ins Tal und zurück ins Basislager zu tragen.

Natürlich reklamierte Crowley auch das für sich allein. Im Tagebuch des Schweizer Expeditionsarztes Jacot-Guillarmod steht jedoch erneut etwas ganz anderes: Immer wieder seien Expeditionsmitglieder krank geworden. Er habe Durchfallerkrankungen behandeln müssen, zudem Magenprobleme und Grippe, vor allem jedoch Migräne, Schlaflosigkeit und Übelkeit. Er konnte damals nicht wissen, dass all das typische Anzeichen für den Beginn einer schweren Höhenkrankheit sind. Guillarmod tat das einzig Richtige: Er brachte den schwerkranken Pfannl in tiefer gelegene Lager, in denen er sich bald erholte. Dass Guillarmod und Crowley während der gesamten Zeit das Zelt teilten, sich aufregende Schachpartien lieferten, der Brite den Schweizer mit seinem Pfeifenrauch nervte und der Schweizer den Briten dauerhaft wegen dessen Malaria behandelte, sei allenfalls als Fußnote vermerkt. Und ja, die beiden gingen drei Jahre später wieder zusammen auf Expedition, diesmal zum Kangchendzönga, dem dritthöchsten Berg der Welt.

Im Notizbuch von Heinrich Pfannl steht diese Beobachtung: »Sicher ist, dass ganz gesunde, trainierte Menschen sich bald an jene Höhen so vollständig gewöhnen, dass sie jeder alpinen Aufgabe gewachsen sind. Doch schon eine Erkältung der Atmungsorgane wird stets große Aufmerksamkeit erfordern. Und überhaupt gebe man sich keiner Täuschung darüber hin, dass die Sache in jenen Höhen, wenn die Form des Berges das Mitkommen der Kuli (Anm.: gemeint sind die einheimischen Träger) nicht mehr erlaubt und zu alpinem Vorgehen zwingt, zufolge der Gewalt der Stürme, der Schnelligkeit, Heftigkeit und Dauer der Wetterstürze, der Tiefe der Temperatur bei schlechtem Wetter, stets eine sehr ernste ist; und wer dort davon spricht, dass er nichts riskieren will, der befindet sich entweder in einer gefährlichen Täuschung über diese seiner Gewalt entzogenen Faktoren, oder seine Absicht, einen dieser Berge zu bezwingen, kann nicht ernst genommen werden.«

Reinhold Messner, der den K2 1979 über den Abruzzengrat besteigen sollte, vermerkt dazu: »Welch eine Erkenntnis! Und das vor über 120 Jahren. Viel mehr wissen wir über das Bergsteigen in großer Höhe heute noch nicht.«

Als die Expeditionsgruppe nach Monaten in der Wildnis immer heftiger zu streiten begann, als am schneereichen und überwechteten Nordostgrat kein Weiterkommen mehr war, machten diese Haudegen etwas Bemerkenswertes – sie erklärten den K2 kurzerhand für unbesteigbar. Nach einem Jahr traten sie die Heimreise an. Und tatsächlich sollte es 74 Jahre dauern, bis die US-Amerikaner Rick Ridgeway und John Roskelley diese

Route am Nordostgrat bis hinauf zur markanten Schulter des K2 durchstiegen – jedoch ohne den Gipfel zu erreichen.

Geblieben ist von dieser Expedition auch ein einzigartiges Dokument: Am 19. Juni 1902 kroch am Concordiaplatz ein Mann aus seinem Zelt: Jules Jacot-Guillarmod. Dieser an allem interessierte Schweizer Arzt, Alpinist und Expeditionsbergsteiger war auch ein guter Fotograf. An diesem eisig kalten Morgen stellte er sein hölzernes Stativ auf das Eis des Baltoro-Gletschers und montierte darauf seine stereoskopische Kamera. Seine klammen Finger suchten den Auslöser, und um 6.15 Uhr drückte er ab. Auf diesem Foto sieht man den K2 in seiner vollen Größe. Links die Spitzen des Angulus und der Punta Nera. Rechts, weit hinten, der Skyang Kangri. Drei kleine Wolken zieren dieses fotografische Arrangement auf halber Höhe des K2. Etwas später notierte Guillarmod offenbar sehr bewegt in seinen Notizen: »Ich hoffte, eine Aufnahme des K2 im Mondschein zu machen, aber die Wolken verschleierten ihn im größten Teil der Nacht; erst am Morgen hat er sich enthüllt, und ich konnte zwei Fotos aufnehmen.« Es sind die ersten zwei Aufnahmen überhaupt vom zweithöchsten aller Berge. 12.000 in Holzschachteln verpackte Fotografien auf Fotoplatten hinterließ Guillarmod, der mit 56 Jahren bei der Nord-Süd-Durchquerung von Afrika schwer erkrankte und auf der Schifffahrtsreise nach Hause starb. Die beiden Ansichten vom K2 sind die wertvollsten all dieser Aufnahmen.

Seine klammen Finger suchten den Auslöser, und um 6.15 Uhr drückte er ab. Auf diesem Foto sieht man den K2 in seiner vollen Größe. Drei kleine Wolken zieren dieses fotografische Arrangement.

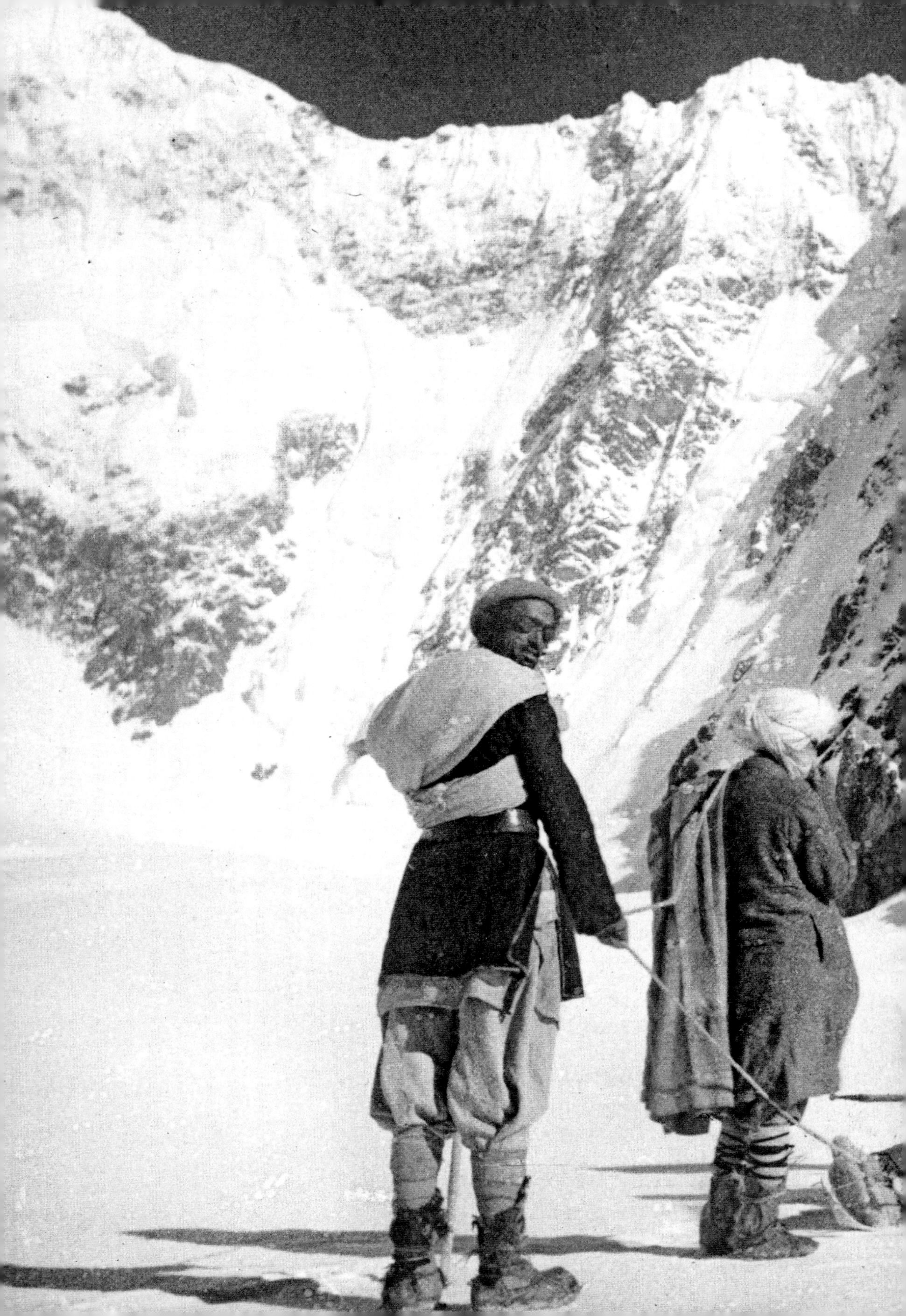

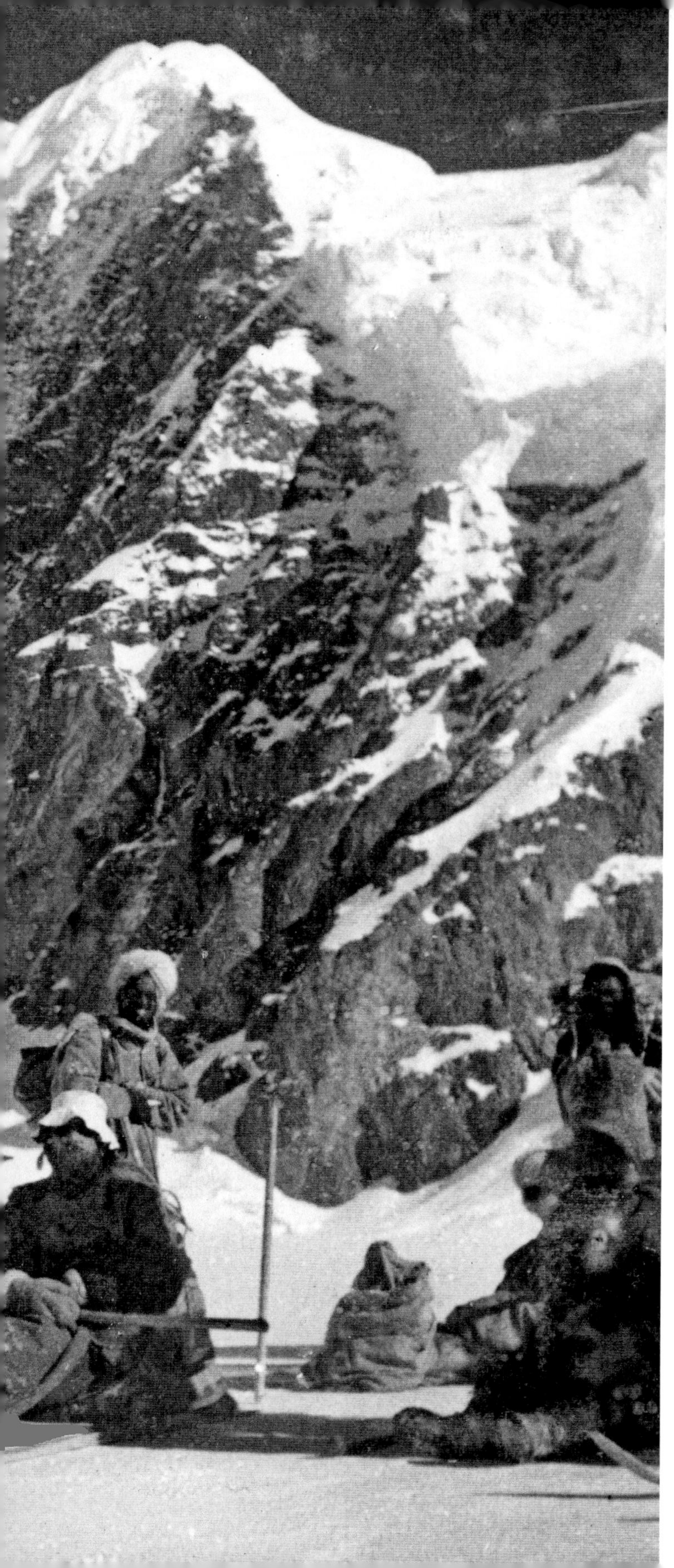

Wenn die Höhe krank macht: Der **Österreicher Heinrich Pfannl** litt in der Schlussphase der Expedition an einem Lungenödem und musste in tiefere Lagen transportiert werden. Im Bild ist er, umgeben von Trägern, in einem Kessel des Godwin-Austen-Gletschers unter dem imposanten K2-Nordostgrat zu sehen.

Hans Kammerlander

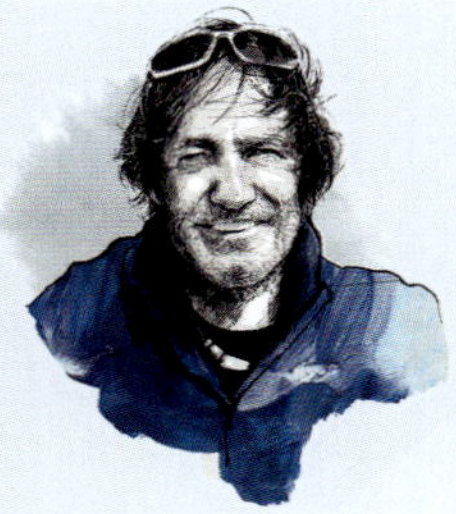

Über das Zusammenleben auf engstem Raum und das Lesen im Hochgebirge

Es ist spannend, sich mit der umfangreichen Historie des K2 zu befassen. Gerade die frühen Jahre sind interessant, als die ersten Wege hin zum Berg und dann auch ein Stück weiter hinauf gefunden wurden. Als ich begann, mich damit zu beschäftigen, wie ich den K2 besteigen könnte, interessierte mich zunächst, was ich über den Berg, über Routen und Schwierigkeiten in Erfahrung bringen konnte. Und gleichzeitig blieb ich immer wieder an den großen und kleinen Geschichten der Expeditionen hängen. Vor allem über diese Abenteurer und Reisenden – was waren das für Typen? Was trieb sie an? Was hat sie motiviert? Hinter jeder dieser Figuren steckt eine Persönlichkeit – außergewöhnliche, eigenwillige, manchmal auch verrückte Menschen.

Dieser Roberto Lerco hatte ganz offensichtlich ein Auge für den Berg. Der untere Bereich des K2, den er erkundete, ist eigentlich ganz logisch, wenn man dort steht. Und doch musste Lerco den richtigen Blick entwickeln, für das Gelände, für die Möglichkeit, die sich bot. Und er musste den Mut fassen, die ersten Schritte in dieser Kletterroute zu machen, die heute noch zu den bekanntesten weltweit gehört.

Was die Eckenstein-Expedition mit ihren charakterlich so unterschiedlichen Teilnehmern am Berg versucht hat, sehe ich eigentlich fast als normal an. Vom Bergsteigerischen her betrachtet, taten sie, was ihnen möglich war. Dass in diesem Team so heftig gestritten wurde, ist ebenfalls nachvollziehbar. Das waren ganz sicher allesamt Egoisten und Querdenker. Man betrachte nur diesen Crowley mit seinen schrägen Ansichten und Handlungen. Mich würde interessieren, warum der überhaupt einen Revolver in seinem Gepäck hatte. Und all die vielen Bücher, die er sich in das Lager tragen ließ. Ich weiß noch genau, wir hatten 1998 am Kangchendzönga ein einziges Buch dabei. Das haben wir dann in vier Teile gerissen, wer Pech hatte, musste den Schluss zuerst lesen oder verstand den Mittelteil überhaupt nicht. Wir hatten damit viel Spaß. Nicht der Berg war damals das Problem, sondern dieses Team. Das ist auch heute schwierig, wenn eine Gruppe starker Persönlichkeiten während einer Expedition so lange auf engstem Raum zusammenleben muss. Die Wahrscheinlichkeit, dass ein solches Unternehmen wirklich gut funktionierte, war gering. Vor allem, wenn da keiner nachgab. Und ganz gleich, was da auch immer geschah, wussten sie immer eines – wir müssen noch Monate miteinander aushalten.

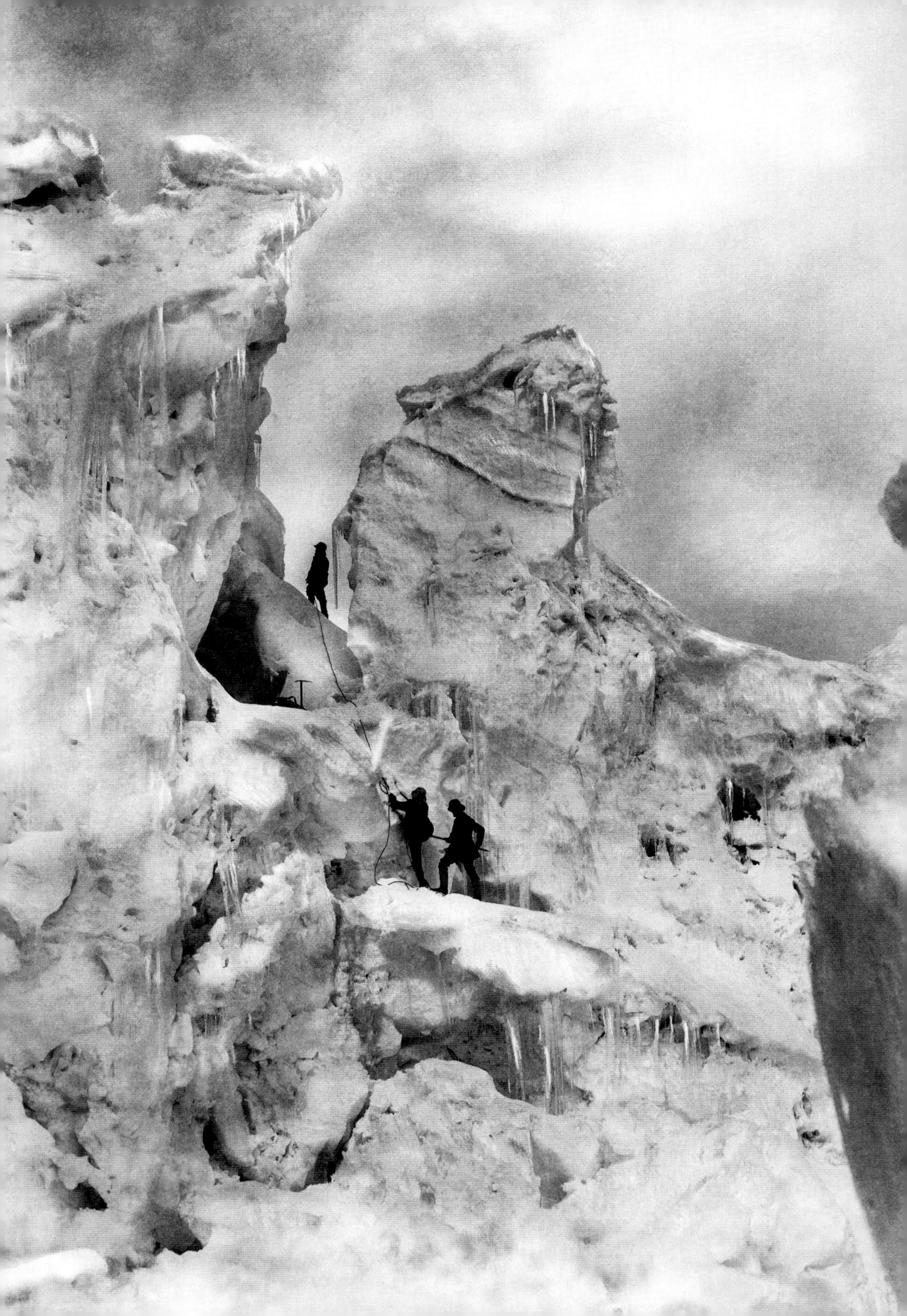

1909
Der Abruzzengrat und der unbesteigbare Berg

Gefährliches Terrain: Die Expedition des Herzogs der Abruzzen suchte Wege, über die der Berg besteigbar sein könnte – hier durch einen **mächtigen Gletscherbruch**. Ein ehrgeiziger Plan, der aber an zu weiten Wegen und zu großen Schwierigkeiten scheiterte.

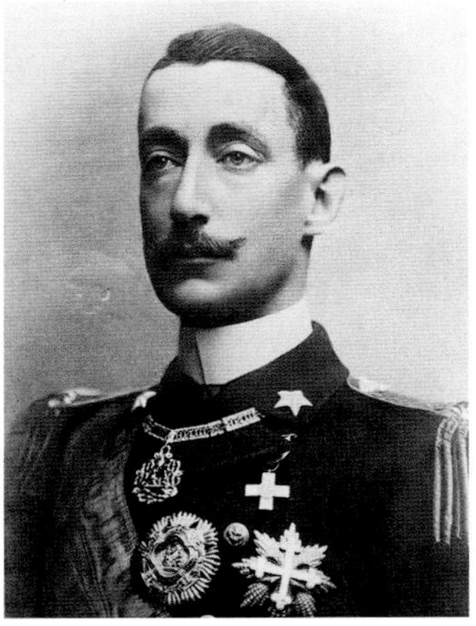

Ein Mann mit vielen Namen: **Luigi Amedeo Giuseppe Maria Ferdinando Francesco di Savoia-Aosta**, oder kürzer: der Herzog der Abruzzen, war ein begeisterter Alpinist, dem 1897 die Erstbesteigung des 5.489 Meter hohen Mount St. Elias in Nordamerika gelungen war und der 1909 die K2-Expedition leitete. Als Anstiegsroute für sein Team wählte er den Südostgrat des Berges. Der sollte später zum Normalweg auf den K2 werden und erinnert heute als »Abruzzengrat« an den Italiener.

Der »Union Jack« Großbritanniens, das weiße Kreuz auf rotem Grund der Schweiz, die rot-weiß-rote Flagge Österreichs und die »bandiera tricolore« Italiens – trägt man alle frühen Versuche und späteren Besteigungen des K2 mit einem Fähnchen in eine Karte ein, so merkt man, wie oft italienische Expeditionen am K2 unterwegs waren. Einige verewigten sich auch über Namensgebungen – etwa beim De-Filippi-Gletscher, dem Negrotto-Sattel oder dem Savoia-Gletscher.

Der stille Roberto Lerco aus dem Aostatal, der sich 1890 auf den Weg zum K2 gemacht hatte, weckte wahrscheinlich die Aufmerksamkeit in Italiens Bergsteigerkreisen, und so interessierte sich schon wieder ein Adliger für den zweithöchsten Berg der Erde. Luigi Amedeo Giuseppe Maria Ferdinando Francesco di Savoia-Aosta. Er stammte aus der Dynastie des Hauses Savoyen, war Herzog der Abruzzen und bekam eine stramme Ausbildung bei Italiens Marine. Das brachte ihm zwar einiges an Orden, Kreuzen und Sternen ein, doch es waren seine Forschungsreisen und Bergabenteuer, die in seiner persönlichen Lebensgeschichte einen bleibenden Eindruck hinterließen.

Kaum 24-jährig bestieg Luigi Amedeo mit dem Bergführer Joseph Petigax den 5.489 Meter hohen Mount St. Elias an der Grenze Alaska/Kanada. Auf einer weiteren Expedition, beim Versuch, den Nordpol zu erreichen, fror er sich zwei Finger ab. 1906 streifte er durch das Ruwenzori-Gebirge in Uganda, erforschte und vermaß dort fast zwanzig Gipfel.

In den folgenden beiden Jahren widmete er sich nur einem einzigen Projekt: Unter größter Geheimhaltung nahm der Herzog der Abruzzen den K2 ins Visier. Offensichtlich war seine Angst groß, dass ihm jemand dieses ehrgeizige Vorhaben wegschnappen könnte. Er reiste nach London, um dort Ausrüstung und Vorräte zu erwerben. Derweil versammelte er eine Gruppe erfahrener Bergführer und Bergsteiger aus dem Aostatal um sich. Allen voran die Brüder Laurent und Joseph Petigax, die Brüder Alexis, Henry und Emile Brocherel, dazu Albert Savoye und Ernest Bareux. Expeditionsarzt war Filippo De Filippi, der über seine medizinischen Fähigkeiten hinaus auch akribisch im Schreiben und Dokumentieren war. Topograf der Expedition wurde der Marineleutnant Federico Negrotto. Und dann war da noch der herausragende Fotograf und Filmemacher Vittorio Sella mit seinem Assistenten Erminio Botta: Der inzwischen fast fünfzigjährige Sella sollte unglaubliches Bildmaterial von dieser Reise mitbringen, das im Rahmen historischer Betrachtungen des Karakorums und des K2 bis heute von großer Relevanz ist.

Luigi Amedeo organisierte und plante zwanzig Monate. Dann begab er sich 1909 mit seinem Team auf die lange Schiffspassage nach Bombay. Von da aus reiste er weiter in die Kaschmir-Region. Dort heuerte er 360 Träger an und kaufte dazu Lastentiere, um die fast sieben Tonnen an Expeditionsgepäck in die Baltoro-Region befördern zu lassen. »Zum Ruhme Italiens und des Hauses Savoyen«, notierte der Arzt De Filippi in seinem Tagebuch.

Auf dem Marsch zum Karakorum bemerkten die Bergsteiger, wie hochwertig Amedeo sie ausgerüstet hatte: Die Schlafsäcke, die in London gefertigt wurden, waren aus vier Lagen zusammengenäht worden – Kamelhaar, darunter Daunen, dann eine Schicht Schaffell und eine Außenhaut aus wasserdichtem Segeltuch.

Wie all die anderen Forscher und Suchenden mussten auch die Italiener einen langen Fußweg auf sich nehmen, bis sie sahen, wonach sie suchten. Dazu gibt es eine interessante Notiz aus dem Tagebuch von De Filippi: »Als ob ein Schleier von unseren Augen gezogen worden wäre, lag urplötzlich das breite Tal des Godwin-Austen-Gletschers vor uns. Und in einiger Entfernung, vollkommen abgeschieden, erhob sich der majestätische K2, der wahre und unbestrittene Monarch der Region. Er füllt die Lücke am Ende des Tals, und es scheint, als ob alle Linien an ihm zusammenlaufen. Seine Form ist perfekt und ausgewogen proportioniert, ein solider architektonischer Entwurf.«

Da war sie wieder, die ehrfurchtsvolle Beschreibung von jemandem, der vollkommen überrascht und ergriffen vor diesem außergewöhnlichen Berg stand. 25 Tage lang dauerte der schier endlos scheinende Fußmarsch von Skardu bis hinauf nach Askole und weiter über

Urdukas auf den Baltoro-Gletscher bis hin zum Concordiaplatz. Für die 130 anspruchsvollen Kilometer benötigen Jeeps heute rund sieben Stunden. Für die Gruppen von damals war dieser Weg enorm strapaziös. Schließlich erreichte die Expedition ihr Basislager auf dem Godwin-Austen-Gletscher.

Der Herzog der Abruzzen ließ keine Zeit verstreichen. Nachdem die Zelte aufgebaut waren und das Material sortiert war, begann die Erkundung unbekannter Gegenden im Karakorum, die Vittorio Sella fotografierte und dokumentierte. Die Bergsteiger im Team suchten inzwischen nach einer machbaren Aufstiegsroute. Dabei querten sie zunächst den Savoia-Gletscher und begutachteten die Westwand. Doch diese Route erschien allen rasch als aussichtslos, genauso wie der Verlauf des Nordostgrats, den Eckenstein 1902 mit seinen Leuten versucht hatte. Eine andere Gruppe stieg den Godwin-Austen-Gletscher in Richtung Osten auf, also über den Weg, den 19 Jahre zuvor Roberto Lerco genommen hatte. Auf dem kleinen Sattel angelangt, erkannte Alexis Brocherel, dass sich am Südostsporn eine Möglichkeit eröffnen könnte. Auch Luigi Amedeo folgte bald dieser Idee.

Das Basislager der Italiener befand sich auf rund 5.050 Meter Höhe. Der Südostgrat, über den das Team aufsteigen wollte, hatte den Vorteil, dass er am frühen Vormittag von der Sonne beschienen war, während die Zelte unten noch im Schatten lagen. Steil ist es dort wie überall an diesem Berg: Der K2 ist der einzige Achttausender, an dem auf allen Routen nahezu ununterbrochen geklettert werden muss. Auch die Italiener erkannten bald, wie schwer es dieser Berg jedem macht, der sich ihm nähert. Fels, Eis und Firn beanspruchen den Alpinisten auch in den Alpen und den Anden. Am K2 wird man indes in einer Höhe gefordert, an denen fast alle Berge längst ihren Gipfel erreicht haben.

Der Südostgrat sollte es also sein, beschloss der Herzog. Nicht ahnend, dass er diesem Sporn für immer seinen Namen geben sollte. In allen Sprachen der Welt wird dieser Wegverlauf seitdem Abruzzensporn oder, häufiger, Abruzzengrat genannt.

De Filippi notierte: »Sicherlich ist der Südostgrat steiler und auch länger als der Westgrat. Aber andere Punkte sprechen für ihn. Er ist südwärts gerichtet und bereits am Morgen der Sonne ausgesetzt.« Sonne, das ist ein wesentlicher Vorteil im Kampf gegen die klirrende Kälte an einem Achttausender. Doch Sonneneinstrahlung begünstigt, gerade am Abruzzengrat, auch Stein- und Eisschlag.

1909 kam niemand zu Schaden. Doch die Ideen, die diese so wagemutigen Italiener entwarfen, waren schon tollkühn. So planten sie, vom

Basislager aus tausend Höhenmeter hinaufzusteigen. Bis zu einem markanten »rötlich-gelben Riss«, wie De Filippi die Stelle beschrieb. Von dort hoffte das Team, »mit einem kleinen Zwischenlager auf halbem Weg die Schulter zu erreichen.« Ein aussichtsloses Unterfangen: Die Schulter am Ende des Abruzzengrats befindet sich in knapp 8.000 Meter Höhe. Kein Mensch war bis dahin in solche Sphären vorgedrungen. In dieser Rasanz ist das auch bis heute nicht möglich. Wenigstens drei Hochlager gibt es bis dorthin, die zur Akklimatisierung überlebensnotwendig sind.

Dass die Italiener bis zum 30. Mai 1909 so weit gekommen waren, ist aus heutiger Sicht sehr früh im Jahr. Die K2-Saison beginnt, einen Monat nachdem die Expeditionen am Mount Everest beendet sind. Das liegt daran, dass der Everest deutlich weiter Richtung Südosten im Himalaja aufragt und früher von den Monsunstürmen erfasst wird.

Doch all die Männer waren damals bereit für dieses verrückte Unternehmen. Und wenn man die Vernunft nicht verliert, überlebt man sogar. Ein erstes Hochlager schlug die Gruppe in 5.560 Metern auf. Danach kam sie noch weitere rund 300 Höhenmeter hinauf. Erst einmal sah alles gar nicht so übel aus: De Filippi war felsenfest überzeugt, dass sie am nächsten Tag über 6.000 Meter Höhe hinauskämen. Doch inzwischen war auch klar, dass dieser Berg sicher nicht im Eiltempo zu bewältigen sein würde. Deutlich mehr Zeit würde notwendig sein, mehr Proviant, mehr Material, mehr Fixseile, um die Sicherungen bis ganz hinauf verlegen zu können. Während oben geklettert wurde, eilten sechs Träger in die Dörfer unter dem Baltoro-Gletscher und kauften dort zusammen, was sie kriegen konnten.

Der rötlich-gelbe Riss kam näher und auch die Erkenntnis, wie unendlich weit unterdessen die markante Schulter noch über ihnen lag. Wer je auf einem einigermaßen anstrengenden Berg gewesen ist, kennt das zermürbende Gefühl, wenn man erkennt, wie groß die Entfernung bis zum Ziel immer noch ist. Die Italiener waren zu diesem Zeitpunkt außerstande, so viel Fixseil anzubringen, dass die Nachschubwege gesichert gewesen wären. Sie beratschlagten und schauten noch einmal hinauf zu dem angestrebten Riss. Dann drehten sie um.

Die Schulter am Ende des Abruzzengrats befindet sich in knapp 8.000 Meter Höhe. Kein Mensch war bis dahin in solche Sphären vorgedrungen.

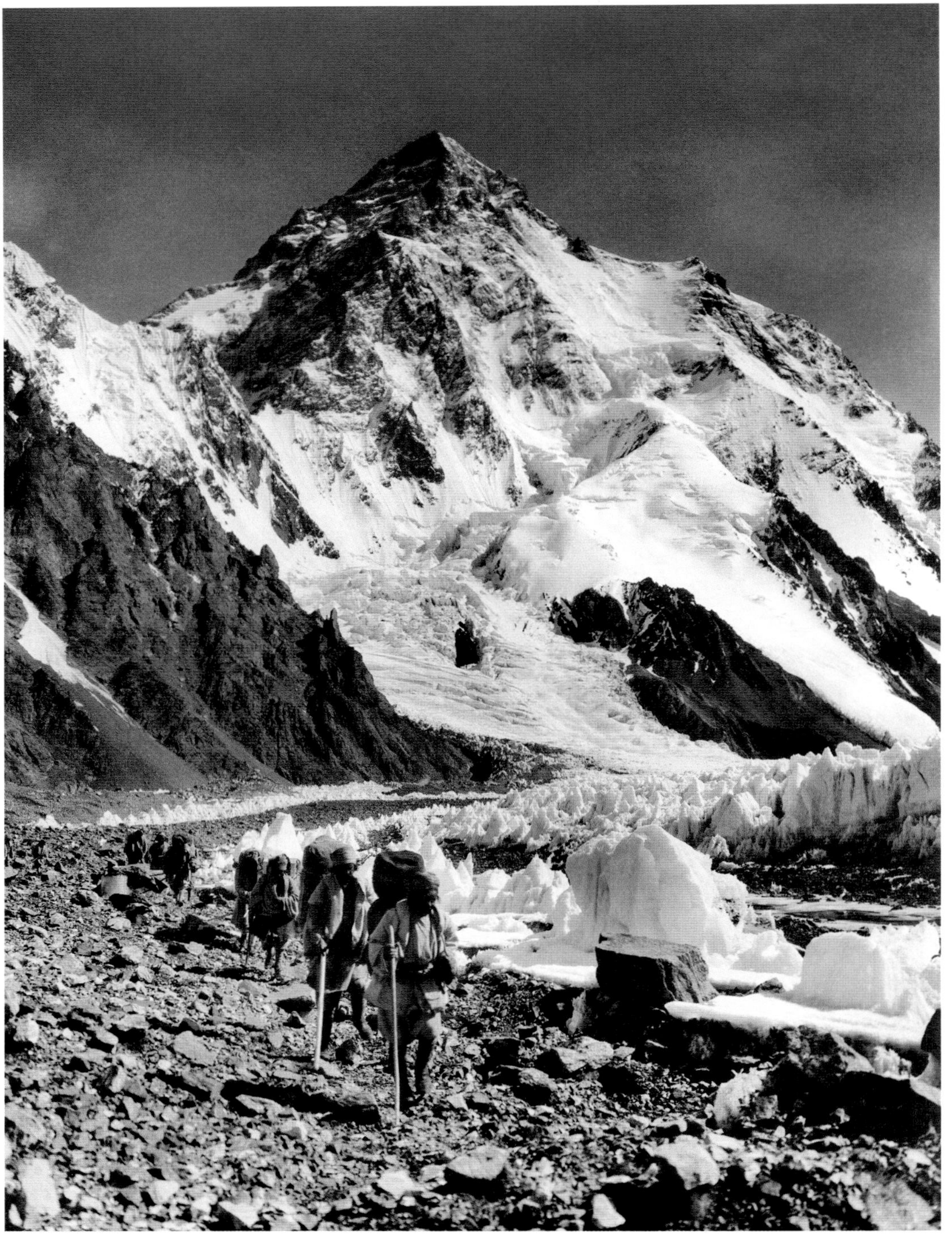

Was für ein Berg: Vor imposanter Kulisse geht es von Eis, Fels und Schnee wieder in wärmere Gefilde. Zu Schaden kam bei der **Expedition von 1909** niemand, und auf der nahen Chogolisa gelang ein Höhenweltrekord.

Bis unter eine Gruppierung markanter Felsen waren sie gekommen und damit auf etwa 6.600 Meter Höhe. Die Angelegenheit war ein ansprechender Erfolg und der Herzog der Abruzzen nicht unzufrieden. Restlos zufrieden war er allerdings auch nicht. In De Filippis Tagebüchern steht dieser nüchterne Eintrag: »Nach wochenlanger Prüfung, nach oft stundenlangem Betrachten auf der Suche nach dem Geheimnis des Berges musste sich der Herzog schließlich der Einsicht beugen, dass der K2 unbezwingbar ist.« Damit war er der Nächste nach Oscar Eckenstein, der so urteilte.

Ohne eine Fußnote geht es auch bei einer solchen Expedition kaum. Die Gruppe kehrte nämlich nicht sofort nach Italien zurück, sondern stieg am 7.545 hohen Skyang Kangri, den sie über den Sattel am Einstieg des Abruzzengrats erreicht hatte, über den Südostgrat abermals bis auf eine Höhe von 6.600 Metern auf. Erst die gähnenden Mäuler zweier Gletscherspalten stoppten den Vorwärtsdrang. Negrotto vermaß unverdrossen Quadratmeter für Quadratmeter dieser herrlichen Landschaft und ihrer Gipfel. Derweil hatte der Herzog der Abruzzen nun schon seit Wochen die 7.654 Meter hohe Chogolisa bewundert. Der formschöne Grat und die herrliche Flanke zogen ihn magisch an. Also wanderte er mit seinem Team hinaus zum Concordiaplatz und war bald am Fuß des nächsten Berges.

Mit zwei Hochlagern erreichten die Bergsteiger an der Chogolisa in einem ersten Versuch 7.100 Meter. Doch eine Wetterverschlechterung zwang sie zum Rückzug. Kaum eine Woche später trieb es sie erneut hinauf. Auf 6.850 Metern ließ der Herzog der Abruzzen ein weiteres Hochlager aufschlagen. Der Tag darauf war der 18. Juli 1909. Weiter, immer weiter. 7.000 Meter. 7.500 Meter. Das war ein neuer Höhenrekord. Nur noch 150 Höhenmeter bis zum Gipfel. Weit war es nicht mehr. Doch tiefe Schneemassen und Nebel zwangen sie zur Aufgabe.

Der Herzog der Abruzzen machte kehrt, brachte sein gesamtes Team sicher nach Hause und bedankte sich bei einigen seiner Begleiter auf seine Weise: Nach dem Marineleutnant Federico Negrotto benannte er einen Pass auf der Westseite des K2. Der Fotograf Vittorio Sella gab dem Pass auf der Ostseite den Namen. Und Luigi Amedeos Geschlecht der Savoyer wurde im gleichnamigen Savoia-Gletscher und dem darüberliegenden Übergang nach China verewigt.

Hans Kammerlander

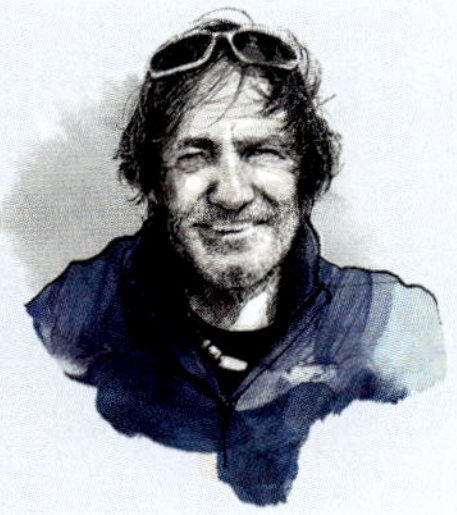

Über Kisten voller Geld und lange Karawanen von Trägern

Die Reise des italienischen Herzogs mit seinen Begleitern ist in meinen Augen eine der faszinierendsten Geschichten, die es vom K2 gibt. 1909, zu dieser Zeit, mit dieser Ausrüstung und angesichts all der Strapazen schon bei der Anreise zum Berg hin, hat diese Expedition Außergewöhnliches geleistet. Und sie hat für die Verhältnisse sehr professionell gearbeitet. Überdies hatte der Herzog der Abruzzen wohl ein gutes Gefühl bei der Auswahl seines Teams – das war bei vielen Expeditionen am K2 schon damals und bis heute nicht immer der Fall.

Der Herzog der Abruzzen soll ja sogar fast 30 Träger beschäftigt haben, die nichts anderes taten, als Kisten mit Münzgeld zu tragen. Tatsächlich, das weiß man von anderen Unternehmungen im Karakorum zuvor, akzeptierten die einheimischen Helfer damals kein Papiergeld. Und sie mussten jeden Abend neu bezahlt werden, damit sie am nächsten Tag ihre Last aufnahmen und weitergingen.

Das muss man sich vorstellen, wenn da fast 400 Träger kommen, stundenlang anstehen und jeden Tag ihr Geld abholen. Das ist ein Riesenaufwand gewesen.

Wovon wir uns heute ebenfalls keine Vorstellung machen, ist der Anmarsch zum K2. Wo inzwischen längst die Jeeps auf staubigen Pisten und blitzgefährlichen Bergstraßen sehr, sehr abenteuerlich unterwegs sind, mussten sie früher den ganzen langen Weg zu Fuß gehen. Ich bin selbst ein paarmal dort gewesen. Bis heute ist die Fahrt im Jeep schon anstrengend genug. Jetzt muss man dann bedenken, dass diese Expeditionen diese gesamte Strecke damals mit einer riesigen Karawane von Trägern bewältigt haben. Da muss allein schon dieser Anmarsch so manchem Expeditionsteilnehmer nahe ans Aufgeben herangebracht haben.

Wovon wir heute gesichert ausgehen können, ist die Tatsache, dass all diese Gruppen in den frühen Jahren und bei diesen frühen Versuchen den K2 in seiner Höhe und in seiner ganzen Gefährlichkeit komplett unterschätzt haben. Das ist keine Kritik, sie wussten es einfach nicht besser. Es ging damals auch noch viel weniger um das eigentliche Bergsteigen, sondern vielmehr um Forschergeist und den Drang, die weißen Flecken auf unserer Landkarte zu entdecken. Der Herzog der Abruzzen war offenbar einer von diesen Menschen, ein Suchender, ein interessierter Mensch, einer, der bereit war, etwas zu wagen, auch wenn er nicht wirklich wusste, worauf er sich da mit seinem Team einließ. Das gilt ganz besonders für seine Reise zum K2.

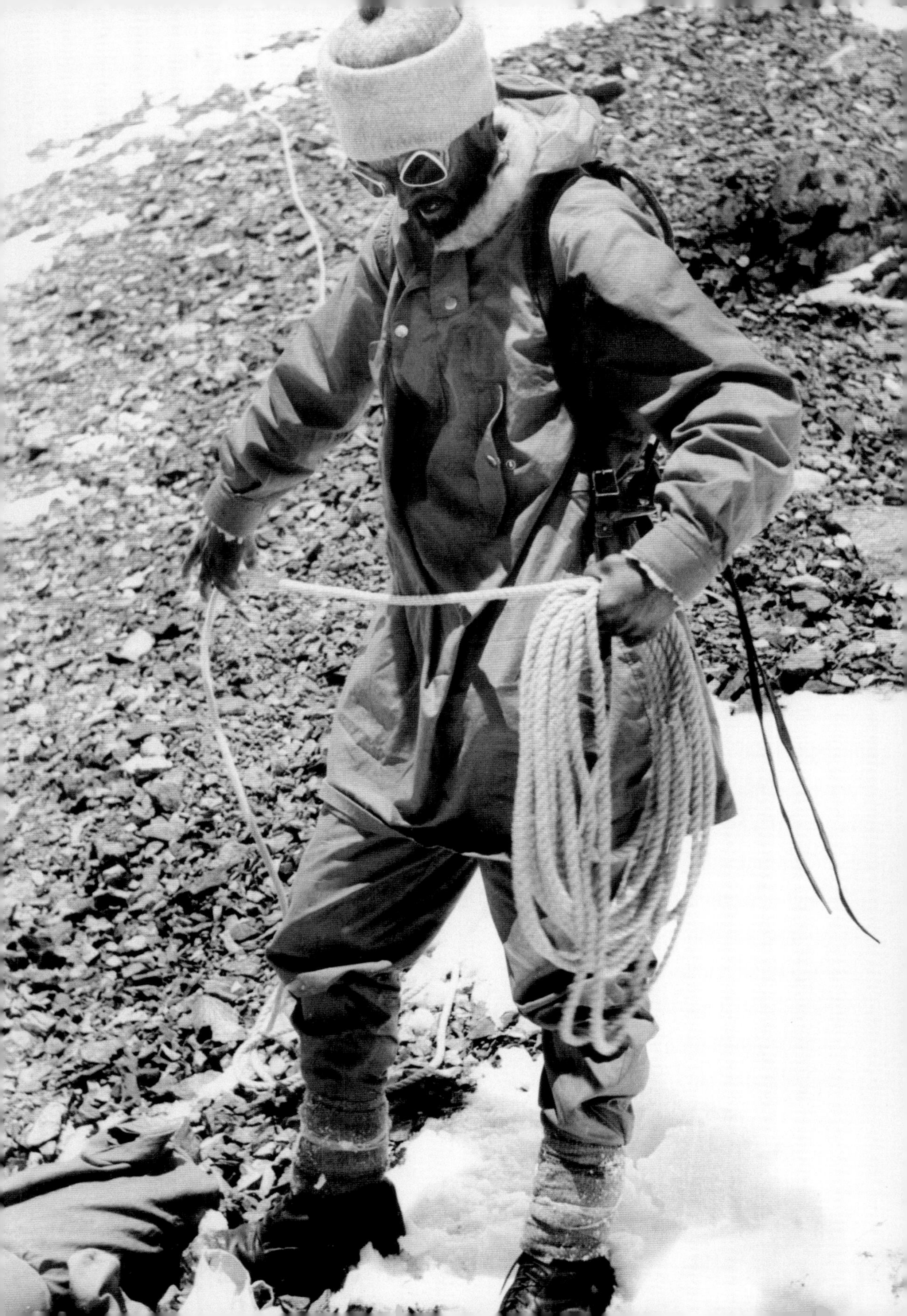

1938
Eine US-Expedition als Wegbereiter nach oben

Zweimal am K2: Der talentierte amerikanische Alpinist **Robert Bates** aus Philadelphia war Teil des couragierten Teams von 1938, das erst 700 Höhenmeter unter dem Gipfel aufgeben musste. Einige Jahre später, 1953, überlebte er nur knapp einen Sturz seiner Seilschaft.

Nachdem der Herzog der Abruzzen 1909 heimgereist war, wurde es ruhig am K2. Bis auf eine Ausnahme: Noch bevor der Erste Weltkrieg ausbrach, kehrte der Mediziner und Biologe Filippo De Filippi an den K2 zurück. Er stellte ein Team aus den besten Wissenschaftlern des Landes, aus Geologen und Geografen, zusammen. Die Dauer der Expedition, die De Filippi wählte, war fast atemberaubend und der Traum jedes Abenteurers: Die Gruppe reiste im späten Sommer 1913 mit dem Schiff nach Bombay und auf dem Landweg weiter nach Srinagar. Dort kam sie Mitte September 1913 an. Und blieb ein ganzes Jahr. Die Männer benötigten allein 36 Tage von Srinagar nach Skardu.

De Filippi ließ die Region erneut vermessen und vollendete somit die Arbeit von 1909. Giotto Dainelli und Olinto Marinelli hatten diesen Auftrag erhalten. Wie bei der ersten Expedition, über die er bereits ein Werk von mehr als 300 Seiten verfasst hatte, notierte De Filippi jede Kleinigkeit, jedes Detail, alles, was er sah und was ihm auffiel. Dann zog De Filippi weiter nach Ladakh, bevor er nach über einem Jahr 1914 zurückkehrte, in Italien fast wie ein Volksheld gefeiert wurde und seine Erkenntnisse auswertete. Die Ergebnisse all der wissenschaftlichen Tätigkeiten wurden in zwölf wissenschaftlichen Bänden, überwiegend von Giotto Dainelli verfasst, in Bologna veröffentlicht.

Ein weiterer Anlauf für eine Expedition in diese Region wurde von Giotto Dainelli geplant und später vom Herzog von Spoleto, Aimone di Savoia, ausgeführt. An dieser Expedition von 1929 nahm ein gewisser Ardito Desio teil, der später Leiter jener italienischen Expedition sein sollte, in deren Rahmen der Gipfel des K2 erstmals bestiegen werden konnte. Während einer der Erkundungstouren gelang zudem zum ersten Mal eine Fotografie von der gewaltigen Nordwand des K2, die hinter dem Savoia-Gletscher so mächtig aufragt. Der leicht zu begeisternde Forscher Ardito Desio notierte aufgeregt: »Eine enorme weiße Wand von 4.000 Meter Höhe.«

Von dem ursprünglichen Ziel, eine Besteigung des K2 zu versuchen, war am Ende nicht viel geblieben. Als der Herzog von Spoleto mit seinem Team heimreiste, galt jedoch die wissenschaftliche Erkundung des Karakorum-Gebiets auf dem Baltoro-Gletscher und im Shaksgam-Tal, im Nordosten des K2, geografisch als so gut wie abgeschlossen. Ardito Desio gelangte kurz vor dem Ende der Expedition auf den Sarpo-Laggo-Pass und den gleichnamigen Gletscher. Und ebendiesen Übergang beging 1937 eine Expeditionsgruppe von Eric Earle Shipton auf dem Weg zur Nordflanke des K2. Damit war auch das letzte Rätsel der Übergänge an diesem massigen Berg gelöst.

Die letzten weißen Flecken auf den Vermessungskarten füllten die Briten in den Jahren danach, als sie vermehrt die Nordseite des K2 kartografierten. Nun sah alles danach aus, als würde der zweithöchste Berg der Erde eine Sache der Italiener oder der Briten werden. Niemand kannte sich im Karakorum so gut aus wie sie. Sie hatten ihn erforscht, erschlossen, kartografiert und immer wieder auf neuen Pfaden erkundet. Wer also, wenn nicht ein Engländer oder ein Italiener, sollte zuerst auf dem zweithöchsten Gipfel der Erde stehen? Allerdings war zu dieser Zeit noch keiner der vierzehn Achttausender bestiegen, und niemand wusste, ob man in diesen enormen Höhen überhaupt überleben konnte. Bergsteiger verschiedener Nationen wollten die Ersten sein und machten die Besteigungen häufig zu einer nationalen Angelegenheit.

Plötzlich waren es jedoch US-Amerikaner, die sich für 1938 und 1939 über den American Alpine Club gleich zwei Besteigungsgenehmigungen hintereinander sicherten. Schon die erste amerikanische Expedition zum K2 unter Charles Houston wollte den Gipfel erreichen. Doch sollte sie nur die beste Route zum Gipfel erkunden. Alles, was man an belastbarem Material bisher in Händen hielt, waren die Erfahrungen des Herzogs der Abruzzen von 1909. Die US-Amerikaner glaubten fünf Routen am Berg zu erkennen, die bis hinauf zum Gipfel führen könnten.

Charles Houston war in den USA schon berühmt, bevor er zum ersten Mal mit dem K2 in Berührung kam. 1913 in New York geboren und in Long Island aufgewachsen, war er als 23-Jähriger 1936 Mitglied einer britisch-amerikanischen Expedition, die in den Norden Indiens führte. Dabei gelang Houston die Erstbesteigung des Nanda Devi, eines formgewaltigen, 7.816 Meter hohen Berges in Indien. Damals war der Nanda Devi der höchste jemals bestiegene Berg der Erde.

Houston war kein Expeditionsleiter im herkömmlichen Sinne. Entscheidungen sollten gemeinsam getroffen und dann bestmöglich umgesetzt werden. Und eines war von vornherein klar: Diese Gruppe würde nicht in einer riesigen Karawane unterwegs sein, wie es bislang im Karakorum üblich gewesen war. Nur fünf weitere Bergsteiger lud

Wer also, wenn nicht ein Engländer oder ein Italiener, sollte zuerst auf dem zweithöchsten Gipfel der Erde stehen?

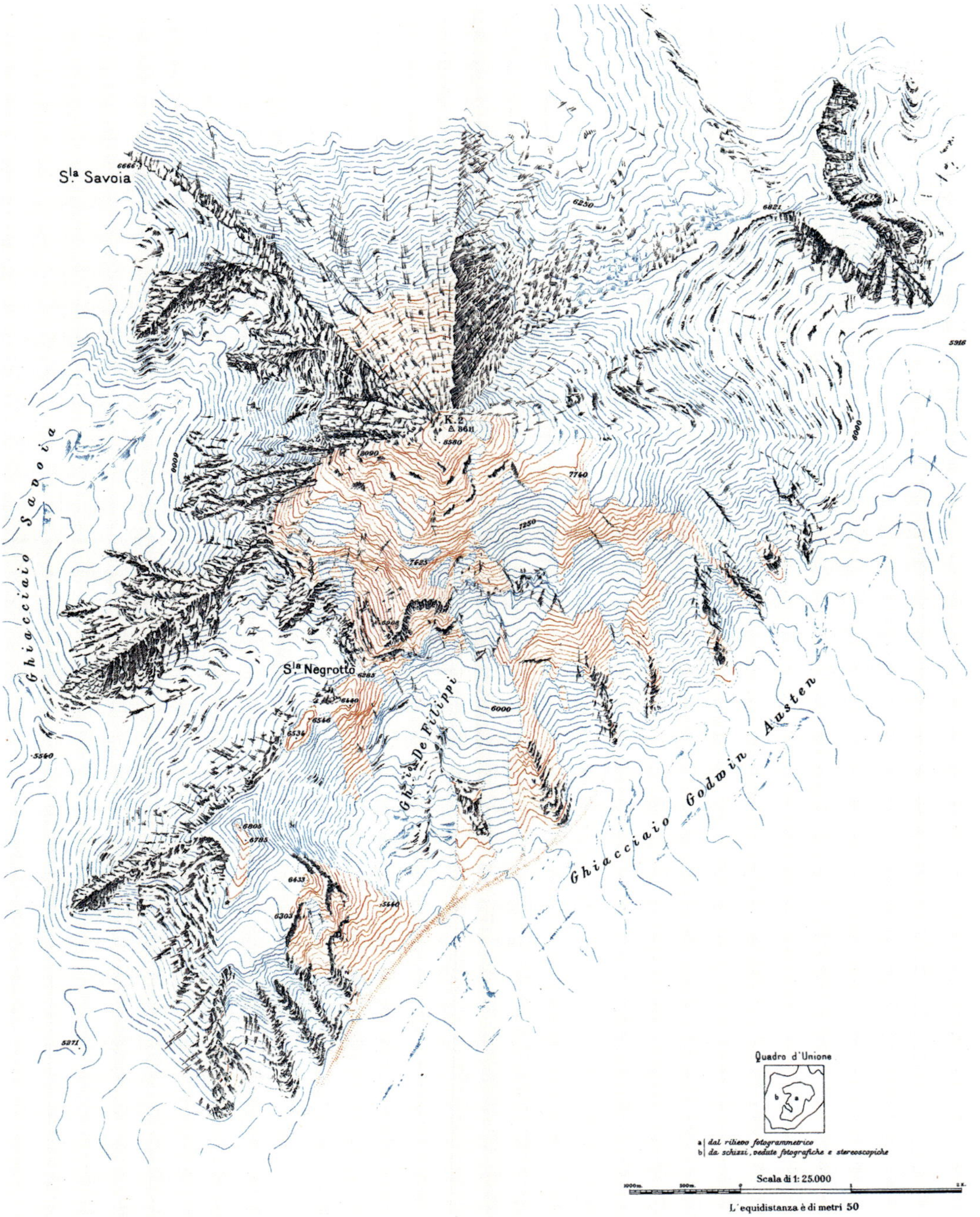

Der Berg wird fassbarer, die weißen Flecken des Karakorums schwinden: Diese italienische Karte aus dem Jahr 1929 hat den Maßstab 1:25.000 und zeigt den K2 auf Basis der Vermessungen, die im Rahmen der Expedition des **Herzogs von Spoleto** im gleichen Jahr durchgeführt wurden.

Charles Houston in das Team ein. Alle in dieser kleinen Gruppe hatten an irgendeinem Berg bleibende Spuren hinterlassen. Robert Bates, 1911 in Philadelphia geboren, hatte 1937, zusammen mit Bradford Washborn, den Mount Lucania im Yukon Valley erstbestiegen, den damals höchsten unbestiegenen Berg Nordamerikas. Paul Petzoldt, Jahrgang 1908 aus Iowa, war mit 16 Jahren am Grand Teton, dem höchsten Berg Wyomings, alle Seillängen bis zum Gipfel vorgestiegen. Richard Burdsall stammte wie Houston aus New York, war 1895 geboren und hatte den 7.556 Meter hohen Minya Konka im westlichen China bezwungen, den damals zweithöchsten Berg, der je bestiegen worden war. Und schließlich war da noch Bill House, Jahrgang 1913, aus Pittsburgh in Pennsylvania, dem bei dieser Expedition eine besondere Rolle zukommen sollte. House war 1936 zusammen mit Fritz Wiessner die erste Besteigung des technisch anspruchsvollen Mount Waddington in Kanada gelungen.

Sechs Sherpa aus Nepal brachte Charles Houston mit nach Pakistan. Ein paar Einheimische sollten das Basislager betreuen, und der britische Captain Norman Streatfeild war der von der Regierung vorgeschriebene Verbindungsoffizier. Er war kein sonderlich guter Bergsteiger, aber ein guter Organisator und hatte Erfahrung mit den einheimischen Trägern.

Am 13. Mai 1938 machte sich die Gruppe in Srinagar auf den Weg. 580 Kilometer lagen vor ihnen. Nach einem Monat, am 12. Juni, erreichte das Team den Platz unter der Punta Nera und dem dem K2 vorgelagerten Angulus, wo der Savoia- und der Godwin-Austen-Gletscher zusammenfließen. Dort schlugen sie die Zelte für ihr Basislager auf. Über die Gletscher hatten sie nun die Möglichkeit, direkte Zugänge für ihre Erkundungen in beide Richtungen zu finden. Die Zelte des Basislagers standen in knapp 4.900 Meter Höhe.

Zuerst wandten sich die amerikanischen Bergsteiger dem Nordwestgrat zu, der auf jenem Foto des Herzogs der Abruzzen vielversprechend wirkte. Doch als Charles Houston und Bill House den Gletscher mit seinen vielen tiefen Spalten überwunden hatten, standen sie am Bergschrund und sahen über sich einen Hang mit pickelhartem Eis. Sie hätten wenigstens für 250 Höhenmeter Stufen in das Eis hacken müssen.

Unterdessen hatten sich Robert Bates und Richard Burdsall bis Mitte Juni die Südwand oberhalb des Godwin-Austen-Gletschers angeschaut. Da dort fast täglich Lawinen herunterdonnerten, fassten sie den Abruzzen- und den Nordwestgrat ins Auge. Die Aufstiegsmöglichkeiten schienen allerdings auch nicht vielversprechender zu sein. Genauso wenig wie in der Ostwand: Der lange Nordostgrat dort ist von vielen sogenannten Gendarmen durchsetzt, also steil aufragenden, oft fragilen

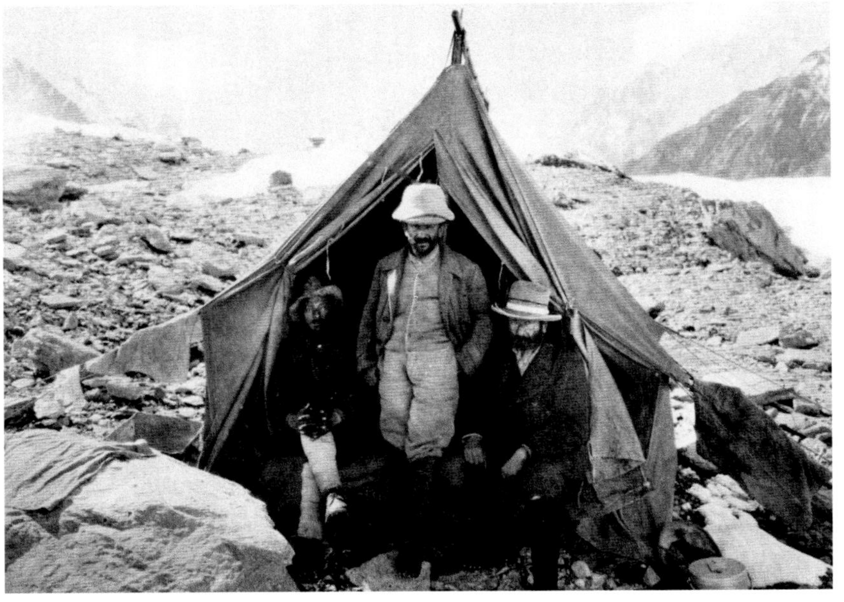

Bis ins Detail: Die Forschungen, die der Italiener **Filippo De Filippi** (Bildmitte) ab 1913 im Karakorum durchführte, wurden in zwölf Bänden veröffentlicht.

Felstürmen, die den Aufstieg blockieren. Auf der Nordseite des Grates wiederum gab es zu viele Lawinenabgänge.

So war das gesamte Unternehmen stets aufs Neue ein Abwägen und Ausloten. Als Houston und House den Abruzzengrat inspizierten, fand Houston dort ein paar kleine Holzstücke. Es waren dies die Reste des höchsten Lagers der Expedition des Herzogs der Abruzzen von 1909. Niemand sonst konnte dort Holz hinaufgebracht haben. Das Gefühl, auf der richtigen Spur zu sein, sorgte für einen Schub an Zuversicht. Je weiter Houston und House hinaufstiegen, umso heikler wurden die Kletterpassagen. Und wann immer die Männer den Grat hinaufschauten, wuchs ihre Sorge, ob sie einen geeigneten Platz für ein weiteres Hochlager finden würden. Längst war auch ihnen klar geworden: Im Handumdrehen war dieser Berg sicher nicht zu haben.

Nordwestgrat? Nordostgrat? Abruzzengrat? Jede Route eröffnete jeweils völlig andere Probleme. Hier waren Eisstufen zu schlagen, dort drohten beständig Lawinen, oder es bedrängte sie die Frage nach Lagerplätzen. Erneut stiegen Robert Bates und Bill House den Savoia-Gletscher hinauf bis unter die Westwand und mussten im tiefen Schnee spuren. Das hätten sie noch ertragen. Was ihnen aber den Rest an Zuversicht raubte, war das ständige Getöse herabstürzender Séracs und bedrohlich donnernder Lawinen. Die Bedingungen in der Westwand ließen ihnen kaum eine Überlebenschance, und nach einigen Versuchen winkten sie ab. Charles Houston und Norman Streatfeild, der Begleitoffizier, trafen ihre Entscheidung bei einem neuerlichen Versuch am Nordostgrat schneller: Nachdem sie einige Stunden Stufen in das Eis geschlagen hatten, ließen sie von dieser Route sofort ab. Sie war weder für den Nachschub geeignet, noch schien sie Schutz für Hochlager zu bieten. Und so blieb Ende Juni, nach eineinhalb Monaten in dieser menschenfeindlichen Umgebung, der Abruzzengrat die einzige Option für einen Aufstieg zum Gipfel. In einem Ausschlussverfahren sozusagen waren sie zu einem Ergebnis gekommen.

Von nun an bündelten die Amerikaner ihre Kräfte: Paul Petzoldt und Bill House kletterten auf der Abruzzenroute weiter, während die anderen zusammen mit den Sherpa Lasten in das erste Lager schleppten. Doch schon am Ende des ersten Schneefeldes über den Zelten schien Endstation. Da war kein Weiterkommen. Die beiden wollten schon umkehren, als Petzoldt noch ein Stück weiterkletterte und auf der anderen Seite des Grates verschwand. House hörte bald darauf einen Schrei der Begeisterung – Petzoldt hatte mit den letzten Metern des Kletterseils einen zweiten Lagerplatz in knapp 6.100 Meter Höhe gefunden. Vielleicht hatten ihn nur noch die Flügel der Intuition dort hinaufgetragen oder die schiere Verzweiflung. Ohne den Instinkt und Mut zum nächsten Schritt war eine Erstbegehung einfach nicht möglich. Das wussten sie alle aus der eigenen Erfahrung mit ihren bisherigen Erstbesteigungen.

In den folgenden Tagen blieben die Amerikaner bei ihrer Taktik: Petzoldt und House kletterten, während die anderen Material und Verpflegung in die Lager trugen. Einfacher wurde es nicht – der Abruzzengrat zeigte Zähne. Klettertechnisch ist er anspruchsvoll, zumal in dieser Höhe, wo jeder einzelne Schritt, jeder Armzug, jeder Tritt eine einzige Mühsal darstellt. Eine der großen Herausforderungen an diesem Sporn war es damals, Absätze zu finden, die nicht abschüssig waren und etwas an ebener Fläche für ein, zwei Zelte boten. Wer je in einem Zelt geschlafen hat, noch dazu ausgesetzt und im Hochgebirge, weiß, wie entnervend es ist, die ganze Nacht im schief stehenden Zelt mit dem Schlafsack abgedrängt zu werden.

So vergingen die Tage auf dem Grat. Einmal verlor House auf der Suche nach einem Lagerplatz den Halt bei der Traverse eines Schnee-

Der etwa 300 Meter hohe dunkle Felsen, der sich dort bedrohlich aufbaute, ist heute als die »Schwarze Pyramide« bekannt.

feldes. Tief unter ihm der Godwin-Austen-Gletscher, über ihm der fast schwarze Karakorum-Himmel. Petzoldt hatte das Seil nur um die Taille, doch er hielt den Partner. Das Seil legte sich um einen Felspfeiler, und auch der hielt. House stand kaum, da schaute er schon wieder grimmig und nahm die Traverse fast unbeeindruckt erneut in Angriff. Bill House beendete die Querung, schlug nun ein paar Haken – und fand den nächsten Lagerplatz, Camp III in 6.309 Meter Höhe. Nicht gerade komfortabel, aber immerhin. Dann schlug wieder das Wetter um. Der K2 ist so hoch und steht so frei, dass er sämtliche Wetterkapriolen abbekommt. Während drüben am Broad Peak, Luftlinie nur wenige Kilometer entfernt, kaum ein Lüftchen weht, kann der Gipfel des K2 gefährlich sturmumtost sein. So war es auch diesmal: Am Broad Peak herrschten offenkundig gute Verhältnisse, während am K2 die Höhenstürme so sehr tobten, dass ein Vorwärtskommen fast unmöglich war. Also trugen sie alle die Lasten in die Hochlager und warteten sehnsüchtig auf bessere Verhältnisse.

Petzoldt und House blieben in der Position der Vorsteiger. Oberhalb von Lager III kam Petzoldt zu einem bedrohlichen Felsturm, den er über einen abdrängenden und leicht überhängenden Riss umging. Bald darauf stand er unter einer nicht kletterbaren Wand und musste zurück zum Kopf des Felsturms. Nun gesellte sich Charles Houston selbst an die Seite des unermüdlichen Bill House. Gemeinsam fanden sie den Platz für das Lager IV.

Über diesem Lager fraß sich ein senkrechter Riss in den grau-gelben, splittrigen Fels. Es ist weniger ein Riss als ein giftiger, knapp 35 Meter hoher Kamin. Bill House erkletterte am 14. Juli mit viel Feingefühl und großem Geschick die schwierige Passage. Und diese Stelle heißt bis heute »House-Kamin« – Ehre, wem Ehre gebührt. Über dem Kamin liegen ein ausladendes Schneefeld und ein Felsvorsprung. Die US-amerikanische Expedition hatte den Platz für das Lager V erreicht. 400 Höhenmeter über dem Lager IV. Und davon 150 sehr schwierige Klettermeter, für die Houston und House ohne großes Gepäck mehr als vier Stunden benötigt hatten. Wenn sie diese Passage für weiteres Material nutzen wollten, würde der Zeitbedarf deutlich höher liegen. Doch die US-Kletterer fanden auch dafür eine Lösung: Sie bauten kurzerhand eine Seilbahn, mit deren Hilfe sie Lasten hinaufziehen und wieder herunterlassen konnten.

Das Lager VI in dieser Camp-Kette, die sich langsam, aber sicher aneinanderreihte wie eine Perlenschnur, errichteten die Amerikaner in 7.100 Meter Höhe. Dort hinauf war nun wieder Petzoldt zusammen mit House unterwegs. Als sie schließlich in einer Schneerinne aufstiegen, schauten sie ein paarmal mit bangen Blicken hinunter: Alles, was sie mit ihren Steigeisen an Schneeballen ins Rollen brachten, verschwand unter ihnen im Nichts. Auf einem Felsen stellten sie ihr Zelt auf. Und was sie darüber sahen, übertraf all ihre Erwartungen: Der etwa 300 Meter hohe dunkle Felsen, der sich dort bedrohlich aufbaute, ist heute als die »Schwarze Pyramide« bekannt.

Bis zum Ende der Schwarzen Pyramide kletterten Petzoldt und House weiter über Fels und eine steile Schneerinne hinauf. Erst dann legte sich der Grat endlich zurück, und sie erreichten durch den Schnee stapfend geneigtes Gelände: Die Schwarze Pyramide war »geknackt«. Die beiden Kletterer rauchten genüsslich eine Zigarette und vermerkten das nicht ohne Stolz im Tagebuch. Immerhin sind die Kletterschwierigkeiten dort mit denen der Matterhorn-Nordwand in der klassischen Route der Erstbegeher zu vergleichen. In über 7.500 Meter Höhe richteten die beiden nun das siebte Hochlager ein.

Um das Vorwärtskommen und den Rückzug zu sichern, mussten Charles Houston, Robert Bates, Paul Petzoldt, Richard Burdsall und Bill House dringend mehr Fixseile verlegen. Spätestens auf der »Schulter« hatten sie Entscheidungen von Tragweite zu treffen. Zwischen dem sechsten und dem siebten Lager würde sonst die Versorgung mit weiteren Vorräten, die ohnehin bereits fast zur Neige gingen, immer schwierig bleiben. Anhaltende Schneefälle und Höhenstürme könnten ihre Lage dramatisch verschlechtern und binnen Stunden lebensbedrohlich werden lassen. Die fünf entschlossen sich aufzugeben, zumal bereits die Träger für den Weg zurück angeheuert waren.

Sieben Tage bleiben allerdings noch. Und diese Expedition wäre nicht ebendiese Expedition gewesen, hätte sie nicht auch noch diese Zeit genutzt. Charles Houston, der mutige 25-jährige New Yorker, und der 30-jährige Paul Petzoldt aus Iowa beschlossen, noch einen Tag länger im Lager VII zu bleiben. Bates, Burdsall und House stiegen bereits zurück. Als Houston und Petzoldt dort oben allein vor den Zelten saßen und in der Abendsonne hinüber zum Broad Peak blinzelten, stellten sie ziemlich

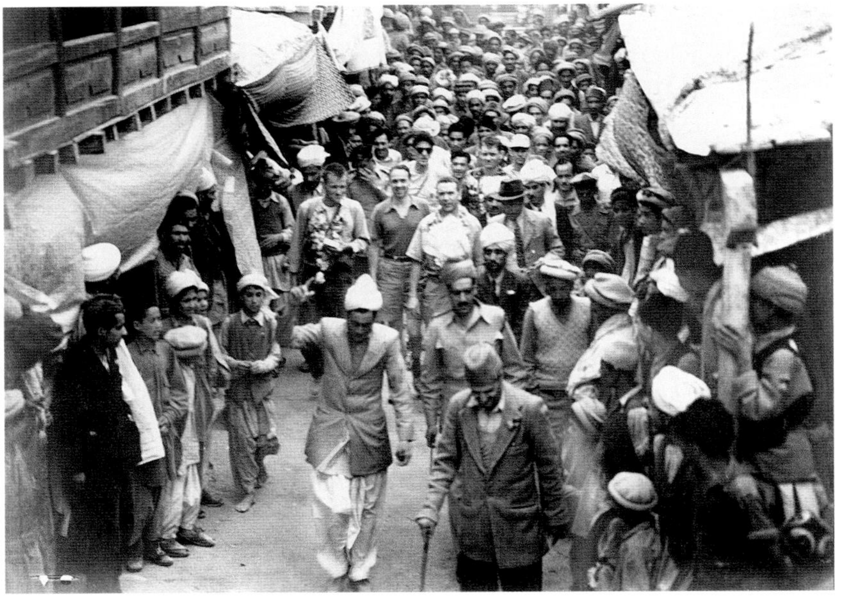

Wenn einmal K2 nicht genug ist: Die beiden US-amerikanischen Alpinisten **Robert Bates und Charles Houston** (Bildmitte) versuchten 1938 und 1953 den Berg der Berge zu besteigen und schafften es nie auf den Gipfel.

entsetzt fest, dass sie nur noch ein Streichholz hatten, um den Kocher in Gang zu setzen. Houston notierte später fast lakonisch: »Es ist nicht gut, in dieser Höhe ohne Streichhölzer auskommen zu müssen.«

Allerspätestens da war klar, dass dies das Ende des Unternehmens sein sollte. Sie hatten alles gegeben, manchmal ein wenig naiv, doch stets mit Mut und Drang nach vorn. Charles Houston, der später in Harvard zu Ende studierte und einen Doktortitel in Medizin der Columbia-Universität erwarb, schrieb mit seiner klaren Handschrift in das Expeditionstagebuch: »Misserfolg? Was ist das? Wir haben getan, was wir tun mussten. Es war ein großartiges Erlebnis.«

An diesem sonnigen und klaren Tag am Abruzzengrat machten sich Houston und Petzoldt in den frühen Morgenstunden noch ein letztes Mal auf den Weg. Was sie nun vor sich sahen, hatte so gar nichts mit all den vielen Tagen zuvor gemein: Statt zu klettern, stapften und spurten sie jetzt mühselig im knietiefen und aufgeweichten Schnee. Das Ganze war eine einzige Schinderei. Gegen Mittag und in brütender Wärme erreichten sie eine markante »Schulter« in über 7.950 Meter Höhe. Diese Stelle heißt bis heute so – die »Schulter«. Man kann sie vom Concordiaplatz aus mit bloßem Auge gut erkennen. Für die allermeisten Bergsteiger ist dieser Ort bis heute die »halbe Miete«. Dort oben hat man einige der Hauptschwierigkeiten zwar geschafft, es ist aber immer noch blitzgefährlich und unmenschlich anstrengend. Als Petzoldt und Houston erstaunt dort auf der Schulter standen, wussten sie zwar, dass sie gleich wieder hinuntermussten. Doch sie hatten gesehen, was niemand zuvor je erblickt hatte – ein einzigartiges Panorama mit dem Broad Peak und einer fast unbeschreiblichen Zahl anderer Gipfel, dazu endlose Gletscher und über ihnen der letzte Eisriegel unter dem Gipfelaufbau des K2. Jener Bereich, der Jahre später als »Bottleneck«, als »Flaschenhals«, ebenso berühmt wie berüchtigt werden sollte.

Und so wandten die Amerikaner den Blick talwärts und traten den Abstieg an. Nach einer beispiellos wagemutigen Expedition machten sie sich auf den Heimweg. Sie waren die Wegbereiter für alles, was in den Jahren danach folgen sollte. Sie hatten diese Route eröffnet – bis zum Gipfel fehlten zwar noch knapp 700 Höhenmeter, doch der wesentliche Teil war erkundet. Wenn sie nicht in all den Wochen andere Routen erkundet und sich gleich auf den Abruzzengrat fokussiert hätten, wäre vielleicht schon 1938 Außergewöhnliches geschehen. Doch mit Konjunktiven ändert sich das Ergebnis auch nicht mehr. »The Savage Mountain« nannten sie den K2. Ganz so, wie sie ihn in all den vielen Wochen erlebt hatten. Sie würden als gefeiertes Team nach Amerika zurückkehren. Die ersten Grasbüschel, das erste Grün in den ersten Dörfern jenseits dieser Gletscherwüste, die berühmten Aprikosenbäume hinter Askole weckten bald ihre Vorfreude. Nur ein kleines bisschen Zivilisation, mehr wollten die sechs fürs Erste gar nicht.

Man zollte ihnen in Bergsteigerkreisen hohen Respekt, und das hat sich bis heute nicht geändert. Angemessen eingeordnet wurde ihre Expedition trotzdem nicht. Es erging den Amerikanern so wie dem Schweizer Team, das 1952 am Mount Everest die Route auf der Südseite fand und es bis knapp unter den Südgipfel schaffte, aber wegen zweier fehlender Schlafsäcke umkehren musste. Die US-Amerikaner, so wird manchmal gespöttelt, seien am K2 an einem Streichholz gescheitert. Doch das ist nur ein Kuriosum am Rande – allenfalls eine Fußnote. Am Ende waren es die drängende Zeit, die zur Neige gehenden Vorräte, die erschöpften Kräfte, vieles, nicht nur ein Streichholz. Und Charles Houston hatte gewiss recht: Gescheitert waren sie nicht.

Hans Kammerlander

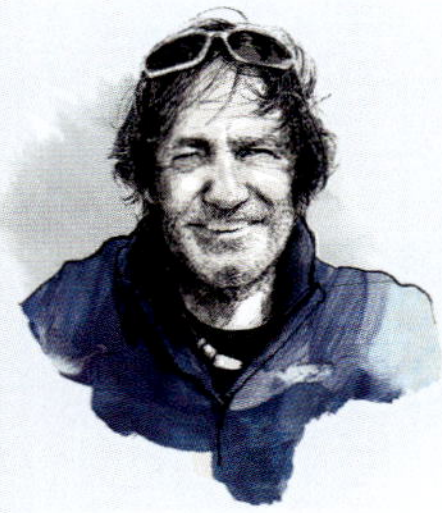

Über das Rückwärtslaufen am Berg und den Sprung in Blitzbeton

Der Abstieg aus der Gipfelregion des K2 fühlt sich an wie ein Film, der stundenlang rückwärtslauft. Weil der K2 ein echter Kletterberg ist, an dem man ständig zu den Füßen auch die Hände einsetzen muss, bedeutet das, dass man auch auf dem Rückweg klettern muss. Also rund drei Viertel dieser nicht enden wollenden 3.600 Höhenmeter geht es mit dem Gesicht zu Fels, Eis oder Firn hinunter. Das ist eine der großen Gefahren am K2, an dem die meisten Unfälle mit tödlichem Ausgang während des Abstiegs geschehen. Es braucht höchste Konzentration, denn jeder noch so geringe Fehler dürfte der letzte sein. Das ist unglaublich ermüdend, anstrengend und eintönig. Da ist man versucht, jedes Hilfsmittel zu nutzen. Auch die alten Fixseile, die überall herumbaumeln. Sie hängen in den steilen Flanken, im Flaschenhals, an der Schwarzen Pyramide und auch im House-Kamin. 1999, auf dem Rückzug mit Konrad Auer, kamen wir auf etwa 6.500 Meter Höhe zu alten koreanischen Fixseilen. Nur koreanische Expeditionen verwendeten damals diese blauen Seile, die schnell verwittern und schließlich zerfallen wie morsche Äste. In dieser Passage, die wir nun erreichten, gab es Fels, Eis und Schnee. Ich war so müde und nahm dieses Seil, wenn es doch schon da lag. Als ich mich daran festhielt und mein Gewicht so verlagerte, dass ich quasi an dem Seil baumelte, riss es.

Ich erinnere mich noch genau, es ging dort senkrecht hinunter. Unter mir, sicher knapp drei Meter tiefer, gab es ein Schneeband. Ich konnte nicht mehr darüber nachdenken, da sprang ich auch schon. Einfach gerade hinunter. Und landete mit beiden Beinen, bis zu den Knien in weichem Schnee. In meinem Buch *Am seidenen Faden* habe ich das so beschrieben: »Es war, als sei ich in Blitzbeton gesprungen. Und nur dieser Umstand verhinderte, dass ich über die ganze Wand nach unten flog.« Weiter unten am House-Kamin habe ich ein Bündel dieser Seile in beide Hände genommen und ruckartig daran gerissen. Da kam mir von oben ziemlich alles entgegen: Seile, Trittleitern, Karabiner und Haken. Ich habe einen Teil mit nach Hause genommen, es liegt heute in meinem Büro in Sand in Taufers, und manchmal wird mir immer noch ganz merkwürdig, wenn ich das anschaue. Der K2 ist in all seinen Bereichen ein gefährlicher Berg, an dem so gut wie nichts wirklich kalkulierbar scheint.

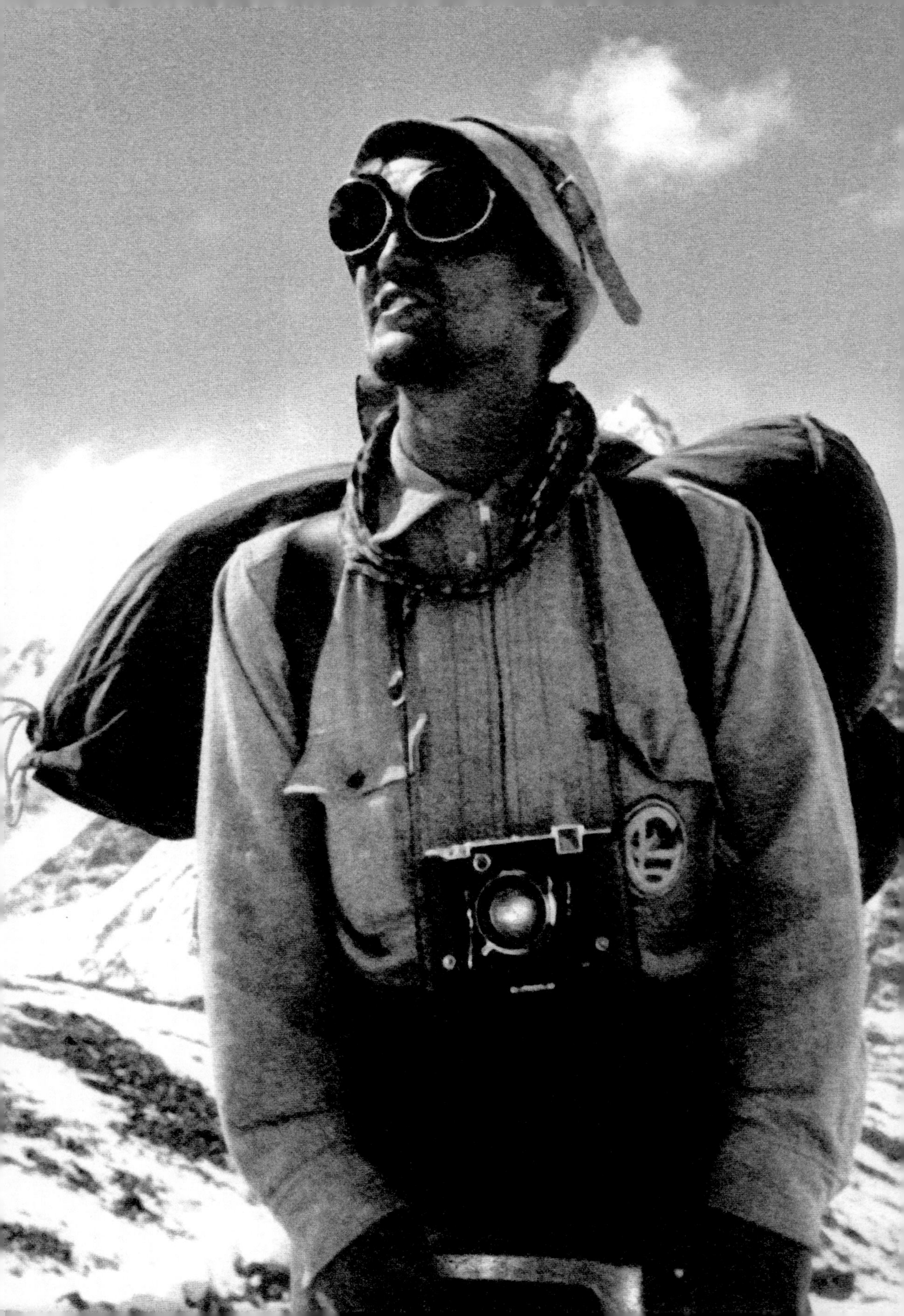

1939
Fritz Wiessner und das Chaos am Berg

Die Amerikaner – hier **Chappell Cranmer** von der 1939er-Expedition – kamen wieder: Neben Italien stellten die USA **die meisten Expeditionen** auf die Beine, um die Erstbesteigung der monumentalen Gipfel im Karakorum zu ermöglichen.

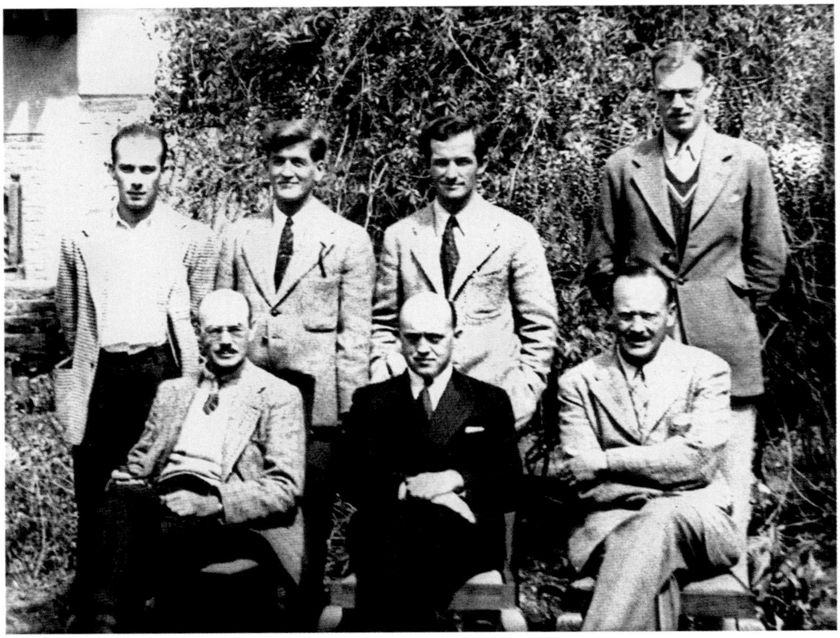

Bereit für den Berg – die Mitglieder der US-Expedition von 1939: **George Sheldon, Chappell Cranmer, Jack Durrance, George Trench** (stehend von links); **Eaton Cromwell, Fritz Wiessner, Dudley Wolfe** (sitzend von links).

Am Oberlauf der Elbe in Deutschland hat sich im Laufe der Jahrmillionen ein Mittelgebirge aus Sandstein aufgetürmt. Die Sachsen nennen dieses Gebiet liebevoll die »Sächsische Schweiz«. Und auf der böhmischen Seite, in Tschechien, ist es die »Böhmische Schweiz«. Die Felsen bestehen aus Elbtalkreide und sind im Vergleich zu Kalk und Granit ein eher »weiches« Gestein. Deshalb ist es Kletterern auch untersagt, Haken zu schlagen, Magnesia zu benutzen, für unnötige Seilreibung zu sorgen oder metallische Klemmkeile oder Friends zu verwenden. Wer dort klettern will, muss ein filigraner Künstler oder ein erfinderischer Geist sein und über eiserne Nerven verfügen. Und das Elbsandsteingebirge ist auch noch ein Schönwettergebiet – bei Nässe ist Klettern gänzlich verboten.

Genau an diesen – teilweise überwältigenden – Felsformationen in der Sächsischen Schweiz hat Fritz Wiessner Klettern gelernt. Heute zählen die 1.135 Klettergipfel über 24.000 Routen. Damals, in der Erschließerzeit, kamen wochenweise immer neue Linien hinzu. Geboren wurde Fritz Wiessner im Februar 1900 als Sohn eines Dekorateurs und einer Hausfrau. Er wuchs mitten in Dresden, in der Gerokstraße 31, auf. 1929, als mit dem Börsencrash in New York die Weltwirtschaftskrise ausbrach, wanderte er in die USA aus. Dort studierte er Chemie und machte eine erstaunliche Karriere: Schon in jungen Jahren leitete er ein großes Chemieunternehmen. Wiessner ging nun in den USA klettern, oft im Orange County nördlich von New York. In den Shawangunk Mountains gelangen ihm fast fünfzig Erstbegehungen. Dabei beging er seine Routen frei, also ohne künstliche Hilfsmittel. Das verhalf ihm zu internationaler Anerkennung, und im American Alpine Club hatte sein Wort bald Gewicht. Schließlich begab er sich 1936 mit William House, der 1938 den nach ihm benannten House-Kamin am K2 durchsteigen sollte, zum Mount Waddington, einem 4.019 Meter hohen, schwierig zu besteigenden Berg im kanadischen British Columbia. Für Wiessner und House war das genau die richtige Herausforderung. Vor ihnen waren bereits 16 Versuche an diesem Berg gescheitert. Die beiden kamen auf den Gipfel, und bis zur ersten Wiederholung sollten zwölf weitere Teams an dem Berg aufgeben. Ein Jahr danach beging Wiessner den Devils Tower in Wyoming frei. Spätestens da wurde sein Kletterstil richtungsweisend für die Klettergenerationen nach ihm.

Fritz Wiessners Name hatte schon 1938 auf der Liste jener Teilnehmer gestanden, mit denen Charles Houston zur ersten US-amerikanischen K2-Expedition reisen wollte. Doch in dem Jahr war Wiessner in seinem Unternehmen unabkömmlich und musste enttäuscht absagen. Allerdings gab es noch diese zweite K2-Genehmigung für das Folgejahr, und Fritz Wiessner wurde 1939 Leiter der nächsten amerikanischen Expedition zum zweithöchsten Berg der Welt. Ihm traute man am ehesten zu, auf der Route des Vorjahres bis zum Gipfel zu gelangen.

Wiessner hätte gern eine andere Gruppe angeführt. Doch alle Bergsteiger, die im Jahr zuvor am K2 so Großartiges geleistet hatten und bis an die Grenzen des Möglichen gegangen waren, hatten Wiessner abgesagt. Wiessner war zweifellos ein Ausnahmekletterer, die anderen vier Expeditionsteilnehmer – George Sheldon, Chappell Cranmer, Eaton Cromwell und Dudley Wolfe – konnten ihm jedoch alpinistisch nicht das Wasser reichen. Als Wiessner mit Wolfe nach Europa reiste, um Ausrüstung zu kaufen, und dann die Seereise nach Asien antrat, war die Gruppe in letzter Minute noch auf insgesamt sechs Teilnehmer erweitert worden. Der Neuling war Jack Durrance, 1912 geboren und ein Pionier unter den US-amerikanischen Felskletterern. Durrance, der damals

26 Jahre alt war, hatte einen großen Teil seiner Kindheit in Bayern verbracht. Dort war er zum Skifahren und zum Klettern gekommen. 1935 kehrte er mit seinen Eltern in die USA zurück, um Medizin zu studieren. Er wurde 1939 zum Arzt der Expedition ernannt, obwohl er mit dem Studium noch nicht einmal richtig begonnen hatte.

Die Bergsteiger – daraus machte niemand einen Hehl – waren nicht nach ihren bergsteigerischen Fähigkeiten, sondern ihren finanziellen Möglichkeiten ausgesucht worden. Die Teilnehmer mussten ihre Kosten großteils selbst tragen. In einem Papier des American Alpine Club ist vermerkt, dass die Gesamtkosten für dieses Unternehmen mit 17.500 Dollar beziffert wurden. Nach heutigen Verhältnissen sind das beinahe 400.000 Dollar. Als Verbindungsoffizier der pakistanischen Regierung war George Trench berufen worden.

Am K2 verzichtete die Gruppe auf Flaschensauerstoff, weil man die Geräte als zu schwer erachtete. Die Versäumnisse, die bei den Einkäufen in Europa passiert waren, stellten sich erst vor Ort heraus: So waren die Funkgeräte nur für kurze Distanzen tauglich, und für die neun nepalischen Sherpa sowie die pakistanischen Träger gab es keine Schneebrillen. Die Behelfslösung aus Pappkarton mit Sehschlitzen war vollkommen ungeeignet in der grellen Sonne. Drei der Sherpa fielen prompt wegen Schneeblindheit aus. Die kranken Sherpa wurden nach Askole zurückgeschickt, und in der Folge mussten Cranmer, Sheldon, Durrance und der Verbindungsoffizier auf dem Weg Richtung K2 vier doppelte Lasten tragen. Die extrem teuren Seile wiederum waren zwar aus bestem Hanf, doch sie sogen Wasser wie Schwämme auf und waren nicht zu gebrauchen, wenn sie vereisten. Von den genagelten Bergstiefeln traf das Paar für Jack Durrance erst ein, als die Expedition schon weit fortgeschritten war, und ohne diese Schuhe kam er nicht über 6.100 Meter hinaus. Kurzum, diese K2-Expedition stand von Beginn an unter keinem guten Stern.

Ende Mai 1939 hatten die Männer den Ursprung des Flusses Braldo erreicht und waren auf den Baltoro-Gletscher hinaufgestiegen. Nachdem einem der Träger eine Plane entglitten war, brachte Chappell Cranmer diese aus der Gletscherspalte zwar wieder nach oben, doch er hatte sich dabei stark unterkühlt und war vollkommen erschöpft. Danach schleppte Cranmer zwar wieder seine Last, doch am 1. Juni kam er kaum noch aus dem Zelt. Drei Stunden später hustete er, so heißt es im Expeditionsbericht, »drei Kaffeetassen voll schaumiger, klarer Flüssigkeit«. Er fiel ständig in Bewusstlosigkeit und erholte sich kaum noch. Jack Durrance erkannte, dass Cranmer an einem Lungenödem litt, und rettete ihm damit das Leben. In einem Interview sagte Durrance viele Jahre später: »Ich wusste nicht, dass jemand so krank werden kann und doch am Leben bleibt.« Die Eltern von Cranmer sollten sich als äußerst dankbar und großzügig erweisen: Wegen der Rettung ihres Sohnes finanzierten sie das Medizinstudium von Jack Durrance, der ein anerkannter Lungenfacharzt werden sollte.

Auch diesmal inspizierten die Amerikaner zuerst den Nordostgrat. Doch sie vergeudeten dort nicht allzu viel Zeit, da auch sie keine Möglichkeiten für einen sicheren Aufstieg fanden. Nach einem Tag der Suche entschied Wiessner, dass man es erneut am Abruzzengrat versuchen wolle, und stieg jetzt gemeinsam mit Dudley Wolfe immer voraus, während die anderen die Lager mit Nachschub versorgten. Trotz schwerer Höhenstürme hatten die Männer bis zum 14. Juli sieben Hochlager errichtet und damit für den Aufbau ihrer Lagerkette ebenso viel Zeit benötigt wie die Expeditionsgruppe im Jahr zuvor. Ab diesem Zeitpunkt nahm das Verhängnis seinen Lauf: Dudley Wolfe zeigte dem Medizinstudenten Jack Durrance seine Zehen, die leichte Erfrierungen aufwiesen. Doch Fritz Wiessner schien die medizinische Expertise von Durrance nicht zu interessieren, und er erlaubte Wolfe, weiter zum Lager VIII aufzusteigen. Der Sauerstoffmangel hatte Jack Durrance selbst körperlich so stark zugesetzt, dass er – von vier Sherpa begleitet – absteigen musste. Er gab den Sherpa noch Anweisungen, wie sie die höher gelegenen Lager versorgen sollten, dann schleppte sich Durrance weiter den Berg hinunter. Ob diese Anweisungen gar nicht oder falsch verstanden wurden, ließ sich später nicht mehr klären. Auf jeden Fall stifteten sie eine Verwirrung, die noch fatale Konsequenzen haben würde. Auch die Zehen von George Sheldon hatten in der eisigen Kälte am K2 Schaden genommen. Als das Wetter sich besserte, schwollen seine Füße so stark an, dass er fast nicht mehr gehen konnte. Da auch Cromwell mit Motivationsproblemen kämpfte, waren vier von sechs Teilnehmern nicht mehr dabei, während es in den Lagern ernst zu nehmende Versorgungsprobleme gab.

Die extrem teuren Seile waren zwar aus bestem Hanf, doch sie sogen Wasser wie Schwämme auf und waren nicht zu gebrauchen, wenn sie vereisten.

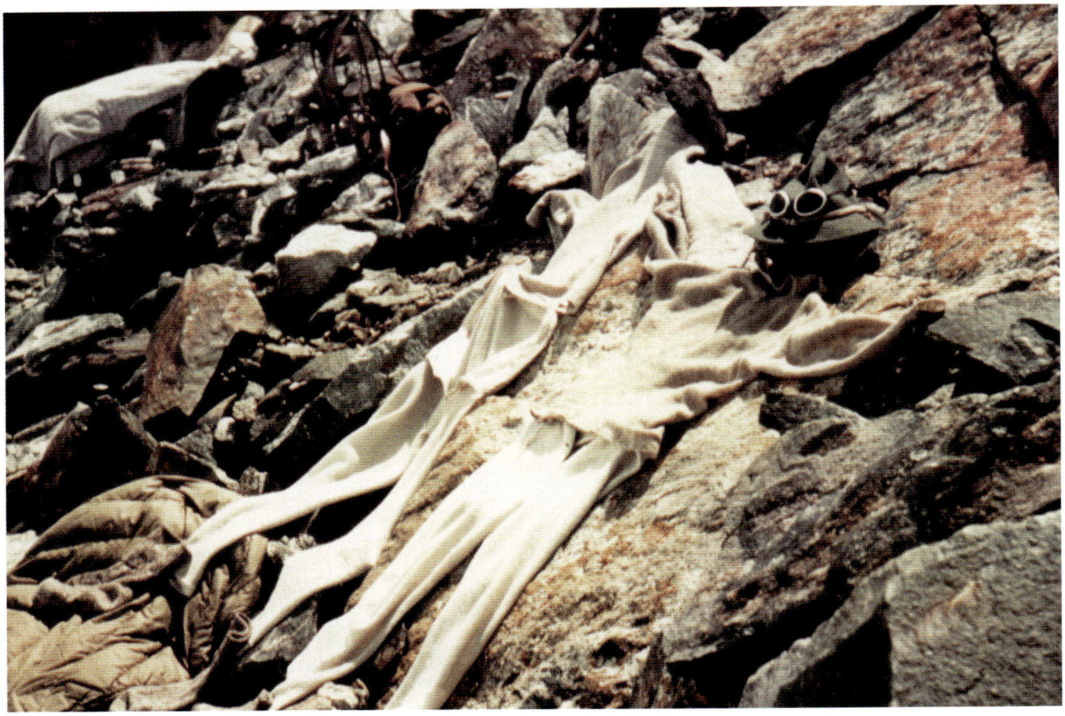

Gespenster am K2: Die Ausrüstung für die Besteigung – im Bild dekorativ positionierte Unterwäsche – hatten **Fritz Wiessner und Dudley Wolfe** vor der Expedition in Europa eingekauft.

Zusammen mit Dudley Wolfe und dem Sherpa Pasang Lama erreichte Fritz Wiessner, der stets die treibende Kraft war und alles vorausstieg, das Lager VIII in 7.700 Metern. Noch etwas mehr als 900 Höhenmeter bis zum Gipfel. Die drei waren sich sicher, dass der Nachschub von unten organisiert sei. Im Basislager und auch in dem großen Lager II schienen sich die anderen jedoch nicht darüber im Klaren, dass die drei anderen weiter oben versorgt werden mussten. In den Lagern VI und VII warteten zwar vier Sherpa, unter ihnen der bärenstarke, aber unerfahrene Tse Tendrup, doch sie alle interpretierten die Anweisungen von Durrance, Material nach oben zu bringen, tatsächlich falsch.

Am 17. Juli stiegen Wiessner, Wolfe und Pasang Lama weiter auf. Aus den Tagebüchern geht hervor, dass sich Wiessner und auch Wolfe zu diesem Zeitpunkt bereits 26 Tage in fast 7.000 Meter Höhe aufgehalten hatten. Wegen seiner massigen Gestalt und aufgrund der Höhe bekam Wolfe zunehmend Probleme, er war müde, angeschlagen und kraftlos. Schließlich entschied er, zurückzugehen und im Lager VIII zu warten.

Noch am selben Tag richteten Wiessner und Pasang Lama das neunte Hochlager ein. Nur noch 600 Höhenmeter zum Gipfel. Am 19. Juli begannen sie um kurz nach neun Uhr den Gipfelversuch. Vielleicht machte Wiessner da einen Fehler: Es bot sich die Möglichkeit, etwas nach rechts zu queren und ein steiles Couloir zu erreichen, das später als der »Flaschenhals« so berühmt wie berüchtigt werden sollte. Oder sie könnten nach links in die Felsen steigen. Technisch wäre das nicht einfach, aber objektiv sicherer, glaubte Wiessner und wählte diesen Weg. Das Wetter war gut, als sie eine steile Schneeflanke erreichten, die direkt zum Gipfel hinaufleitete.

Gegen 18.30 Uhr trennten Fritz Wiessner und den Sherpa Pasang Lama nur noch etwas mehr als 300 Höhenmeter vom Gipfel. Dass sie überhaupt bis dorthin gelangt waren, glich fast einem Wunder, und Wiessner wollte unbedingt weiter. Pasang Lama sah hingegen zum Himmel und fürchtete die nahenden Geister der Nacht. Er beschwor Wiessner umzukehren. »No, Sahib, tomorrow«, soll er gesagt haben. Wiessner zog oben am Seil, doch Pasang Lama ließ es unten nicht nach und zwang den Expeditionsleiter so zum Rückzug. Allein wollte Wiessner nicht zum Gipfel, und für ein weiteres Biwak waren die beiden nicht ausgerüstet. Sie mussten absteigen, zurück bis zu ihrem Zelt. Auf dem Weg hinunter über die Felsen verlor Lama dann seine Steigeisen. Sie waren am Rucksack befestigt und hatten sich im Seil verheddert. In dunkler Nacht, gegen 2.30 Uhr, kamen die beiden schließlich in das Lager IX. Wiessner schrieb später in sein Tagebuch: »Während des Abstieges bereute ich es oft, dass ich nachgegeben hatte. Es wäre für uns viel einfacher gewesen, zum Gipfel zu gehen und am nächsten Morgen über den schwierigen Teil der Route zurückzukehren. Wir waren sehr müde, als wir im Lager ankamen.« Dort stellten sie enttäuscht fest, dass keinerlei Material in das höchstgelegene Lager gebracht worden war. Tags darauf brannte die Sonne erbarmungslos vom Himmel. Wiessner und Pasang Lama lagen die meiste Zeit im Zelt und machten sich am 21. Juli erneut auf den Weg.

Der Schnee war jetzt schwer und ermüdend. Über die Felsen wollten sie nicht noch einmal hinauf und stiegen deshalb geradewegs dem Couloir entgegen. Da Pasang Lama seine Steigeisen verloren hatte, mussten sie im steilen und gefährlichen Eis des Flaschenhalses Stufen schlagen. Über ihnen hingen blitzgefährlich die Séracs, riesige, zerborstene

Eisblöcke, die vom Gletscher dorthin geschoben worden waren. Sie mussten jederzeit damit rechnen, dass von oben etwas herunterbrach. Dann gäbe es keine Chance, dem Eisschlag zu entkommen. Daher auch der Name Flaschenhals – weil sich diese Passage nach oben hin verjüngt und es keinerlei Fluchtmöglichkeit gibt. Die beiden hatten ohne Pasangs Steigeisen nicht den Hauch einer Chance, noch einmal in die Nähe des Gipfelbereichs zu kommen. Sie erreichten eine Höhe von annähernd 8.200 Metern. Dann mussten sie umkehren.

Unterdessen hatte weiter unten die verworrene Situation einen unheilvollen Lauf genommen: Niemand transportierte mehr Lasten bis in die obersten Lager VIII und IX. Am 18. Juli war ein weiterer, noch gravierenderer Fehler geschehen. Eaton Cromwell hatte vom Basislager eine Nachricht an Jack Durrance schicken lassen, der noch immer im Lager II ausharrte. In dieser Nachricht wurde Durrance aufgefordert, er möge doch alle Zelte und Schlafsäcke aus Lager IV ins Basislager herunterbringen lassen. Der schickte daraufhin Sherpa hinauf und trug selbst Ausrüstung von Lager II ins Basislager. An diesem Tag begann sich die Expeditionsgruppe aufzulösen, da George Sheldon und Chappell Cranmer entschieden hatten, den Heimweg anzutreten. Am 21. Juli wurden die Sachen von Camp VI nach unten getragen, und für den 23. Juli waren die Träger für den Rückweg angefordert.

Von Wiessner, Wolfe und Pasang Lama hatte seit dem 14. Juli im Basislager niemand mehr etwas gesehen oder gehört. Die einen gingen davon aus, dass die drei den Gipfel erreicht hätten und sich auf dem Abstiegsweg befänden, die anderen glaubten an ein Lawinenunglück. Wieder eine Fehleinschätzung, und oben wurde die Situation nun zunehmend dramatisch.

Am 22. Juli erreichten Fritz Wiessner und Pasang Lama das Lager VIII, um dort Vorräte und vor allem Steigeisen zu holen. In der festen Überzeugung, gleich wieder nach oben zu gehen, hatte Wiessner seinen Schlafsack im Lager IX zurückgelassen. Pasang Lama hatte seinen bei sich. Im Lager VIII befand sich noch immer Dudley Wolfe im Zelt und war in gar keinem guten Zustand. Er berichtete zudem, dass kein Proviant heraufgekommen sei, seitdem er dort ausharrte. Wiessner und Pasang Lama brachten Wolfe auf die Beine und stiegen in der Hoffnung, dort Nahrung und Ausrüstung zu finden, mit ihm ins Lager VII ab.

Wolfe hatte da schon kaum mehr Kraft, und unterwegs rutschten alle drei im steilen Gelände ab. Lama verletzte sich durch den Seilzug am Bauch, und Dudley Wolfe verlor beim Sturz seinen Schlafsack. Erst gegen Abend erreichten die drei vollkommen erschöpften Männer das ersehnte Lager VII und fanden erneut eine verheerende Situation vor: Niemand war mehr dort. Die Zelte waren unter den Neuschneelasten zusammengeknickt. Und, fast schlimmer noch, auch im Lager VII befand sich kein Material. Ein paar Essensreste lagen im Schnee. Es gab noch einen Kocher, aber keinen Brennstoff mehr. Mit nur einem Schlafsack und fast ungeschützt verbrachten die drei Männer eine fürchterliche Nacht. Am Morgen danach sagte der verwirrte Wolfe, er wolle im Lager VII bleiben, um sich zu erholen. Wiessner und Lama ließen ihn dort zurück und stiegen ins Lager VI ab. Dort bot sich ihnen dasselbe Bild: alles verlassen, nur noch ein paar wenige Reste an unbrauchbarem Material. Wiessner und Lama bewegten sich noch an diesem Tag weiter nach unten – überall die gleiche schreckliche Situation. Im Lager II zitterten sie sich abermals durch eine kalte Nacht. Sie hatten dort einen Zettel gefunden, der offenbar von Jack Durrance stammte. Durrance verschwieg später lange Zeit, dass dies die Anweisung von Eaton Cromwell gewesen war. Auf dessen Anordnung waren sämtliche Schlafsäcke, Matten, Material und Verpflegung in das Basislager abtransportiert worden. Später stellte sich heraus, dass Durrance und mehr noch Cromwell der Ansicht gewesen waren, Wiessner, Wolfe und Pasang Lama hätten den Gipfel erreicht und hätten dann im Abstieg auch ihre eigenen Schlafsäcke und ein paar Vorräte dabei.

Längst war Wiessner klar, dass es keinen weiteren Gipfelversuch mehr geben würde. Enttäuscht und entkräftet stieg er mit Pasang Lama bis ins Basislager ab, das sie am 24. Juli endlich erreichten. Dort brach sofort ein Streit aus. Wiessner, schwer gezeichnet, angeschlagen und außer sich vor Wut, beschuldigte Eaton Cromwell und auch den Sherpa Tendrup, man habe sie am Berg im Stich gelassen und umbringen wollen. Cromwell beschuldigte hingegen Wiessner, er habe Wolfe leichtfertig zurückgelassen. Die beiden sprachen danach nie wieder ein Wort miteinander.

In einem letzten Anflug von Vernunft begann nun eine Rettungsaktion für Dudley Wolfe. Tags darauf stieg Durrance mit den Sherpa

Die Zelte waren unter den Neuschneelasten zusammengeknickt. Und, fast schlimmer noch, auch im Lager VII befand sich kein Material. Ein paar Essensreste lagen im Schnee.

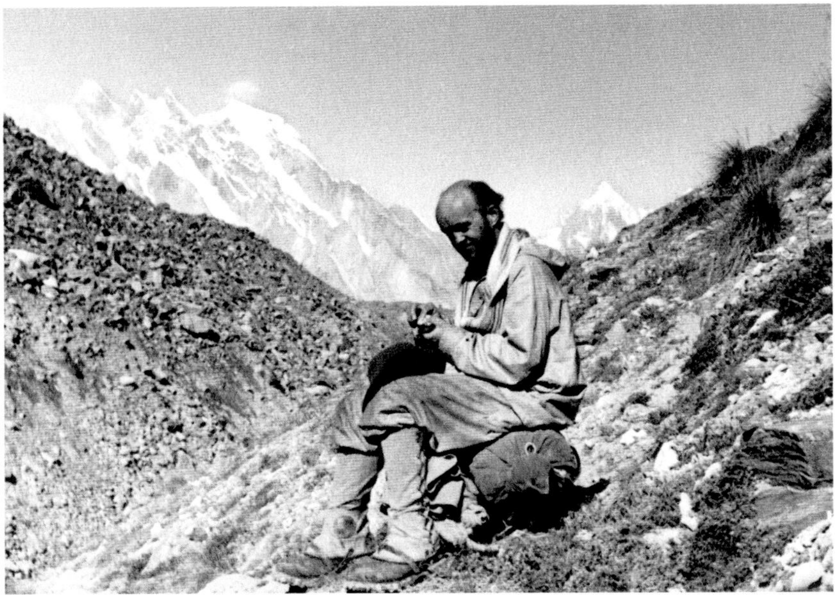

Ein deutsch-amerikanischer Himalaja-Pionier: Der in Dresden geborene und in den USA lebende **Fritz Wiessner** kam im Jahr 1939 mit Pasang Lama bis auf 300 Meter an den Gipfel des K2 heran.

Phinsoo, Kitar und Dawa in einem Zug zum Lager IV auf. Der schnelle Aufstieg war folgenreich: Am nächsten Tag waren Dawa Thondrup und Durrance höhenkrank, während Phinsoo und Kitar am 26. Juli zum Lager VII weitergingen. Am selben Tag trafen dort auch die Sherpa Kikuli und Tsering ein. Sie waren an nur einem Tag vom Basislager heraufgekommen und fanden Wolfe in fast 7.000 Meter Höhe in einem fürchterlichen Zustand vor. Er bat die Sherpa, ihn am nächsten Tag holen zu kommen, wenn er sich besser fühlen würde. Da die Sherpa wegen des Gewichts weder Zelte noch Schlafsäcke dabeihatten, stiegen sie wieder bis in das Lager VI ab, um dort zu übernachten. Am nächsten Tag wollten sie Wolfe holen. Doch es zog schlechtes Wetter auf, und bis zum 31. Juli gab es keine Bewegung mehr am Berg. Am 2. August kam Tsering Norbu zurück in das Basislager. Er brachte deprimierende Nachrichten: Seit dem zweiten Versuch, Wolfe zu bergen, habe er nichts mehr von Wolfe und den drei Sherpa Phinsoo, Kitar und Kikuli gehört.

Noch einmal erreichten Sherpa das Lager II. Höher kam allerdings niemand mehr. Am 9. August wurden Dudley Wolfe sowie die Sherpa

Kikuli, Kitar und Phinsoo für tot erklärt. Ihre Leichname fand man nie. Gebrochen und tief erschüttert verließ Fritz Wiessner mit den verbliebenen Männern das Basislager und kehrte dem Berg den Rücken.

In den Flanken des K2 lagen vier tote Männer, und ihr Expeditionsleiter begann noch im Karakorum einen Bericht zu verfassen. Eaton Cromwell bekam einen Wutanfall, als er diesen Bericht las, und beschuldigte Wiessner erneut, er habe Wolfe und die drei Sherpa »ermordet«. Sogar das US-Außenministerium und einige Diplomaten beschäftigten sich in der Folge mit diesen Vorkommnissen. Und je mehr Nicht-Bergsteiger mitzureden und zu urteilen begannen, desto undurchsichtiger und vor allem erniedrigender wurde der tragische Ausgang dieser Expedition für alle Beteiligten. In Wiessners Expeditionsbericht stand, was er erlebt hatte und wie er seine Entscheidung rechtfertigte, Wolfe dort oben zurückzulassen. Denn er sei sich absolut sicher gewesen, dass sie mit neuen Vorräten und Material sofort von Lager VI zu Lager VII und damit zu Wolfe zurückkehren würden. Doch, so schrieb Wiessner, aus für ihn unerklärlichen Gründen seien sämtliche unteren Lager geräumt gewesen. Er gab niemandem in der Expeditionsgruppe eine Schuld an den Entwicklungen, sondern schrieb, dass die Bedingungen »ungünstig« und die Männer »krank, müde und erschöpft« gewesen seien.

Am 1. September 1939 brach der Zweite Weltkrieg aus. Wiessner blieb noch einige Wochen in Indien und kam erst zum Ende des Jahres in die USA zurück. Dort wurde er von Cromwell sofort wieder des Mordes bezichtigt. Als Wiessner in einem Interview mit der *New York Times* erklärte, man müsse auch beim Bergsteigen »wie im Krieg mit Verlusten rechnen«, entbrannte erneut eine öffentliche Diskussion. Der American Alpine Club brachte noch einen »offiziellen« Bericht heraus, in dem so gut wie gar nichts stand: Dass die Expeditionsmitglieder für alles Geschehene verantwortlich seien, war noch die griffigste Formulierung. Cromwell und Wiessner traten daraufhin aus dem Alpine Club aus. Viele Bergsteiger und selbst ernannte Experten haben sich danach mit den Vorkommnissen von 1939 beschäftigt, und dabei kam nicht mehr heraus als all das, was man bereits wusste. Dass Fritz Wiessner und der Sherpa Pasang Lama bis auf rund 300 Meter an den Gipfel des schwierigsten aller Achttausender herangekommen waren, wurde in so mancher Abhandlung allenfalls als Fußnote vermerkt. Reinhold Messner hat die Anschuldigungen gegen Fritz Wiessner als »widerwärtig« bezeichnet und angemerkt, die Angriffe seien »ein Schandfleck in der Geschichte des Bergsteigens, sie zeigen, wozu ›Bergkameraden‹ fähig sind«.

Hans Kammerlander

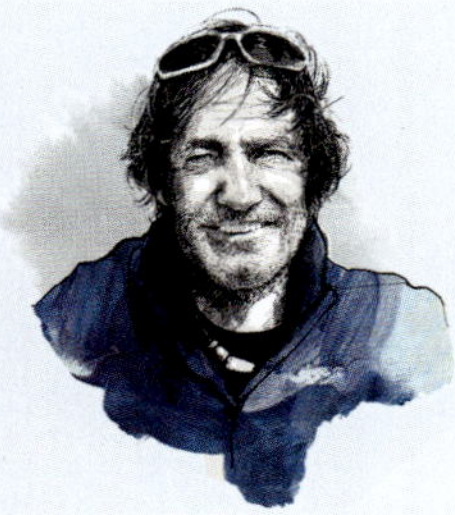

Über Todeszone und Fehlerquote, verlorene Handschuhe und soziale Medien

In meinen Augen gehören die Ereignisse am K2 im Jahr 1939 zu den kühnsten Geschichten des Alpinismus. Der unbeugsame Wille, den diese Männer damals aufgebracht haben, sprengt alle Grenzen der Vorstellungskraft. Diese Aufstiege in schwieriges Gelände, stets neue Abstiege und wieder neue Aufstiege, das frisst selbst beste Bergsteiger auf. Ich habe diesen zermürbenden Teil von Achttausender-Expeditionen auch am K2 erlebt. Somit beeindruckt mich so ziemlich alles an der US-amerikanischen Expedition von 1939 – die hohe Fehlerquote, dieses monatelange Überleben in einer kargen, feindlichen Wildnis, die enorm lange Zeit, die die Bergsteiger in der Todeszone verbracht haben, weil sie nicht wussten, dass man sich da nicht mehr erholt, dass man schnellstens wegmuss. Und schließlich ein damals noch nicht wirklich ausgeprägtes Verständnis für Sicherheit. Die haben einfach immer weitergemacht und bei jedem Versuch wieder alles riskiert. Dass so etwas irgendwann nicht mehr gut geht, wissen wir heute genau, damals wussten sie es sicher nicht.

Was dann nach dieser Expedition geschah, ist schon bemerkenswert. Für einen Expeditionsleiter ist die Verantwortung insgesamt schon schwer genug, und wenn dann noch ein Unglück in diesem Ausmaß geschieht, dann ist es fast unerträglich, wenn Nicht-Bergsteiger das Richtbeil fallen lassen. Als mir im Mai 1996 am Mount Everest eine Solo-Besteigung in Rekordzeit gelang und anschließend die erste Skiabfahrt vom Gipfel bis in das vorgeschobene Basislager, habe ich unterwegs einen Handschuh verloren. Das wäre mir um ein Haar zum Verhängnis geworden. In einem Zelt jedoch lag ein toter Inder, der offenbar an Sauerstoffmangel gestorben war. Von ihm nahm ich einen Handschuh und kam nur deswegen ohne Blessuren und lebend ins Tal. Doch bald darauf wurde ich von einem Südtiroler Magazin als »Leichenfledderer« bezeichnet, der einem Toten etwas genommen habe. Ich habe damals geklagt und in allen gerichtlichen Instanzen gewonnen. Die Summe des Schadenersatzes spendete ich an eines meiner Kinderprojekte in Nepal.

Ich kann mir gut vorstellen, was Fritz Wiessner nach dieser Expedition mit einem solch tragischen Ausgang mitgemacht haben muss. Und das sage ich auch mit Blick auf die heutige Zeit, in der solche Entwicklungen und die öffentliche Wahrnehmung auch wegen der sozialen Medien und der Dauerpräsenz der Themen noch viel schlimmer geworden ist.

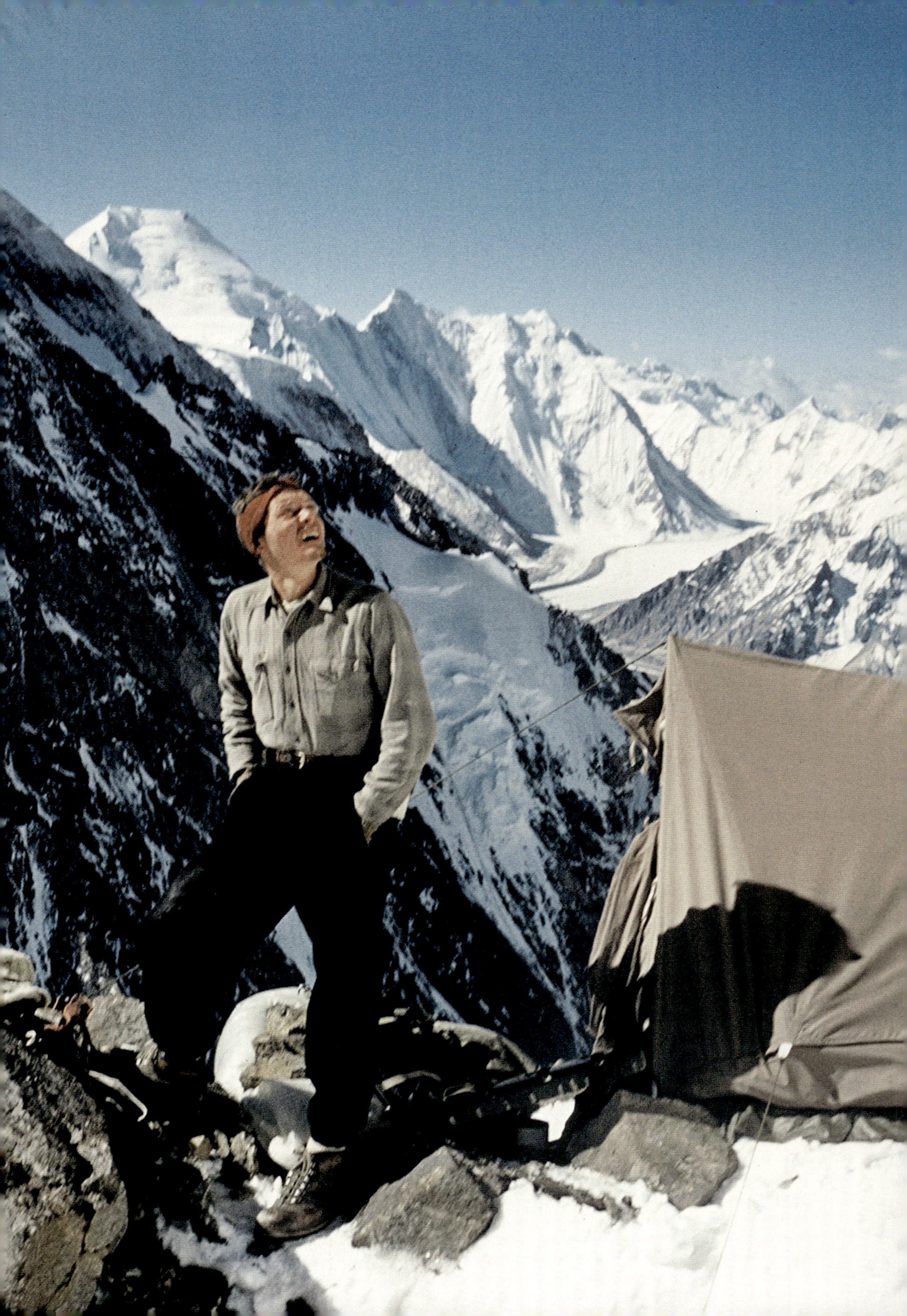

1953
Pete Schoening und das Gilkey Memorial

Ein Bergsteiger als Nationalheld: Durch seine Geistesgegenwart rettete **Pete Schoening** im Jahr 1953 den Bergsteigern seiner Gruppe das Leben. 1958 gelang ihm die Erstbesteigung des Gasherbrum I, auch Hidden Peak genannt.

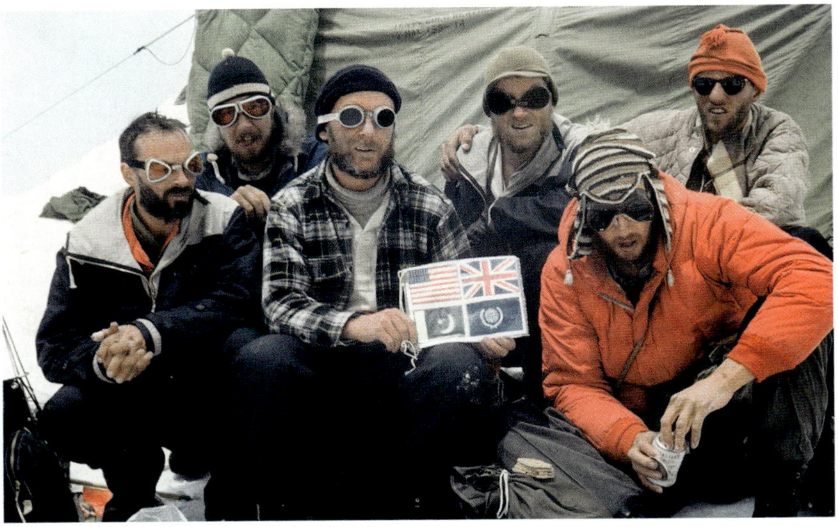

Die dritte **US-amerikanische Karakorum-Expedition** war beflügelt durch die erste Besteigung des Mount Everest, die im selben Jahr gelang. Die Männer entgingen aber nur knapp einer Katastrophe.

Die Jahre des Zweiten Weltkrieges und die Wirren danach hatten die meisten bergsteigerischen Aktivitäten weltweit für lange Zeit eingeschränkt. Doch in Vergessenheit geraten waren die Berge in dieser Zeit nicht. Im Gegenteil, es gab viele Kletterer, die von einer Erstbegehung großer Routen in den Alpen und Südamerika träumten. Und sie träumten auch von der Erstbesteigung eines der vierzehn Achttausender. Dann, fünf Jahre nach Kriegsende, purzelten die höchsten Gipfel: Zunächst die Annapurna (8.091 m) am 3. Juni 1950. Dort waren die Franzosen Maurice Herzog und Louis Lachenal die Erstbesteiger. Der Erfolg war auch dem Umstand geschuldet, dass das Expeditionsteam am Dhaulagiri (8.167 m) nicht weiterkam und sich der benachbarten Annapurna zuwandte. Drei Jahre später, am 29. Mai 1953, erreichten der Neuseeländer Edmund Hillary und der nepalische Sherpa Tenzing Norgay auf dem Gipfel des Mount Everest (8.848 m) den höchsten Punkt der Erde.

Was sich im selben Jahr am K2 ereignete, verblasste zwar vor der Erstbesteigung des Everest, doch unvergessen blieben die dramatischen Geschehnisse nicht. Jedenfalls machte sich im August 1953 eine Gruppe von US-amerikanischen Bergsteigern auf den Weg zum Gipfel des zweithöchsten Berges der Welt. Zwei Monate hatte es gedauert, bis sich das achtköpfige Team in die Nähe des Gipfels wagen konnte. Der Arzt Charles Houston, der die Amerikaner schon 1938 so weit den K2 hinaufgeführt hatte, war erneut Expeditionsleiter und hatte einige der besten amerikanischen Bergsteiger um sich versammelt: Robert Bates, Tony Streather, George Bell, Robert Craig, Pete Schoening, Dee Molenaar und Art Gilkey. Junge, wagemutige und überaus motivierte Burschen. Doch die allermeisten waren ohne jede Erfahrung in großen Höhen. Wegen der politischen Verwerfungen zwischen Indien und Pakistan war es Houston nicht möglich, erneut auf nepalische Sherpa zurückzugreifen. Pakistan war seit 1947 ein eigenständiger, muslimischer Staat und der gesamte Karakorum Teil des Landes. Das veränderte vieles, auch die Einreisebedingungen für Nicht-Pakistani. Also heuerte Charles Houston im pakistanischen Hunzatal starke Träger an, die schließlich den Expeditionsverlauf erheblich unterstützen sollten – entgegen allen Erwartungen der US-Amerikaner. Die Hunza-Träger benötigten von ihren Dörfern aus mehr als zwei Wochen, ehe sie Skardu erreichten, und es sollte Wochen dauern, bis die acht Bergsteiger neun Hochlager am Abruzzengrat angelegt hatten.

Mitten in diese Vorbereitungen war die Nachricht vom Erfolg am Mount Everest geplatzt. Nun witterten die US-Amerikaner, die sich am K2 zwar gefordert, aber nicht überfordert glaubten, Morgenluft und sahen sich schon am Gipfel stehen. Zumal sich in der Welt die Nachricht verbreitet hatte, dass sich gerade eine weitere Expeditionsgruppe in Richtung K2 aufgemacht habe. Das war Motivation genug. Die Amerikaner waren rasch den Grat des Herzogs bis zur Schulter hinaufgestiegen, und ihr höchstgelegenes Lager befand sich in 8.200 Meter Höhe. Wichtiger noch waren die Versorgungslager darunter: So trugen die Bergsteiger Ausrüstung und Nahrung für zwölf Tage in das Lager VIII, das schon 1939 von so enormer Bedeutung gewesen war. Sämtliche anspruchsvollen Passagen hatte das Expeditionsteam mit Fixseilen ausgestattet.

Als Ende Juli das Wetter besser wurde, begannen die US-Amerikaner sofort nach oben zu steigen. Sie wollten in einer idealen Position sein, sollte sich ein Schönwetterfenster öffnen. Doch in den oberen Regionen hielten Kälte und Sturm unbarmherzig an. Nach einer Woche im Sturm gerieten die Männer am 6. August im Lager VIII auf 7.700 Meter Höhe immer mehr in Bedrängnis. Das Zelt von George Bell und Charles Houston hatte der Wind komplett zerfetzt, und die beiden zwängten sich daher zu Tony Streather und Robert Bates. Bei Art Gilkey, der zunächst ohnmächtig wurde und dann über starke Schmerzen im linken Bein

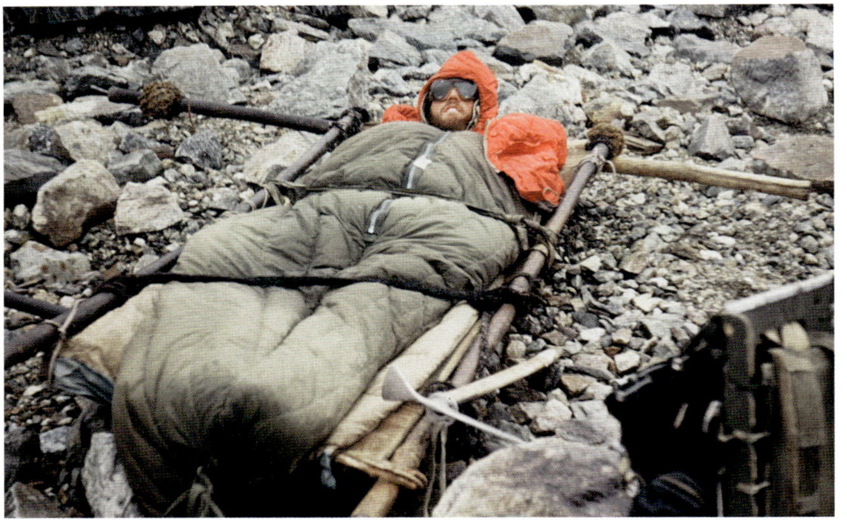

Berg des Leidens: Der **Amerikaner Georg Bell** musste mit Erfrierungen aus dem Basislager abtransportiert werden. Was ihn einige Jahre später nicht daran hindern sollte, als Erster den Masherbrum (7.861 m) zu besteigen.

klagte, erkannte Charles Houston, der auch der Arzt der Expedition war, eine Thrombose. Gilkey musste sofort hinunter. Würde sich der Thrombus lösen, käme es wahrscheinlich zu einer Lungenembolie mit tödlichem Ausgang. Gilkey war jedoch nicht mehr in der Lage, selbständig zu gehen. Die anderen beließen ihn im Schlafsack und schnürten ihn in Zeltreste ein. Im Wechsel begannen sie, dieses lebende Bündel durch den grundlos tiefen Schnee zu ziehen. Als es immer steiler und gefährlicher wurde, kamen sie nicht mehr weiter. Verzweifelt stiegen sie wieder in das Lager VIII hinauf.

Erst am 10. August konnten die Amerikaner einen Abstieg zum Lager VII auf einer anderen Route wagen. Wieder zogen sie Gilkey, eingebunden in Schlafsack und Zeltfetzen, durch den Schnee und ließen ihn schließlich Meter für Meter über die Felsen hinunter. Nur noch wenige hundert Meter von den Zelten im Lager VII entfernt, stolperte Bell, als er zu Gilkey klettern wollte, und stürzte in die Felsen. Streather wurde mitgerissen, und beide Seilschaften stürzten ebenfalls ab. Hinter einem unscheinbaren Felskopf stand Pete Schoening ganz allein mit Gilkey und den anderen Bergsteigern am Seil. Schoening sicherte über seinen Pickel, als er diesen grausamen Ruck am Seil spürte. Das Seil raste durch die Hände und über den Rücken von Pete Schoening, der sich dabei fürchterliche Verbrennungen zuzog. Wie durch ein Wunder hielten der Felskopf und der Pickel. Aber keiner der Männer in den verhedderten Seilen hatte dieses Horrorszenario unbeschadet überstanden: Houston hing mit einer blutenden Kopfverletzung bewusstlos im Seil. Bates war zwar bei Bewusstsein, baumelte aber kopfüber nach unten. Auch Streather und Molenaar hatten sich blutende Wunden zugezogen.

Pete Schoening fand als Erster seine Fassung wieder: Er hängte Gilkey an seinen Eispickel. Die anderen aus dem Team befanden sich teilweise fast hundert Meter weit entfernt. Schoening querte den Hang, und als alle wieder zusammen und einigermaßen bei Sinnen waren, begannen sie augenblicklich, ihre Zelte wieder aufzubauen. Als die endlich aufgestellt waren, machten sich Robert Craig, Robert Bates und Tony Streather auf den Weg, um Art Gilkey zu holen, der da oben noch immer allein am Seil und in diesem Bündel zusammengeschnürt an Schoenings Pickel hing. Doch das Wetter hatte wieder zugezogen, und in dem aufgewirbelten Schnee fanden sie ihn nicht. Bald stellten sie ernüchtert fest, dass Gilkey verschwunden war. Offenbar war er von einer Lawine mitgerissen worden.

Schockiert und fast am Ende ihrer Kräfte krochen am 10. August 1953 sieben US-amerikanische Bergsteiger in ihre windschiefen Zelte. Im ersten Morgenlicht begannen sie den weiteren Abstieg. Das Wetter hatte sich gebessert, und sie erreichten Lager VI, mussten dort aber wieder im Sturm ausharren. Craig, Molenaar und Bell hatten Erfrierungen an den Füßen. Erst am 13. August konnten die sieben den Abstieg fortsetzen. Was sie fast den gesamten Weg hinunter deutlich sehen konnten, war die Todesspur von Art Gilkey – Reste des Seils, an dem er gehangen war, Fetzen des Zeltes, in das sie ihn gewickelt hatten, und den Eispickel von Schoening. Nur von Gilkey selbst fehlte jede Spur. Von unten kamen ein paar der starken Hunza mit heißem Tee herauf, dann gingen sie zusammen bis in das Basislager. Sie wollten alle nur noch nach Hause.

Nicht sehr weit von dem Platz, an dem heute das Basislager unter dem K2 steht, errichteten die Amerikaner damals eine große Pyramide aus schwarzem Karakorum-Gestein. Diese steht dort heute noch. An ihr baumeln Kreuze, Gedenktafeln aus Metall und einige Blechteller, auf denen mit einem Felshaken und einem Hammer Namen verewigt sind. Dieser Ort, von dem man einen fantastischen Blick auf die Bergwelt des Karakorums hat, heißt heute »Gilkey Memorial«. Die meisten Expeditionsgruppen statten dieser Pyramide einen Besuch ab, bevor sie in die gefährlichen Flanken des K2 steigen.

Hans Kammerlander

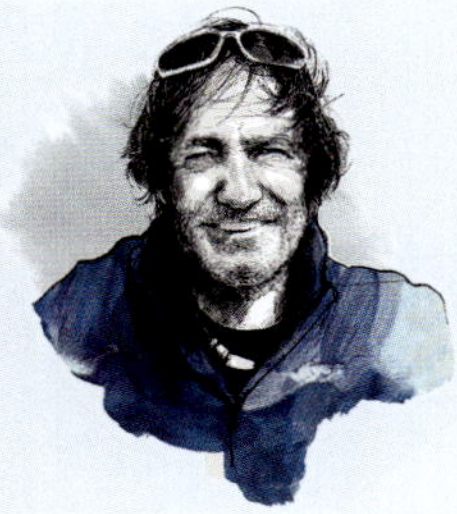

In dieser Höhe kommt der Tod fast unbemerkt

Das Bemerkenswerte an dieser Expedition ist die Stabilität der Gruppe, die Art und Weise, wie die Bergsteiger füreinander durch dick und dünn gegangen sind. Es gab ganz offensichtlich zu keiner Zeit den Gedanken, Art Gilkey zurückzulassen, um die eigene Haut zu retten. Das hat jedoch nichts mit der viel beschworenen Bergkameradschaft zu tun, bei der häufig nichts anderes geschieht, als Zweckgemeinschaften heiligzusprechen. Diese Geschichte der Amerikaner hat für mich etwas zutiefst Menschliches, etwas Entschlossenes in einer dramatischen Situation. Es ist fast nie möglich, einen Verletzten in dieser Höhe zu bergen und zu retten, da jeder eigene Schritt schon anstrengend genug ist.

Die Amerikaner haben 1953 auch deswegen so lange durchgehalten, weil sie ständig in Bewegung und dabei in einer fast maximalen Anstrengung waren. Die warteten nicht im Zelt liegend auf ihr Ende. In einem Hochlagerzelt atmet man ganz flach und spürt kaum, wie die Kräfte schwinden. Erst nach einer Nacht oder mehreren

Tagen merkt man, wie viel der Körper an Leistungsfähigkeit verloren hat. Man atmet also im Zelt nicht mehr überdimensional kräftig ein und aus, was jedoch dringend notwendig wäre, um ausreichend Sauerstoff zu bekommen. Der Tod kommt dort oben fast unbemerkt. Die Amerikaner 1953 hatten den bedingungslosen Willen, von dort oben wegzukommen, und sie wollten Art Gilkey retten. Dass sie immer nach Lösungen suchten, hat ihnen das Leben gerettet. Sie haben maximal geatmet und nur dann abgewartet, wenn das Wetter sie dazu zwang. Die wollten unbedingt hinunter.

Ich erinnere mich gut an eine ähnliche Situation: 2001 war ich am K2 in großer Höhe zwei Tage und zwei Nächte allein in einem Schneesturm gefangen – in der Česen-Route der Südwand auf 7.200 Metern. Immer wieder habe ich das kleine Zelt freigeschaufelt, sonst wäre es von den Schneemassen zerdrückt worden. Das Schlimmste waren die Gedanken daran, dass mir die Höhe bei meinem noch schlechten Zustand der Akklimatisierung zum Verhängnis werden könnte. Ich hatte geplant, gleich am nächsten Tag wieder abzusteigen. Aber nun steckte ich fest. Ich konnte so gut wie nichts sehen, und es war extrem lawinengefährlich. Trotzdem hatte ich nur noch einen Gedanken: runter, runter, nichts wie runter. Und die Amerikaner 1953 sind dort, wie schon andere vor ihnen, bevor sie in Bedrängnis gerieten, immer noch weiter hinaufgestiegen, nicht ahnend, wie brisant die Lage war. Bei mir war dieses Schneechaos nach zwei Tagen vorbei, und ich kam mit viel Vorsicht unversehrt ins Basislager zurück.

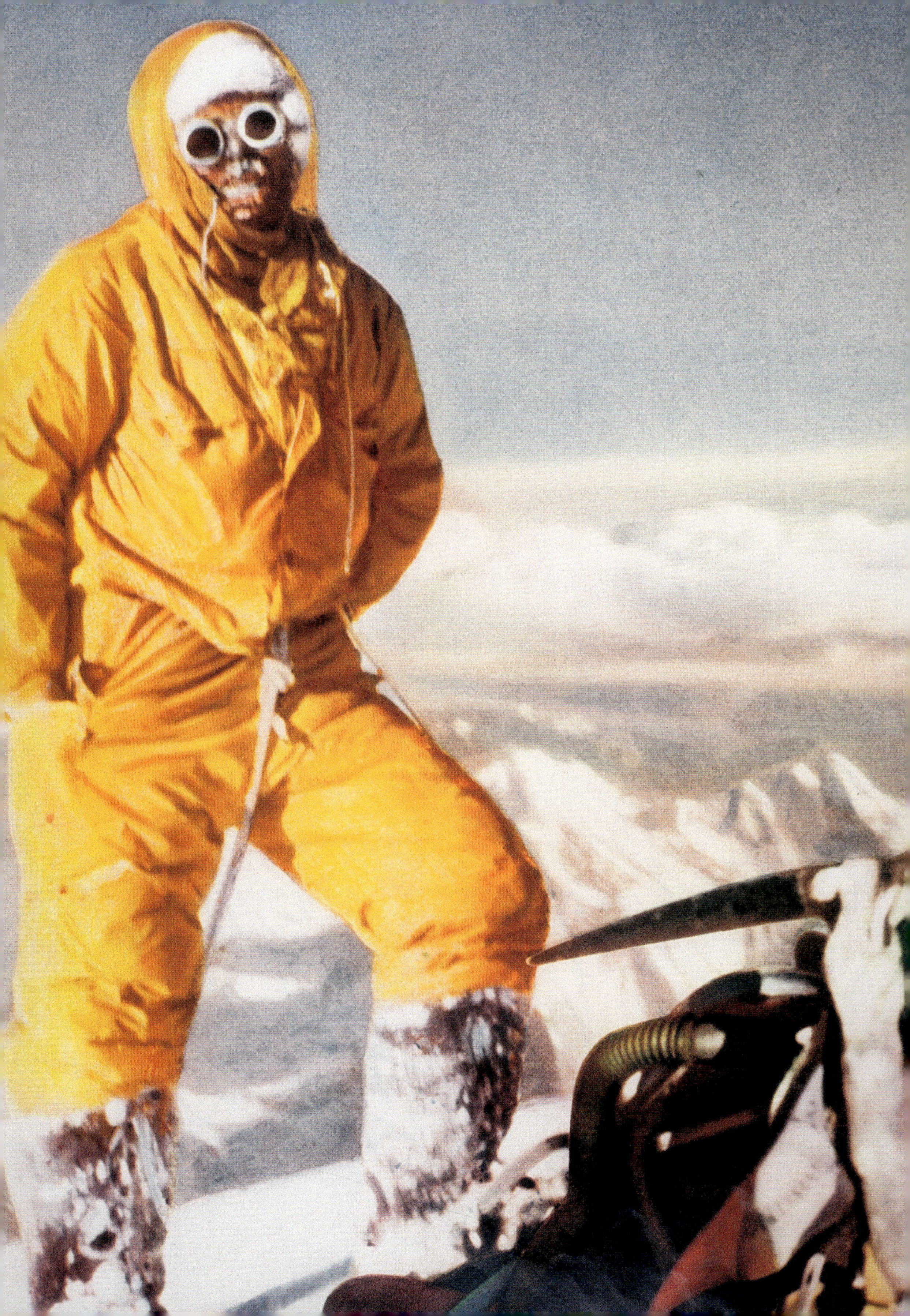

1954
Endlich oben. Die Erstbesteigung der Italiener

Es ist doch möglich: Am späten Nachmittag des 31. Juli 1954 steht **Lino Lacedelli** in seinem gelben Overall am höchsten Punkt des K2 und hat damit alle anderen Karakorum-Gipfel unter sich. Das Foto stammt von **Achille Compagnoni.**

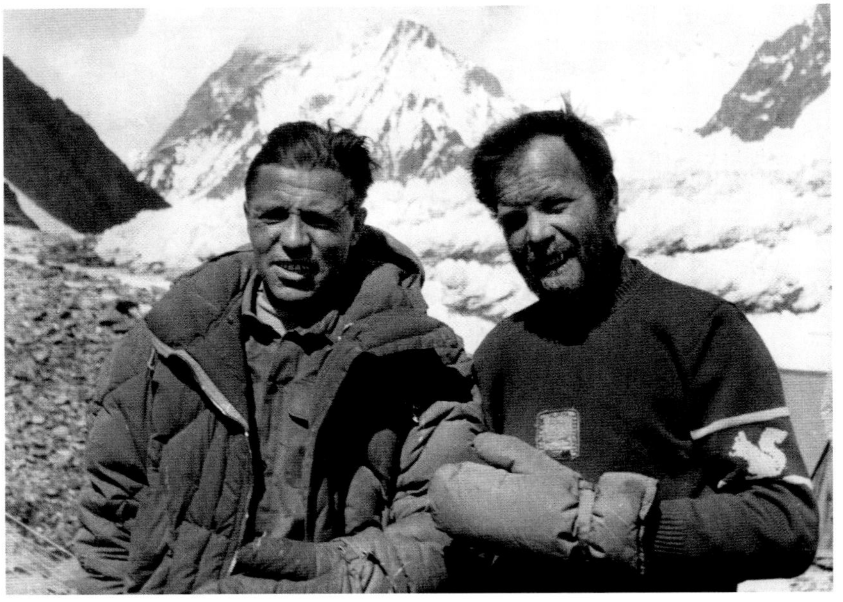

Gezeichnete Helden: Die Italiener **Achille Compagnoni** (links im Bild) und **Lino Lacedelli** bezahlten ihren Triumph am K2 mit schweren Erfrierungen an den Händen.

Der 31. Juli 1954 wurde zum ganz besonderen Datum in der Geschichte der italienischen Bergsteigerei. Dieser Tag war ein Samstag. Und am Abend erreichten zwei eisverkrustete Männer den Gipfel des zweithöchsten Berges der Erde. Lino Lacedelli und Achille Compagnoni standen da auf dem Gipfel des K2. Was alle anderen Expeditionen vergebens und unter zum Teil dramatischen Umständen versucht hatten, war den beiden gelungen – unter nicht minder großer Dramatik, die um ein Haar in einer Tragödie geendet hätte. Doch bevor es so weit war, kamen im Jahr zuvor erst einmal zwei Männer nach Pakistan.

Ende August 1953 erreichten zwei Italiener Pakistan. Noch bevor sie von der Hauptstadt aus nach Skardu in die Berge reisten, hatten sie eine bemerkenswerte Begegnung arrangiert. Im Haus des pakistanischen Verbindungsoffiziers Oberst Ata Ullah trafen sie auf die vollkommen verstörten und traumatisierten US-amerikanischen Bergsteiger der unglückseligen Expeditionsgruppe, die sich nach dem Tod ihres Teammitglieds Art Gilkey gerade auf dem Weg nach Hause befanden.

Die beiden Italiener waren Ardito Desio und Riccardo Cassin. Jener Ardito Desio, der im Frühjahr 1929 an der Seite des Herzogs von Spoleto die Gletscher und Hochtäler im Karakorum erforscht, vermessen und kartografiert hatte und der schon damals so unglaublich vom K2 fasziniert gewesen war. An seiner Seite war der italienische Spitzenalpinist Riccardo Cassin, der zu diesem Zeitpunkt 44 Jahre alt war und längst für reichlich Aufsehen in der Kletterwelt gesorgt hatte. Auf sein Konto gingen Erstbegehungen an der Südostkante des Torre Trieste, an der Civetta, in der Nordwand der Westlichen Zinne, in der Nordostwand des Piz Badile oder am Walkerpfeiler der Grandes Jorasses. Cassin hatte in seiner Garage den berühmten Cassin-Felshaken geschmiedet, Eisenkarabiner, Eispickel und Felshämmer. Manches davon brachte er bis zur Produktionsreife. Der Cassin-Haken ist bis zum heutigen Tag ein Markenbegriff geblieben.

Dass Desio und Cassin zu diesem Zeitpunkt in Richtung Karakorum unterwegs waren, hatte Gründe. Bereits in den Dreißigerjahren hatte sich Desio mit der Idee einer K2-Besteigung getragen. Doch der Zweite Weltkrieg verwarf all seine Pläne. Kaum dass weltweit die Waffen endlich wieder schwiegen, packte Desio seine alten Ideen wieder aus und entwickelte sie mit dem kühnen Traum weiter, das Basislager mit dem Flugzeug erreichen und ausstatten zu können. Eine Genehmigung für eine Expedition indes erhielt er nicht. Da machten stets andere das Rennen um die inzwischen begehrten Besteigungs-Permits. Damals war es sowohl in Nepal als auch in Pakistan Usus, dass an den hohen Bergen immer nur eine Genehmigung an jeweils eine Nation vergeben wurde. Allein das begründete die Situation, dass Expeditionen dieser Art weltweit schnell auch zu einer nationalen Angelegenheit wurden. Halb Amerika hatte das Schicksal der acht Bergsteiger 1953 verfolgt. Und auch in Italien nahmen Desios Pläne bald politische Dimensionen an. Das Außenministerium und der von der Politik durchaus beeinflusste Club Alpino Italiano (CAI) mischten da bald kräftig mit.

Im August 1953 nun hatte Desio auf Vermittlung des italienischen Außenministeriums wenigstens die Erlaubnis erhalten, zum K2 reisen zu dürfen, um dort nach Aufstiegsmöglichkeiten zu suchen. Die Führungsriege des Club Alpino Italiano ernannte ihn schließlich Ende 1953 zum Expeditionsleiter. Riccardo Cassin sollte die bergsteigerische Leitung übernehmen. Dagegen opponierte Desio heftig. Und kurioserweise fiel Cassin, einer der damals besten Kletterer der Welt, schon bei den medizinischen Tests mit Pauken und Trompeten durch. Der beste Bergsteiger Italiens musste daheimbleiben.

In den alten Expeditionsberichten steht viel über die Vorbereitung der Expedition von 1954. Beispielsweise, dass sich die Kandidaten unter dem Klein Matterhorn in einer Art Härtetraining präsentieren mussten. Unter anderem gehörte dort auch ein Freibiwak dazu, bei dem sich die Bergsteiger schließlich bei fast 30 Grad minus durch eine lange Nacht zitterten. Ein paar Wochen später, im Januar 1954, wurden bei ebenfalls klirrend kalten Temperaturen Zelte, Kleidung, Schuhe und technische Ausrüstung getestet. Lederstiefel mit Innenschuhen und Pelzgamaschen waren eigens angefertigt worden. Es gab nun, im Vergleich zu früher, deutlich leichtere Zelte für die Hochlager. Schließlich wurden Sauerstoffmasken und fast unglaubliche 230 Flaschen mit reinem Sauerstoff in großen Kartuschen, modernere Seile, einiges an Proviant und vieles, vieles mehr an Ausrüstung in über 400 Kisten verpackt und in Richtung Asien verschifft.

Der Extremkletterer Walter Bonatti war bei den Trainingslagern am Klein Matterhorn und am Monte Rosa der Auffälligste. Immer vorn dabei, gesegnet mit einer geradezu unglaublichen Ausdauer. Es war rasch klar, dass an dem damals 24-Jährigen kein Weg vorbeiführen würde.

Walter Bonatti, 1930 in Bergamo geboren, war 1954 bereits einer der besten Bergsteiger seiner Zeit. Er hatte neben vielen anderen Touren schon in jungen Jahren die Nordwände der Drei Zinnen durchstiegen oder die grandiose Ostwand des Grand Capucin. Später dann den Walkerpfeiler an den Grandes Jorasses und die Matterhorn-Nordwand – auf einer neuen Route, solo und im Winter mit vier Biwaks. Kein Zweifel, Walter Bonatti gehörte schon damals und gehört bis heute zu den großartigsten Figuren, die der Alpinismus je gesehen hat. Ein unglaublich zäher und virtuoser Bergsteiger mit einer ebenso unglaublichen Leidensfähigkeit.

Im Laufe seines Lebens schrieb er mehr als zwanzig Bücher, er verfasste zahllose Publikationen, und nach seinem Abschied vom extremen Alpinismus bereiste er extreme Gegenden auf fast allen Kontinenten. Er inspirierte gleich mehrere Klettergenerationen mit seinen Leistungen. Und 1954 war er eben in das Team für die italienische K2-Besteigung berufen worden. Dass er dabei eine ebenso treibende wie tragische Rolle spielen würde, ahnte da allerdings noch niemand.

Allen Teilnehmern der Expedition von 1954 wurde ein außergewöhnlich scharf formulierter Vertrag vorgelegt. Keiner der Bergsteiger sollte Geld erhalten. Alle mussten sich verpflichten, immer ein Höchstmaß an Einsatzwillen zu zeigen und sich widerspruchslos einem strengen Katalog von Verhaltensregeln zu fügen. Und für drei Jahre nach der

Expedition galt eine Stillschweigeklausel. Diesen Vertrag unterschrieben schließlich elf italienische Bergsteiger: Erich Abram (32 Jahre), Gino Soldà (47), Walter Bonatti (24), Achille Compagnoni (40), Lino Lacedelli (29), Cirillo Floreanini (30), Pino Gallotti (36), Mario Pùchoz (36), Ugo Angelino (31), Ubaldo Rey (31) und Sergio Viotto (26). Allesamt klangvolle Namen in der alpinen Szene Italiens und durchweg sehr gute Bergsteiger. Expeditionsarzt war Guido Pagani. Einzig Riccardo Cassin fehlte nun in dieser Riege.

Lino Lacedelli, Achille Compagnoni und Walter Bonatti sollten die entscheidenden Rollen bei der Erstbesteigung des K2 besetzen. Lacedelli stammte aus Cortina d'Ampezzo. Kaum 14 Jahre alt, hatte er seine erste schwierige Route an den Cinque Torri durchstiegen. Später gelangen ihm die erste Wiederholung der Direttissima am Col Rosa und Erstbegehungen an der Tofana di Rozes und am Langkofel. Er beanspruchte 1952, also zwei Jahre vor der italienischen K2-Expedition, auch die erste Wiederholung der Route Walter Bonattis in der Ostwand des Grand Capucin für sich. Bonatti glaubte ihm dies jedoch nie. Nicht auszuschließen, dass eben dieser Zwist später den beispiellosen Nachklang einläutete, der diese Expedition von 1954 weltweit in ein schiefes Licht rückte.

Achille Compagnoni wurde 1914 in Santa Caterina in der Provinz Sondrio in der Lombardei geboren. Er war ein konditionell starker Bergsteiger, was unter anderem daran lag, dass er ein ausgezeichneter Skilangläufer und 18 Jahre lang Mitglied des 5. Regiments der Alpini war, einer Einheit der italienischen Armee mit Sitz in Sterzing, direkt unter dem Brenner. Lange lebte er außerdem im Gebiet zwischen Monte Rosa und Matterhorn.

Mitte April 1954 begann das Abenteuer. Ardito Desio brachte eine schier unüberschaubare Karawane mit mehr als 700 Trägern auf den Weg in die Berge des Karakorums. Zusammen mit Erich Abram und dem Kameramann Mario Fantin flog Desio in einer Douglas DC-3 eine Runde um den K2. Der Club Alpino Italiano hatte unglaubliche 25 Millionen Lire bei der Sparkasse in der Lombardei geliehen, um dieses gigantische

Kein Zweifel, Walter Bonatti gehörte schon damals und gehört bis heute zu den großartigsten Figuren, die der Alpinismus je gesehen hat.

In Urdukas, dem ersten Lagerplatz auf dem Baltoro-Gletscher, machten 120 Träger kehrt und gingen zurück.

Unternehmen, das insgesamt über 100 Millionen Lire (das sind heute etwa 1,7 Millionen US-Dollar) verschlang, überhaupt mitfinanzieren zu können. In den Dörfern Richtung Baltoro hatten die Menschen schon einiges erlebt. So etwas jedoch noch nicht. Tagelang bevölkerten immer neue Trägergruppen mit ihren Lasten die kleinen Ortschaften vor dem Gletscher. Die Träger waren aber nicht gut ausgerüstet. Abgesehen von ein paar Planen, aus denen sie rudimentäre Zelte bauten, und einer Decke für jeden hatten sie nur das, was sie am Leib trugen. Immer mehr von ihnen ließen ihre Lasten einfach liegen und kehrten um. In Urdukas, dem ersten Lagerplatz auf dem Baltoro-Gletscher, machten 120 Träger kehrt und gingen zurück. Alle anderen blieben einfach unter ihren Planen im dichten Schneegestöber sitzen und weigerten sich, den Weg fortzusetzen. Weder mit Geld noch mit guten Worten waren sie zum Weitermachen zu überreden. Tags darauf zogen viele weitere Träger ab.

Am Concordiaplatz, von wo aus es immer noch vier Stunden bis zum Basislager des K2 sind, waren nur noch die Hochträger verblieben. Alle anderen nahmen nun ebenfalls ihr Geld und gingen zurück. Es dauerte Tage, ehe neue Träger angeheuert werden konnten, die dann mit reichlich Verspätung all die Kisten ins Basislager brachten. Inzwischen war es bereits Ende Mai, und es waren erst drei Hochlager aufgebaut. Das lag auch daran, dass ständig irgendwo Material fehlte. Schlechtes Wetter tat ein Übriges. Als der Rest der Expeditionsgruppe schließlich am 28. Mai 1954 ins Basislager kam, hatte das Team bereits über zwei Wochen Zeitverzug.

Am 16. Juni erreichte Achille Compagnoni Lager IV über dem House-Kamin. Die Italiener verlegten Kilometer an Fixseilen, um den Nachschub zu erleichtern und zu sichern, denn der K2 hatte nichts von seiner Gefährlichkeit verloren. An diesem 16. Juni klagte Mario Pùchoz nach einem Abstieg ins Lager II über starke Halsschmerzen. Fünf Tage später lag der Bergführer aus Courmayeur tot in seinem Zelt. Der Arzt Guido Pagani hatte eine Lungenentzündung erkannt. Er verabreichte Medikamente, die er im Hochlager zur Hand hatte, und gab

Pùchoz immer wieder Sauerstoff, um ihm das Atmen zu erleichtern. Hätte Pagani über das Wissen verfügt, das der Medizin Jahre später bereitstand, wäre es ihm leicht möglich gewesen, ein Lungenödem zu diagnostizieren und mit einem raschen Abstieg in tiefere Lagen vielleicht das Leben von Pùchoz zu retten. So aber blieb der schockierten Expeditionsgruppe nach einem verheerenden Schneesturm nichts anderes übrig, als den Leichnam von Pùchoz zu bergen und ihn bei der steinernen Gedenkpyramide für Art Gilkey zu begraben, der im Jahr davor ums Leben gekommen war. Die Bergsteiger waren am Boden zerstört, und die allermeisten wollten nicht weitermachen.

Es dauerte, bis der K2 mit all seiner Erhabenheit und Anziehungskraft wieder Bewegung in die Gruppe brachte. Inzwischen war die Expedition fast einen ganzen Monat hinter dem Zeitplan. Bis zum 28. Juli platzierten die Italiener, immer wieder von Schneefällen und wilden Stürmen vertrieben und zu Pausen gezwungen, die Lagerkette bis auf 7.620 Meter Höhe. Tags darauf stiegen Lino Lacedelli und Achille Compagnoni bis unter den Flaschenhals in rund 8.000 Meter Höhe auf, fanden dort allerdings zunächst keinen geeigneten Platz für das Lager IX. An diesem Tag kamen Erich Abram, Ubaldo Rey, Walter Bonatti und Pino Gallotti sowie die Hochträger Amir Mahdi und Isakhan von Lager VII herauf. Der Hunza Mahdi war bei dieser Expedition nicht irgendein Träger. Er war der stärkste unter allen einheimischen Helfern und vor allem sehr erfahren. Es war erst ein Jahr her, dass er den großen österreichischen Bergsteiger Hermann Buhl die Hänge des Nanga Parbat hinuntergetragen hatte. Buhl war da die Erstbesteigung des neunthöchsten Berges der Erde gelungen, und er hatte eine ganze Nacht, vollgestopft mit Aufputschmitteln, in einem Stehbiwak verbracht. Beim weiteren Abstieg hatte sich Buhl schwere Erfrierungen zugezogen, bevor Mahdi ihn dann das letzte Stück bis in das Basislager getragen hatte.

Das Lager VII war am Ende des Abruzzengrats und knapp unterhalb der markanten Schulter platziert. Aus strategischen Gründen war dieses Hochlager besonders gut ausgestattet. Abram, Rey, Bonatti, Gallotti, Mahdi und Isakhan schleppten von dort aus für diese Höhe fast unmenschlich schwere Lasten. Unter anderem hatten sie zwei Sets mit Flaschensauerstoff, Reglern und Masken dabei, von denen jedes 19 Kilogramm wog. Dazu zwei Zelte, weitere Ausrüstung, Lebensmittel und Brennstoff. Rey und Abram mussten noch unterhalb von 7.500 Metern vollkommen erschöpft aufgeben.

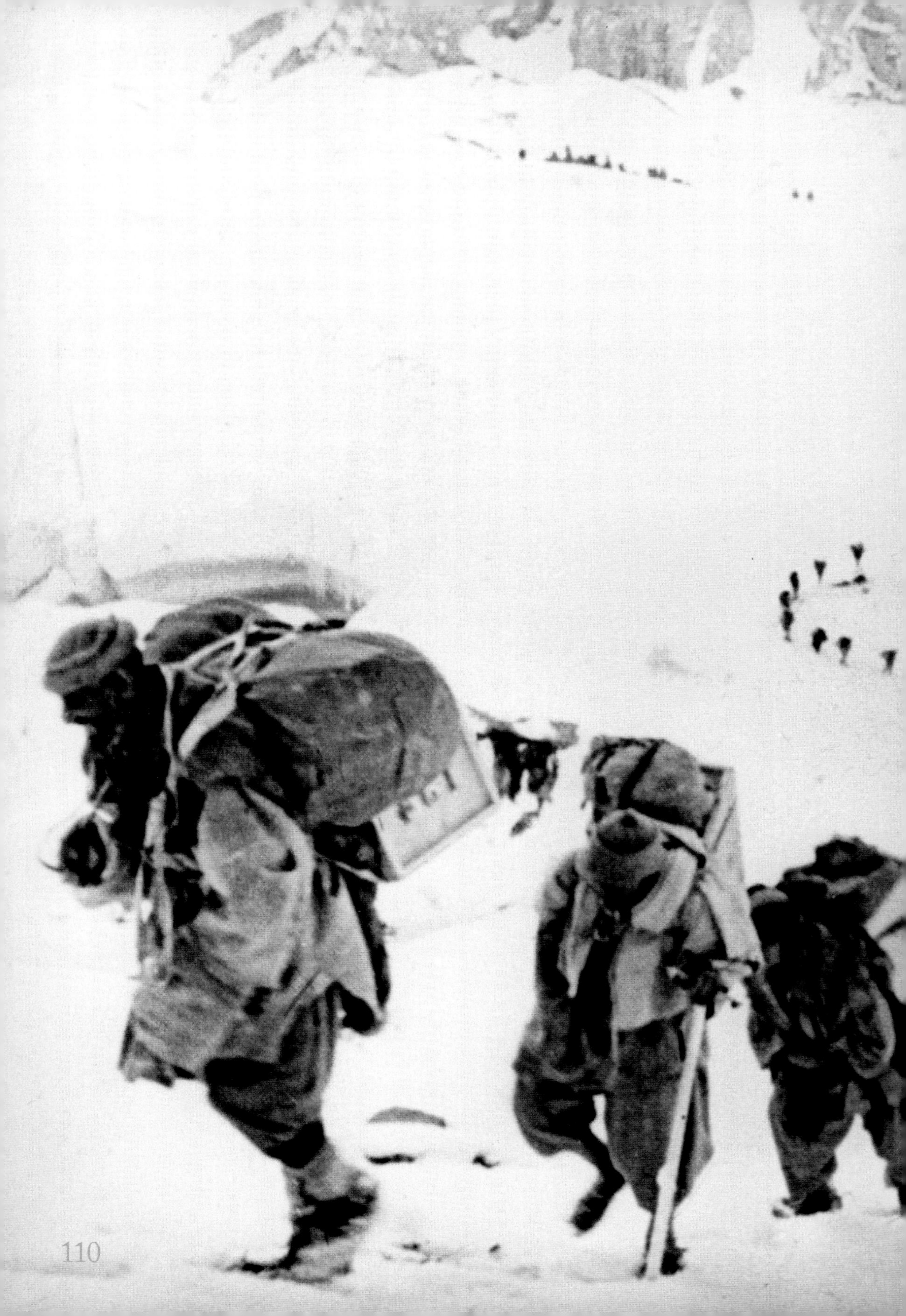

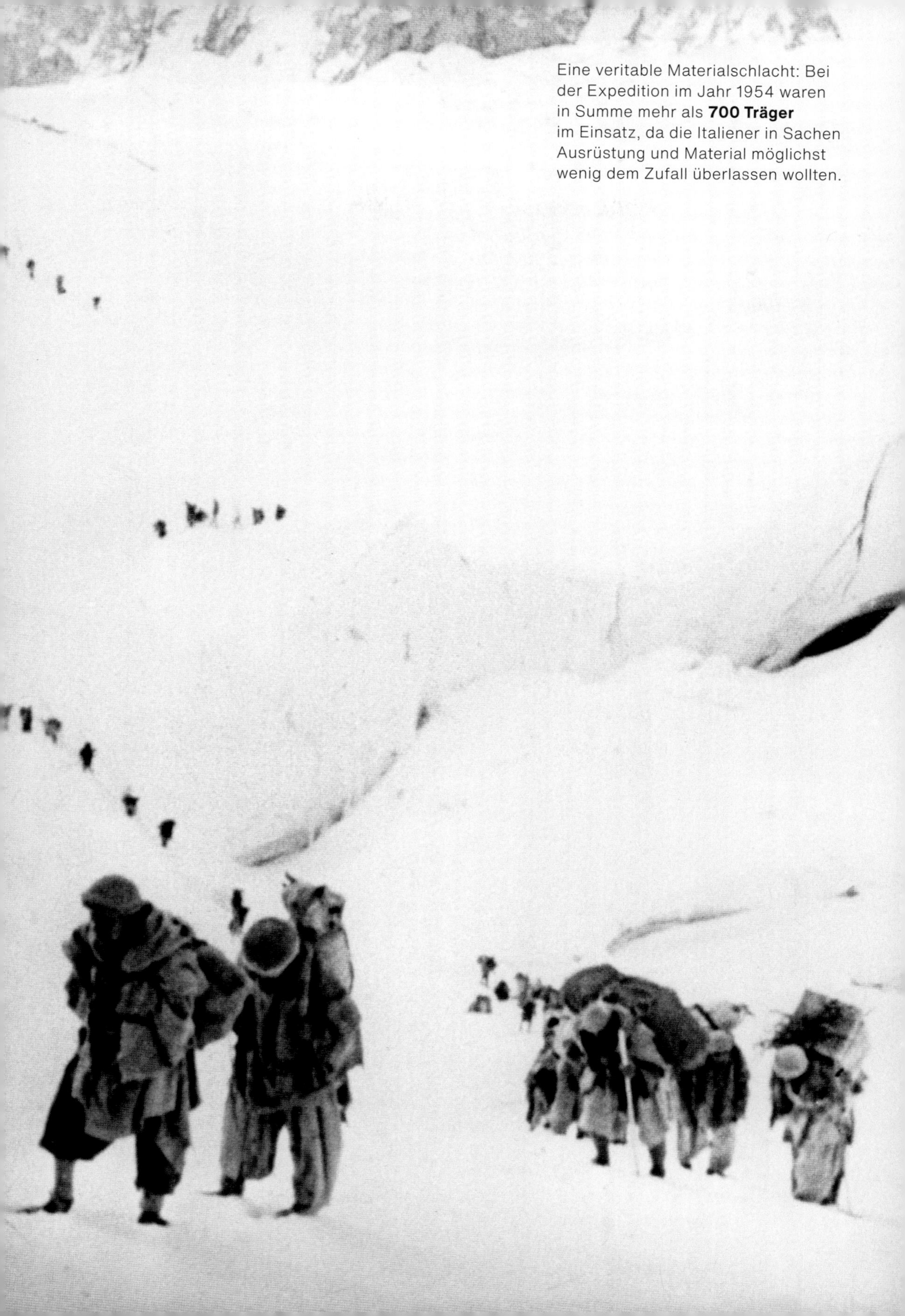

Eine veritable Materialschlacht: Bei der Expedition im Jahr 1954 waren in Summe mehr als **700 Träger** im Einsatz, da die Italiener in Sachen Ausrüstung und Material möglichst wenig dem Zufall überlassen wollten.

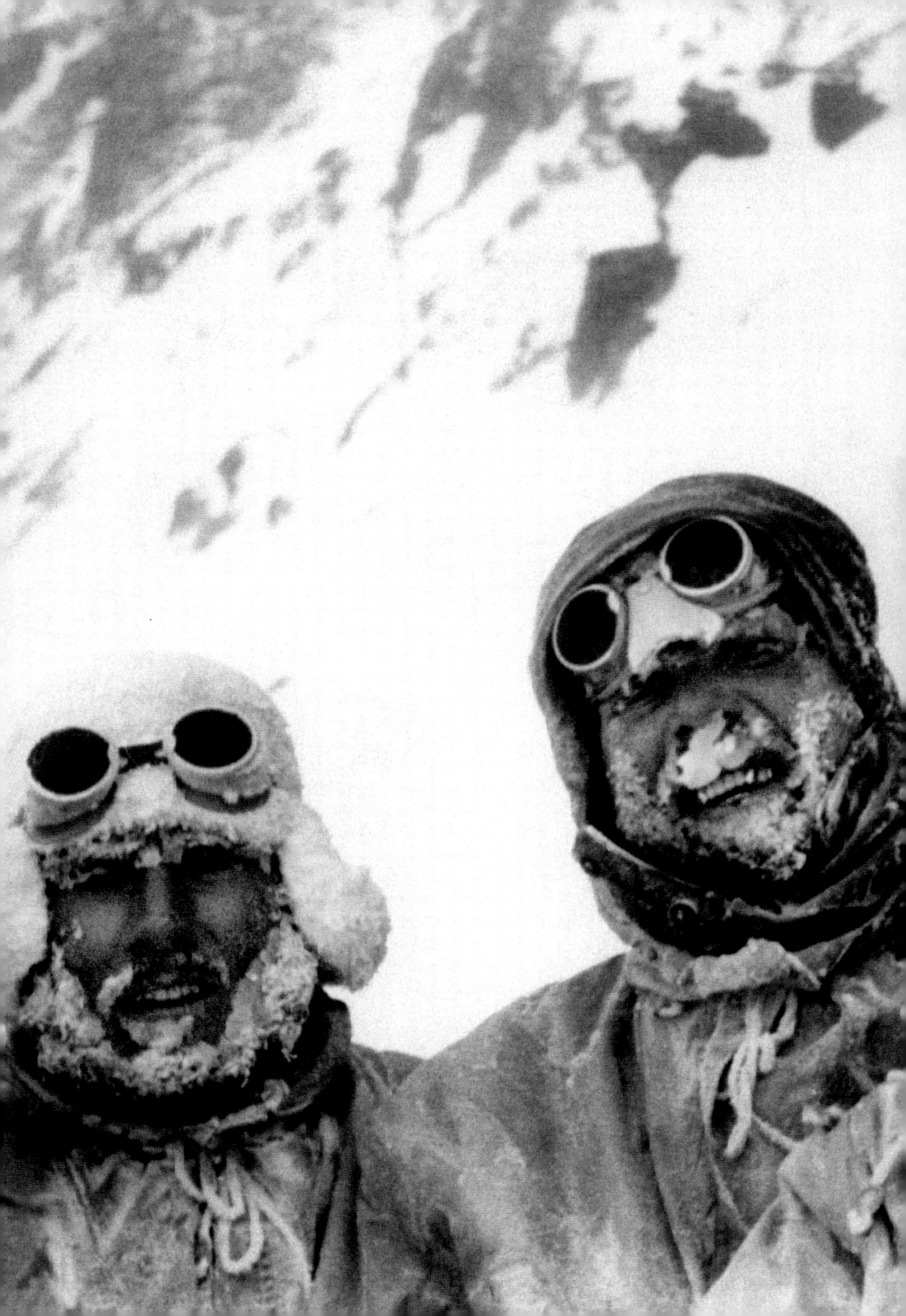

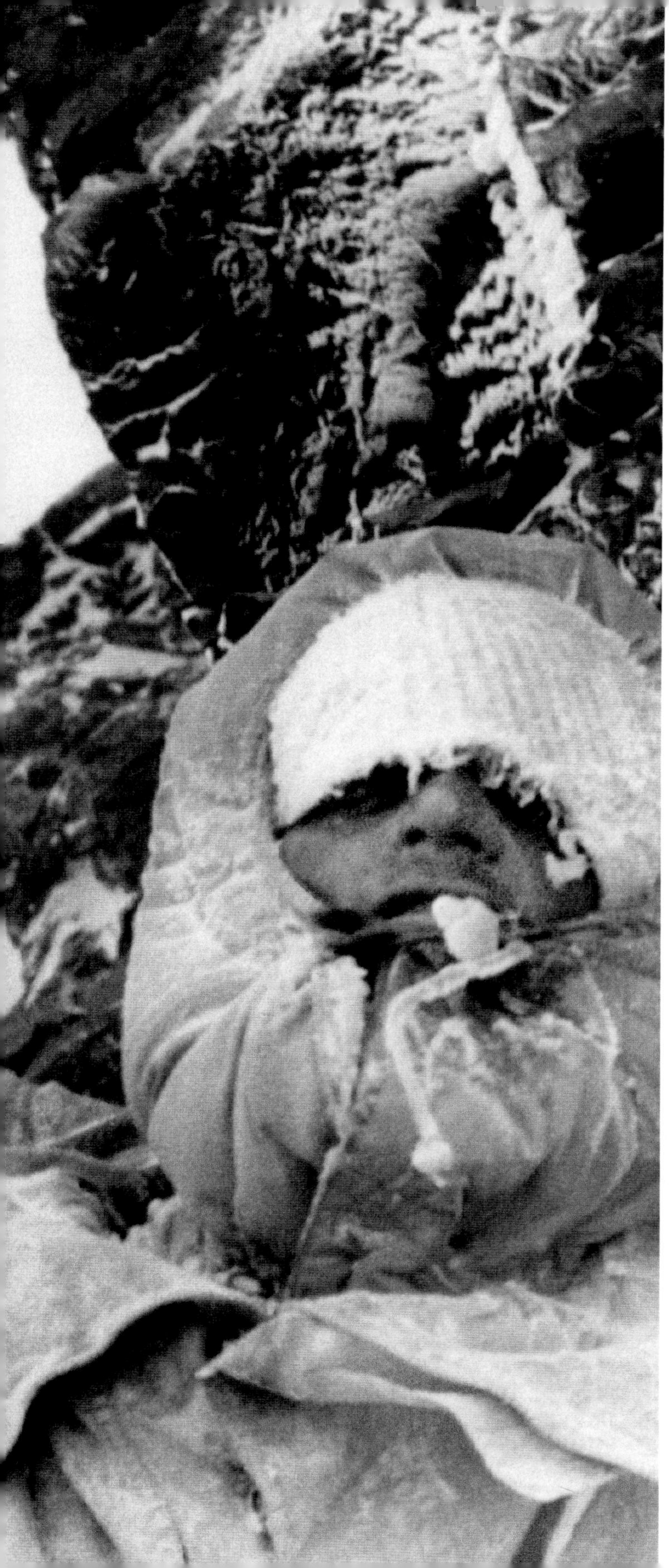

Es ist endlich geschafft: Der K2-Erstbesteiger **Lino Lacedelli** (Mitte) sowie seine Teammitglieder **Sergio Viotto** (rechts) und **Ubaldo Rey** lächeln im August 1954 ein wenig gequält in die Kamera.

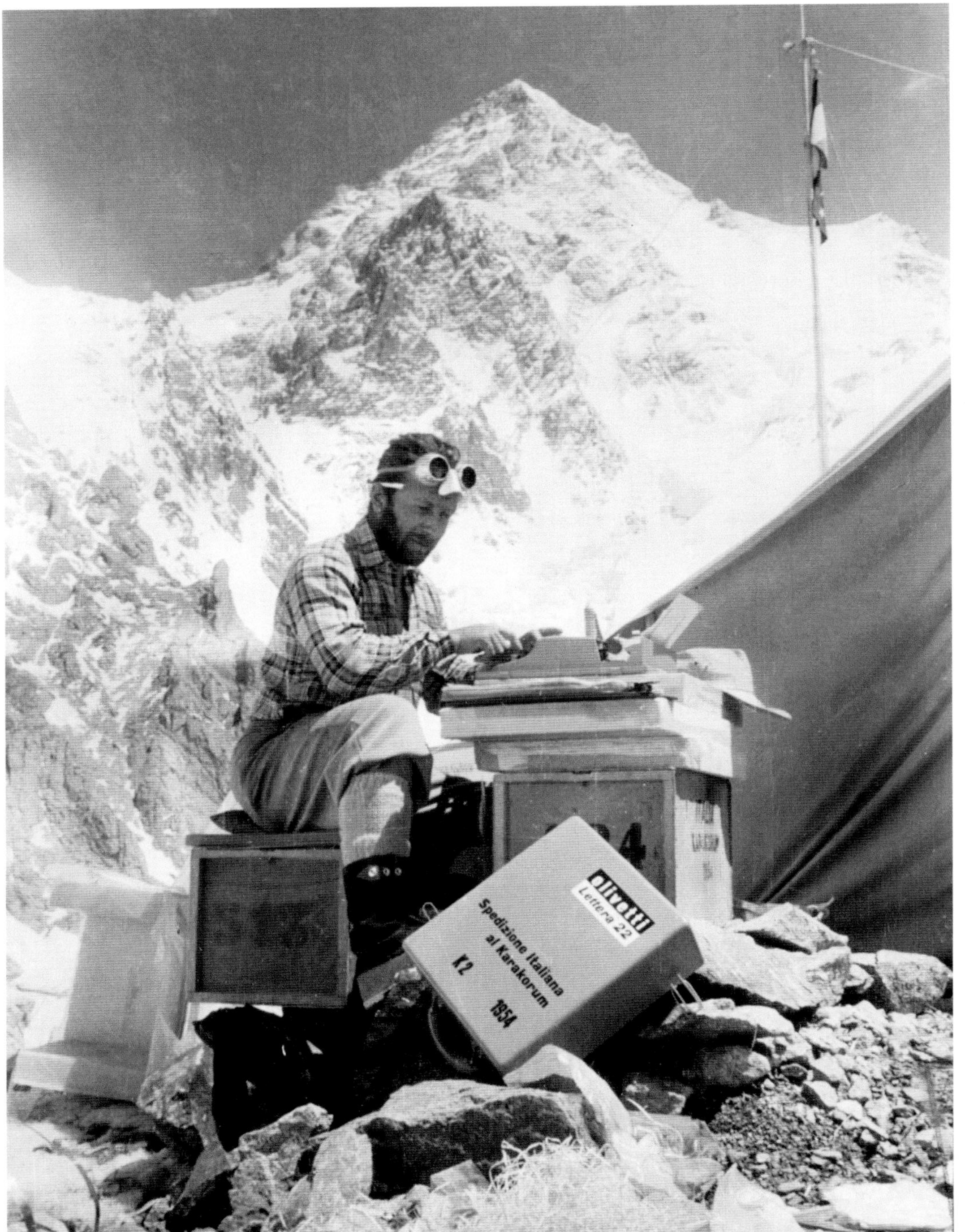

Lebe gefährlich und schreibe darüber: Bei der Expedition von 1954 war auch die mediale Dokumentation ein wichtiger Faktor. Später entstand auch noch ein Film, für den **Mario Fantin** als Kameramann vor Ort gedreht hatte.

Am Tag darauf, es war der 30. Juli, sah der Plan im Lager VIII vor, dass Lacedelli und Compagnoni erneut versuchen würden, das Lager IX aufzubauen. Und zwar in etwa 7.900 Meter Höhe. Es war klar, dass die beiden die erste Wahl für die Gipfelbesteigung waren. Der Cortineser Lino Lacedelli war Bergführer und damals einer der erfolgreichsten Alpinisten in der berühmten Ampezzaner Klettergilde der »Scoiattoli«, der Eichhörnchen. Als die K2-Expedition in ihre entscheidende Phase ging, war er ebenso wie Bonatti und Achille Compagnoni in der stärksten Gruppe. Die bergsteigerischen Fähigkeiten Walter Bonattis indessen hatten sich während der gesamten Expeditionszeit immer wieder deutlich gezeigt. Er war auf Steigeisen unbestreitbar von allen der Talentierteste. Dazu seine Zähigkeit, seine Leidensfähigkeit und der Wille, das Ziel zu erreichen – all das machte Walter Bonatti zu einem entscheidenden, vielleicht zum wichtigsten Glied in dieser Expeditionskette.

Während sich Lacedelli und Compagnoni in Richtung des neu ausgewählten Standorts für das Lager IX aufmachten, gab es unten, im Lager VII, ebenfalls Bewegung. Dort machten sich Abram, Mahdi und Isakhan, Bonatti und Gallotti mit dem gesamten benötigten Material auf zum Lager VIII, das sie gegen Mittag erreichten. Noch am selben Nachmittag brachen Bonatti, Abram und der Hunza-Träger Mahdi in Richtung Lager IX auf. Gallotti und Isakhan blieben entkräftet zurück. Bonatti, Abram und Mahdi nahmen kein Zelt mit, auch nicht ihre Schlafsäcke. Nur die schweren Sauerstoffflaschen, Seile, Karabiner, ein Reserveventil für die Atemgeräte und eine Lampe.

Was von diesem Zeitpunkt an geschah, entzweite Walter Bonatti für immer von nahezu allen anderen Bergsteigern in dieser Expeditionsgruppe. Die nun folgenden dramatischen Stunden hätten ihn fast das Leben gekostet. Den Glauben an Ehrlichkeit, Transparenz und Aufrichtigkeit unter Alpinisten nahmen sie ihm allemal.

Bonatti, Abram und Mahdi mühten sich also weiter die steilen Hänge oberhalb von Lager VIII hinauf. Es war da bereits 15.30 Uhr. Sie sahen die Spuren von Lacedelli und Compagnoni vor sich in den steilen Schnee- und Eisflanken des K2. Sie zogen direkt in Richtung Gipfelaufbau. Nur noch zwei Stunden, bis es dunkel werden würde. Und vom Hochlagerzelt weit und breit keine Spur. Jeden Felsblock, jede Gletscherspalte, jede Eiswand visierte Bonatti an. Die beiden anderen hätten überall sein können. Eigentlich sollte dort jetzt irgendwo das Zelt von Lager IX sein. Doch da war nichts. Nur steiles Eis, steiler Fels und steile Schneehänge. Als sich die grimmige Kälte in Abrams Füße

Bonatti schlug mit dem Pickel auf ihrer beider Gliedmaßen ein, um wenigstens irgendwie die Durchblutung anzutreiben, derweil die Hoffnung schwand.

zu fressen begann, stellte er seine Last in den Schnee und begann bedauernd, aber konsequent den Abstieg. Da war es 18.30 Uhr. Walter Bonatti schreibt: »Die Sauerstoffflaschen sind die schwersten Lasten und zugleich die wichtigsten, denn sie sind für den Gipfelsturm unerlässlich.« Zusammen mit Mahdi stapfte Bonatti verdrossen immer weiter in Richtung Gipfel, obwohl der Hunza mit seinen Kräften schon fast am Ende war.

In seinem vielleicht schönsten Buch *Berge, meine Berge* schrieb Bonatti später über diese Zeit: »Oh, diese Flaschen! Diese verfluchten Sauerstoffflaschen! Ihr Gewicht zermürbt uns buchstäblich. Das Kreuz ist wie lahm, und meine geplagten Schultern sind kraftlos geworden von dieser Anstrengung. Vor Kurzem noch konnte ich ihre Belastung mildern, indem ich vorgebeugt ging, aber jetzt zwingt mich die außerordentliche Steilheit des Hanges, zu steigen, ohne die Möglichkeit, das Gewicht auszugleichen. Der Schmerz ist manchmal so stechend, dass ich fürchte zusammenzubrechen.«

Bonatti und Mahdi befanden sich jetzt über 8.000 Meter hoch und suchten nach dem neunten Hochlager. Doch das Dilemma wurde nun klar. Lacedelli und Compagnoni hatten nicht wie vereinbart ihr Zelt weiter unten auf 7.900 Meter aufgestellt, um Bonatti und den anderen die Arbeit des Lastentransports zu erleichtern. Sie waren im Gegenteil weiter Richtung Flaschenhals aufgestiegen, weil sie an der geplanten Stelle in tiefen Neuschnee geraten waren und alle Mühe hatten, dort hinaufzuspuren. Es stellte sich später heraus, dass sie mehr als 250 Höhenmeter weiter aufgestiegen waren und dafür mit nur leichtem Gepäck schon deutlich über eine Stunde gebraucht hatten. Bonatti begann zu rufen. Keine Antwort. Er suchte nach der Lampe. Doch die funktionierte nicht mehr. Die tiefen Temperaturen hatten auch da ganze Arbeit geleistet. Also weiter hinauf. Mahdi fror entsetzlich in dieser lausigen Kälte der noch jungen Nacht. Die beiden verließen nun die getretene Spur, die Lacedelli und Compagnoni Stunden zuvor angelegt hatten. Bonatti hielt direkt auf einen wuchtigen Felsen zu. Alles wäre sofort leichter geworden, hätten sie den Flaschensauerstoff genutzt. Doch wie denn, ohne Masken? Die hatten Lacedelli und Compagnoni irgendwo in diesem Nirgendwo bei sich. Bonatti war wie besessen, die Flaschen zu den beiden nach oben zu bringen. Gelänge dies nicht, wäre der wahrscheinlich einzige Gipfelversuch gescheitert, ohne wirklich begonnen zu haben.

Bonatti hatte seine Last abgelegt und war noch ein Stück weiter aufgestiegen. Er schrie erneut zwei Namen in die Nacht: »Lino! Achille!« Schließlich rief er vollkommen verzweifelt um Hilfe – panisch und selbst dem Wahnsinn näher als dem Leben. Er flehte Lacedelli und Compagnoni um Unterstützung in dieser schrecklichen Lage an. Dann endlich erhielt er eine Antwort von oben. Bonatti erinnerte sich gut daran. Lacedelli und Compagnoni wollten wissen, ob die beiden den Sauerstoff bei sich hätten. »Ja«, rief Bonatti nach oben. »Lasst ihn liegen und steigt sofort ab«, kam als Antwort von dort. »Unmöglich«, schrie Bonatti mit heiserer Stimme, »Mahdi kann nicht mehr.« Dann war es wieder still am K2. Totenstill. Keine Antwort mehr von oben.

Lacedelli und Compagnoni nahmen später in dem von Ardito Desio veröffentlichten Buch *La Conquista del K2* (Die Eroberung des K2) zu dieser Situation Stellung. Bei Einbruch der Dunkelheit hätten sie Rufe gehört, »wir verließen sofort unsere Zelte. Wir konnten Bonatti und Mahdi nicht sehen, weil es bereits dunkel war, sondern nur hören. Aber die Kommunikation war schwierig, weil der Wind unsere Worte verwehte. Wir schrien: Geht zurück, kehrt um.« Danach wurde es wieder still in dieser Nacht. Lacedelli und Compagnoni gaben zu Protokoll, sie seien der festen Überzeugung gewesen, Bonatti und Mahdi seien umgekehrt. Sie hätten gesehen, dass da jemand abstieg.

Doch dem war nicht so. Bonatti und Mahdi hockten vollkommen verzweifelt im Schnee. Bonatti versuchte ein Loch zu graben, eine ebene Fläche zu schaffen, auf der sie vielleicht sitzen könnten. In einem Anfall von Wahnsinn begann Mahdi nun in Richtung des Lichtkegels dort bei Lager IX zu gehen. Die Lampe von Lacedelli und Compagnoni leuchtete hell und grell von oben herunter. Weit kam Mahdi nicht. Als das Licht erlosch und die Stimmen von oben schwiegen, kroch er zurück zu Bonatti. Die beiden kauerten nun nebeneinander in dieser eisigen Nacht, direkt in der »Schusslinie« des Flaschenhalses, über dem Bonatti am Nachmittag diese riesigen Séracs hatte hängen sehen. Wäre da etwas abgebrochen und heruntergestürzt – es wäre der sichere Tod für beide gewesen. Mahdi stand wieder auf, er wollte unbedingt absteigen zum Lager VIII. Doch das wäre Selbstmord gewesen. In den steilen Felsen und eisigen Flanken, zwischen den Gletscherspalten und an dem Grat, der die beiden Flanken trennte, lauerte eine Absturzstelle nach der anderen. Der Hunza gab einen weiteren Versuch der Flucht nach vorn erschöpft auf und sank wieder neben Bonatti nieder.

Es wurde immer kälter. So zitterten sich die beiden durch diesen Albtraum. Nun kam Wind auf und trieb ihnen den feinen Pulverschnee bis unter die Kleidung. Bonatti schaute ganz bewusst nicht mehr auf seine Uhr. Sie waren seit der Früh über zwölf Stunden aufgestiegen. Nein, Zeit spielte keine Rolle mehr. Überleben. Irgendwie diese Hölle überleben. Bonatti schlug mit dem Pickel auf ihrer beider Gliedmaßen ein, um wenigstens irgendwie die Durchblutung anzutreiben, derweil die Hoffnung schwand und die Angst sich immer breiter einnistete.

Mit dem ersten Licht des Tages floh Mahdi dann nach unten. Bonatti wartete, ob sich oben bei dem kleinen Zelt etwas tat. Doch da rührte sich nichts. Die Sauerstoffflaschen lagen direkt neben ihm. Im Juli erreichen am K2 die ersten Sonnenstrahlen gegen sechs Uhr die Schulter und das große Couloir. Nun stieg auch Bonatti ab. Mit steifen Gliedern wankte er nach unten. Das letzte bisschen Konzentration richtete sich nur noch auf den nächsten Schritt. Reinhold Messner schreibt in seinem Buch über den K2: »Dieser Bonatti ist nicht mehr der Bonatti vom Vortag, er ist völlig ausgedörrt, verzweifelt, gebrochen.« Unendlich langsam erreichte dieser erst 24 Jahre alte, außergewöhnliche Spitzenalpinist das Lager VIII. Dort warteten, neben heißem Tee, Erich Abram und Pino Gallotti. Und auch Mahdi war da.

Gleich nachdem Bonatti seinen Biwakplatz verlassen hatte, kam oben im Lager IX Bewegung auf. Lacedelli und Compagnoni hatten praktisch überhaupt nicht geschlafen. Nun gingen sie hinunter, holten die Sauerstoffflaschen und begannen ihren Aufstieg Richtung Gipfel. Von dem Drama, das sich in dieser Nacht abgespielt hatte, wollten sie nichts mitbekommen haben. In der *Rivista Mensile del CAI*, der Monatszeitschrift des Italienischen Alpenvereins, gibt es 1954 einen Aufsatz von Ardito Desio. Darin zitiert er Achille Compagnoni und Lino Lacedelli folgendermaßen: »Nachdem wir Bonattis Stimme nicht mehr hörten, waren wir der Meinung, dass die beiden umgekehrt seien.« Und weiter heißt es dort: »Wir versuchten, die Sauerstoffflaschen auszumachen, die Bonatti und Mahdi zurückgelassen haben mussten.« Dabei hätten sie gesehen, wie jemand abstieg. »War das Bonatti oder Mahdi? Wir konnten es aus der Entfernung nicht ausmachen. Wir riefen. Die Gestalt blieb stehen, drehte sich um, antwortete aber nicht. Dann stolperte der Mensch weiter den steilen Hang hinunter. Wir gingen alle Möglichkeiten durch, außer der, die tatsächlich eingetreten war. Wir konnten es kaum glauben, dass zwei Männer eine ganze Nacht auf über 8.000 Meter Höhe ohne Schutz vor Kälte und Wind überlebt haben konnten.«

Bonatti hatte überlebt. Mahdi auch. Bonatti notierte später: »Ich bin in dieser Nacht am K2 beinahe gestorben. Aber was mich tatsächlich umgebracht hat, ist dieses halbe Jahrhundert aus Scheinheiligkeit und Lügen.«

Unter einer Steilwand stand, wunderbar gelegen, das Lager VIII. Mit Blick hinüber zum nahen Broad Peak und hinauf bis zum Gipfel des K2. Das Wetter war gut an diesem Tag. Die Sonne hatte wärmende Strahlen. Der Himmel stahlblau, fast kein Wind. Bonatti erholte sich trotz einiger Erfrierungen an den Händen in dieser vergleichsweise sicheren und komfortablen Umgebung außergewöhnlich rasch. Mahdi hingegen hatte schwere Erfrierungen an den Fingern und Zehen. Alles an Kleidung hatten sie ihm am Tag zuvor geben können. Nur kein angemessenes Schuhwerk. Seine Verletzungen waren die Folge davon, und sie waren schlimm.

Bonatti beschreibt in *Berge, meine Berge* auch den entscheidenden Moment dieses Tages gewohnt wortgewaltig: »Um 17.30 Uhr steckt Isakhan seinen Kopf zu unserem Zelteingang herein und sagt auf Englisch: ›Ganz nahe am Gipfel des K2 ist ein Sahib!‹ Wir stürzen hinaus. Es verschlägt mir fast den Atem, und ich werde meiner Erregung kaum Herr: Zwei kleine Pünktchen steigen den letzten Abhang hinauf, langsam, aber ohne anzuhalten – zum Gipfel, im blauen Schein der untergehenden Sonne.« Dann: »23 Uhr: Fünf Herzen im Jubel über den Sieg, Erich Abram, Pino Gallotti, Achille Compagnoni, Lino Lacedelli und ich. Nichts anderes zählt in diesem Augenblick für mich. In der Nacht schneit es.« Und Gallotti notierte in seinem Tagebuch: »Auf dem letzten Hang, der von unten sehr steil aussah, kam zuerst ein winziger Punkt, dann ein zweiter, sehr langsam nach oben. Ich werde vielleicht noch viele Dinge in meinem Leben sehen, aber nichts wird mich jemals so sehr bewegen wie dieser kleine Moment. Ich weinte leise, die Tränen fielen auf meine Brust.«

Doch was war unterdessen, im Laufe dieses langen Tages, dort oben geschehen? Als Lacedelli und Compagnoni bald nach sechs Uhr aus ihrem Zelt gekrochen waren, sahen sie fassungslos, wie jemand den Schneehang in Richtung des Grates abstieg. Sie gingen hinunter, holten die Sauerstoffflaschen, schnallten sie auf den Rücken und stiegen gleich wieder zurück zu ihrem Zelt. Das dauerte nur eine Viertelstunde. Nur eine Viertelstunde also waren Bonatti und Mahdi von Lager IX entfernt gewesen. Von diesem Punkt aus begannen die beiden Italiener, jetzt mit der Hilfe des Sauerstoffs aus den Flaschen, den noch weiten Weg Richtung Gipfel. Sie hatten nahezu alles bei dem kleinen Hochlagerzelt zurückgelassen. Ihre Rucksäcke, sämtliche weitere Ausrüstung. Nur etwas zu trinken und ein paar Stück Schokolade nahmen sie mit. Mühsam kämpften sie Schritt für Schritt mit dem vielen Schnee und fanden schließlich die Route, die Fritz Wiessner gewählt hatte. Doch dort hatte sich in der Nacht so viel Triebschnee gesammelt, dass es unmöglich und extrem gefährlich schien, diesen Weg zu nehmen. Sie kletterten in den Felsen nach oben. Das war schwierig und genauso gefährlich. Gegen 16 Uhr waren alle sechs Flaschen leer. Kein zusätzlicher Sauerstoff mehr. Im Nachbericht der *Rivista Mensile del CAI* heißt es: »Das war ein schreckliches Gefühl. Wir waren atemlos, und eine bedrückende Hitze befiel unsere Köpfe und Füße, unsere Beine wurden schwächer, und es wurde schwieriger, sich auf den Beinen zu halten.«

Als Lacedelli und Compagnoni an diesem 31. Juli 1954 – es war ein Samstag – gegen 18 Uhr, Seite an Seite, Hand in Hand, den Gipfel erreichten, waren sie so ziemlich am Ende ihrer Kräfte. Doch sie sahen dieses einzigartige Panorama in alle Richtungen. Eine unglaubliche Woge des Glücks erfasste die beiden. Der höchste Punkt eines Berges ist dann erreicht, wenn es auf all seinen Seiten nur noch bergab geht. Da waren die beiden nun angelangt. Der Gipfel der zweithöchsten Erhebung unserer Erdkruste war bestiegen.

Als Compagnoni und Lacedelli auf dem Weg hinunter im Lager VII ankamen, hatten beide schwere Erfrierungen an den Händen. Lacedelli wurde später der Daumen amputiert. Compagnoni hatte Glück, er behielt seine Finger. Seine Wunden verheilten, auch weil er vor allen anderen nach Italien zurückgekommen war. Der pakistanische Hochträger Mahdi erholte sich nach langer Zeit auch von seinen Verletzungen. Ihm würde es vorbehalten bleiben, später Walter Bonatti mit einer Aussage gerichtlich zu entlasten. Was jedoch zuerst blieb, war die Erstbesteigung des K2 durch diese italienische Expeditionsgruppe.

Glücklicher Ausgang am Gipfel, hässlicher Abschluss im Tal. So lässt sich vielleicht am ehesten die Zeit nach dieser Expedition beschreiben. Die ersten Diskussionen über den Gipfeltag gab es schon bald im Basislager und auf dem Weg zurück nach Askole. Doch die richtige Schlammschlacht sollte erst noch beginnen. Ardito Desio veröffentlichte in Zeitschriftenpublikationen und einem Buch seine »Sicht« der Dinge. Welche Sicht?, ist man versucht zu fragen. Er kannte ja alles nur aus zweiter

Hand, erzählt erst nach Tagen, zögerlich und oft verworren. Desio beschönigte, was kaum zu beschönigen war, wenn man Bonatti genau zuhörte, und er relativierte, dass die Dinge so liefen, wie sie am Gipfeltag einfach hatten laufen müssen. Desios Abhandlung wurde immer kontrovers betrachtet und schließlich sogar von ein paar wenigen Expeditionsmitgliedern ganz offen bestritten.

Sieben Jahre nach all diesen Ereignissen, in denen er vollkommen ohnmächtig all den öffentlichen Anschuldigungen ausgesetzt gewesen war, veröffentlichte Walter Bonatti in dem dramatischen Buch *K2. La verità. Storia di un caso* (K2 – die Wahrheit. Die Geschichte eines Falles) seine Sicht der Geschichte. Dieses Buch wurde ein Weltbestseller. Doch es hörte einfach nicht auf. Eine namhafte italienische Tageszeitung erhob danach erneut schwere Vorwürfe, die allesamt Walter Bonattis Rolle in den letzten Tagen unter dem Gipfel betrafen. Er habe Mahdi in dieser Nacht im Stich gelassen. Er selbst habe einen Teil des künstlichen Sauerstoffs benutzt, um seine Lage erträglicher zu machen. Damit wollten Journalisten, die längst wie Richter ihre Urteile verfassten, erklären, warum Lacedelli und Compagnoni oberhalb des Flaschenhalses leere Flaschen hatten. Dagegen klagte Bonatti erfolgreich. Es kostete ihn nicht einmal Mühe, das Gegenteil zu belegen. Mahdi sagte eindeutig zu Bonattis Gunsten aus. Und den Sauerstoff konnten weder Bonatti noch Mahdi verwendet haben, denn sie hatten beide keine Atemmasken bei sich gehabt.

So ging das weiter. Über vierzig lange Jahre. Bonatti publizierte. Die Reaktionen ließen nicht auf sich warten. Erst im Spätwinter 1994 widmete sich der damalige Präsident des CAI selbst dieser Causa. Roberto De Martin wälzte akribisch sämtliche Bücher, las eine Menge Artikel, und schließlich bat er Walter Bonatti zu einer längst überfälligen Anhörung nach Mailand. Das bedeutete Bonatti viel, denn zum ersten Mal nach vierzig Jahren sprach jemand mit ihm über die Ereignisse. Das Wort des CAI-Präsidenten hatte Gewicht, und sein Sachverstand galt etwas.

Schließlich schrieb Lino Lacedelli 2001 zusammen mit dem Autor Giovanni Cenacchi ebenfalls ein Buch mit dem Titel *K2 – der Preis der Eroberung*. In diesem Werk stellte Lacedelli die wichtige Rolle Bonattis

Da waren die beiden nun angelangt. Der Gipfel der zweithöchsten Erhebung unserer Erdkruste war bestiegen.

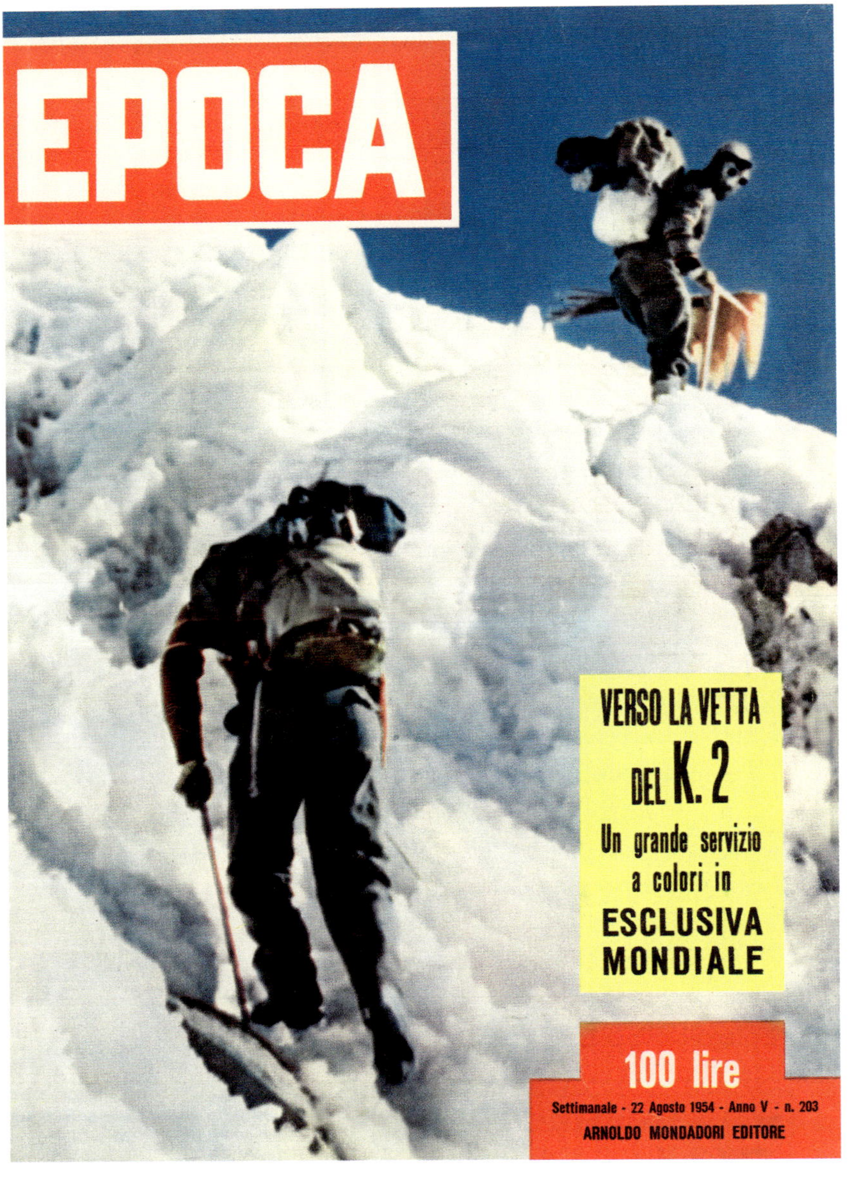

Der Triumph am K2 bewegte nach der Heimkehr der Alpinisten ganz Italien: In dem Wochenmagazin ***Epoca*** wird die Expedition ausführlich thematisiert. Die Kontroverse um Walter Bonatti sollte jedoch bald die Jubellaune trüben.

zum ersten Mal ebenfalls sehr deutlich heraus. So erfuhr der sensible und zutiefst verletzte Walter Bonatti eine gelinde Art von Rehabilitierung und auch eine gewisse Anerkennung seiner Leistung von 1954. 2008 dann veröffentlichte der italienische CAI endlich sein Dossier zu dem »Fall Bonatti«. Unter dem Titel *K2 – Una storia finita* (K2 – eine abgeschlossene Geschichte) wurde Bonattis Beitrag an der Erstbesteigung explizit benannt und seine großartige Willensleistung nun auch vom Italienischen Alpenverein ausdrücklich hervorgehoben. Es fand nun auch dort eine einigermaßen klare Zuordnung der Ereignisse statt: Bei Licht betrachtet war die Erstbesteigung des K2 nur durch Bonattis Leistung an jenem 30. Juli überhaupt möglich geworden. Hätten Abram, Mahdi und schließlich Bonatti nicht fast allein die Flaschen mit dem Sauerstoff so weit hinaufgetragen, wären Lacedelli und Compagnoni nicht einmal in die Nähe des Gipfels gekommen.

Es mutet unglaublich an, was nach der Erstbesteigung geschah. Natürlich quollen die Medien über. Vor allem in Italien. Der gesamte Enthusiasmus und die südländisch überbordende Begeisterungsmentalität eines ganzen Landes schienen sich über die Expeditionsgruppe zu legen. Diesen gesamten Hype befeuerte Expeditionsleiter Ardito Desio zusätzlich, indem er zunächst nicht die Namen der beiden Erstbesteiger preisgab. Damit heizte er allerdings auch die wildesten Spekulationen an. Schließlich »einigten« sich die Medien auf Achille Compagnoni und Ubaldo Rey. Es konnten ja gar keine anderen gewesen sein. Italien stand ohnehin in patriotischer Einigkeit hinter diesem Team. Da war es doch egal, wer da was geleistet hatte. Namen? In den ersten Momenten des überschäumenden Bades in der Menge war das selbst für die Bergsteiger nur Schall und Rauch. Sie genossen die Empfänge in den großen Städten, bei den Bürgermeistern von Mailand, Bologna und Genua.

Die Frage, wer zuerst oben gewesen war, wurde zeitweise wie ein Staatsgeheimnis gehütet. Achille Compagnoni widersetzte sich als Erster dem Willen Desios und lüftete den Mantel des Schweigens. Jetzt hatten die Medien Namen und mithin neues Futter. Achille Compagnoni und Lino Lacedelli wurden augenblicklich in den Heldenstatus erhoben. Compagnoni erzählt auch, was dort oben, ganz knapp unter dem Gipfel, passiert war. Wenigstens ein »Häppchen« davon schenkte er den nimmersatten Reportern. Er habe sich mit Lacedelli untergehakt, als der zu ihm aufgeschlossen sei. Dann habe er mit geschundenen Stimmbändern gekrächzt: »Insieme.« Zusammen wollten sie doch nun wohl zum höchsten Punkt gehen. Offenbar ist das dann auch so geschehen. Zumindest hält sich dieser Teil der großen Geschichte bis heute.

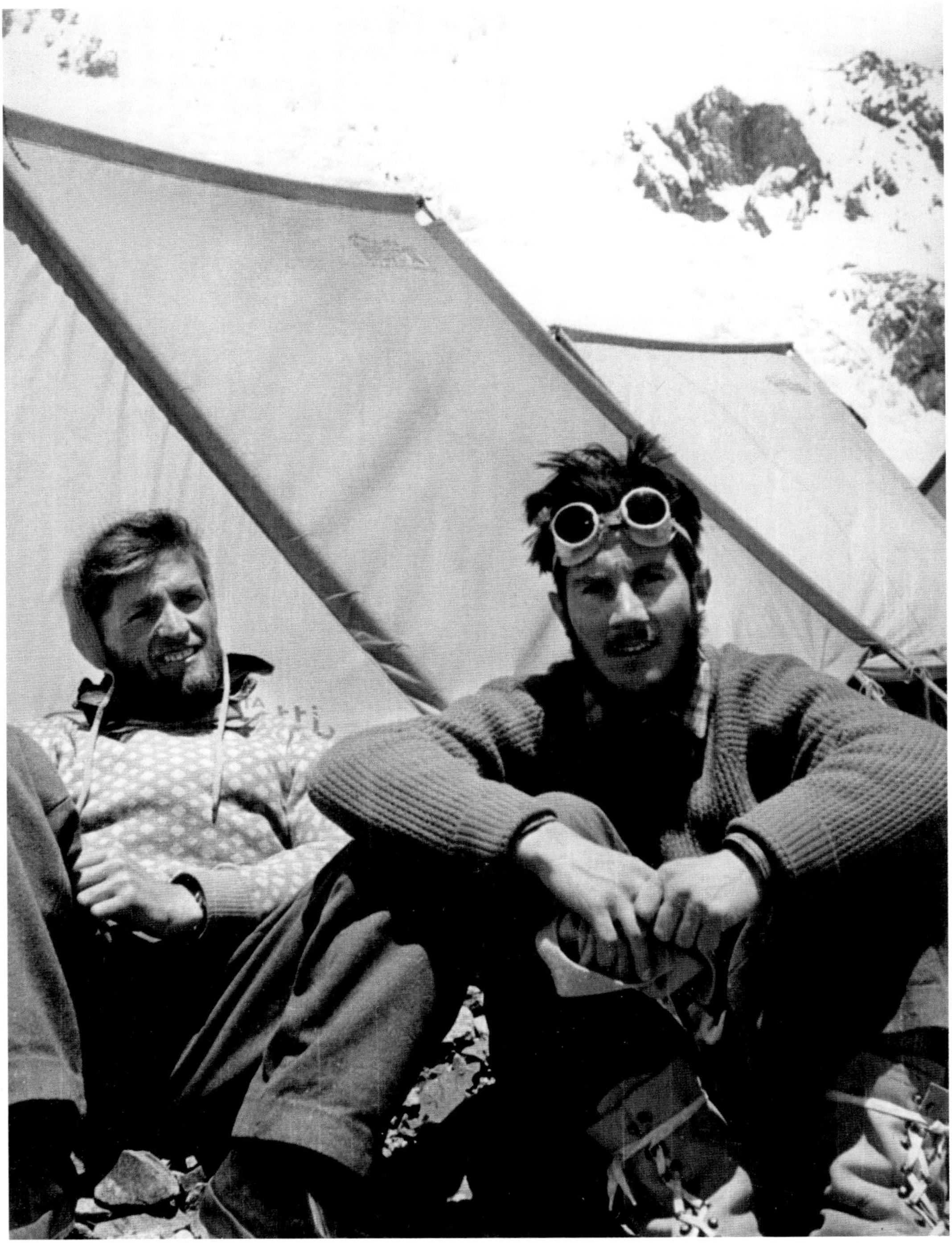

Ruhige Tage vor dem Gipfelsturm: **Sergio Viotto und Walter Bonatti** (rechts), der mit seinem selbstlosen Einsatz den Erfolg überhaupt erst ermöglichte, erleben beschauliche Momente im Basislager.

Selbst die seriöse *New York Times* trug für ihre Verhältnisse in der Ausgabe vom 4. August 1954 ungewöhnlich dick auf: »Italiener erobern den zweithöchsten Berg der Erde – Besteigung des Godwin-Austen-Gipfels im Kaschmir-Gebirge nach 76 Tagen geglückt«. Im Archiv des *Corriere della Sera* gibt es eine dicke Mappe mit sämtlichen Publikationen von damals. Auf einer der Titelseiten steht in fetten Lettern: »Sie haben gewonnen! Die beste Nachricht seit Jahren für unser Italien«. Und tatsächlich, so wie der Gewinn der Fußball-Weltmeisterschaft 1954 durch die deutsche Nationalmannschaft für das deutsche Volk Balsam auf die vom Weltkrieg geschundenen Seelen war, so verfehlte die Besteigung des K2 auch in Italien nicht die nationale Wirkung.

Im Frühjahr des folgenden Jahres trafen sich die Bergsteiger wieder. Alle kamen nach Rom. Dort gab es zunächst eine Privataudienz bei Papst Pius XII. in dessen Bibliothek im Apostolischen Palast. Und gleich danach beim damaligen Staatspräsidenten Luigi Einaudi im kaum weniger berühmten Palazzo del Quirinale. Die Kletterer wirkten hier wie da fast etwas verloren, zwischen all den hohen Marmorsäulen, den goldenen Prunksälen und den vielen begeisterten Menschen, die ja eigentlich vom Bergsteigen rein gar nichts verstanden. Doch es war unübersehbar: Eine Nation feierte da ihre Heroen. Dann kam der Film. Die Menschen stürmten die Kinos, um *Italia K2* sehen zu können. Nun konnten auch Laien wenigstens ein bisschen von dem bestaunen, was sich da in den steilen Flanken des zweithöchsten Berges abgespielt haben musste.

Dass inzwischen bereits die ersten Diskussionen darum aufgekommen waren, wer da oben was geleistet hatte, interessierte zu dem Zeitpunkt noch kaum jemanden. Doch das, was die konträren Gruppierungen längst so hartnäckig bewegte und umtrieb, konnte selbstverständlich nicht lange unter der Decke bleiben. Es war nur eine Frage der Zeit, bis der Deckel dieses Pulverfasses hochging. Und diese Zeit war schneller reif, als vielen lieb war. Bonatti gegen den Rest des Teams – so stellten sich zumindest zunächst die Fronten auf. Die Reaktionen waren entsprechend. Die italienische Post hatte gleich nach der Expedition einen ganzen Satz Sondermarken mit verschiedenen gezeichneten Motiven von der Erstbesteigung aufgelegt. Wer heute diese Marken besitzt, hat einen einzigartigen Sammlerwert daheim liegen. Denn als die Kontroverse öffentlich und vehement aufbrach, zog die Post den Briefmarkensatz kurzerhand wieder zurück – weil zu negativ besetzt.

Hans Kammerlander

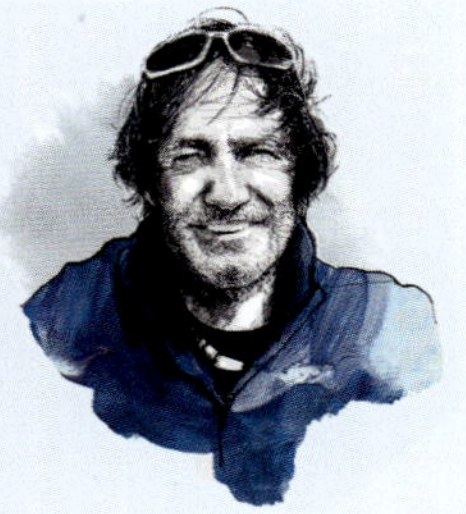

Was die K2-Erstbesteigung mit einem Fußballspiel gemeinsam hat

Für mich ist die Diskussion um die Erstbesteigung des K2 bis heute bemerkenswert. All die jungen Bergsteiger, von denen manche auch das Talent, die Kraft und den Willen haben, einen Achttausender zu besteigen, sollten dieses Kapitel in der Historie des K2 eigentlich sehr aufmerksam lesen. Denn es ist in vielerlei Hinsicht ein guter Anschauungsunterricht, welche Dynamiken sich bei einem solchen Unternehmen entwickeln können.

2015 hielt ich in Bozen einen Vortrag. Im Anschluss traf ich damals noch ein letztes Mal den hochbetagten, großartigen Erich Abram. Er war Ehrenbürger der Stadt Bozen, seine berühmte Abram-Kante am Piz Ciavazes klettere ich immer noch gern. Für mich war diese Begegnung damals sehr berührend und erneut aufschlussreich. Ungefragt und eher überraschend schnitt Abram auch damals wieder das Thema K2 an und diese nicht enden wollenden Differenzen unter den Beteiligten. Es schien auch ihm einfach keine Ruhe zu lassen. Er hat mir an diesem Abend gesagt, dass er immer noch der Meinung sei, dass man die beiden, also Mahdi und Bonatti, zu dem Zelt von Lager IX hätte hinaufholen können. Das ist eine starke Aussage.

Und diese Annahme Abrams brachte mich nicht erst nach diesem Abend zu dem Schluss: Ich glaube, das war auch ein Stück weit unterlassene Hilfeleistung, was damals da oben geschah. Es war weniger als eine Viertelstunde bis zu diesem Zelt. Lacedelli und Compagnoni konnten unmöglich am Ende ihrer Kräfte dort oben gelegen haben, denn dann hätten sie es am nächsten Tag nicht bis zum Gipfel und zur Erstbesteigung des K2 geschafft. Ihr Zustand muss folglich gut gewesen sein. Auf mich wirkt das unkollegial und im Grunde rücksichtslos. Die beiden wollten kompromisslos zum Gipfel. Deshalb haben sie gesagt, die beiden da unten sollten absteigen.

Die Geschichte der Erstbesteigung des K2 stünde heute in einem wirklich überwältigenden Licht und als herausragende Expedition da, wenn man die Leistung von Erich Abram, dem Hunza-Träger Amir Mahdi und allen voran von Walter Bonatti schon früher richtig eingeordnet und entsprechend gewürdigt hätte. Damals, 2015, sagte Erich Abram zu mir, als die Sauerstoffflaschen einmal oben gewesen seien, sei es nur noch um die heldenhafte Besteigung des Gipfels gegangen und nicht mehr um den beispiellosen Einsatz der anderen. Die ganze Wahrheit hätte diese Geschichte sicher noch viel großartiger gemacht. Diese Wahrheit hätte die anerkennenswerte Leistung von Lacedelli und Compagnoni um keinen Deut geschmälert. Bei Erich Abram spürte ich damals in Bozen die noch immer tief sitzende Enttäuschung. Die ganz große Leistung bei der Erstbesteigung des K2 – das ist wohl inzwischen klar – war nicht allein diese Erstbesteigung, es war noch viel mehr der mühevolle Nachschub zum höchstgelegenen Lager.

Diese Expedition begann schon ungut, als Riccardo Cassin, zu der Zeit gemeinsam mit Bonatti sicher der beste Alpinist Italiens, unter solchen Umständen aus dem Team flog. Das blieb immer mysteriös, und es ist bezeichnend, dass Ardito Desio die Ergebnisse dieser fragwürdigen Tests nie veröffentlicht hat. Cassins Herz schlug für die Berge. Er hat mit über 80 Jahren daheim in Lecco in der Lombardei immer noch Bergwege gebaut. Und auch seine Leistungen bei den Expeditionen zum Gasherbrum IV im Karakorum, zum Jirishanca in Peru und schließlich bei dem bemerkenswerten Versuch in der Lhotse-Südwand 1975 bestätigen doch eines – dieser Mann hat Spuren an den Bergen der Welt hinterlassen. Und er hätte am K2 dazugehört. Doch er wäre wohl eine zu starke Persönlichkeit in dieser so straff, fast militärisch geführten Expeditionsgruppe gewesen.

Walter Bonatti habe ich immer bewundert. Er war damals noch so jung. Man könnte verstehen, dass er all die Strapazen und das hohe Risiko auf dem Weg zum auf sich genommen hätte. Aber er tat das, um anderen zum Gipfel zu verhelfen. Wäre mir das Heldenhafte nicht so zuwider, müsste ich fast sagen, das ist heroisch. Dass Bonatti selbst in dieser ausweglosen Situation des Notbiwaks, ungeschützt und in über 8.000 Meter Höhe, keine Unterstützung erhielt, rechtfertigte die Diskussion danach sehr wohl. Ich kann das verstehen. Was die Bewertung angeht, kommt mir das vor wie beim Fußball, da gibt einer nach großem Einsatz einen entscheidenden Pass, der es dem Torschützen ermöglicht, den Ball einfach über die Linie zu schieben. Der Torschütze ist der Held. Von dem Vorlagengeber spricht oft kein Mensch. So war das auch am K2. Es fehlte einfach an der menschlichen Größe, die Leistung der anderen Bergsteiger richtig einzuordnen.

Dass Lacedelli und Compagnoni der Sauerstoff aus den Flaschen ausging, muss fürchterlich gewesen sein. Hinter mir sind am K2 Koreaner durch den Flaschenhals gestiegen. Ich hörte, wie sie durch ihre Masken den reinen Sauerstoff atmeten. Ich selbst war fast am Limit dort oben und hörte immerzu dieses Geräusch. Als dann einem der Koreaner der Sauerstoff ausging, konnte der sich kaum noch auf den Beinen halten. Er starb später in einem Hochlager an einem Ödem. Dass Lacedelli und Compagnoni es unter diesen Umständen bis zum Gipfel schafften, spricht für ihre Kraft und ihre Reserven. Dieser Teil ihrer Leistung ist nicht zu schmälern. Dass sie danach nicht die Größe hatten, aufzustehen und Bonatti, Mahdi und Abram öffentlich zu danken, schmälert den Gesamteindruck allerdings deutlich.

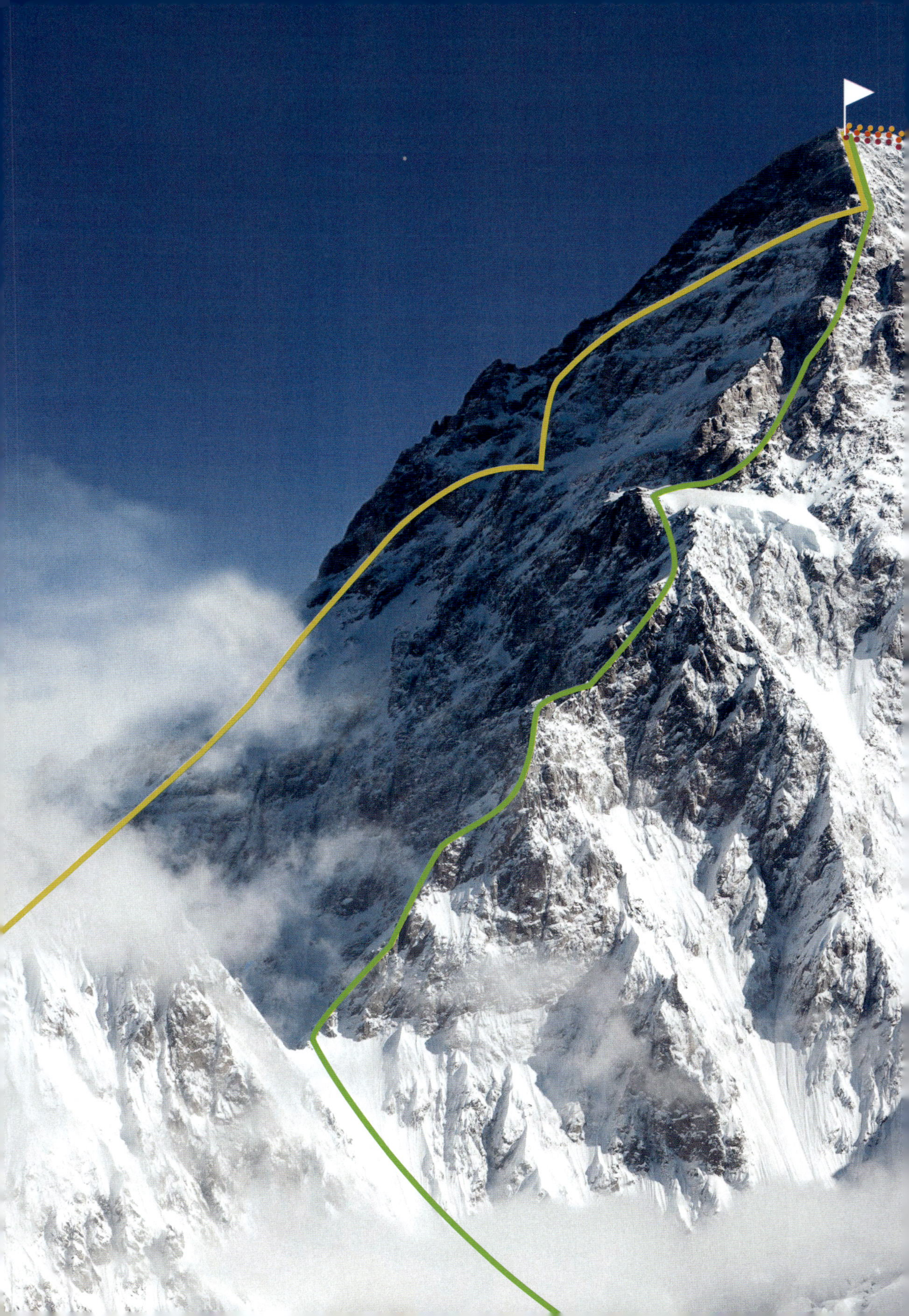

K2
Allgemein

8.611 m

Lage
Karakorum, Pakistan/China,
Baltoro Muztagh, Sinkiang

Koordinaten
35° 52′ 57″ nördliche Breite
76° 30′ 48″ östliche Länge

Erstbesteigung
31. Juli 1954
Lino Lacedelli und
Achille Compagnoni, Italien
Südostgrat, mit Flaschensauerstoff

Weitere Namen
Chogori, Mount Godwin-Austen,
Kechu, Lambha Pahar

K2
Routen Südwand

Über den K2 hat sich im Laufe von 70 Jahren ein Spinnennetz an Routen gelegt. Die meisten Bergsteiger kamen über die Südseite zum Gipfel.

1954: Südostgrat, Abruzzengrat, Route der Erstbesteigung

Lino Lacedelli und Achille Compagnoni gelingt es über den Abruzzengrat, zum ersten Mal den Gipfel des zweithöchsten Berges der Welt zu erreichen.

1981: Südwestgrat, Japanerroute

Der Japaner Eiho Ohtani und der Pakistani Nazir Sabir steigen im Bereich der Westseite des K2 über den Südwestgrat zum Gipfel.

1986: Südsüdwestpfeiler, Magic Line

Im Katastrophenjahr 1986 gelingt den Polen Przemysław Piasecki und Wojciech Wróż sowie dem Tschechen Petr Božík die berühmte Magic Line am Südwestpfeiler.

1986: Südwand, Polenroute

Im selben Jahr durchsteigen Jerzy Kukuczka und Tadeusz Piotrowski die Südwand. Piotrowski verunglückt beim Abstieg tödlich.

1986: Südpfeiler, Česen-Route

Ebenfalls 1986 steigt Tomo Česen, Mitglied einer Expedition aus dem damaligen Jugoslawien, den markanten Südpfeiler hinauf und erreicht so die Schulter. Er schafft damit eine Alternative zum Abruzzengrat.

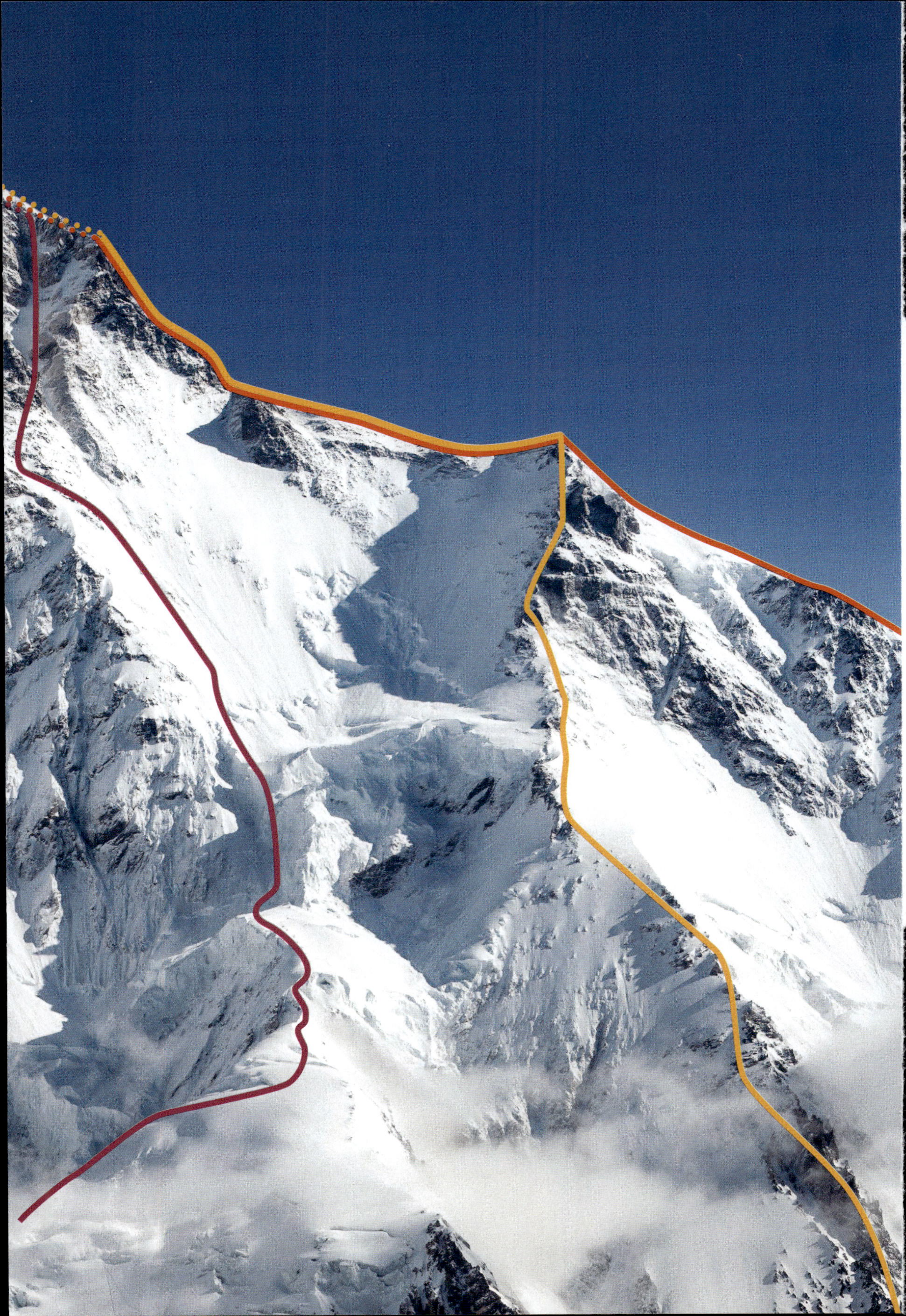

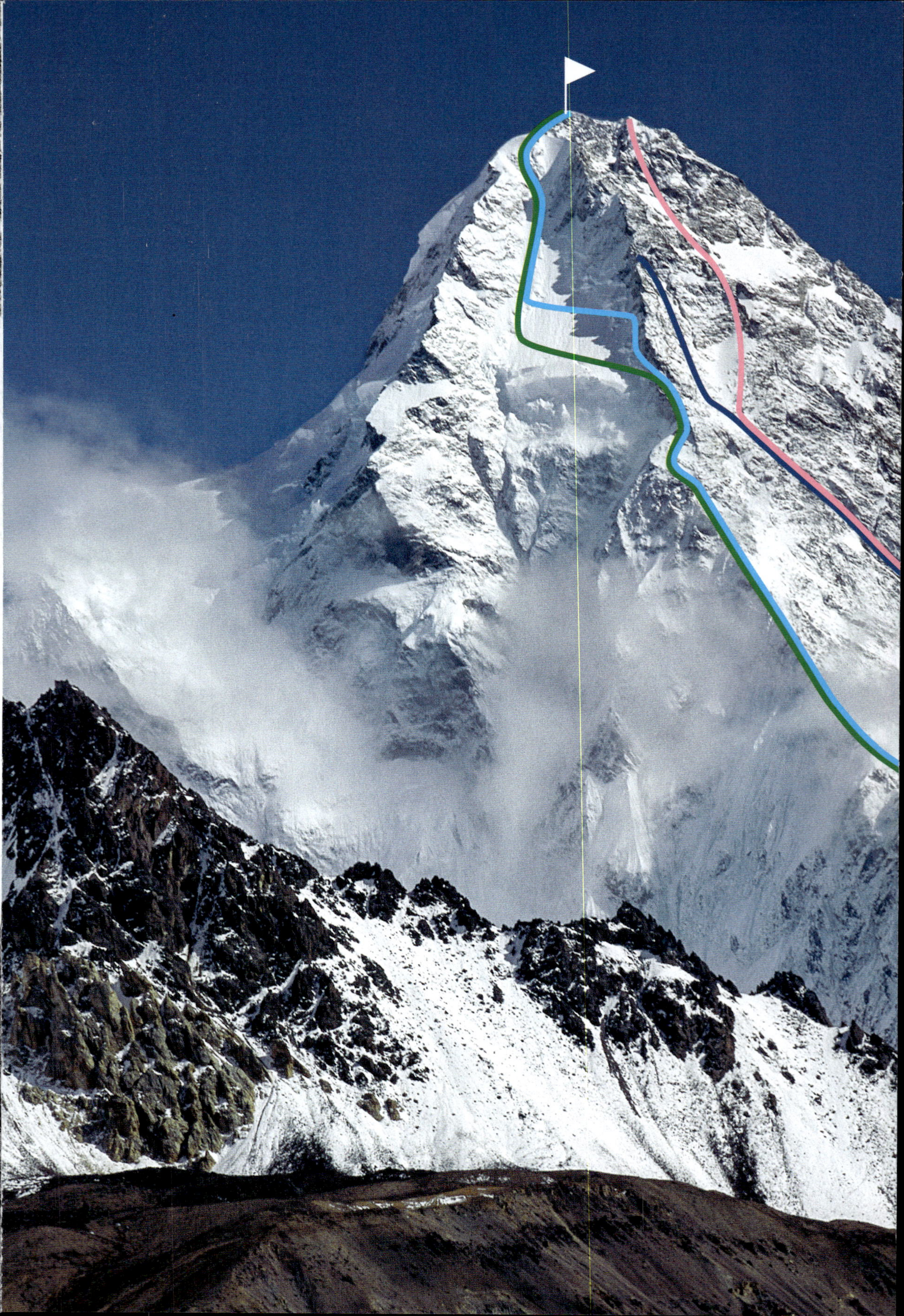

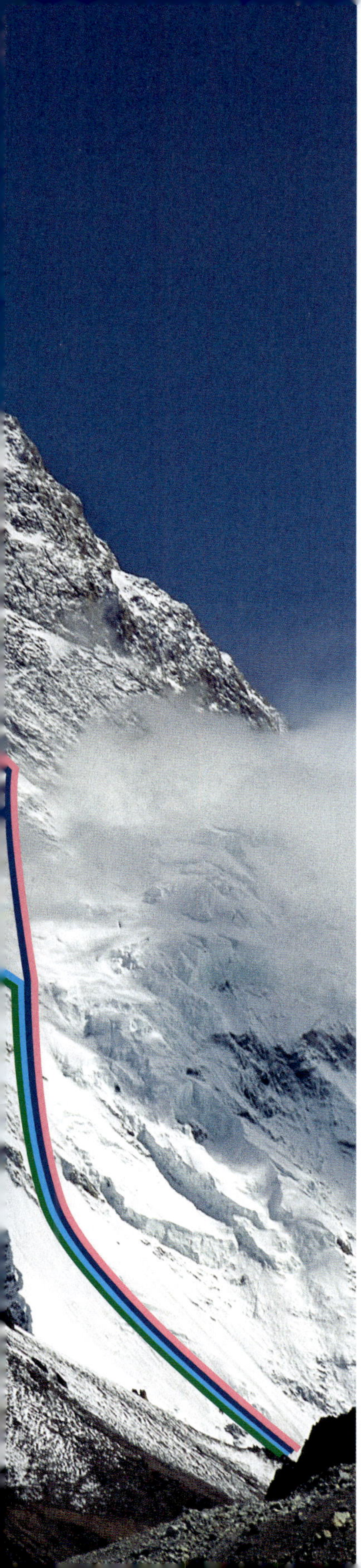

K2
Routen Nordwand

Die chinesische Nordseite ist die einsame Seite des K2 – auch sie ist mit ihrer erbarmungslosen Wetterlage, ihren steilen Felsflanken und gewaltigen Gletscherbrüchen eine enorme Herausforderung, selbst für die erfahrensten Alpinisten.

1982: Japanerroute, Nordpfeiler

Einer japanischen Expedition unter der Leitung von Teruo Matsuura gelingt die erste Besteigung von China aus über den Nordgrat.

1982: Nordwestflanke

Eine polnisch-mexikanische Expedition folgt vom Savoia-Gletscher aus der Nordwestflanke zum Nordwestgrad und erreicht wegen eines Sturms „nur" 8.225 Meter.

1994: Italienerroute, Nordwestflanke

Unter Leitung von Arturo Bergamaschi folgt eine italienische Expedition der polnisch-mexikanischen Route und gelangt über eine Variante in der Nordwestflanke zu einem Nebengipfel. Sie findet aber keinen Übergang zum Hauptgipfel.

2011: Nordpfeiler, Variante

Auf der Route der Japaner von 1982 steigt Gerlinde Kaltenbrunner bis über den markanten Hängegletscher und traversiert auf einer Variante zur Gipfelroute.

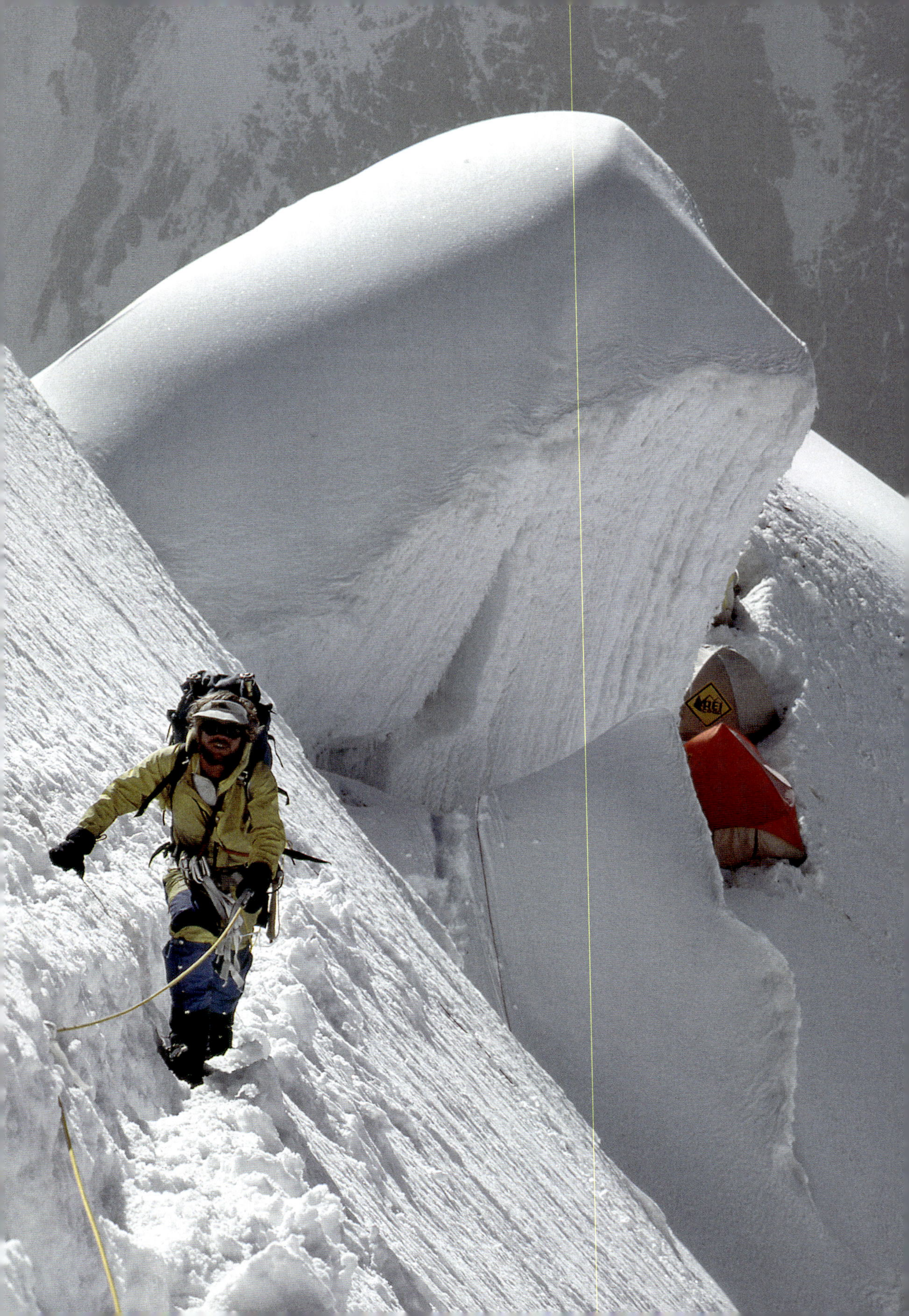

1979
Der Südgrat, Reinhold Messner und die Franzosen

Hinauf durch heikles Terrain: der US-Amerikaner **Rick Ridgeway** unterwegs auf dem Nordostgrat, dessen Erstbegehung im Rahmen der Expedition von 1978 gelang. Von dort führt die Route über die Schulter auf den Gipfel.

Vor allem waren sie bereit, den Berg mit einem Großaufgebot und, wenn nötig, wochenlang zu belagern.

Nach der K2-Erstbesteigung nahmen Bergsteigerkreise überall auf der Welt regen Anteil an den Entwicklungen an den Achttausendern. Da waren längst Begehrlichkeiten geweckt worden, denn an diesen hohen Bergen taten sich jede Menge Aufgaben auf, die nach Lösungen gierten. Der K2 bot reichlich alternative Routen nach oben. Nachdem der Gipfel bestiegen war, nachdem der Beweis erbracht war, dass es möglich ist, verloren auch die anderen Grate zunehmend an Schrecken. So gesehen ist die Entwicklung am K2 und den anderen Achttausendern die gleiche wie an den Gipfeln Südamerikas oder in den Alpen. Dem Normalweg folgen die Grate, den Graten die Kamine und diesen schließlich die freien Wände.

An den Achttausendern jedoch gab es im Laufe der Jahre bis hin in die heutige Zeit noch andere Komponenten, die in der Art und Weise lagen, wie man solche Expeditionen verwirklichte. Zunächst war da der Belagerungszustand an den höchsten Bergen. Riesige Expeditionen, die mit unglaublichem Aufwand auf die Beine gebracht und mit Tonnen Material ausgestattet wurden. Über Wochen bauten diese Gruppen mit der Unterstützung einheimischer Träger und einem schier unglaublichen Zeitaufwand endlose Lagerketten auf. Dem folgten dann kleinere Expeditionsgruppen, die zwar noch gleich operierten, aber schon viel flexibler waren, weil die Hierarchie flacher wurde.

Dann kam das, was Reinhold Messner für sich reklamierte und »Verzichtsalpinismus« nannte. Damit meinte er: Expeditionen an den Achttausendern mit kleinsten Gruppen oder gar allein; Aufbau der Hochlager und Absicherung der Route möglichst in Eigenregie; und im besten Fall blieb kein Streichholz am Berg zurück.

Schließlich entwickelte sich der Tourismus an den höchsten Bergen. Bergführer und einheimische Guides vor allem an den Achttausendern Nepals begannen ihre Klienten auf die Gipfel zu führen. Das hatte man lange für nicht machbar gehalten, weil in diesen enormen Höhen jeder so sehr mit sich selbst beschäftigt ist, dass es kaum möglich erschien, dort zu »führen«, also einen Klienten so zu unterstützen, wie es in den Alpen gemacht wird. Doch als der IMAX-Filmemacher und fünfmalige Everest-Besteiger David Breashears 1985 dem US-Amerikaner Dick Bass, einem millionenschweren Unternehmer, auf den Gipfel des Everest half – und Bass damit als Erster, mit 55, sämtliche Seven Summits bestiegen hatte –, brachen alle Dämme. Fortan konnte man die Achttausender, vor allem die viel bestiegenen wie den Cho Oyu, den Everest oder den Manaslu, bei US-amerikanischen und europäischen Anbietern im Katalog buchen.

Die letzte Achttausender-Bastion, die in dieser bemerkenswerten und viel diskutierten Entwicklung fiel, war der K2. Dort hatte man es immer für unmöglich gehalten, dass es jemals einen Auftrieb geben könnte, der dem am Everest gleicht. Eben weil der K2 so schwierig zu besteigen ist, eben weil dort die Logistik schwerfälliger funktioniert, eben weil die Abgeschiedenheit so enorm ist, eben weil die persönlichen Befindlichkeiten eine ganz entscheidende Rolle spielen und eben weil das Leistungsvermögen jedes Einzelnen am K2 viel stärker gefordert wird als an anderen Achttausendern.

Nach mehreren vergeblichen Versuchen war es dann 1977 wieder so weit: Den Japanern gelang 23 Jahre nach der Erstbesteigung die zweite Besteigung des Gipfels. Ichiro Yoshizawa war der Expeditionsleiter eines groß angelegten Unternehmens. Er brachte 42 japanische Bergsteiger mit, die zu allem entschlossen waren. Vor allem waren sie bereit, den Berg mit einem Großaufgebot und, wenn nötig, wochenlang zu belagern. Die Menschen in den Dörfern im Hunza-Gebiet hatten sich über mehrere Generationen hinweg längst an diese endlosen Karawanen der Expeditionen gewöhnt, wenn diese mit Mensch, Tier und Material in Richtung Askole und weiter in das Camp von Paiyu zogen. Doch diesmal wurden so viele Hunza als Träger für die Expedition gesucht und verpflichtet wie nie zuvor. Binnen weniger Stunden waren es fast 1.500 Männer, die sich mit einer schier unüberschaubaren Menge an Gepäckstücken auf den beschwerlichen Weg machten.

Am Abend des 8. August 1977 erreichten die ersten drei Japaner den Gipfel. Zuvor hatten sie wochenlang eine sechsteilige Lagerkette aufgebaut. Die Bergsteiger wurden entlang der Route nach einem ausgeklügelten System ständig ausgetauscht, und sie sicherten den gesamten Abruzzengrat durchgehend mit Fixseilen. Das hatte es bis dahin noch nicht gegeben. Bereits weit unterhalb der Schulter wurde immer wieder und weiter oben dann durchweg Flaschensauerstoff eingesetzt. Es gab ein spezielles Team an Hochträgern, dessen einzige Aufgabe darin bestand, Nachrichten zwischen den Lagern zuzustellen, besonders in den Ab-

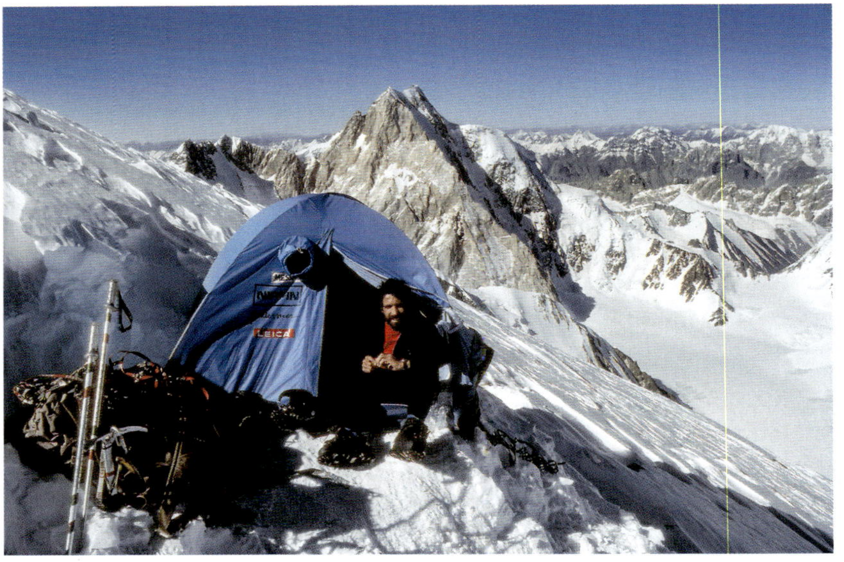

Sitzen und warten: der Italiener **Alessandro Gogna**, der mit Reinhold Messner das Buch zur Expedition von 1979 schrieb, im Lager III auf 7.300 Meter Höhe. Im Hintergrund ist der markante, 7.545 Meter hohe Skyang Kangri zu sehen.

schnitten, in denen die Funksprechgeräte nicht funktionierten. Am Tag nach dem ersten Erfolg erreichten weitere vier Bergsteiger den höchsten Punkt: drei Japaner und der damals 33 Jahre alte Pakistani Ashraf Aman. Er wurde später für seine Leistung mehrfach ausgezeichnet, unter anderem mit »Pride of Performance«, der höchsten Ehrenmedaille seines Landes. Aman wurde für seine Leistungen gefeiert wie ein Volksheld und entwickelte sich schließlich zum erfolgreichsten pakistanischen Anbieter von Expeditionslogistik an den höchsten Bergen seines Landes.

Die dritte Besteigung sicherte sich 1978 ein US-amerikanisches Expeditionsteam. Expeditionsleiter war dieses Mal James W. Whittaker, eine spannende Persönlichkeit mit Verbindungen in höchste Politkreise der USA, und die Amerikaner nahmen sich dieses Mal den schwierigen und gefährlichen Nordostgrat vor.

Whittaker hatte elf weitere gute Bergsteiger mit nach Pakistan genommen. Neben seiner Ehefrau Dianne Roberts waren Craig Anderson, Terry Bech und dessen Frau Cherie, Chris Chandler, Albert »Skip« Edmonds, Diana Jagersky, Louis Reichardt, Rick Ridgeway, John Roskelley,

Rob Schaller, Bill Sumner und Jim Wickwire mit von der Partie – ein paar durchaus klangvolle Bergsteigernamen in den Vereinigten Staaten. Dazu kamen vier starke einheimische Träger, die alle in der Lage waren, den Gipfel zu erreichen. Die Expeditionsgruppe kam erst Anfang Juli im Basislager an, und es sollte bis Mitte September dauern, ehe sie es wieder verließ.

Um den eigentlichen Nordostgrat zu erreichen, mussten die Amerikaner aus dem oberen Godwin-Austen-Gletscher heraus, einem eher schwach ausgeprägten Grat, und von Osten herkommend weiter hinaufsteigen bis auf eine Höhe von fast 7.000 Metern. Erst dort gelangten sie auf den eigentlichen Nordostgrat. Die späte Ankunft und die Absicht, Überschneidungen mit einem britischen K2-Team zu vermeiden, rächte sich nun und wurde zum Problem. Das US-Team stieg nämlich mitten in die ersten Monsun-Vorboten hinein. Immer wieder mussten selbst die vielversprechendsten Versuche wegen der anhaltenden Höhenstürme und Unmengen an Neuschnee unterbrochen werden. Dass sich das Team in dieser Phase auf reine Materialtransporte beschränken musste, förderte die Stimmung keineswegs. Im Gegenteil, immer öfter beobachteten sich die Teilnehmer untereinander mit zunehmendem Argwohn. Es war bald nur noch ein wechselseitiges Belauern, wie man sich in die beste Ausgangsposition für einen Gipfelversuch bringen könnte.

Es wurden fünf Lager aufgebaut: auf 5.550, 6.200, 6.800, 7.000 und 7.700 Meter Höhe. Die Amerikaner trafen dabei auf große technische Schwierigkeiten – das steile Eis in den Couloirs, die vom Godwin-Austen-Gletscher heraus zum Grat zwischen den Lagern I und II führten, und die außerordentlich steile Querung entlang des zerklüfteten und wilden Grats zwischen den Lagern III und IV. Der Nordostgrat endet auf etwa 7.700 Meter Höhe. Dorthin gelangten die Amerikaner am 18. August. Doch da oben waren sie nun in einer extrem ausgesetzten Position. Sie mussten zurück. Zehn Tage lang, bis zum 28. August, verhinderten immer neue, unglaublich harte Höhenstürme mit Windgeschwindigkeiten jenseits der hundert Stundenkilometer, dass dort oben, am Ende des Grats, ein Lager errichtet werden konnte. Erst am Nachmittag des 29. August fanden Jim Wickwire und Louis Reichardt einen Platz auf knapp 8.000 Meter Höhe. Von diesem Lager V aus hofften die US-Amerikaner eine direkte Route über die Nordostflanke zu finden, in der Polen 1976 kurz vor dem Erfolg gestanden waren. Doch der K2 blieb sturmumtost. Die gewaltigen Winde trieben die Neuschneemassen in jede Mulde, in die Flanken und in jeden Hang. Der K2 zeigte wieder einmal Zähne.

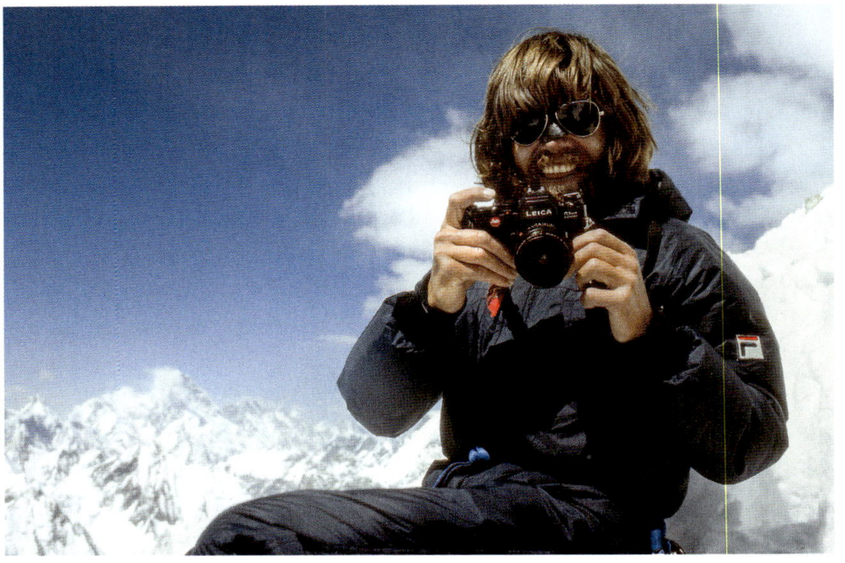

Der nächste Schritt: Am K2 wollte **Reinhold Messner** mit der »Magic Line« neue Wege gehen, bestieg den Berg aber über den Abruzzengrat.

Erst am 6. September versuchten es Rick Ridgeway und John Roskelley erneut. Aber schon nach nur hundert Höhenmetern mussten sie ernüchtert aufgeben. Viel zu viel Neuschnee, viel zu große Lawinengefahr. Unter diesen Umständen würden sie dort sicher ums Leben kommen. Allerdings waren bereits am Tag zuvor Terry Bech, Jim Wickwire und Louis Reichardt auf der Suche nach besseren Bedingungen von Lager V (7.690 m) über die Ostflanke zum Abruzzengrat gequert. Sie spurten mit großen Anstrengungen im tiefen Neuschnee, hatten jedoch in dieser Traverse so gut wie keinerlei technische Schwierigkeiten zu überwinden. Sie gelangten so auf den Grat des Herzogs.

Nun endlich schien der Weg nach ganz oben offen. Das neue Lager VI stand auf 7.850 Meter Höhe. Von dort aus unternahmen Louis Reichardt und Jim Wickwire am 7. September 1978, zwei Monate nach Expeditionsbeginn, einen Gipfelversuch. Mehr als dreizehn Stunden lang kämpften sie im scheinbar grundlos tiefen Schnee und versanken dort teilweise bis zur Brust. Sie wankten über eisige Passagen und kletterten steile Felsen hinauf. Am Fuß des Flaschenhalses musste Wickwire ernüchtert feststellen, dass seine Sauerstoffflasche nicht einmal halb voll war. Er stieg weiter ohne Unterstützung auf. Knapp unter den riesigen

Séracs über dem Flaschenhals, kurz vor der Querung in den Gipfelbereich, bekam auch Reichardt Probleme mit der damals noch sehr anfälligen Technik der Sauerstoffgeräte. Als er keine Lösung finden konnte, ließ er die Flasche entnervt liegen. Wickwire versuchte es derweil mit der Maske, doch nach ein paar Metern versagte auch seine Flasche endgültig. So gingen nun beide ohne die Unterstützung von Flaschensauerstoff weiter. Es war bereits 17 Uhr, als sie endlich den Gipfel erreichten. Welch ein Moment. Kaum eine halbe Stunde später stieg Reichardt bereits wieder vom Gipfel ab.

Wickwire indessen war da ganz offensichtlich längst am Ende seiner Kräfte. Müde und zerschlagen vom Sauerstoffmangel wartete er apathisch bis zehn Minuten nach 18 Uhr. Dann rappelte er sich auf – angespornt von einem letzten Funken klaren Verstandes – und begann ebenfalls den Abstieg. Weit kam er nicht. Es war bereits fast dunkel, als er sich wieder in den Schnee setzte. Vom Lager I aus hatten andere Expeditionsmitglieder mit ihren Ferngläsern die kleinen Punkte dort oben im Gipfelbereich stundenlang beobachtet. Sie sahen auch noch, wie einer der Bergsteiger abstieg. Den zweiten sahen sie allerdings nicht nach unten gehen. Unterdessen waren Ridgeway und Roskelley im Lager VI angekommen, als sie von unten ein besorgter Funkspruch erreichte. Sie gingen vor die Zelte und begannen in die Dunkelheit zu rufen und zu pfeifen. Und tatsächlich, Louis Reichardt war am Zelt vorbeigestiegen und musste sich mühselig und mit letzter Kraft mehr als fünfzig Höhenmeter wieder hinaufschleppen. Von Wickwire fehlte jedes Zeichen.

Am Morgen danach, kaum dass es hell wurde, begannen Ridgeway und Roskelley nach dem vermissten Wickwire zu suchen. Sie fanden ihn nach mehr als eineinhalb Stunden in der Querung oberhalb des Bottlenecks, unter den weit auskragenden Séracs. Eine objektiv betrachtet gefährlichere Stelle gibt es am ganzen K2 kaum. Wickwire hatte dort, in einem Freibiwak, nur unzureichend geschützt in einem dünnen Biwaksack, eine fürchterliche Nacht verbracht. Aber er war am Leben. Und er war, gemessen an den Bedingungen bei fast minus vierzig Grad und ohne etwas getrunken zu haben, in einer erstaunlich guten Verfassung. Ridgeway und Roskelley brachten ihn auf die Beine, und er begann langsam hinunterzusteigen in Richtung Lager VI.

Wickwire schrieb später: »Nur der Gedanke an meine Frau und meine Kinder daheim in Seattle trieben mich noch zum Handeln an.« Er benötigte eineinhalb Stunden bis zu den Zelten des höchstgelegenen Lagers. Roskelley sah Wickwire noch eine Weile nach und machte sich

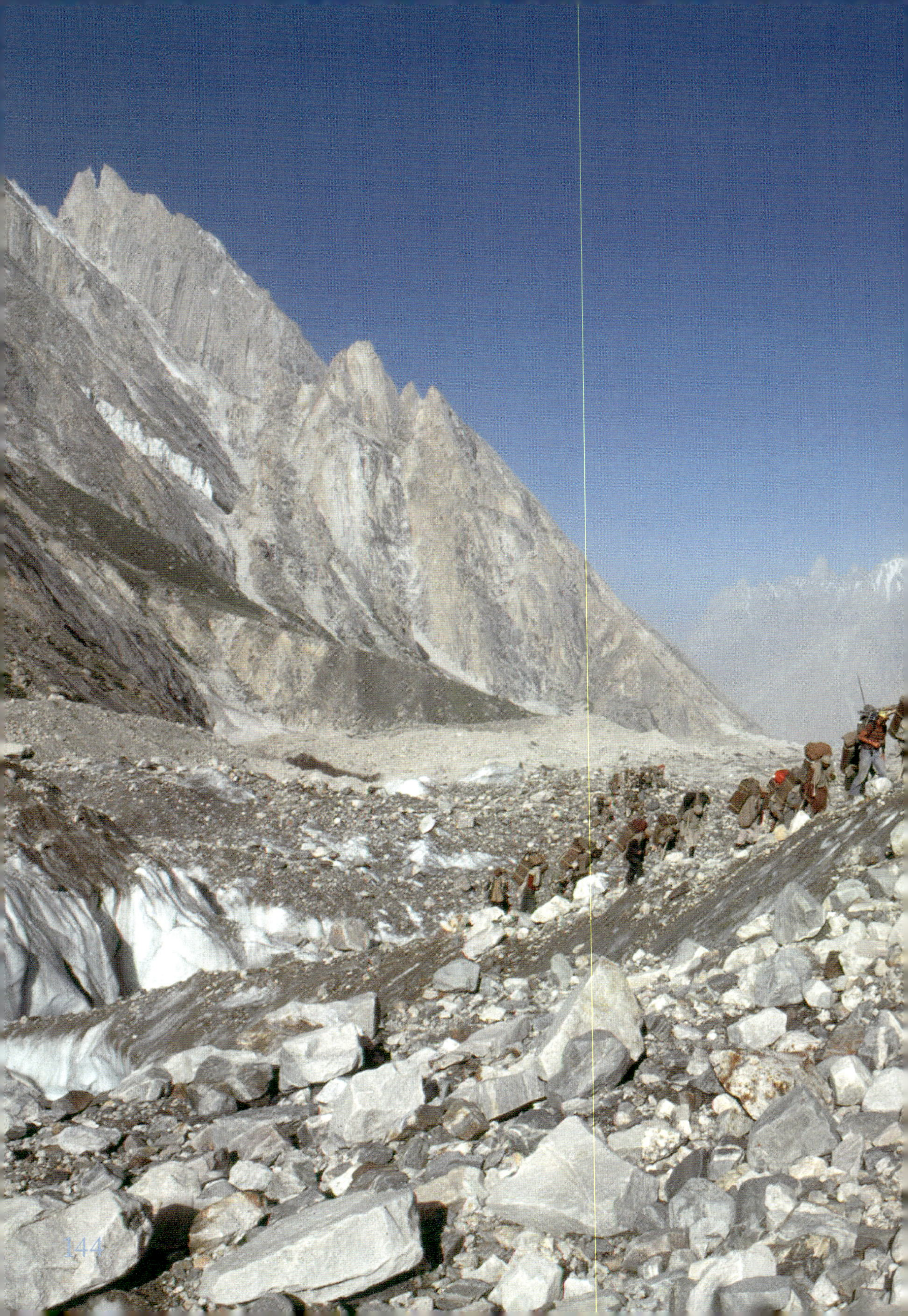

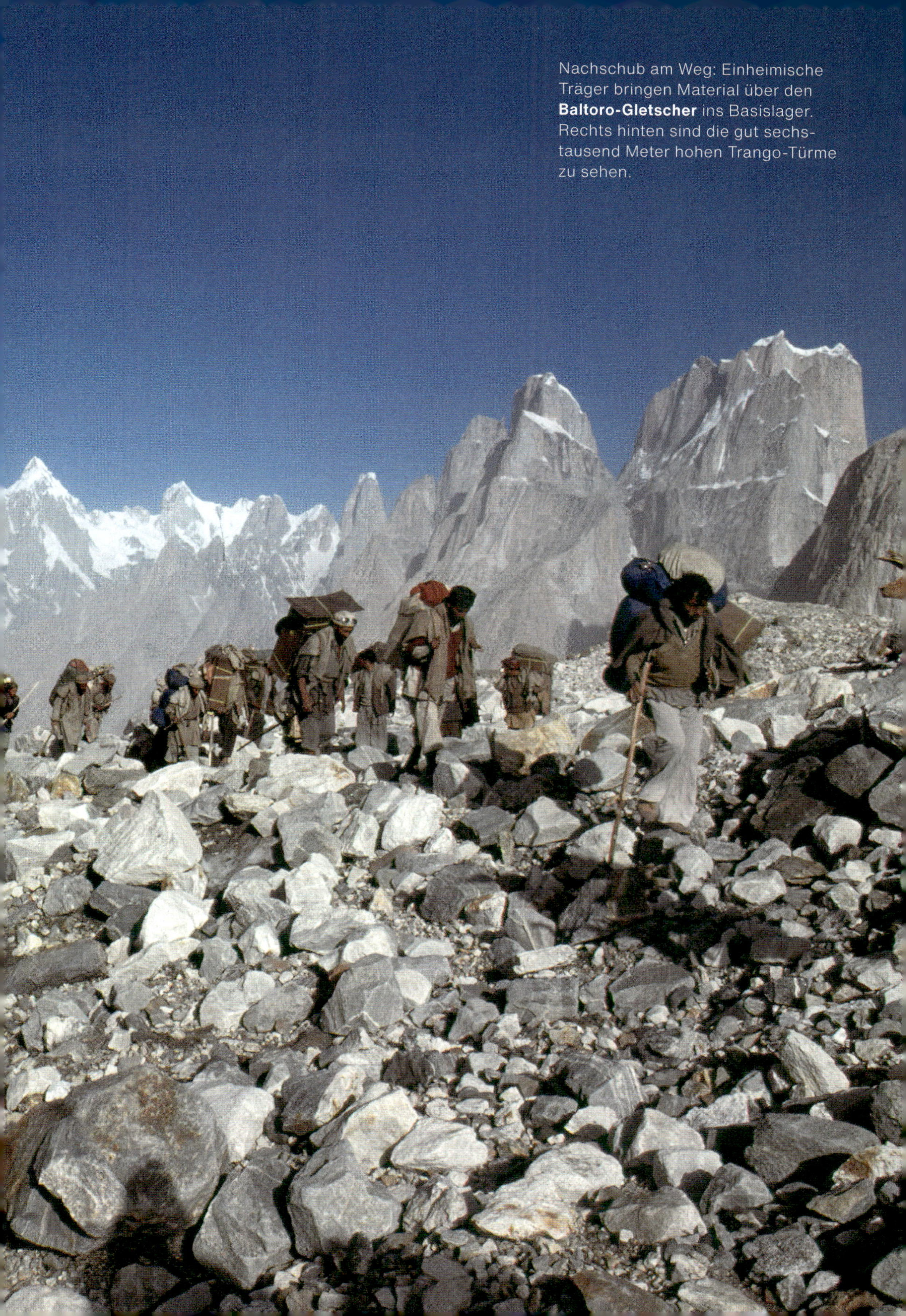

Nachschub am Weg: Einheimische Träger bringen Material über den **Baltoro-Gletscher** ins Basislager. Rechts hinten sind die gut sechstausend Meter hohen Trango-Türme zu sehen.

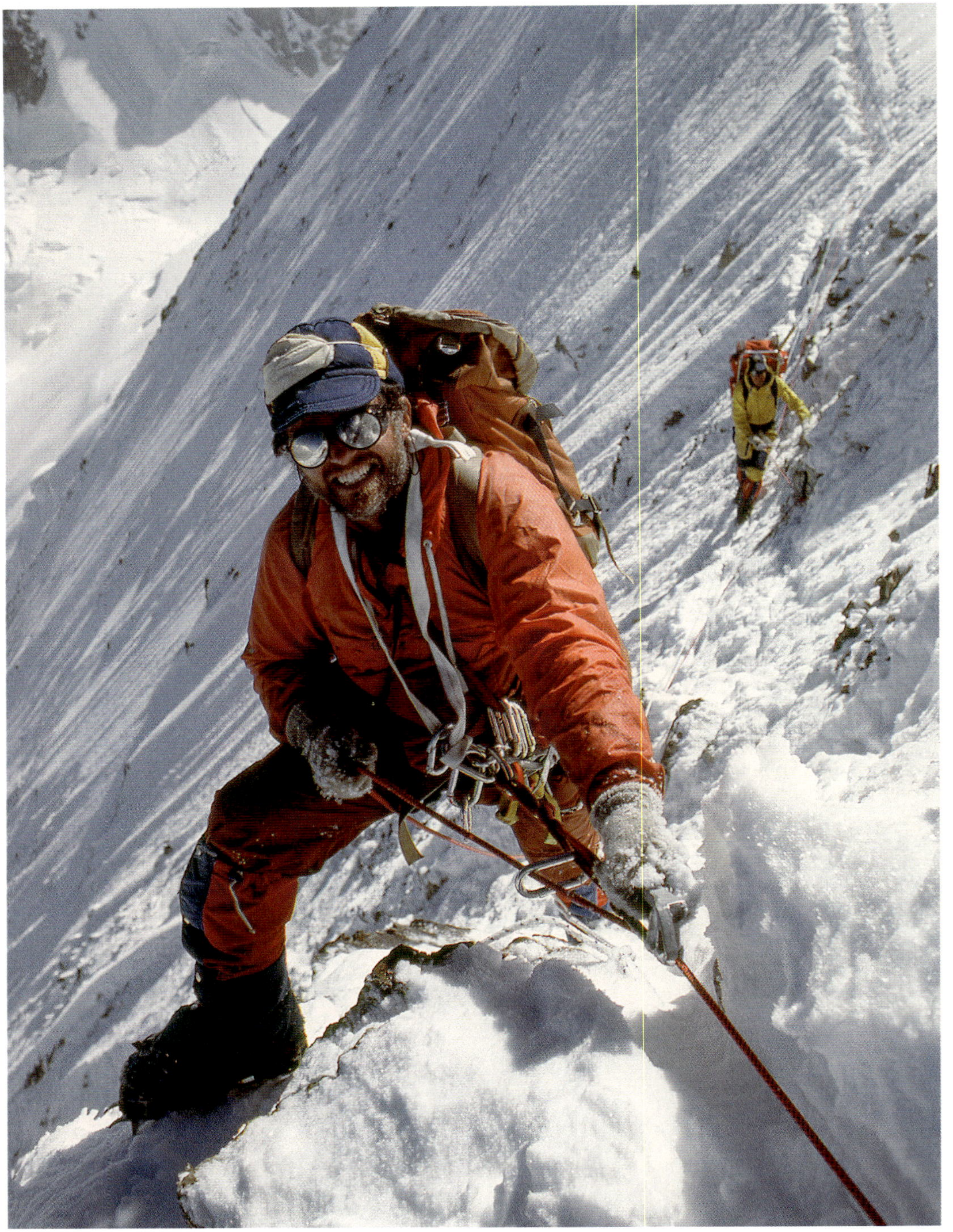

Noch genug Energie für ein Lächeln: **Jim Wickwire** (vorne im Bild) und **James W. Whittaker** arbeiten sich bei bestem Wetter am Fixseil hinauf, um dringend benötigte Ausrüstung in das Lager III zu bringen.

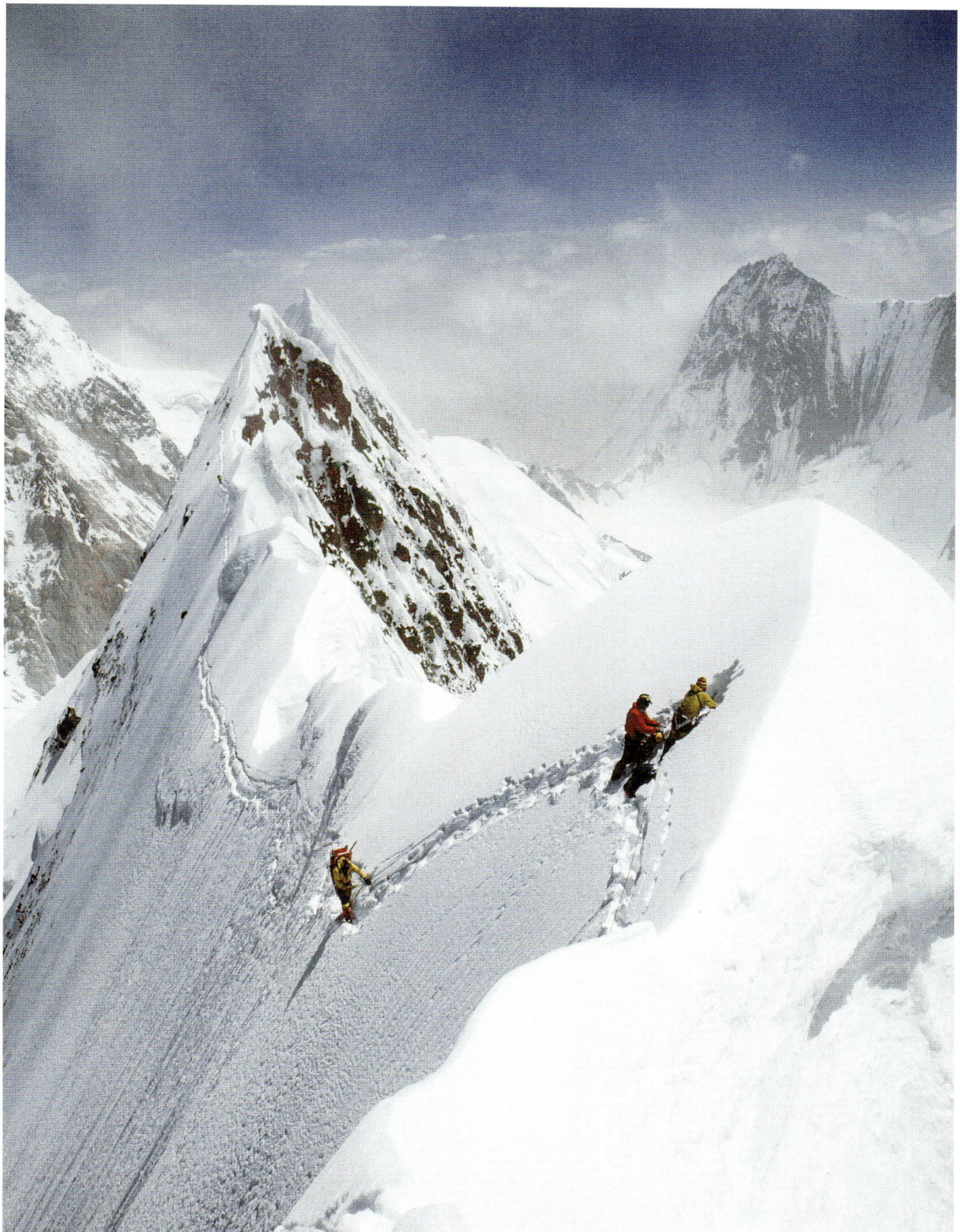

Ein Laufsteg für Profis: **Rick Ridgeway** hat das Lager II verlassen und ist jetzt mit seinen Begleitern am spektakulären Nordostgrat unterwegs. Das Ende dieser Passage in 7.700 Meter Höhe sollten sie am 18. August 1978 erreichen.

nun ohne Sauerstoffflasche auf den Weg hinauf. Ridgeway hingegen ärgerte sich eine Zeitlang mit seiner Maske und dem Regler herum, dann warf auch er sämtliches technisches Gerät in den Schnee und versuchte zu Roskelley aufzuschließen. Der wartete irgendwann im Schnee sitzend. Von nun an gingen die beiden zusammen weiter.

Um 15.30 Uhr an diesem 8. September 1978 erreichten zwei weitere US-Amerikaner den höchsten Punkt des K2. Im Lager VI trafen später alle wieder aufeinander. Dort, so ist es in dem wunderbaren Buch von Rick Ridgeway *The Last Step. The American Ascent of K2* festgehalten, explodierte einer der Butankocher, was einen Schlafsack und in direkter Folge eines der beiden Zelte in Flammen aufgehen ließ. Den Rest der Nacht und die Zeit danach verbrachten die Bergsteiger in geradezu klaustrophobischer Enge in einem kleinen Zwei-Mann-Zelt. Es sollte angesichts der erneuten Höhenstürme bis zum 12. September dauern, ehe die vier Männer wieder ihr Basislager erreichten. Die US-Amerikaner benötigten dann bis Paiyu am riesigen Gletschermaul des Baltoro-Gletschers weitere fünf Tage beschwerlichen Fußmarsches, ehe zwei Helikopter wenigstens die Verletzten mit ihren Erfrierungen aus der Wildnis ausflogen.

Der Abstieg, vermerkte Ridgeway, sei der »größere Leidensweg« gewesen als der Aufstieg zum Gipfel. Am 23. September, über drei Monate nach ihrer Ankunft in Pakistan, erreichte der Rest der reichlich geschundenen Expeditionsgruppe Skardu. Den US-Amerikanern war die dritte Besteigung des K2 und die erste über den schwierigen Nordostgrat mit der Querung zur Schulter gelungen. Der obere Teil der Ostwand war unberührt geblieben.

Es war die erste Besteigung (fast) ohne Verwendung von Flaschensauerstoff. Ungewollt zwar, aber dennoch bemerkenswert.

In diesem Jahr, 1978, war noch eine weitere Expeditionsgruppe am K2 unterwegs gewesen. Dieser Versuch eines britischen Teams unter Leitung von Chris Bonington hatte in einer Tragödie geendet. Boningtons Team bestand ausnahmslos aus britischen Spitzenbergsteigern: Peter Boardman, Paul Braithwaite, dem Arzt Jim Duff, Nick Estcourt, Tony Riley, Doug Scott und Joe Tasker. Das klang wie ein »Who's who« des britischen Himalaja-Bergsteigens. Im Gegensatz zu all den anderen Expeditionsgruppen bis dahin nahmen die Briten nur ein Minimum an Material mit zum Berg. Sie verzichteten auf jeden übertriebenen Einsatz technischer Hilfen. Und sie hatten sämtlich Erfahrung in großen Höhen am Everest oder der Annapurna gesammelt.

Der zwölfte Tag, an dem sich die Briten in Richtung Gipfel bewegten, war ein schöner Tag mit angenehmen Temperaturen und fast ohne Wind. Nick Estcourt, Doug Scott und einer der Träger transportierten Material in Richtung Lager I. Dieser Tag sollte auf besondere Weise in die K2-Historie eingehen. Ziel war es, ein Seilgeländer in einem Hang anzubringen, der zum Lager II hinüberführte. Am Ende des bereits Tage zuvor verlegten Fixseils begann Doug Scott die Querung und rollte eines der gebräuchlichen Fünf-Millimeter-Seile an dem Hang aus. Er fixierte es mit Firnankern. Er war fast auf der anderen Seite angelangt, und Nick Estcourt hatte begonnen, ihm bis etwa in die Mitte des Hanges zu folgen, als die gesamte Schneedecke in einer Breite von fast 200 Metern rund 60 Meter über ihnen aufbrach.

Doug Scott befand sich außerhalb ihres Wirkungsbereichs. Doch er wurde durch den Ruck des Seils, das sich unter der abgehenden Lawine spannte, von den Beinen gerissen. Er stürzte kopfüber in den Hang, und nur wegen des großen Rucksacks, der sich wie ein Anker in den Schnee grub, blieb er so liegen. Der Druck der Schneemassen durchtrennte im selben Moment das Seil zwischen Scott und Estcourt. Das rettete Doug Scott das Leben. Doch tausende Tonnen Schnee rissen Nick Estcourt über tausend Meter die Westwand hinunter. Chris Bonington, der Expeditionsleiter, fehlte an diesem Tag am Berg. Er war etwas kränklich und wartete im Lager I. Zusammen mit dem Arzt Jim Duff hatte er jedoch die Lawine herunterdonnern sehen. Als der K2 wieder schwieg, wollte Duff Schreie von oben gehört haben. Bonington nahm das Funkgerät in die Hand. Als er Verbindung hatte, hörte er Doug Scott schluchzen: »Nick ist weg …« Verzweifelt suchte Doug Scott am nächsten Morgen den Lawinenkegel nach Spuren seines Freundes ab. Aber er fand nichts. Chris Bonington brach die Expedition daraufhin ab.

Bis zu diesem Zeitpunkt im Jahr 1978 hatten seit 1954 insgesamt 13 Bergsteiger den Gipfel des K2 bestiegen. Und es hatte seit 1939 sieben Tote gegeben. Die Gedenktafeln am Gilkey Memorial gaben darüber schmerzhaft Auskunft. Es war, rein statistisch betrachtet, jede zweite geglückte Besteigung mit einem Toten »ausgeglichen« worden.

Es war die erste Besteigung (fast) ohne Verwendung von Flaschensauerstoff. Ungewollt zwar, aber dennoch bemerkenswert.

Ein Jahr später sollte ein weiterer Todesfall ein grandioses Vorhaben zum Scheitern bringen. 1979 kam Reinhold Messner an den K2. Er hatte am Südpfeiler des Berges ein Ziel ausgemacht, das ihm so einzigartig erschien, dass er es »Magic Line« nannte. Und tatsächlich, wenn man, am Concordiaplatz stehend, den K2 betrachtet, dann ist für Bergsteiger-Augen von allen sichtbaren Graten dieser Südgrat der auffälligste, ganz sicher der ausgeprägteste und somit auch der eleganteste – so recht nach dem Geschmack des damals knapp 35-jährigen Messner. Er hatte vor, vom Negrotto-Sattel aus an den Grat zu gelangen.

Messner hatte zu diesem Zeitpunkt den Nanga Parbat bereits zweimal bestiegen. Einmal bei der berühmten Überschreitung, bei der sein Bruder Günther ums Leben kam, und einmal bei einer Solobesteigung. Er hatte den Manaslu, den Hidden Peak und den Mount Everest bestiegen – jedes Mal ohne Flaschensauerstoff. Vier Achttausender, einen sogar doppelt, in nur acht Jahren. So viele hatte bis dahin noch niemand geschafft. Und Messner reiste mit fünf Spitzenalpinisten an: den Italienern Alessandro Gogna aus Mailand und Renato Casarotto aus Arcugnano in Venetien, seinem Südtiroler Freund Friedl Mutschlechner aus Bruneck, dem Österreicher Robert Schauer aus Graz und dem deutschen Bergsteiger Michl Dacher aus dem bayerischen Peiting. Allesamt Kletterer und Bergsteiger im Zenit ihrer Leistungsfähigkeit. Und allen voran Reinhold Messner, der Südtiroler aus Villnöß. Die Route, die Messner anvisierte, galt schon damals in Fachkreisen als die wohl schwierigste aller Touren an den Achttausendern.

Am 9. Juni 1979 stieg eine lange Trägerkolonne in Richtung Savoia-Gletscher auf. Einen Teil dieses Weges hatten Messner und die anderen Expeditionsmitglieder zuvor mit Seilen gesichert, damit es die Träger leichter haben würden. Doch ein Großteil der Träger folgte nicht der vorgegebenen Route, sondern wählte einen Weg in Richtung Godwin-Austen-Gletscher. Das erschien ihnen richtiger, denn dort hatten bislang ja die allermeisten anderen Expeditionen ihr Basislager aufgeschlagen. Die Balti verstanden nicht, was das Team um Reinhold Messner auf dem Savoia-Gletscher wollte. Doch so, wie sie jetzt aufstiegen, war das von Reinhold Messner nicht geplant. Und genau in dem Moment, als er und seine Begleiter die drohende Gefahr erkannten, trat einer der Träger, Ali Quasir, ins Leere.

Er stürzte achtzehn Meter in die Tiefe eines stockdunklen Schlundes. In der Wasserlache auf einer Schneebrücke blieb er mit zerschmettertem Schädel liegen. Als Friedl Mutschlechner und Robert Schauer sich dort hinunter abseilten, brauchten sie Lampen, um Ali Quasir zu finden.

Der Medizinstudent Robert Schauer stellte den Tod fest und stieg vollkommen schockiert mit Friedl Mutschlechner zurück, hinauf ins gleißende Sonnenlicht. Die anderen Träger hatten diese Szene nicht minder verstört beobachtet. Dann nahmen sie ihre Lasten wieder auf. In einer packenden Reportage von Joachim Hoelzgen, der für das deutsche Nachrichtenmagazin *Der Spiegel* während der gesamten Zeit im Basislager weilte, heißt es: »Sie nehmen ihre Lasten wieder auf und formieren sich zu einer Reihe, die sich mit dem Rücken voran an den Abstieg macht, fest an die Sicherungsseile geklammert. Es sieht aus wie der Film des Aufstiegs, der in Zeitlupe rückwärts läuft. Nur Renato Casarotto bewegt sich schneller. Mit Ingrimm schlägt er vor den Trägern her Stufen in das Eis, um sicherzugehen, dass nicht noch einer abrutscht.«

Die Träger erhielten damals, an diesem 9. Juni 1979, ihr Geld. Im Spiegel ist die Rede von 1.700 Rupien, was damals umgerechnet 280 Mark waren. Danach waren die Träger auf und davon, und nun nahm die Expedition Messners eine Wende. Er wusste zu diesem Zeitpunkt sofort, dass er ohne ein Basislager auf dem oberen Savoia-Gletscher an »seiner« Magic Line keine Chance haben würde – ohne die Träger konnte er keinesfalls dort hingelangen. Der Grat in der Südwand war plötzlich keine Option mehr. Und doch stieg Messner tags darauf noch einmal ganz allein dort hinauf, um wenigstens noch einen Blick auf sein ursprüngliches Ziel zu erhaschen.

Journalisten in Mailand hatte er vor der Expedition aufgeregt in die Notizblöcke diktiert: »Dieser Pfeiler ist so ideal, dass ich ihn gedanklich schon mehrfach begangen habe. Es wird dort darauf ankommen, das Gleichgewicht zwischen Idee und Wirklichkeit zu finden.« Nun war die Idee zermürbt durch diesen Unfall und eine Wirklichkeit, die ernüchternder kaum hätte sein können. Denn was Reinhold Messner dort sah, schreckte offenbar selbst ihn: steile Felsriegel, gefährliche Séracs, Eiskaskaden, großes kombiniertes und lawinengefährdetes Gelände. Das war exakt die Rezeptur, mit der man an den Achttausendern ums Leben kommen konnte.

Wortgewaltig wurde Reinhold Messner nach seinem unheilschwangeren Ausflug auf den oberen Savoia-Gletscher im *Spiegel* zitiert. Er soll zu seinen Expeditionsgefährten gesagt haben: »Das wäre, wie wenn wir Guillotinen in ein Irrenhaus bringen, uns draufschnallen und warten, bis die Irren den Hebel finden, der das Fallbeil auslöst.« Im Klartext hieß das, diese Route war unter diesen Umständen und bei diesen Bedingungen nicht machbar. Die Magic Line hatte mit einem Schlag all ihre Magie verloren.

Allesamt Kletterer und Bergsteiger im Zenit ihrer Leistungsfähigkeit. Und allen voran Reinhold Messner, der Südtiroler aus Villnöß.

Und was tat Reinhold Messner? Er ließ den Grat und die Südwand sein. Zu sechst schwärmten die Expeditionsmitglieder aus und suchten nach anderen Möglichkeiten. Robert Schauer und Michl Dacher stiegen noch einmal den Savoia-Gletscher hinauf, um Messners Beobachtungen zu bestätigen. Der Expeditionsleiter selbst wollte das so. Ihr Eindruck war derselbe wie der von Reinhold Messner. Die beiden fanden die Überreste des Basislagers der tragischen britischen Expedition aus dem Vorjahr und beobachteten beeindruckt eine wahre Monsterlawine, die über die Westwand herunterkam. Ihnen fuhr sofort das Schicksal von Nick Estcourt ins Gedächtnis. So musste der Brite ums Leben gekommen sein, in ähnlich gewaltigen Schneemassen. Unterdessen stiegen die Südtiroler Messner und Mutschlechner ein Stück die Südwand hinauf. Noch steiler ist es nirgendwo am K2. Eine riesige, zerrissene Steilflanke, die direkt zum Gipfelaufbau des Berges führt. Eine kühne Wand und eine noch kühnere Herausforderung. Aber nicht machbar. Dort hatten sich gewaltige Schneemassen abgelagert, und die Séracs hatten nach Messners Beurteilung »Hochhausgröße«. Die beiden übernachteten in einem Hochlagerzelt und traten, ein weiteres Mal ernüchtert, den Abstieg an.

Alessandro Gogna und Renato Casarotto schienen es derweil am besten getroffen zu haben. Sie waren den Spuren des Herzogs von Savoyen von 1909 zum Abruzzengrat gefolgt. Dort hatten sie die alten Fixseile der Japaner gefunden, zudem die Überreste eines japanischen Camps und sogar metallene Trittleitern im House-Kamin.

Am 18. Juni waren alle wieder zusammen und versammelten sich in ihrem großen Esszelt. Die sechs Männer bündelten nun ihre Beobachtungen, und Messner kam schließlich zu dem Schluss, dass ganz offenkundig aus all den ursprünglichen Ideen und Ansätzen nicht mehr sehr viel zu machen sei. Er hatte vor Beginn der Expedition sogar ein Solo durch die Südwand erwogen, sollte das Team an der Magic Line nicht durchkommen. Doch auch das hatte er längst verworfen. Es blieb bei objektiver Betrachtung nur die klassische Route am Abruzzengrat.

Doch er wäre nicht Reinhold Messner, hätte er nicht sofort wieder Funken gesprüht: Wenn es schon der klassische Abruzzengrat sein sollte, dann bitte schön auf ganz besondere Weise, nämlich im Alpinstil. Also ohne die Unterstützung der Hochträger. Jeder im Team sollte seine Ausrüstung selbst tragen, seine Verpflegung, das benötigte Material, alles, was er am Berg braucht. Wie die Schnecken sollten sie sich nach oben bewegen, das eigene Haus auf dem Rücken. Das ist der alpine Stil. Eine ganz und gar saubere Sache, ganz so, wie es Messner immer vorschwebte.

Schauer, Mutschlechner und Dacher sahen den Abruzzengrat nun ebenfalls als ihre letzte Chance, auf den Gipfel zu kommen. Alessandro Gogna wollte den Traum von der Südwand noch immer nicht aufgeben, als just im Moment seines zaghaften Einspruchs eine riesige Lawine über die begehrte Südwand herunterdonnerte und die Druckwelle sogar im Basislager der Messner-Expedition spürbar war. Der tief beeindruckte Gogna wandte sich augenblicklich dem Abruzzengrat zu.

Nur Renato Casarotto, der große Casarotto, der unglaubliche Begehungen in den Dolomiten und den Alpen in seinem Tourenbuch hatte, der in den peruanischen Anden den Nevado Huascarán (6.768 m) solo auf einer neuen Route in der Nordwand über die Direttissima bestiegen und am Fitz Roy den Goretta-Pfeiler eröffnet hatte, der einer der besten Kletterer der Welt war, wollte sich nicht verbiegen lassen. Lieber an der Magic Line scheitern als den »alten« Abruzzengrat wiederzukäuen. Er schien wild entschlossen, ganz allein zur Magic Line aufzubrechen.

Doch Reinhold Messner »bügelte« den Aufstand nieder. Zunächst auf Italienisch – Casarotto war der Einzige im Team, der nur seine Landessprache beherrschte –, dann auf Deutsch erklärte ihm Messner, er glaube wohl, der Abruzzengrat sei ein »Spaziergang«, dabei wisse er, Casarotto, doch genau, dass er ihn nicht schaffen werde, weil er nur klettern könne, aber keine Erfahrung in dieser Höhe habe. Im Übrigen sei er auch viel zu schwer. Der *Spiegel*-Reporter Joachim Hoelzgen, in diesem Moment am Fuß des K2 Ohrenzeuge, kommt zu dem Schluss, Messner habe Casarottos »Rebellionsversuch sarkastisch niedergeschlagen«. Und zwar so, dass der sich davon nicht mehr »erholte«.

Und tatsächlich, Renato Casarotto gab am 9. Juli am Abruzzengrat auf, weil er sich krank fühlte. Daraufhin gab es noch einen Hieb von Messner: »Casarotto ist es nicht gewohnt, sich so zu quälen, wie ein Achttausender es verlangt.«

Ab dem 22. Juni und bis zu diesem 9. Juli trieben die sechs das Unternehmen Abruzzengrat mit Verve voran. Robert Schauer und Friedl Mutschlechner, beide gesundheitlich nicht ganz auf der Höhe, weswegen sie später auch ausstiegen, bildeten eine Seilschaft. Alessandro Gogna kletterte mit Renato Casarotto, und Reinhold Messner tat sich mit dem unermüdlichen Michl Dacher zusammen. Mehr als vierzehn Tage lang bewegten sich die sechs Bergsteiger bei schwierigen Schnee- und Windverhältnissen langsam, aber zielstrebig den K2 hinauf. Sie errichteten Hochlager in 6.100, 6.700 und 7.350 Metern. Und sie legten die alten Fixseile der japanischen Expedition frei, die unter dem Schnee lagen oder am Eis festgefroren waren.

Am 7. Juli versammelten sich alle im Basislager. Am 11. Juli platzierten Reinhold Messner und Michl Dacher in knapp 8.000 Meter Höhe ein Biwakzelt. Am 12. Juli erreichten Reinhold Messner und Michl Dacher den Gipfel. Mit nur drei Hochlagern und einem Biwak – nie zuvor war eine Expedition am K2 mit so wenig Unterschlüpfen ausgekommen.

Als Lacedelli und Compagnoni 1954 die Erstbesteigung gelungen war, hatten sie neun Lager aufgebaut. Wer Reinhold Messner kennt, weiß, dass er mit dieser Besteigung ganz gewiss nicht zufrieden war. Ausgetrampelte Pfade mochte er nicht. Erst als es 1986 am Makalu und am Lhotse darum ging, schneller als irgendein anderer das Werk der vierzehn Achttausender ohne Flaschensauerstoff zu vollenden, stieg Messner zusammen mit Hans Kammerlander und getrieben vom Ehrgeiz Normalwege hinauf. Doch am K2 die Fixseile anderer auszugraben, Hochlagerplätze zu suchen, an denen schon einmal Zelte gestanden hatten, und eine Route zu begehen, an der er nichts Neues finden konnte, das war Messners Sache ganz gewiss nicht. Weder Friedl Mutschlechner noch Robert Schauer, auch nicht Alessandro Gogna und Renato Casarotto bekamen eine Chance, den Gipfel zu versuchen. Das Wetter wurde so miserabel, dass die Männer kaum zwanzig Meter weit sehen konnten.

Das Jahr 1979 erfordert noch einen wesentlichen Nachtrag. Als sich Messners Team um den 6. Juli den Abruzzengrat hinaufwühlte, kam über den Godwin-Austen-Gletscher eine geradezu unglaubliche Karawane mit mehr als 1.400 Trägern. Sie transportierten über 30 Tonnen Material einer französischen Expedition unter Leitung von Bernard Mellet und Yannick Seigneur. Dabei waren zehn französische Bergsteiger der Extraklasse, dazu ein Filmteam und zwölf der besten Hochträger aus dem Balti-Land.

Die Franzosen schlugen ihr Camp einen halben Kilometer oberhalb des Messner-Lagers auf. Genau dort, wo der De-Filippi-Gletscher in den Godwin-Austen-Gletscher mündet. Ihr Ziel: ausgerechnet der Südwestpfeiler. Sie wollten genau in jenem unteren Bereich aufsteigen, den

Reinhold Messner Wochen zuvor unbedingt hatte vermeiden wollen, weil er ihm viel zu gefährlich vorgekommen war. »Absolut unverantwortlich«, knurrte Messner im Gespräch mit dem *Spiegel*-Reporter Hoelzgen. Die Franzosen trieben ihr Vorhaben mit großem Aufwand und all ihrem Können voran. Sie kamen zunächst bis auf 6.700 Meter hinauf. In 6.400 Meter Höhe errichteten sie ein größeres Lager. Dann mussten auch sie sich den Wetterkapriolen dieses Sommers vorübergehend beugen, die den Monsun früher als gewohnt vom Indischen Ozean in den Karakorum trieben.

Doch die Franzosen saßen das aus, bis das Wetter wieder besser wurde. Ab Ende Juli errichteten sie drei weitere Hochlager, eines davon in 7.500 Metern. Am 18. August fanden die Franzosen sogar einen Lagerplatz in 8.000 Metern. Aber es gelang ihnen nicht, dort ein Zelt aufzustellen. Ein höllischer Sturm trieb sie wieder den Berg hinunter. Sie mussten nun im schlechten Wetter warten bis zum 1. September. Dann erst gelang es endlich, ein Zelt in 8.000 Meter Höhe zu platzieren, danach ein weiteres in 8.350 Metern. Auf 7.600 Metern erlitt Jean-Marc Boivin eine schwere Netzhautblutung. In seiner Verzweiflung packte er seinen Gleitschirm aus und flog bis in das Basislager hinunter und stellte damit einen Höhenrekord im Fliegen auf.

Bernard Mellets Team war Anfang September ganz dicht dran. Doch das anhaltend schlechte Wetter hatte den Franzosen den letzten Nerv geraubt. Kaum 300 Meter fehlten noch bis zum höchsten Punkt, doch die schienen unüberwindbar. Thierry Leroy und Daniel Monaci waren zu diesem Zeitpunkt am höchsten hinaufgestiegen. Am K2 hatte es bis dahin wochenlang immer wieder meterhoch geschneit. Der Grat ließ praktisch kein Weitergehen mehr zu. Nun war es wirklich vorbei. Reinhold Messner und Michl Dacher hatten damit in diesem Jahr als Einzige den Gipfel erreicht. Doch die Franzosen hatten – Messners Unkenrufen zum Trotz – bewiesen, dass der Südwestgrat möglich war.

Hans Kammerlander

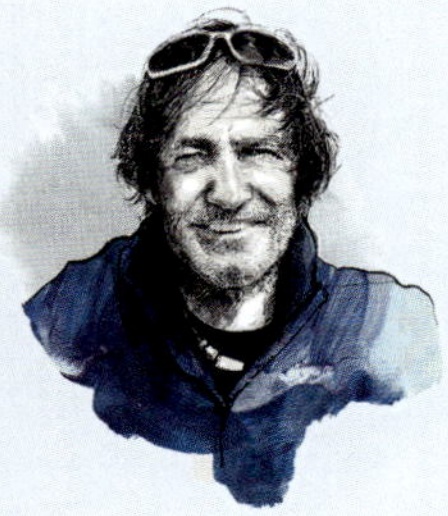

Von frühem Entdeckergeist und heutigem Bergtourismus

Bis zu dem Zeitpunkt, als auch am K2 der Bergtourismus begann, begegnet uns immer wieder das gleiche Phänomen: Die Menschen, die sich zu seinem Gipfel aufmachten, waren von großem Entdeckergeist angetrieben – Geologen, Landvermesser, Abenteurer, die ersten Bergsteiger, die nicht einmal wussten, auf welche Gefahren sie sich überhaupt einließen. Später kamen dann herausragende Bergsteiger zum K2, Spitzenleute des Alpinismus, die unter gewaltigem Einsatz neue Routen erschlossen.

Die Ersten scherten sich weder um ihre Gesundheit, noch hatten sie ein gesundes Verhältnis zu den objektiven Gefahren. Als dann, sagen wir mal: »richtige« Bergsteiger kamen, gingen diese viel professioneller an die Aufgabe heran. Das waren Leute, die wussten, was sie taten, weil sie das in den Bergen ihrer Heimat schon hundertmal gemacht hatten. Überleben war das höchste Gebot. Einerseits. Und andererseits waren diese Spitzenbergsteiger mit jener Portion Risikobereitschaft ausgestattet, ohne die man an einem so hohen Berg nicht vorankommt.

Wegen Geschichten wie jener der Amerikaner 1978 oder von Reinhold Messner hat der K2 – zu Recht – den Ruf als »König der Achttausender«. Es war die Elite des Weltbergsteigens, die da am zweithöchsten Berg angetreten ist. Ich hätte es kaum für möglich gehalten, dass der K2 einmal so viele Menschen anlocken könnte, die nicht diesem kleinen Kreis der wahren Könner angehören. Damals waren das noch Expeditionen ins Ungewisse. Die heutigen Unternehmen, durchgeplant und mit unglaublichem Komfort wie Kaffeemaschinen, richtigen Betten, Handy, Laptop und WLAN ausgestattet, sind das nicht mehr. Das muss man nüchtern feststellen.

Die zweite Begehung am K2 durch die Japaner 1977 war sicher ein Schritt zurück. Jedenfalls kein Fortschritt, angesichts ihres riesigen Aufwands. Dass Reinhold Messner 1979 nicht an die Magic Line herankam, ist bis heute noch bedauerlich. Ich weiß es von Friedl Mutschlechner, was diesen Bergsteigern das bedeutet hätte.

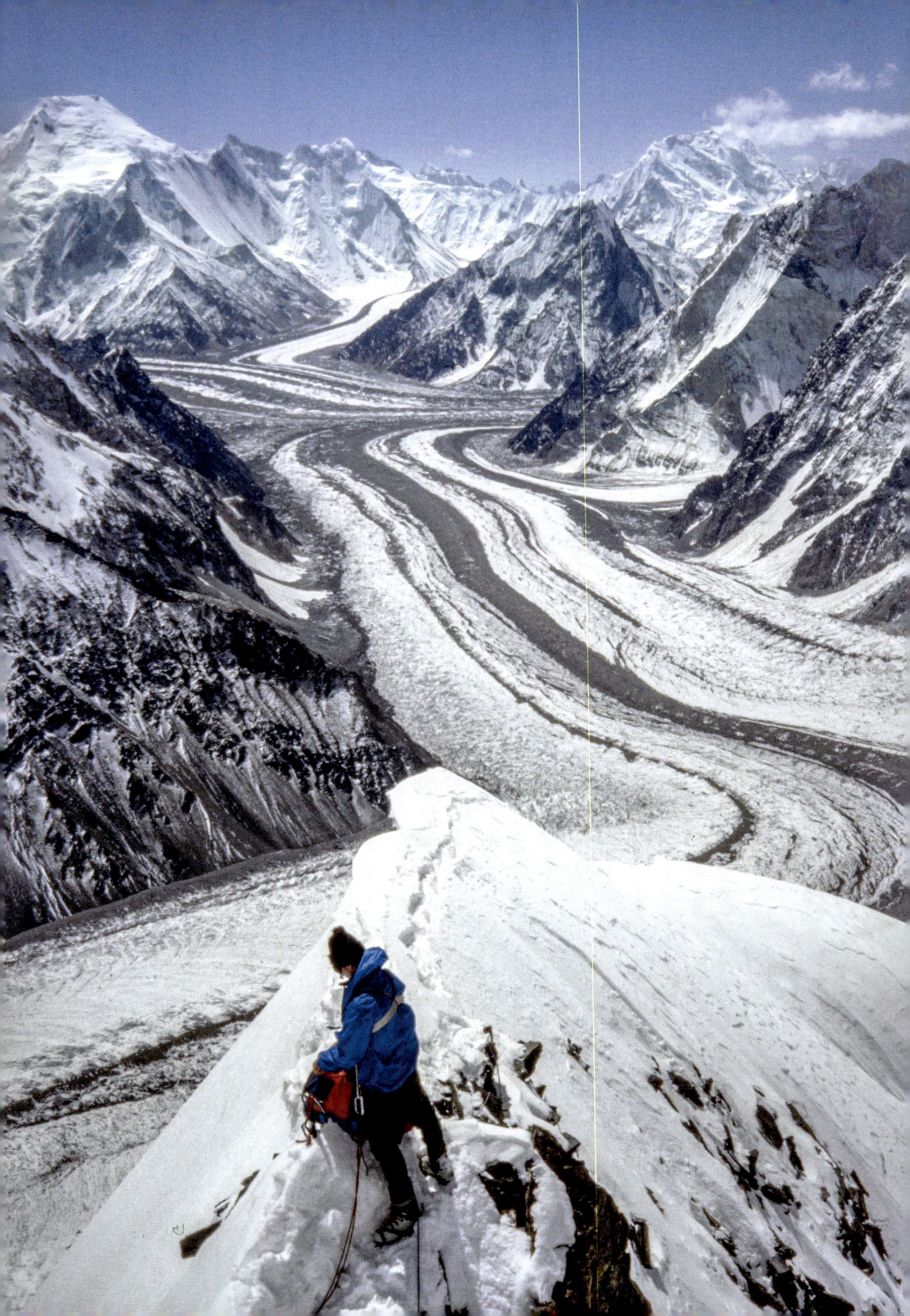

1981
Japaner und Polen am K2

Was für ein Anblick: Vom Grat des K2 schaut der polnische Top-Alpinist **Wojciech Kurtyka** auf die Eismassen des Baltoro-Gletschers. Hinten links ist die 7.665 Meter hohe Chogolisa zu sehen.

Der K2 ist mit seinen Graten, Wänden und Flanken ein äußerst komplexer Berg. Das erschwert es einerseits, den Überblick zu behalten, eröffnet jedoch andererseits auch eine Vielfalt an Möglichkeiten, Versuche zu unternehmen, den Gipfel zu erreichen. Mit dieser Aufgabe beschäftigten sich Bergsteiger aus der ganzen Welt in den Jahren nach der Erstbesteigung 1954 immer intensiver.

Der Südwestgrat erschien nach dem ersten Versuch der französischen Mellet-Expedition 1979 – trotz der enormen Anforderungen im Fels und dem steilen Eis – als ein spannendes Ziel. 1981 trat dort eine japanische Expeditionsgruppe unter der Leitung von Teruo Matsuura mit zwölf japanischen Bergsteigern und dem Pakstani Nazir Ahmad Sabir an. Oberhalb ihres Lagers II in 6.400 Meter Höhe kletterten sie 600 Meter weiter bis unter einen markanten und fast 300 Meter hohen Felsriegel.

Dort hatte ein Jahr zuvor bereits eine Expeditionsgruppe des Briten Doug Scott, zusammen mit den Spitzenalpinisten Peter Boardman, Joe Tasker und Dick Renshaw, gestanden. Die vier wollten »ganz alpin« zum Gipfel vordringen. Mit nichts außer dem, was sie selbst auf dem Rücken tragen konnten, und ein paar wenigen Fixseilen. So wie Reinhold Messner es 1979 am Abruzzengrat getan hatte. Doch es gelang ihnen nicht, die Wand zu knacken. Scotts Team querte dann hinüber zum Abruzzengrat, erreichte aber auch von dort aus den Gipfel nicht. Am Grat traf eine Lawine ihr Hochlager, und Joe Tasker wurde darin verschüttet. Peter Boardman und Dick Renshaw reagierten blitzschnell und gruben ihren dritten Mann wieder aus. Bei ihrem Versuch, sich in Sicherheit zu bringen, streifte sie nur wenig später eine weitere Lawine. Diesmal passierte glücklicherweise nichts. Doch nun flüchteten die drei so schnell wie möglich nach unten. Erst knapp zwei Wochen später bekamen sie noch einmal eine Chance, erneut die Schulter und vielleicht sogar den Gipfel zu erreichen. Aber der orkanartige Wind scheuchte sie erneut vom Grat.

Die Japaner wurden nun, 1981, genau wie die Briten ein Jahr vor ihnen nach rechts unter dem Felsriegel abgedrängt. Dort mussten sie 40 Meter im fünften Schwierigkeitsgrad hinaufklettern. Eiho Ohtani hatte an dem Tag den Vorstieg übernommen und mühte sich lange an einer Stelle, bis er eine Seilschlaufe zu fassen bekam. Diese hatte ein Jahr zuvor Joe Tasker hinterlassen, als er einen tollkühnen, aber letztlich fehlgeschlagenen Versuch unternommen hatte, die Wand zu überwinden. Mit dem Mut der Verzweiflung packte Ohtani zu, und wo die Briten enttäuscht aufgegeben hatten, kamen die Japaner nun am 30. Juni durch.

Das schlechter werdende Wetter zwang sie jedoch zur Umkehr. Wenigstens baumelte nun das Fixseil von dort oben herunter.

Erst über zwei Wochen später standen dann knapp oberhalb von 7.000 Metern endlich die Zelte. Der Aufstieg führte nun mitten hinein in die lawinengefährdete Westwand. Angstvoll blickten die Japaner hinauf in das riesige, Y-förmige Couloir, in dem sich über ihren Köpfen Unmengen an Schnee angesammelt hatten. In diesem Trichter löste sich kurz darauf fast erwartungsgemäß eine Windlawine. Sie stürzte bis beinahe zu den Basislagerzelten herunter. Dem Schreck folgte die Erleichterung. Die Schneemassen waren nach unten verfrachtet und der Weg nach oben somit freigefegt. Die Japaner querten weiter nach rechts, zunächst unter einem Überhang hinunter und dann wieder 150 Höhenmeter aufwärts. So erreichten sie die Stelle, an der sich das Y-Couloir nach oben hin teilte. Nun kamen sie allerdings wegen des schlechten Wetters nicht weiter.

Das war am 19. Juli. Und es sollte bis zum 3. August dauern, ehe Lager V in etwas mehr als 8.000 Meter Höhe eingerichtet war. Drei Tage später unternahmen Eiho Ohtani, Matsushi Yamashita und der Pakistani Nazir Sabir einen Versuch Richtung Gipfel. Sie benutzten inzwischen Flaschensauerstoff, und um 18 Uhr waren die drei noch immer über 300 Höhenmeter vom Gipfel entfernt. Sie gruben sich eine kleine Schneehöhle und verbrachten dort eine unkomfortable Nacht, weil sie ihre Ausrüstung inklusive Schlafsäcken und Kocher im Hochlager gelassen hatten. Am anderen Morgen befahl Expeditionsleiter Teruo Matsuura den sofortigen Rückzug. Doch die gewohnte japanische Disziplin war in dem Moment außer Kraft gesetzt. Während Yamashita nicht mehr weiterkonnte und zurückblieb, stiegen Ohtani und Nazir Sabir weiter auf und erreichten gegen Mittag den Gipfel des K2.

Bis dahin waren alle erfolgreichen Expeditionen dem Abruzzengrat gefolgt. Nur die US-amerikanische Expeditionsgruppe um Jim Whittaker hatte es 1975 über eine teilweise neue Route am Nordostgrat weit hinaufgeschafft, bevor sie dann zum Abruzzengrat hinübergequert war. Nun hatte diese japanische Gruppe den Weg über den Südwestgrat auf

Am anderen Morgen befahl Expeditionsleiter Teruo Matsuura den Rückzug. Doch die japanische Disziplin war in dem Moment außer Kraft gesetzt.

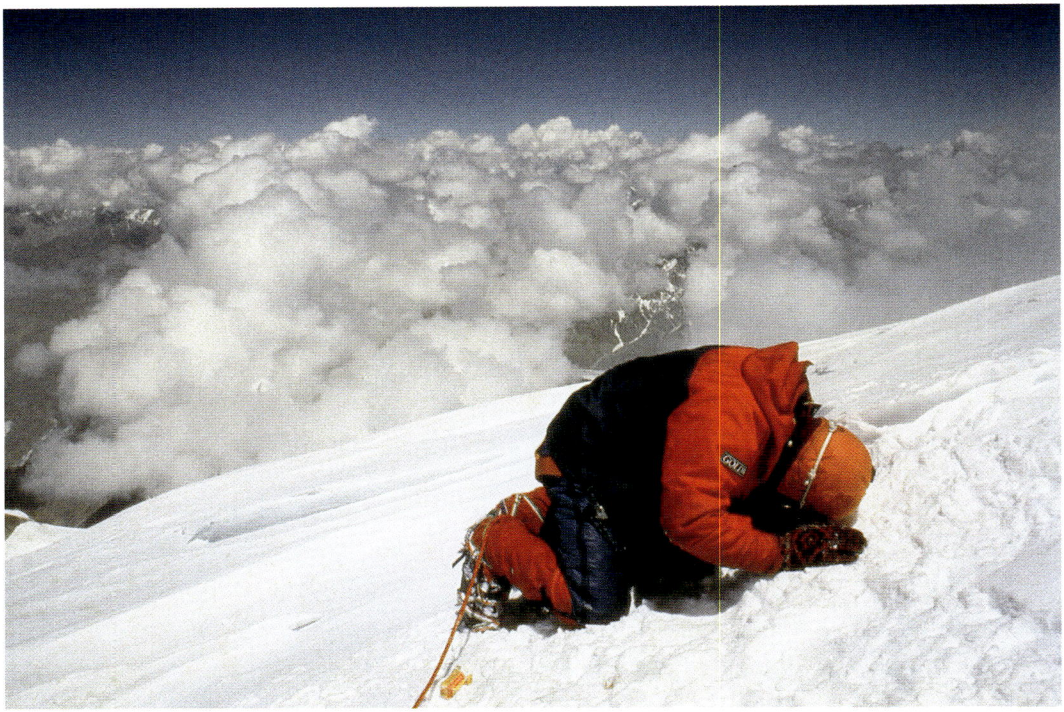

Ehrfürchtig kniend: Der pakistanische Bergsteiger **Nazir Sabir** am Gipfel des K2, den er 1981 mit einer japanischen Expedition erreichte.

der anderen Seite des Berges eröffnet und dabei weit über 3.000 Höhenmeter in sehr steilem Eis und schwer zu kletterndem Fels überwunden. Und obwohl sie Flaschensauerstoff verwendet und weit über fünf Kilometer Fixseile verlegt hatten, war doch die Tür zu neuen Dimensionen am K2 eröffnet worden.

Polen kamen 1982 zum Nordwestgrat, über den die Grenze zwischen Pakistan und China verläuft. Es war eine illustre Gruppe, die sich da zusammengetan hatte. Zu den 15 Polen, die allesamt harte Erfahrungen im Pamir-Gebirge und den Bergen des Kaukasus gemacht hatten, gesellten sich auch noch sechs lebenslustige Mexikaner. Zu dem polnischen Team gehörten klangvolle Namen wie Expeditionsleiter Janusz Kurczab, der 1976 am Nordostgrat des K2 knapp 8.400 Meter Höhe erreicht hatte. Oder Krzysztof Wielicki und Wojciech Wróż, die beide danach noch Spuren im Himalaja und dem Karakorum hinterlassen würden. Diese

21 Bergsteiger errichteten ihr Basislager auf dem Savoia-Gletscher und stiegen dann in Richtung des gleichnamigen Sattels hinauf. Unterwegs änderten sie ihren Plan und wichen einem gefährlichen Lawinenhang aus, indem sie einen direkten Anstieg wählten. Oberhalb ihres Lagers II mussten sie schließlich aufgrund der zunehmenden Schwierigkeiten weit in die Nordwestflanke hinaus queren. Und plötzlich standen sie auf chinesischem Hoheitsgebiet, für das sie keinerlei Genehmigungen besaßen. Die Polen bekümmerte das zunächst wenig, und auch die Mexikaner stiegen unverdrossen weiter auf. Die Nordwestflanke wurde jedoch zusehends steiler. Zur gleichen Zeit befand sich eine japanische Expedition in der Nordflanke. Sie besaß im Gegensatz zu den Polen ein Permit und sollte am 14. und 15. August mit sieben ihrer insgesamt zwanzig Bergsteiger den Gipfel erreichen. Die Japaner hatten von der chinesischen Regierung die Genehmigung erhalten, weil sie offenbar reichlich gezahlt hatten.

Japanische Expeditionsgruppen waren an den Achttausendern in diesen Jahren längst eine fixe Größenordnung. Die Teams waren straff, fast militärisch organisiert, unglaublich zäh und enorm risikobereit. Es war unter diesen Voraussetzungen kaum verwunderlich, dass ausgerechnet Japaner als Erste in die respekteinflößende Nordwand einstiegen.

Der österreichische Höhenbergsteiger und Filmemacher Kurt Diemberger hat mir einmal in einem Interview gesagt, dass ihn »kaum etwas anderes an den hohen Bergen der Erde so sehr berührt hat wie der Anblick der K2-Nordwand, als ich sie zum ersten Mal sah«. Diemberger war 1982 bei einer Erkundungsexpedition auf der chinesischen Seite unterwegs gewesen und sagte danach: »Wer den K2 von Norden her nicht gesehen hat, dem ist seine schönste Seite verborgen geblieben.« Das bestätigen alle Bergsteiger, die dort gewesen sind. Auch die Österreicherin Gerlinde Kaltenbrunner, die als erste Frau alle vierzehn Achttausender ohne die Hilfe von Flaschensauerstoff bestieg und ihre beeindruckende Sammlung im Jahr 2011 am beeindruckenden Nordgrat des K2 komplettieren sollte.

Die Japaner gingen in diesem Jahr wie gewohnt als Belagerungsexpedition vor: Sie stellten am 29. Mai ihr Basislager in knapp 5.000 Meter Höhe auf den auf chinesischer Seite gelegenen Chogori-Gletscher. Dreißig weitere Japaner unterstützten das Bergsteiger-Team, sodass dort über vierzig Teilnehmer beschäftigt waren. Dann begannen die Kletterer in der Flanke an der rechten Seite des Nordnordwestgrats aufzusteigen. Dort, wo auch die Polen und die Mexikaner unterwegs waren. Auf

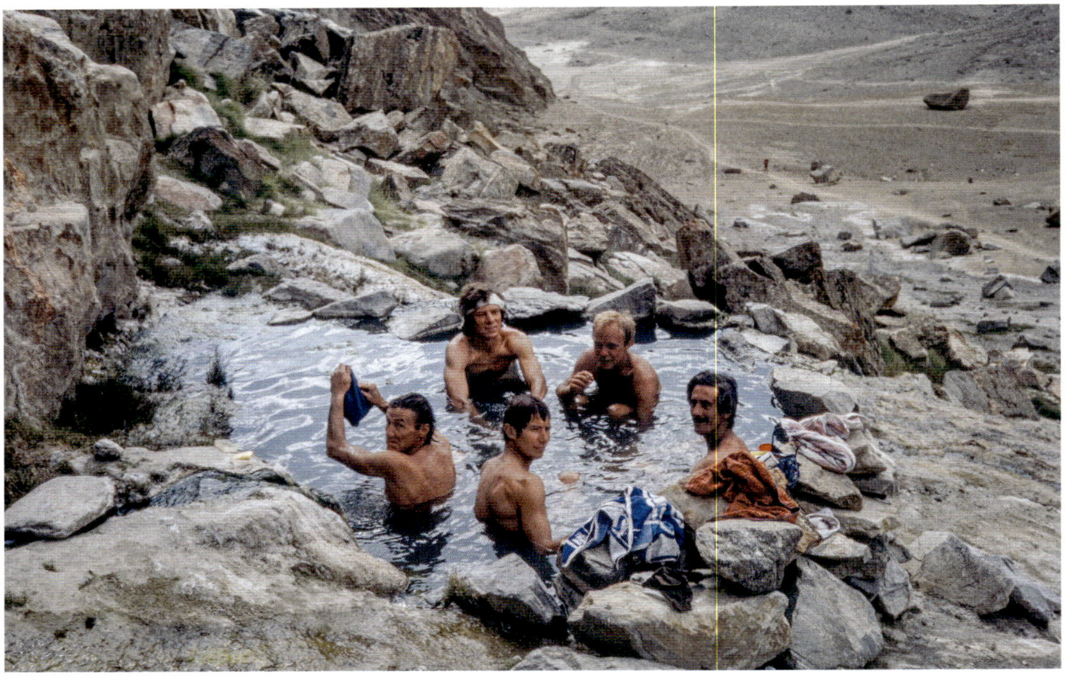

In den heißen Quellen bei Askole: die polnischen Bergsteiger **Jan Holnicki, Tadeusz Karolczak, Roman Bebak, Wojciech Wróż und Wojciech Kurtyka.**

deutlich über 7.600 Metern stiegen die Japaner nach links hinüber und gelangten so direkt in die extrem steile Flanke oberhalb des mächtigen und weithin sichtbaren Hängegletschers. Auf diesem Weg drangen die Japaner in den Gipfelbereich des K2 vor und benötigten lediglich vier Hochlager – in 5.800, in 6.600, in 7.500 und in 8.000 Meter Höhe –, verlegten über acht Kilometer Fixseile und transportierten hunderte Kilo an Material den Berg hinauf. Zudem mussten fast sie fast einen Monat lang schlechtes Wetter aussitzen.

Im oberen Teil, auf dem Hängegletscher, benutzten sie keine Fixseile mehr. Vollkommen ungesichert machten sich Takashi Ozaki, Naoe Sakashita, Yukihiro Yanagisawa und Hiroshi Yoshino am 14. August 1982 auf den Weg zum Gipfel. Ozaki gab erschöpft auf und stieg zurück zum letzten Lager, während die drei anderen nach fast vierzehn Stunden Aufstieg den höchsten Punkt erreichten. Inzwischen war es dunkel geworden, und die Alpinisten biwakierten vor Erschöpfung wenige hundert Höhenmeter unterhalb des Gipfels – Yanagisawa hatte nicht einmal eine

Daunenjacke bei sich. Sakashita stieg am nächsten Morgen allein ab, während die anderen beiden auf das zweite Team warteten. Das war von Lager IV Richtung Gipfel gestartet und brachte nun ein Seil für Yanagisawa und Yoshino mit hinauf. Damit sicherten sich die beiden Gestrandeten auf klassische Weise mit Standplätzen und gelangten so bis zum Beginn der Fixseile am Übergang des Hängegletschers. Als sich Yoshino dort mit dem Karabiner einhängte, war Yanagisawa plötzlich in der Tiefe verschwunden. Abgestürzt. Womöglich wegen eines kleinen Fehlers in der Abseilroutine. Geklärt werden konnte der Unfall nie. Dass an diesem Tag auch Kazushige Takami, Hironobu Kamuro, Haruichi Kawamura und Tatsuji Shigeno vom zweiten Team den Gipfel des K2 erreichen, bedeutet hingegen den bis dahin größten Erfolg einer japanischen Expeditionsgruppe an einem Achttausender.

Triumph und Tragödie lagen am K2 wieder einmal eng beisammen.

Die Polen und Mexikaner blieben unterdessen weiter auf dem Nordnordwestgrat und richteten dort in knapp 8.000 Meter Höhe am 7. August ein Depot ein. Während die Japaner ihre Route exakt in einem guten Wetterfenster eröffneten, mussten die Polen und die Mexikaner just in dieser Zeit wegen weiteren Materials und zur besseren Akklimatisierung zurück in ihr Basislager. Erst am 5. September gelangten Eugeniusz Chrobak, Krzysztof Wielicki, Wojciech Wróż und Leszek Cichy wieder in 8.000 Meter Höhe. Dort unternahmen Leszek Cichy und Wojciech Wróż einen einzigen Gipfelversuch, mussten aber mit Erfrierungen im starken Sturm aufgeben.

Es wäre ohnehin vorbei gewesen. Denn inzwischen lag am südseitigen Fuß des K2 eine offizielle Protestnote der chinesischen an die pakistanische Regierung vor, in weiterer Folge auch beim Begleitoffizier der polnischen Expedition. Darin wurden die Expeditionsmitglieder ultimativ aufgefordert, chinesisches Territorium zu verlassen. Der illegale Grenzübertritt war ruchbar geworden, weil die chinesischen Begleitoffiziere der japanischen Expeditionsgruppe die Polen und die Mexikaner mit ihren Ferngläsern mehrere Tage am Grat beobachtet und das nach Peking gemeldet hatten.

Während die Japaner 1982 auf der chinesischen Nordseite bescheiden feierten, packten die Polen mit ihren mexikanischen Freunden eher verzagt ihre Sachen und verschwanden vom Savoia-Gletscher. Für sie war das Thema K2 aber noch lange nicht erledigt. Im Gegenteil: Vier Jahre später sollten die Polen dem Berg gleich auf zwei Routen in spektakulärer Weise ihren Stempel aufdrücken.

Hans Kammerlander

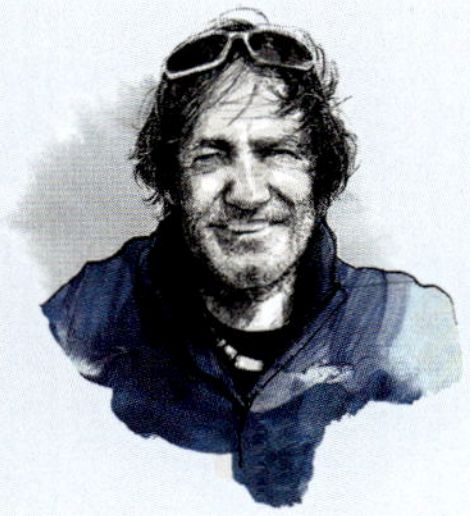

Über gut organisierte Japaner und knallharte Polen

Ich habe bei meinen eigenen Expeditionen immer wieder asiatische Gruppen an den Achttausendern erlebt. Im klassischen Stil, mit einem enormen Aufwand und vor allem einer straffen, fast schon militärischen Organisation. Was viele ihrer Leistungen erst ermöglicht hat, glaube ich. Alpinistisch waren sie vielleicht nicht einmal so stark, aber sie kamen oft an ihr Ziel.

Ich will das auch nicht schmälern, doch es waren halt oftmals keine ganz herausragenden Erfolge, vergleichbar mit den viel kleineren und weniger aufwendigen Expeditionen europäischer oder amerikanischer Unternehmungen. Die Japaner waren imstande, eine Expedition zu einem Achttausender daheim am Reißbrett zu planen und dann am Berg keinen Millimeter von diesem Plan abzuweichen.

Da waren die Polen ganz andere Kaliber, gerade 1982. Mir hat Krzysztof Wielicki einmal erzählt, wie das damals gewesen ist: Er sagte, wenn der Berg ihm die Route vorgibt, ist ihm eine Landesgrenze vollkommen egal. Von so etwas lassen sich Polen bis heute nicht beeindrucken, auch nicht von einer Drohung der chinesischen Regierung. Der Einzige, der da nervös geworden sein dürfte, war sehr wahrscheinlich der pakistanische Verbindungsoffizier. Die Polen waren an einen Berg gereist, nicht zu einer Grenzbetrachtung. Ich habe diese Typen immer bewundert und mich gut mit ihnen verstanden. Knallharte Bergsteiger, mit einer Kondition ausgestattet, die andere oft schlecht aussehen ließ. Und sie konnten in der Höhe, selbst wenn sie enorm unter der Kälte und den Stürmen litten, immer noch auf sehr hohem Niveau klettern.

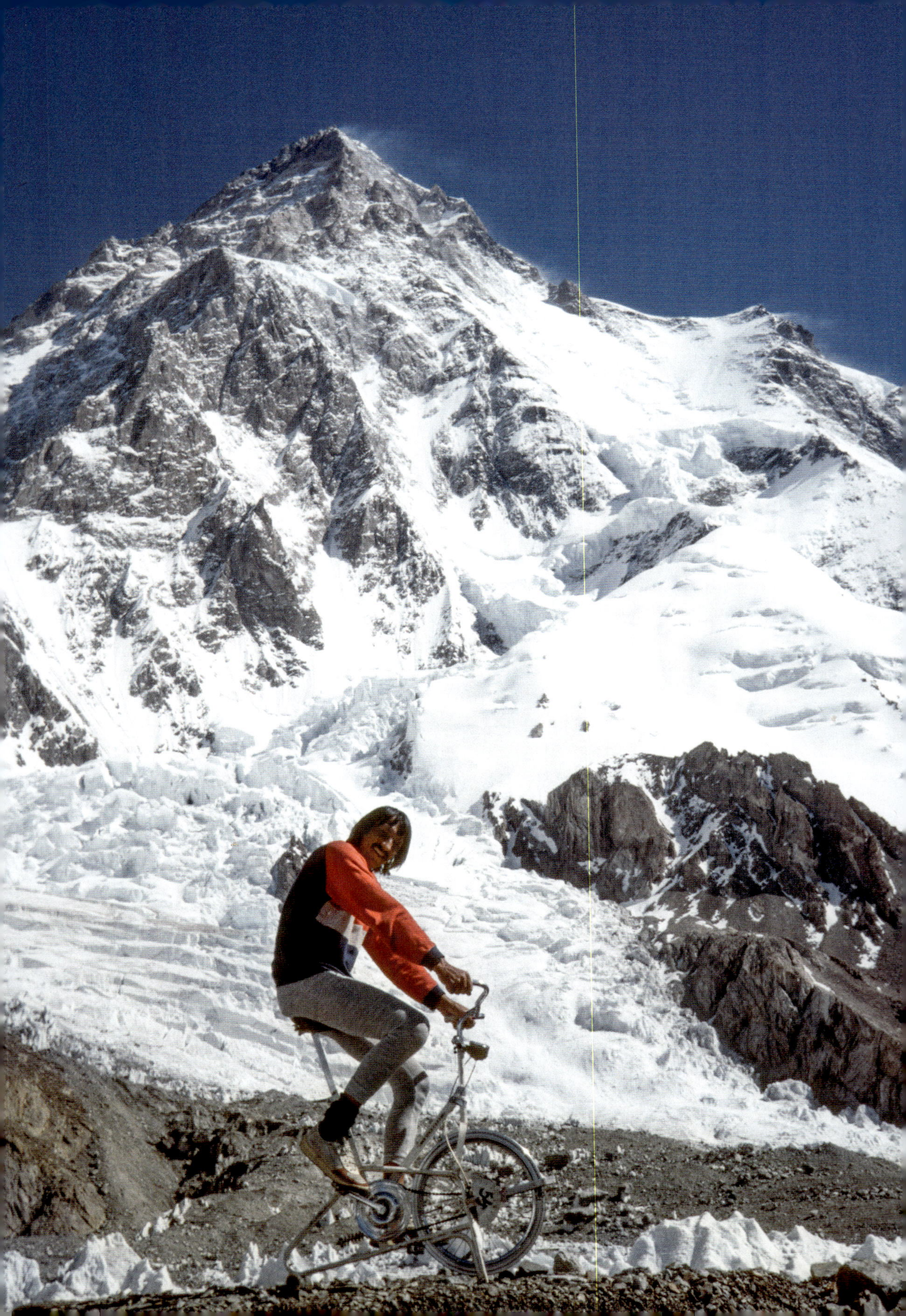

1986
Unglaubliche Leistungen und die erste Frau am Gipfel

Fit für den Gipfel: Der fragile Hometrainer, auf dem ein Teilnehmer der **polnischen Expedition von 1986** vor dem übermächtigen Berg strampelt, ist ein denkbar starker Kontrast.

35° 52′ 57″ N, 76° 30′ 48″ O – das sind die Koordinaten des K2. Er steht acht Breitengrade und fast tausend Kilometer weiter nördlich als der Mount Everest. Also viel weiter weg von den gemäßigten, warmen Strömungen des Indischen Ozeans und des Golfs von Bengalen. Und genau das macht die zweithöchste Verwerfung unserer Erdkruste so anfällig für extreme Wetterverhältnisse. Ein Sturm in Orkanstärke kommt am K2 fast unvermittelt auf, und das Wetter kann binnen einer Stunde komplett umschlagen. Feuchte Luftmassen sorgen für enorme Schneefälle in einer Region, in der auf engstem Raum so viele Achttausender stehen wie sonst nirgendwo im Himalaja und dem Karakorum. Sturm und Schneefall können oft Tage, ja Wochen anhalten. Dazu kommt die geologische Tatsache, dass sämtliche Grate, Flanken und Wände mehr als 3.000 Meter hinunter zu den Gletschern abfallen, von denen der K2 vollständig umkränzt ist. Doch gerade die Tatsache, dass eine Besteigung des zweithöchsten Gipfels der Erde so beschwerlich und gefährlich ist, zieht ambitionierte Bergsteiger magisch an. Lange war der K2 deshalb von der Aura umweht, dass dort nur die Elite des Bergsteigens versammelt ist und nur die Besten der Besten eine Chance haben.

Nach den Polen, den Mexikanern und den bewundernswerten Japanern kamen 1983 mehrere Expeditionen an den K2. Einer italienischen Gruppe, angeführt von Francesco Santon, gelang die zweite Begehung des Nordgrats. Einer britischen »Alpine Style«-Expedition unter Doug Scott blieb der Gipfel bei einem Versuch in der Südwand versagt, und auch Spanier und Basken waren nicht erfolgreich.

Die Italiener kamen mit einer 22-köpfigen, internationalen Gruppe vom chinesischen Norden her. Eine Riesenkarawane mit 120 Kamelen und ihren Treibern durchwanderte die Schluchten des Surukwat-Flusses im Kunlun-Gebirge Chinas. Über den Aghil-Sattel gelangten sie in das Shaksgam-Tal. Am Ufer des Sarpo Laggo gibt es einen begrünten Flecken Erde inmitten dieser Wüste aus Schotter, großen und kleinen Steinen. Francis Younghusband und auch Ardito Desio hatten diesen Ort gesehen und von dieser kleinen Oase geschwärmt. Der österreichische Achttausender-Pionier Kurt Diemberger sagte dazu: »Ich habe bei meinen Reisen viel gesehen, doch dieser Ort und das Shaksgam-Tal haben mich beeindruckt wie kaum etwas anderes.«

Diemberger war damals, 1983, Teil der aufwendigen italienischen Expedition. Er war mit Julie Tullis, einer Bergsteigerin und Filmemacherin aus Großbritannien, nach 1982 ein weiteres Mal zum K2 unterwegs – mit dem Auftrag, einen Film der K2-Besteigung über den Nordgrat zu drehen. Diemberger hatte die Option, selbst den Gipfel zu besteigen.

Dem gebürtigen Österreicher war gemeinsam mit seinen Landsleuten Fritz Wintersteller, Marcus Schmuck und Hermann Buhl, der 1953 der Erste am Nanga Parbat gewesen war, 1957 die Erstbesteigung des Broad Peak geglückt. Drei Jahre später gelang Diemberger das Gleiche auch am Dhaulagiri. Diemberger und Buhl sind somit die einzigen Alpinisten der Welt, die zwei Erstbesteigungen von Achttausendern schafften. Geboren wurde Diemberger in Villach, später lebte er in Salzburg und in Bologna. 1983 hatte er zusammen mit seiner Bergpartnerin Julie Tullis das »höchste Filmteam der Welt« gegründet. Die Verfilmung der Begehung des Nordgrats am K2 sollte ihr Durchbruch werden. Als die Expeditionsgruppe den Gletscher unter der beeindruckenden Nordwand erreichte, drehten die Treiber mit ihren Kamelen ab und gingen zurück. Der Rest war »Handarbeit«. Teilweise gingen die Bergsteiger ohne Unterstützung durch einheimische Träger – weil es die in China nicht gibt – dreißig Mal die zwanzig Kilometer vom Beginn des Gletschers bis hinauf in das vorgeschobene Basislager – mit über dreißig Kilogramm auf dem Rücken.

Als das Team im Juni das Basislager bezog, waren die oberen 600 Höhenmeter des Nordgrats noch immer unberührt. Denn die Japaner hatten im Jahr zuvor den Grat auf der Höhe des Hängegletschers verlassen und waren weit nach links gequert. So hatten sie den oberen Gratabschnitt umgangen. Die Mitglieder des internationalen Teams errichteten 1983 vom Basislager in 4.900 Metern aus vier Hochlager. Sie hatten Flaschensauerstoff für Notfälle dabei, benutzten ihn aber nur, als einer der Italiener im zweiten Hochlager auf 6.600 Metern höhenkrank wurde. Am 31. Juli erreichten der Italiener Agostino da Polenza, bergsteigerischer Leiter des Unternehmens, und der tschechische Bergsteiger Josef Rakoncaj den Gipfel. Dabei gelang ihnen die Begehung des gesamten Nordgrats. Jener Route, über die 2011 auch Gerlinde Kaltenbrunner auf einer (cleveren) Variante den Gipfel erreichen sollte.

Kurt Diemberger und Julie Tullis waren ein Team im Team. Sie transportierten ihr Filmmaterial, aber auch ihre Ausrüstung, sie trugen somit doppelt. Diemberger berichtete später davon, dass er schon bis zum Basislager 21 Kilogramm abgenommen habe. Tullis, ohnehin gerten-

Ein Sturm in Orkanstärke kommt am K2 fast unvermittelt auf, und das Wetter kann binnen einer Stunde komplett umschlagen.

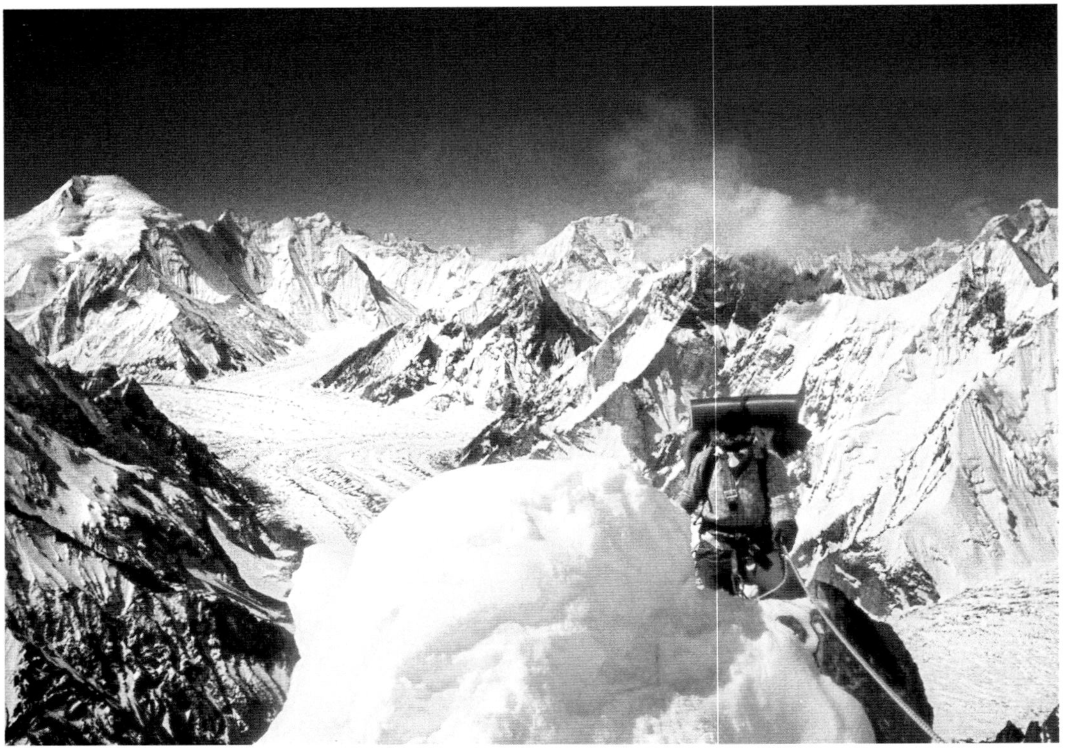

Der Gipfel rückt näher: Nach der ersten Durchsteigung der Südwand ist der Pole **Tadeusz Piotrowski** 1986 hier auf dem Grat des K2 unterwegs. Hinten links ist die trapezförmige, 7.665 Meter hohe Chogolisa sichtbar.

schlank, hatte zehn Kilogramm verloren. Die beiden drehten einzigartige Sequenzen von dieser Expedition. Diemberger filmte mit einer schweren, für damalige Verhältnisse topmodernen Arriflex-Kamera, Julie Tullis regelte den Ton mit einem Mini-Nagra-Gerät. Als Diemberger nach über vier Monaten nach Hause kam, hatte er elftausend Meter Film belichtet.

Vier Tage nach da Polenza und Rakoncaj erreichten auch die italienischen Alpinisten Sergio Martini und Fausto De Stefani den Gipfel des K2. Es war für beide der erste Achttausender, doch die zwei sollten über die Jahre sämtliche Achttausender besteigen. Kurt Diembergers und Julie Tullis' Traum vom höchsten Punkt trug hingegen ein Höhensturm davon.

Auf der anderen Seite des Berges war am 7. Juli 1985 der französische Bergsteiger Daniel Lacroix am Abruzzengrat tödlich verunglückt. Zusammen mit seinem Landsmann Éric Escoffier wollte er den Gipfel erreichen. Escoffier hatte nur zehn Tage zuvor am Gasherbrum I und II mit Benoît Chamoux Außergewöhnliches geleistet: eine Besteigung der beiden Achttausender binnen sieben Tagen mit einem kleinen Lager in knapp 6.000 Meter Höhe zwischen den beiden Bergen. Noch höher zu bewerten war damals die Leistung von Reinhold Messner und Hans Kammerlander. Die hatten 1984 den Gasherbrum II und I in acht Tagen und sieben Nächten direkt, also ohne Unterbrechung, überschritten.

Diese Geschichte ist mit Blick auf die Entwicklung des Stils an den höchsten Bergen insofern von Belang, als Éric Escoffier am 24. Juli 1985, also einen Tag nach seiner Besteigung des Gasherbrum I, hinüber zum Basislager des K2 eilte. Für einen gut akklimatisierten Bergsteiger ist das in einer guten Stunde Gehzeit zu schaffen. Dort schloss sich Escoffier der französischen Expeditionsgruppe von Daniel Lacroix an. Während sich Escoffier zehn Tage Ruhe gönnte, stieg eine Schweizer Expeditionsgruppe mit den Weltklasse-Alpinisten Erhard Loretan, Marcel Rüedi, Norbert Joos und Pierre Morand über den Abruzzengrat auf. Dort waren zu der Zeit auch eine große japanische Gruppe, der Franzose Lacroix und der Schweizer Stéphane Schaffter unterwegs. Teilweise wussten die Teams nicht mehr, wohin mit den Zelten. Am 5. Juli erreichten die Schweizer das Hochlager in 7.400 Metern. Vier der Bergsteiger ruhten sich dort jedoch nur kurze Zeit aus.

Im Schein des Vollmondes begannen am selben Abend die Schweizer Erhard Loretan, Jean Troillet und Pierre Morand sowie der Franzose Éric Escoffier den Aufstieg Richtung Gipfel. Schon bis dahin waren sie mit einem unglaublich hohen Tempo unterwegs gewesen. Sie gaben auch jetzt keinen Millimeter nach. An den Achttausendern hatte sich seit Messner und Kammerlander eine Überzeugung verfestigt: »Schnelligkeit ist Sicherheit.« Und so standen die vier Ausnahme-Alpinisten am 6. Juli gegen 13.30 Uhr am höchsten Punkt. Éric Escoffier war der erste Franzose auf dem K2, und noch nie war jemand in so kurzer Zeit an drei Achttausendern erfolgreich gewesen. Tags darauf folgten auch Stéphane Schaffter und Daniel Lacroix der Spur zum Gipfel. Auf dem Weg zurück sah Schaffter Lacroix in einer Höhe von etwa 8.400 Metern, also noch oberhalb des Flaschenhalses, zum letzten Mal. Schaffter vermutete später, dass Lacroix bei dem Versuch, einen Sérac zu übersteigen, von einer Lawine mitgerissen worden sein dürfte.

Es hatte bis dahin im Lauf der Jahre am K2 elf Tote gegeben. Daniel Lacroix war nun der zwölfte. Am Mount Everest waren bis dahin bereits achtzig Menschen gestorben. Natürlich lag das auch daran, dass

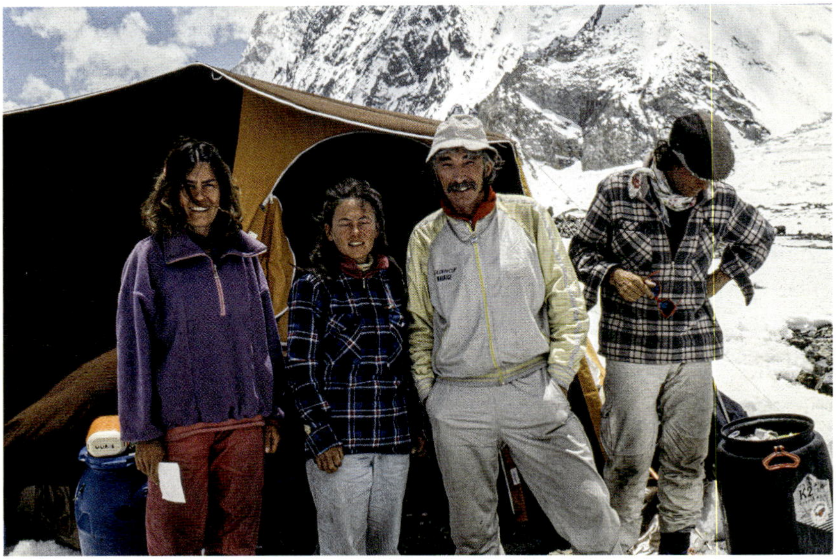

Die Ruhe vor der Tragödie: **Wanda Rutkiewicz, Liliane und Maurice Barrard sowie Michel Parmentier** standen im Juni 1986 miteinander am Gipfel des K2, das französische Paar starb beim Abstieg.

am höchsten Berg deutlich mehr Menschen unterwegs waren. Und doch war die Mortalitätsrate am K2 an sich exorbitant niedriger. Es hatte dort noch nie mehr als zwei Tote in einer Saison gegeben. Außer 1939, also 15 Jahre vor der Erstbesteigung, als drei Nepali spurlos verschwanden und Dudley Wolfe an der Höhenkrankheit starb.

Das änderte sich 1986 radikal: Als der Sommer endete, sollten dreizehn Menschen, drei Frauen und zehn Männer, tot in den Flanken des Berges liegen. Dies war die bislang größte Katastrophe am K2. Dobrosława Miodowicz-Wolf war die Letzte, die diese Saison am K2 nicht überleben sollte. Sie war eine zierliche Person und eine sehr gute Bergsteigerin. Sie hatte schwere Touren in der Hohen Tatra, in den Alpen, im Kaukasus, im Pamir-Gebirge und im Karakorum unternommen, bevor sie 1986 zum zweithöchsten Berg kam. Freunde beschrieben sie als liebreizend, freundlich, fleißig, zielstrebig und immer bereit, anderen zu helfen – deshalb wurde sie von allen »Mrówka«, die Ameise, genannt. Sie selbst bestand auf diesem Namen. Am 10. August, nach fürchterlichen Tagen in der Todeszone und nachdem sie nur hundert Meter unter dem Gipfel überredet worden war, umzukehren, würde

Dobrosława Miodowicz-Wolf an Erschöpfung sterben – bei einem verzweifelten letzten Versuch, sich in Sicherheit zu bringen. Ein Jahr später fanden Mitglieder einer japanischen Expeditionsgruppe ihren Leichnam an der Schwarzen Pyramide, mit den Fixseilen in 7.100 Metern gesichert – immer noch aufrecht stehend und an die Wand gelehnt, als würde sie sich ausruhen.

In jenem Sommer hatten sich elf Expeditionen mit insgesamt 94 Bergsteigern am Fuß des K2 versammelt. 27 Bergsteiger erreichten den Gipfel. Auch das waren so viele wie nie zuvor. Doch was zählte das schon, wenn sich eine Tragödie nach der anderen ereignete?

Am 21. Juni 1986 knackte es an der Südseite des K2, unterhalb der Magic Line. Sekunden später donnerte vom Negrotto-Sattel eine Lawine auf den Godwin-Austen-Gletscher herunter. Da war es 5.30 Uhr. Zwanzig Minuten zuvor hatten die US-amerikanischen Bergsteiger Alan Pennington und der Expeditionsleiter John Smolich ihr Zelt im Lager I unter dem Sattel verlassen. Beide wurden von tausenden Tonnen an Schnee- und Eismassen mitgerissen und verschüttet. Pennington fand man vier Stunden später. Er lag nicht sehr tief unter dem Schnee. Sein Leichnam wurde zum Gilkey Memorial gebracht und dort bestattet. John Smolich fand man nie. Die US-Amerikaner brachen ihr Unternehmen augenblicklich ab. Das »Quota 8000«-Team unter Leitung von Agostino Da Polenza gab den Versuch an der Magic Line ebenfalls auf und wandte sich dem Abruzzengrat zu. So begann diese Saison 1986.

Wanda Rutkiewicz, die herausragende polnische Bergsteigerin, erreichte in dem Jahr, am 23. Juni um 10.30 Uhr, als Erste den Gipfel. Fast eine Stunde stand sie ganz allein am höchsten Punkt des K2. Sie war damit die erste Frau, die den schwierigsten aller Achttausender geschafft hatte, und überglücklich, nachdem sie 1982 und 1984 nicht hinaufgekommen war. Wanda Rutkiewicz gehörte schon da zu den prägenden Persönlichkeiten des Frauen-Bergsteigens weltweit. Sie hatte den Pik Lenin bestiegen und war durch die Nordwand des Triglav geklettert. Sie stieg als erste Frau im Winter durch die Eiger-Nordwand sowie durch die Nordwand des Matterhorns und knackte den Elbrus im Winter. 1985 stand sie auf dem Gipfel des Nanga Parbat. Nun also der K2. Ein Jahr später sollte ihr mit Jerzy Kukuczka die Shishapangma gelingen, dann 1989 der Gasherbrum II, 1990 der Makalu und der Hidden Peak, 1991 folgten Solobesteigungen der Annapurna und des Cho Oyu. Acht von vierzehn Achttausendern – Rutkiewicz avancierte zum Star. 1992, in den riesigen Flanken des Kangchendzönga, dem wohl massigsten aller

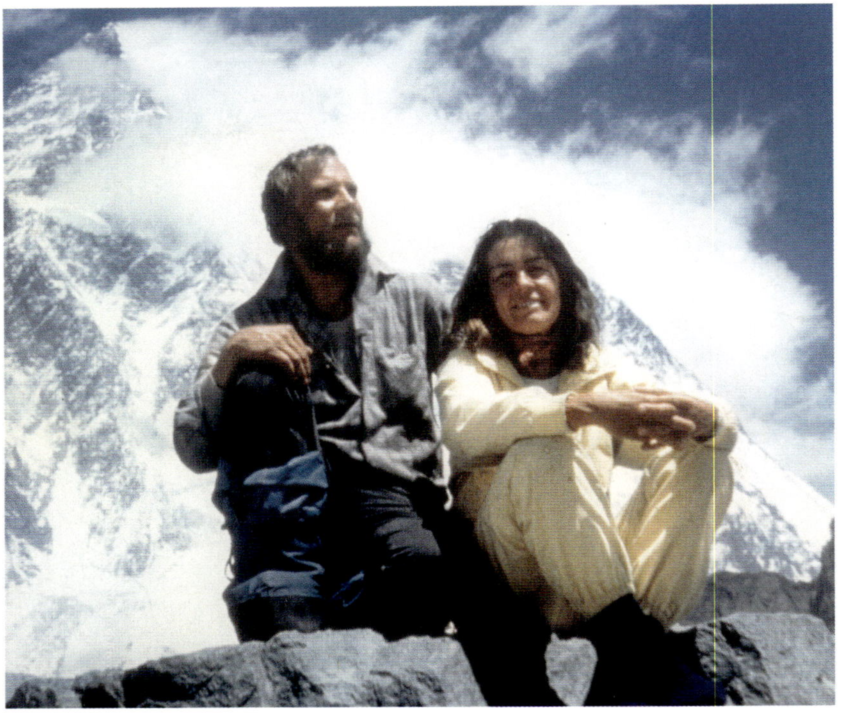

Die goldene Ära: **Wanda Rutkiewicz und Jerzy Kukuczka** waren in den 1980er-Jahren die Stars unter den polnischen Alpinisten. Ihre Faszination für die hohen Berge bezahlten beide mit dem Leben: Rutkiewicz ist am Kangchendzönga seit 1992 verschollen, während Kukuczka 1989 in der Lhotse-Südwand starb.

Achttausender, verschwand die Polin und gilt seither als verschollen. An jenem 23. Juni 1986 kamen, knapp eine Stunde nach Wanda Rutkiewicz, drei weitere Mitglieder aus dem französisch-polnischen Team zum Gipfel – der Pariser Journalist Michel Parmentier, Expeditionsleiter Maurice Barrard und dessen Frau Liliane Barrard. Wanda Rutkiewicz war ihnen beim Abstieg begegnet und gleich noch einmal mit hinaufgestiegen. Später an diesem Tag gelangten auch noch die beiden Basken Mari Abrego und Josema Casimiro auf den Gipfel.

Maurice und Liliane Barrard hatten reichlich alpinistische Erfahrung. Sie waren im Jahr davor am Nanga Parbat gemeinsam erfolgreich gewesen, 1984 am Gasherbrum II. 1985 hatten die Barrards Wanda Rutkiewicz am Broad Peak kennengelernt und sich angefreundet. Maurice Barrard wirkte am K2 merkwürdig gedämpft, fast zurückhaltend. Das mochte auch an den Spannungen gelegen haben, zu denen es zwischen Wanda Rutkiewicz und dem Journalisten Michel Parmentier immer wieder kam. Beim Aufstieg zum Gipfel eskalierte die Situation, und Parmentier weigerte sich, mit Rutkiewicz in einem Zelt zu schlafen. In der Folge schleppten beide ihr eigenes Zelt mit. Parmentier verweigerte der Polin sogar die Seilsicherung und ließ sie bei einem gefährlichen Bergschrund stehen. Maurice Barrard sicherte nun beide Frauen, während Parmentier der Situation emotionslos enteilte. Schließlich überholte Wanda Rutkiewicz den Franzosen im Gipfelbereich und gelangte weit vor den anderen an den höchsten Punkt.

Als dann alle gemeinsam oben standen, schien auf einmal alles anders. Liliane Barrard weinte vor Freude ein paar Tränen, Maurice umarmte seine Frau und sagte: »Siehst du, wir sind das höchste Ehepaar der Welt.« Sie gingen danach zusammen bis auf 8.300 Meter hinunter und bereiteten sich auf eine Nacht im Zelt vor. Unterwegs waren sie den beiden Basken aus der italienischen Expeditionsgruppe begegnet, die sich noch im Aufstieg befanden. Es herrschten Temperaturen von fast vierzig Grad minus.

Im Morgengrauen verließ Michel Parmentier als Erster den Biwakplatz. Er wolle weiter unten für alle Tee kochen, sagte er. Die beiden Frauen und Maurice Barrard bauten das Zelt ab, stopften es in einen der Rucksäcke und begannen den Abstieg. Als Maurice Barrard einen eisigen Quergang hinüberhangelte, verlor er das Gleichgewicht. Er stürzte ab, überschlug sich mehrfach und landete kopfüber vor dem Zelt der beiden Basken. Von unten beobachtete Wanda Rutkiewicz mit angehaltenem Atem den gespenstischen Sturz. Oberhalb stand die nicht minder schockierte Liliane Barrard. Ihr Mann lag für einen Moment da, stand dann auf, als sei nichts gewesen, und setzte seinen Abstieg fort.

Rutkiewicz erreichte eine gute Stunde nach Michel Parmentier das Hochlager in 7.700 Metern. Beide lagen wieder in getrennten Zelten und warteten besorgt auf Maurice und Liliane Barrard. Doch die beiden kamen nicht. Binnen einer Stunde hatte jetzt das Wetter umgeschlagen. Am Gipfel brauste gegen Abend ein heftiger Sturm. Wanda Rutkiewicz forderte vier Italiener, die gerade heraufkamen, inständig auf, dem Ehepaar zu helfen. Doch sie hatten am oberen Teil des Grats gegen den Wind keine Chance. Also stiegen sie am nächsten Morgen wieder ab. Wanda Rutkiewicz folgte ihnen. Der Schnee, den der Sturm mitbrachte, lag bereits knietief. Michel Parmentier beschloss zu warten, denn von den Barrards fehlte weiter jedes Lebenszeichen. Später kam Benoît Chamoux herauf. Er führte ein kleines Rettungsteam an und versuchte Parmentier

> Alle, die es vor dem Aufkommen des Sturms nicht mehr vom Berg heruntergeschafft hatten, waren nun dessen Gefangene.

zum sofortigen Abstieg zu bewegen. Doch der wollte partout nicht mit, sondern auf seine französischen Freunde warten. Chamoux lieh ihm ein Funkgerät.

Aus den Aufzeichnungen dieses Tages lassen sich ein paar Kuriosa herauspicken, die den unglaublichen Wahnsinn beschreiben, der an einem solchen Berg herrschen kann. Als Wanda Rutkiewicz das Hochlager in 7.700 Metern verließ und Michel Parmentier zurückblieb, zog sie als Letztes den Pickel aus dem Schnee, an dem ihr Zelt verankert war. Sie kletterte den Italienern hinterher, hatte jedoch, geschwächt von ihrem Gipfelgang und den beiden Nächten danach, keine Chance, ihnen zu folgen. Einer von ihnen, Tullio Vidoni, hatte ihr einen seiner Skistöcke geliehen. Während sie sich nun damit vorsichtig weiter hinuntertastete, kam das Zelt, aufgewirbelt von dem höllischen Sturm, von oben genau auf sie zugeflogen. Sie konnte am Grat gar nicht anders, als es zu packen. Dann versuchte sie verzweifelt, die Zeltstangen aus den Führungen zu ziehen. Doch das gelang ihr nicht. Unten dachten die Italiener, die Polin wolle ein Biwak errichten und am Grat abwarten. Also kletterten sie weiter abwärts.

In ihrem Kampf mit dem Zelt hatte Wanda Rutkiewicz ihre Handschuhe verloren, so musste sie in ihrem Rucksack nach Ersatz suchen. Unterdessen flog das Zelt davon. In der Nacht davor hatte sie zwei Schlaftabletten eingenommen, um ein wenig Ruhe zu finden. Die hatten ihre Wirkung zeitlich weit verfehlt und sorgten nun dafür, dass die Polin seit dem Morgen wie angetrunken den Grat hinunterwankte. Die vier Italiener waren zwar in den Wolken verschwunden, doch Rutkiewicz glaubte, deren Stimmen zu hören. Diese gehörten allerdings zu den beiden Basken, die an ihr vorbeigeklettert waren, ohne dass sie es bemerkt hatte. Als sie nun weiter abstieg, stieß sie auf einen Skistock und war der festen Überzeugung, dass die Italiener ihn dort zurückgelassen hatten, um ihr zu helfen. Erst später begriff sie, dass dieser Stock den Einstieg in die Schwarze Pyramide markierte. Von oben – erst recht im Nebel – war der nämlich ganz schwer zu finden. Nun hatte sie allen, die ihr nachfolgen würden, die Orientierungshilfe genommen. Weiter oben, in 7.700 Meter Höhe, wartete Parmentier in einem kleinen Zelt immer noch auf das französische Ehepaar Barrard. Erst als die beiden einen Tag und eine Nacht später immer noch nicht aufgetaucht waren, stieg er ab.

Der Sturm tobte weiterhin, und es schneite unaufhörlich. Überall donnerten Lawinen bis auf den Godwin-Austen-Gletscher hinunter, selbst im Basislager lag inzwischen fast ein halber Meter Schnee. Wanda Rutkiewicz erreichte ihr nächstes Hochlagerzelt und wartete dort zwei Tage und zwei Nächte. Alle, die es vor dem Aufkommen des Sturms nicht mehr vom Berg heruntergeschafft hatten, waren nun dessen Gefangene. In der Südwand harrte Renato Casarotto aus und in dem Lager auf 7.200 Metern am Abruzzengrat Michel Parmentier. Die vier Italiener hatten hingegen das Basislager erreicht, die beiden Basken ebenfalls. Als Nächster tauchte Casarotto aus der Südwand wieder auf – schwer gezeichnet von den Anstrengungen, der Höhe und der einsamen Ausgesetztheit an diesem Monstrum von einem Berg. Von Liliane und Maurice Barrard fehlte weiterhin jede Spur, und die Hoffnung, sie noch lebend zu finden, schwand zusehends.

Als Wanda Rutkiewicz fast vier Tage nach ihrem Gipfelerfolg die Zelte des Basislagers sah und ihre polnischen Freunde sie in die Arme schlossen, war diese starke Frau am Ende ihrer Kräfte. Sie sorgte sich nun auch wegen Michel Parmentier. Und tatsächlich, der Journalist aus Paris irrte stundenlang oberhalb der Pyramide umher und konnte den Einstieg in die schwarzen Felsen nicht finden. Zum Glück erinnerte er sich an das kleine Funkgerät, das Benoît Chamoux ihm gegeben hatte. Für ein paar Minuten gelang es ihm, damit einen Funkverkehr ins Basislager herzustellen. Ohne Rauschen, ohne Funklöcher. Benoît Chamoux leitete ihn Schritt für Schritt zurück auf die Route und hin zum Einstieg in die Pyramide. So rettete auch Parmentier sein Leben. Über einen Monat später würden Bergsteiger des koreanischen Teams die Leiche von Liliane Barrard finden. Sie lag abgestürzt auf einem Schneefeld in 5.300 Meter Höhe. Maurice Barrard fand man erst 1998 auf dem Gletscher, knapp oberhalb des Basislagers. Beide wurden am Gilkey Memorial beigesetzt. Die Fundorte legen die Vermutung nahe, dass sich das Ehepaar in dem Schneesturm im Bereich der Schulter verirrt haben und dann 3.000 Meter tief abgestürzt sein musste.

Der 5. Juli war ein strahlend schöner Tag. Seit drei Tagen hatte sich das Wetter stabilisiert. Die Temperaturen im Basislager waren nun frühlingshaft warm, und die Stimmung unter den Mitgliedern der Expeditionen war gut. Einer der Bergsteiger im Lager war Renato Casarotto. Der Italiener aus Arcugnano in Venetien wühlte sich immer weiter den Südsüdwestgrat, also entlang der Magic Line, den K2 hinauf. Im Basislager versorgte ihn seine Frau Goretta und hielt regen Funkkontakt mit ihm. Am 23. Juni war der hochgewachsene Italiener, dem Reinhold Messner im Juli 1979 die für einen Achttausender notwendige Leidensfähigkeit abgesprochen hatte, bei seinem zweiten Gipfelversuch bis auf 8.200 Meter hinaufgekommen. So hoch wie niemand zuvor an diesem wundersamen Grat. Dann kam er für ein paar Tage in das Basislager zurück. Auch er sollte diesen Sommer nicht überleben.

Am 5. Juli hatten die vier Italiener Gianni Calcagno, Tullio Vidoni, Soro Dorotei und Martino Moretti und der Tscheche Josef Rakoncaj aus dem »Quota 8000«-Team den Gipfel des K2 erreicht. Es war Rakoncajs zweite Besteigung, nachdem er 1983 bei der Erstbegehung der Nordkante schon einmal am höchsten Punkt gestanden war. Bald nach den fünf gelangte Benoît Chamoux zum Gipfel. Der schmächtige Chamoux stammte aus La Roche-sur-Foron, einem kleinen Dorf in Haute-Savoie, hatte gut zwei Wochen zuvor in 16 Stunden den Broad Peak bestiegen und jetzt für den härtesten aller Achttausender nur 23 Stunden benötigt. Der italienische Expeditionsleiter Agostino Da Polenza gehörte zu Chamoux' besten Freunden, und dieser Tag war für »Quota 8000« ein gewaltiger Erfolg. Bald nach Chamoux erreichten auch die Schweizer Rolf Zemp und Beda Fuster aus dem internationalen Team von Karl Herrligkoffer den Gipfel. Acht Bergsteiger an einem Tag am höchsten Punkt des K2 – das war eine Premiere. Noch während sich die Bergsteiger auf den Weg zurück machten, schlug erneut das Wetter um.

Am 6. Juli wirbelten die wuchtigen Böen eines Sturms eine Schneefahne auf, die kilometerweit reichte. Seit fünf Tagen waren, den ständigen Schneefällen, Lawinen, Steinschlägen, eisigen Temperaturen und immer neuen Stürmen zum Trotz, die beiden Polen Tadeusz Piotrowski und Jerzy Kukuczka in der Südwand unterwegs. Es ist fast nicht zu glauben, was die beiden in dieser fast unüberschaubaren Wand leisteten. Am Abend stellten sie in 8.200 Meter Höhe unter einer mehr als 100 Meter hohen, über 30 Meter sogar lotrechten Felsstufe ihr kleines Tunnelzelt auf und überlegten am nächsten Morgen, was sie tun konnten. Ein Umgehen war nicht möglich, und zurück wollten sie auf keinen Fall. Über dem wuchtigen Riegel lagen nur noch die letzten Schneefelder direkt unter dem Gipfel. Sie waren ganz nah dran. Jerzy Kukuczka versuchte hinaufzuklettern, hatte aber mit dem schweren Rucksack keine Chance.

Die einzige Möglichkeit, dort hinaufzukommen, war, alles zurückzulassen – das Zelt, die Schlafsäcke, die Matten.

Im oberen fünften Grad, so versicherte Kukuczka später, hätten sie dort klettern müssen. Die beiden benötigten den ganzen Tag für die entscheidenden 30 Meter. Mit einem dünnen, 30 Meter langen Kletterseil und nur vier Haken. Tagelang hatte bis dahin stabiles, schönes K2-Wetter geherrscht. Nun wälzten sich schwere Wolken über den Gipfel. Begänne es zu schneien, würden Lawinen den beiden den Weg nach unten abschneiden. Es war klar, sie mussten über den Gipfel zum Abruzzengrat gelangen. Aber nicht jetzt, nicht am Ende eines solchen Tages und in der Dunkelheit. Also ließen sie ihr Seil hängen und kletterten zurück zu ihrem Biwakzelt. Die fünfte Nacht in der Südwand brach an. Jerzy Kukuczka, der gern schottischen Whisky trank, versuchte zu kochen, dabei kugelte die letzte Kartusche mit Brennstoff die Wand hinunter. Später erzählte er, sie hätten versucht, über dem kümmerlichen Stummelrest einer Kerze Schnee zu schmelzen. Sie gewannen einen halben Becher Wasser und verbrachten mit ausgedörrten Kehlen und trockenen Zungen eine weitere schlimme Nacht.

Am 8. Juli 1986 stiegen die beiden mit Hilfe von Seilklemmen über den Felsriegel wieder hinauf zu ihrem Umkehrpunkt. Bis auf die Steigeisen, die Eispickel, die Klettergurte, die dünnen Biwaksäcke, eine kleine Fotokamera und das Seil hatten sie alles zurückgelassen. Für die weiteren 60 Meter brauchten sie nochmals sechs Stunden. Endlich konnten sie den oberen Teil des K2 sehen und gelangten in die Spur, die vom Abruzzengrat und dem Flaschenhals heraufführte. Selbst im verwehten Schnee waren die Fußstapfen anderer Bergsteiger noch erkennbar. 300 Höhenmeter noch. Um 18.30 Uhr kämpfte sich Jerzy Kukuczka auf den Gipfel. Sein roter Daunenanzug war eisverkrustet, in seinem Bart hingen Eiszapfen, die Lippen waren aufgeplatzt, die Augen entzündet.

Jerzy Kukuczka rammte seinen Pickel in den Firn am Gipfel und hockte sich hin. Er hatte zwei Schals bei sich, die ihm seine Söhne mitgegeben hatten, und eine polnische Fahne. Er band alles an den Schaft des Pickels und machte ein Foto. Wenig später kam auch Tadeusz Piotrowski. Die Südwand durchstiegen und den Gipfel ohne Flaschensauerstoff erreicht – das war zweifelsfrei die bislang beachtlichste Leistung in diesem Sommer. Außerdem hatte Kukuczka seinen zwölften Achttausender geschafft und war damit Reinhold Messner bei der Jagd auf alle vierzehn Gipfel dichter auf den Fersen als alle anderen.

Es war bereits dunkel, als die beiden im Schein ihrer einzigen Stirnlampe den Abstieg begannen. Sie suchten den Weg, der zum Bottleneck, weiter auf die Schulter und schließlich zum Einstieg in den Abruzzengrat führt. Dann war es plötzlich stockdunkel, die Lampe erlosch, weil die kleine Glühbirne durchbrannte. Auf 8.300 Metern wühlten sich die beiden Polen mit den Eispickeln mühsam in eine kleine Schneehöhle. Noch ein Biwak in den löchrigen, von den Steigeisen zerfetzten Biwaksäcken. Inzwischen hatten sie seit fast 48 Stunden nichts mehr getrunken.

In der Nacht begann es zu schneien, und das änderte sich auch am 9. Juli nicht. Im dichten Nebel und im unablässigen Schneegestöber suchten die beiden verzweifelt nach dem Weg zur Schulter. Für 400 Höhenmeter brauchten sie den ganzen Tag. Als es gegen Abend kurz aufhellte, konnten sie endlich einen Blick nach unten werfen und versuchten sich den Weg einzuprägen. Vielleicht noch 100 Höhenmeter bis zur Schulter. Aber weiterzugehen hätte einen Blindflug nach unten bedeutet. Also gruben sie sich verzweifelt ein weiteres Mal in den Schnee. Als sie sich im ersten Licht des 10. Juli auf den Weg nach unten machten, lösten sie eine Lawine nach der anderen aus. Gegen Mittag sah Kukuczka unten Zelte. Die mussten den Koreanern gehören und könnten die Rettung sein. Er erinnerte sich später: »Ich wartete auf Tadeusz, und schließlich kam er zu mir. Es war etwa halb elf Uhr. Unmittelbar unter uns war ein sehr steiler Abhang. Dies war die Stelle, an der 1953 Art Gilkey gestorben war. Als ich Tadeusz nach dem Seil fragte, stellte ich fest, dass er vergessen hatte, es aus dem Biwak mitzunehmen. Ich begann den Abstieg – mit Tadeusz hinter mir. Das Eis war härter als sonst.«

Und dann passierte das Unfassbare: »Kurz nachdem ich Tadeusz gewarnt hatte, ein wenig nach links zu gehen, sah ich, wie ihm eines seiner Steigeisen abrutschte. Als er versuchte, mit dem anderen Fuß in das Eis zu stoßen, löste sich das zweite Steigeisen von seinem anderen Stiefel. Ich war direkt unter ihm. Er fiel mit voller Wucht auf mich. Ich stützte mich ab und konnte mich kaum auf den Beinen halten, aber ich war völlig unfähig, ihn aufzufangen. Er stürzte über die Kante.«

Jerzy Kukuczka brauchte fast sechs Stunden, um die 200 Höhenmeter am Abruzzengrat hinunter bis zu den Zelten der Koreaner zu gelangen. Er war mit den Kräften, den Nerven und seinem Willen am Ende. Er fand in den Zelten ein Funkgerät, das jedoch nicht funktionierte. Der Kocher hingegen sprang sofort an. Kukuczka trank und aß. Dann rollte er sich in einem der Zelte zusammen und schlief zwanzig Stunden lang. Es war bereits 16 Uhr am 11. Juli, als sich Kukuczka wieder auf den Weg machte und in 6.800 Meter Höhe die nächsten Zelte erreichte. Dort gab es ein funktionierendes Funkgerät, aus dem er endlich die vertraute Stimme von Janusz Majer, dem Leiter der polnischen

Expedition, hörte. Wegen eines Funkspruchs der Koreaner wussten alle schon, welches Drama sich am K2 abgespielt hatte.

Am 12. Juli, elf Tage nach dem Aufbruch im Basislager, kehrte Jerzy Kukuczka zurück. Später schrieb er im Magazin des *American Alpine Club:* »Vier Tage später flog ich mit dem Hubschrauber nach Skardu. Ich hatte einen letzten Blick auf den K2, aber ich empfand keine Freude darüber, dass ich seine großartige Wand bezwungen hatte, nur wir zwei, teilweise im Alpinstil und ohne zusätzlichen Sauerstoff. Zu tragisch waren meine Erlebnisse auf diesem Berg, und zu hoch war der Preis, den wir für den Sieg zahlten.«

Elf Monate nach Reinhold Messner, der am 27. Juni 1986 mit dem Lhotse seinen letzten Achttausender bestiegen hatte, erreichte auch Jerzy Kukuczka mit der Shishapangma als zweiter Mensch der Welt seinen vierzehnten Achttausender.

Sein Freund Tadeusz Piotrowski war hingegen der fünfte Tote in dieser Saison. Und acht weitere sollten folgen.

»Ich hatte einen letzten Blick auf den K2,
aber ich empfand keine Freude darüber,
dass ich seine großartige Wand bezwungen hatte.«

Hans Kammerlander

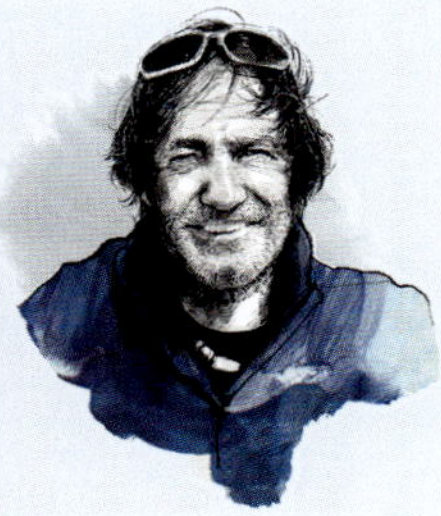

Wie das Überleben am Berg an Kleinigkeiten hängen kann

1986 – in diesem bemerkenswerten Jahr gab es viele fürchterliche, aber auch grandiose Geschichten: Die der Polen Jerzy Kukuczka und Tadeusz Piotrowski in der Südwand ist so unglaublich inhaltsreich, dass man allein über die Stärken, den Willen, die Entwicklung ihrer Route und das tragische Ende ein eigenes Buch schreiben könnte. Für mich ist diese Geschichte einzigartig und fast nicht zu toppen. Vielleicht hat sie sogar den ersten Rang unter allen Begebenheiten an den Achttausendern verdient.

Es spiegelt sich darin wider, welch außergewöhnlicher Alpinist Jerzy Kukuczka gewesen ist. Er ist an den Achttausendern einen beispielhaften Weg gegangen. Dabei beeindrucken mich nicht nur seine Schnelligkeit, sondern auch seine grandiose Fähigkeit, bergsteigerische Aufgaben zu lösen, seine unglaubliche Leidensfähigkeit und der Mut, dass er auch dort noch weitergegangen ist, wo andere längst umgekehrt wären. Das tragische Ereignis mit Piotrowskis Steigeisen beruht auf einem Fehler, den er gemacht hat. Doch unter den Umständen, in dieser Höhe, bei eisigen Temperaturen und gefrorenen Schuhen, nach diesen Nächten die Riemen der Eisen nicht ganz festzuziehen, das war leider auch menschlich.

Wenn man dieses Kapitel liest, könnte man fast glauben, es sei ein Roman. Doch das sind Tatsachen, knallharte Tatsachen. Ereignisse, die es eben nur an so einem Berg geben kann. Und das betrifft nicht nur Kukuczka und Piotrowski: Wanda Rutkiewicz habe ich in Patagonien kennengelernt. Eine unglaubliche, von ihrem unbändigen Ehrgeiz getriebene Frau. Betrachtet man die Situation mit dem Skistock über der Schwarzen Pyramide, kann ich verstehen, dass sie erleichtert über diese Hilfe war. Doch indem sie ihn mitnahm, wurde die Route für die Nachfolgenden zu einer Falle. Und von solchen Kleinigkeiten hängen Schicksale und das Überleben an so einem Berg ab.

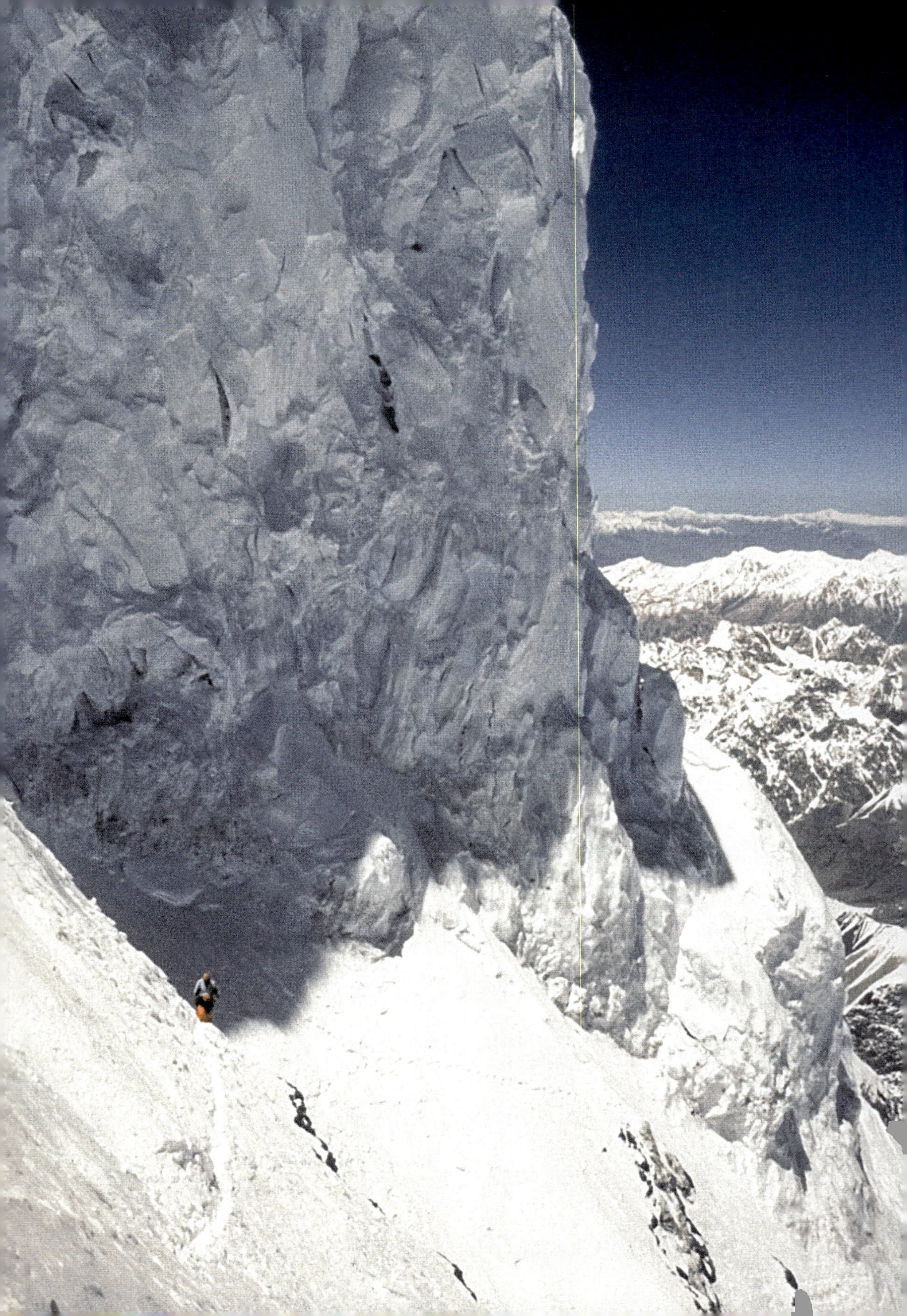

1986
Willi Bauer, Kurt Diemberger und eine Verkettung tragischer Umstände

Ausstieg aus dem **Flaschenhals**: Die dort beginnende Traverse leitet zum Gipfelaufbau.

An dem Tag, an dem der Hubschrauber Jerzy Kukuczka in der Nähe des Concordiaplatzes holte, ereignete sich erneut ein Unglück. Am 12. Juli hatte sich – mit den ersten Schönwetterboten – Renato Casarotto noch einmal über den Negrotto-Sattel und die verschneiten Hochlager am Grat entlang der Magic Line aufgemacht. Das sollte unwiderruflich sein letzter Versuch sein, diese unglaubliche Himmelsleiter zu besteigen. Casarotto erreichte bis zum 15. Juli eine Höhe von 8.300 Metern. Er stieg danach zurück bis ins Lager IV. Dort sagte er seiner Frau Goretta am Morgen des 16. Juli, dass er aufgeben werde und herunterkomme.

Als an dem Nachmittag die Sonne unterging, stand Kurt Diemberger vor seinem Zelt, schaute zum Negrotto-Sattel hinauf und glaubte einen schwarzen Punkt zu erkennen. Tatsächlich, da war etwas auf dem Gletscher mit seinen vielen Spalten und gewaltigen Séracs, das sich bewegte. Und ebenso plötzlich war der Punkt weg. Das beunruhigte Kurt Diemberger. Er ging zu dem Zelt, vor dem Goretta Casarotto saß, und bat sie, ihren Mann anzufunken. Kurz danach stöhnte Renato Casarottos Stimme aus dem Lautsprecher. Er liege tief in einer Spalte und es gehe ihm gar nicht gut. Kurt Diemberger organisierte sofort ein Rettungsteam. Im Nu hasteten die ersten Gestalten aus dem Basislager auf den De-Filippi-Gletscher. Agostino Da Polenza, der sensible Leiter der internationalen italienischen Expeditionsgruppe »Quota 8000«, schien der Stärkste von allen, die nun unterwegs zu der Unglücksstelle waren.

Knapp eine Stunde nachdem Goretta Casarotto kurz mit ihrem Mann gesprochen hatte, trafen die ersten Helfer bei der Spalte ein. Mit ein paar Eisschrauben, Karabinern und Schlingen bauten die erfahrenen Helfer einen Bergungsstand auf dem Eis. Dann ließ sich Gianni Calcagno, der kaum zwei Wochen zuvor den Gipfel erreicht hatte, in diesen schwarzen Schlund hinunter. Calcagno legte Casarotto im Schein der Stirnlampe einen Rettungssitz um, und die anderen begannen ihn nach oben zu ziehen. Casarotto verlor das Bewusstsein, und es dauerte, bis sie ihn schließlich aus der Spalte heraus und in einem warmen Schlafsack drin hatten. Renato Casarotto atmete noch.

In seinem Buch *K2 – Traum und Schicksal* schrieb Kurt Diemberger später: »Bewegungslos lag Renato auf seinem Daunenbett. Wir fürchteten das Schlimmste. Vorsichtig leuchteten wir mit einer Stirnlampe in seine Pupillen – sie verengten sich: Er lebte. Bis auf mich und Gianni stiegen nun alle ab, um weitere Hilfe zu organisieren – Julie wollte ihre englischen Landsleute alarmieren und sich um die verzweifelte Goretta kümmern. Kurze Zeit nachdem sie alle gegangen waren, leuchtete Gianni wieder in Renatos Augen. Er war tot.«

Goretta entschied ein paar Stunden später, man möge ihren Mann wieder in die Spalte hinunterlassen. Er sollte am Fuß seiner Magic Line die letzte Ruhe finden. Am Gilkey Memorial wurde für ihn eine bronzene Gedenktafel angebracht, die bis heute dort hängt.

Von da an waren nur noch die Mitglieder der polnischen Expedition am Südsüdwestgrat unterwegs. In der Nacht zum 29. Juli, also zwölf Tage nachdem ihr Landsmann Jerzy Kukuczka traumatisiert über den Abruzzengrat von seiner Südwand-Durchsteigung zurückgekehrt war, stiegen die Polen Wojciech Wróż und Przemysław Piasecki und der Tscheche Petr Božík über den Negrotto-Sattel die Magic Line hinauf bis in knapp 7.000 Meter Höhe. Tags darauf erreichten sie ihr Lager III auf einem Gratgletscher und brachten noch Fixseile bis auf etwa 7.800 Meter an. Die halfen ihnen am darauffolgenden Tag bis zu ihrem Biwakplatz in 8.000 Metern. Noch etwas mehr als 600 Höhenmeter waren es zum Gipfel. Doch die Schwierigkeiten wuchsen. Sie benötigen den gesamten 2. August für knapp 400 Höhenmeter, dann biwakierten die drei erneut. Die Nacht kostete Kraft, und eines wussten sie längst – über diesen Grat würden sie nicht wieder hinunterkommen.

An jenem 2. August waren derweil die Teilnehmer einer koreanischen Expedition und andere Bergsteiger am Abruzzengrat auf der Schulter angekommen und bezogen dort ihr Lager IV. Es herrschte immer mehr Betrieb am K2. Dies war der Anfang der Tragödie.

Einen Tag später erreichten Wojciech Wróż, Przemysław Piasecki und Petr Božík den höchsten Punkt. Es war bereits nach 18 Uhr. Sie mussten nun unbedingt hinunter. Unterwegs begegneten ihnen Koreaner. Zu dritt erreichten Jang Bong-Wan, Kim Chang-Sun und Jang Byong-Ho an diesem 3. August den Gipfel. Als Wróż, Piasecki und Božík bei der Traverse ankamen, war es fast dunkel. Und sie hatten nicht die geringste Ahnung, was sie weiter unten erwarten würde.

Nun ist es wichtig, zu wissen, dass am 28. und 29. Juli, also zu der Zeit, als Wróż, Piasecki und Božík zu ihrem Gipfelgang aufgebrochen waren, auch die österreichische Expeditionsgruppe mit ihrem Leiter

Die Nacht kostete Kraft, und eines wussten sie längst – über diesen Grat würden sie nicht wieder hinunterkommen.

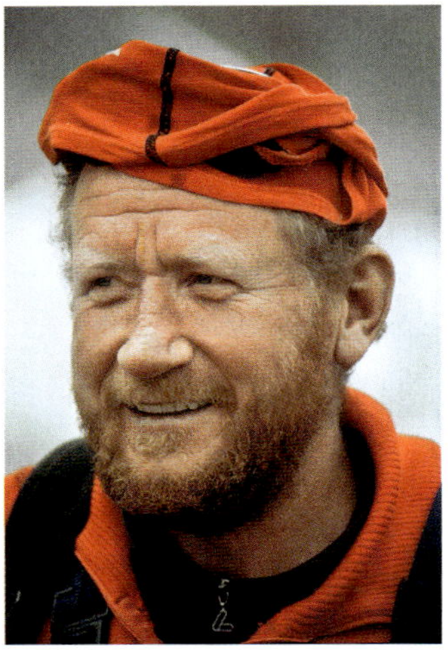

Der Überlebende: **Willi Bauer** gelangen weltweit Erstbegehungen. Auch nach der Tragödie von 1986 unternahm der Oberösterreicher wieder Expeditionen.

Alfred Imitzer und Willi Bauer, Hannes Wieser, Michael Messner, Manfred Ehrengruber, Siegfried Wasserbauer und Helmut Steinmassl in zwei Teams das Basislager verlassen hatte. Die sieben kletterten den Abruzzengrat hinauf. Auch der Österreicher Kurt Diemberger und seine britische Partnerin Julie Tullis machten sich auf den Weg Richtung Gipfel. Am Fuß des K2 hatte man kurz zuvor im Schuttkegel einer Lawine Ausrüstungsgegenstände gefunden, die eindeutig dem Lager IV der Österreicher zuzuordnen waren. Doch niemand konnte sagen, wie groß der Schaden tatsächlich sein würde, den die Schneemassen angerichtet hatten.

Ab diesem Zeitpunkt waren nun fünf verschiedene Expeditionsteams auf dem Weg zum Gipfel: die beiden Polen und der Tscheche in der Magic Line, alle anderen am Abruzzengrat, also das Team der Österreicher mit sieben Teilnehmern, Alan Rouse, der Expeditionsleiter des britischen Teams, und die Polin Dobrosława Miodowicz-Wolf. Dazu Kurt Diemberger und Julie Tullis von »Quota 8000«, ebenso wie die Koreaner mit mehreren Teilnehmern und Hochträgern.

Für den eigentlichen Gipfelversuch blieben von den Österreichern nur Alfred Imitzer, Willi Bauer und Hannes Wieser. Die anderen vier traten den Rückzug an. Es fehlte ihnen an Energie, Kraft und Willen. Und ihr Urlaub ging zu Ende. Als jedoch Imitzer, Bauer und Wieser in ihrem Lager IV ankamen, wurden die Befürchtungen wahr. Tatsächlich hatte jene Lawine dort oben eines der Zelte mit Lebensmitteln, Kochern und Ausrüstung mitgerissen. Nun gab es ein Zelt zu wenig.

Doch der Gipfel schien noch immer möglich, deshalb versuchte man zu improvisieren.

Allen Bergsteigern machte die Höhe in Kombination mit den niedrigen Temperaturen zu schaffen. Am 2. August aber kündigte sich mit dem ersten Licht des noch fahlen Morgens ein strahlend schöner Tag an, und Alfred Imitzer, Willi Bauer und Hannes Wieser begannen eine Spur über die Schulter zu legen und den Flaschenhals hinaufzuklettern.

Im tiefen Triebschnee wühlten sie sich, teilweise bis zum Bauch versunken, immer weiter hinauf. Um 16 Uhr gaben sie auf und stiegen zurück. »Diese elende Schinderei hat uns bis an den Rand unserer Kräfte gebracht«, erzählte mir Willi Bauer im Dezember 1998, gut zwölf Jahre nach der Tragödie, die sich nun anbahnte. Drei Stunden später waren die drei Österreicher wieder im Lager auf der Schulter zurück. »Uns traf fast der Schlag«, erinnert sich Willi Bauer: Dort unten herrschte Hochbetrieb.

Bis zum heutigen Tag herrscht Unklarheit, warum das so war. Darüber wurde viel gestritten, und darüber zerbrach die Freundschaft zwischen Willi Bauer und Kurt Diemberger. Eine Tatsache ist, dass durch das zerstörte Hochlager der Österreicher nun zu wenige Zelte standen. Als die Österreicher vollkommen erschöpft von ihrem Gipfelversuch herunterkamen, dachten alle anderen, die sich auf der Schulter befanden, dass Imitzer, Bauer und Wieser – nach einer Trinkpause – gleich weiter bis zum Lager III absteigen würden. Der britische Journalist Peter Gillman, der zusammen mit Julie Tullis Anfang 1986 das Buch *Clouds from Both Sides* verfasst hatte, gab in einer späteren Neuauflage einige Sätze des Koreaners Jang Bong-Wan wieder: »Nachdem es missglückt war, den Gipfel zu erreichen, fragte das österreichische Team, ob sie in unserem Zelt schlafen könnten. Wir lehnten ihr Verlangen ab, da wir selbst versuchen mussten, den Gipfel am folgenden Tag zu erreichen. Aber sie wiederholten ihr Ersuchen. Sie bettelten darum. Es gab keinen Weg des Entkommens – so schliefen zwei Mitglieder des österreichischen Teams in unserem Zelt. Es war sehr überfüllt.« Willi Bauer und Hannes Wieser hatten einen Unterschlupf gefunden, während sich die Nacht über den K2 legte.

Inzwischen war Alfred Imitzer zu Julie Tullis und Kurt Diemberger ins Zelt gekrochen. Er bekam dort Tee zu trinken, ehe er schließlich – nach Angaben von Kurt Diemberger – sagte: »Wir könnten doch hier drinnen zu dritt sitzen, über Nacht, auch wenn es eng ist.« Sowohl Diemberger als auch Tullis lehnten Imitzers Ansuchen ab. »No way«, soll Tullis gesagt haben und Diemberger: »Alfred, es geht nicht, beim besten Willen nicht. Morgen ist unser Gipfeltag. Wir können dich nicht behalten, wir müssen ausgeruht sein.«

Bei Willi Bauer hört sich das ganz anders an. In seiner Lesart hätte Diemberger den Zelteingang zugehalten. Das habe Imitzer wütend gemacht. Kurt Diemberger zitiert seine Partnerin Julie Tullis. Die soll angeboten haben, dabei zu helfen, eine Schneehöhle zu graben und Tee zu kochen. Das lehnte Imitzer ab, nahm seine Matte und den Schlafsack und ging ein Stück hinunter zum Zelt von Alan Rouse und Dobrosława Miodowicz-Wolf. Die versuchten etwas zu schlafen, bevor auch sie am folgenden Tag zum Gipfel wollten. Da half auch der lautstarke Protest von Rouse' britischer Landsfrau Julie Tullis nichts, Imitzer solle die beiden in Ruhe lassen. Kurt Diemberger schrieb später in einer Beurteilung des großen Ganzen: »Die Diskussionen auf der Schulter waren das Zünglein an der Waage – später sprachen nur mehr die unbeeinflussbaren Naturgewalten; der 3. August war der letzte Tag, an dem sie noch keine Macht über uns hatten, der letzte Tag, an dem man den Gipfel des K2 erreichen und noch gut hinunterkommen konnte.«

Es war ebenfalls jener 3. August, an dem Wojciech Wróż, Przemysław Piasecki und Petr Božík, die beiden Polen und der Tscheche, unter allergrößten Mühen den finalen Grat der Magic Line erkletterten und kurz nach 18 Uhr den Gipfel erreicht hatten. Noch bevor sich neuerlich die Nacht über den Berg legte, stiegen die drei – so schnell sie noch konnten – die Schneehänge des Aufbaus hinunter und dann in die Traverse oberhalb des Bottlenecks. Dort kamen ihnen die Koreaner Jang Bong-Wan, Kim Chang-Sun und Jang Byong-Ho entgegen, extrem langsam, trotz des Flaschensauerstoffs, und gezeichnet von der Nacht in der Enge des Zeltes. Für Wróż, Piasecki und Božík galt: hinunter, trinken, endlich ausruhen. Sie waren sich sicher, dass da unten Zelte wären.

Die sechs Bergsteiger – drei im Abstieg, drei im Aufstieg – konnte man von der Schulter aus im Gipfelbereich sehen. Zunächst verstand niemand diese wundersame Vermehrung. Dann wurde allen klar, das konnten nur die beiden Polen und der Tscheche aus der Magic Line sein. Schon diesen ersten Momenten der Überraschung und der Freude wohnte die bange Gewissheit inne: noch mehr Bergsteiger unter diesen ohnehin schon schrecklichen Gegebenheiten.

Als die Koreaner in der Dunkelheit den Gipfel erreichten, stiegen Przemysław Piasecki, Petr Božík und Wojciech Božík gerade in das Couloir ein und ließen sich mittels einer Karabinersicherung an den Fixseilen fast lautlos in die Tiefe gleiten. Auf der Schulter konnten die drei nun bereits von oben aus deutlich ein Licht erkennen. Es war die Stirnlampe von Willi Bauer, die in ein Zelt hineinleuchtete. So wollte Bauer verhindern, dass womöglich jemand am Lager vorbeiirrte. Piasecki erreichte als Erster die Stelle, unter der das letzte Stück Fixseil begann. Dort fehlte ein guter Meter. Er musste da ungesichert hinunterklettern, bevor er den Karabiner neu einhängen konnte. Božík folgte ihm. Als die beiden am Ende dieses letzten Seilabschnitts angekommen waren, hörten sie ein Geräusch – wie ein Gleiten, ein raues Rutschen. Sie warteten auf Wróż. Doch der kam nicht. Sie riefen, aber niemand antwortete. Eineinhalb Stunden saßen Božík und Piasecki am Fuß des Bottlenecks. Dann bewegte sich endlich jemand in der Dunkelheit. Es war einer der Koreaner, aber auch er hatte Wojciech Wróż nicht gesehen. Nun bestand kein Zweifel mehr, der Pole musste in der Dunkelheit abgestürzt sein. Dort oben, bei der Unterbrechungsstelle, hing ein zweites Stück Seil herunter, es baumelte frei. Als Kurt Diemberger am nächsten Vormittag diese Stelle passierte, fiel ihm auf, dass am Ende dieses Seiles der Knoten fehlte, der beim Abseilen das Durchrutschen verhindert. Dieses blauweiße Seil, so vermerkte der Österreicher später, habe die Wirkung einer »Falle« gehabt. Wróż hatte offenbar das falsche Seil genommen.

Es war schon nach zwei Uhr in der Früh am 4. August, als die schockierten Petr Božík und Przemysław Piasecki die Zelte erreichten, wo es für sie überhaupt keinen Platz gab. Noch später kamen die Koreaner an, ebenfalls am Ende ihrer Kräfte. Zwölf Bergsteiger mussten dort oben nun einen Platz zum Übernachten finden. Nein, nur elf. Denn einer der Koreaner hatte sich mit einer Schlinge an einen Haken gebunden und biwakierte schutzlos mitten im Flaschenhals. »Das ermöglichte es Alfred Imitzer, sich in dieser Nacht zu den Koreanern ins Zelt zu zwängen«, schrieb Kurt Diemberger später. Richtig ungemütlich war diese Nacht unterdessen für den gutmütigen Briten Alan Rouse. Als er die beiden Polen sah, grub er sich ein Schneeloch und verbrachte dort eine fürchterliche Nacht. In seinem Zelt lagen Przemysław Piasecki, Petr Božík und deren Landsfrau Dobrosława Miodowicz-Wolf.

In dieser Nacht biwakierten auf dem Grat der Magic Linie auch Janusz Majer, Anna Czerwińska und Krystyna Palmowska von der polnischen Expedition in 8.200 Meter Höhe. Sie waren als nächstes Team dort hinaufgestiegen. Als sie über Funk davon erfuhren, was im Bottleneck mit ihrem Freund Wojciech Wróż geschehen war, begannen sie am Morgen des 4. August sofort den Abstieg zum Basislager. Das war die beste Entscheidung, die die drei hatten treffen können. Denn am Abend des

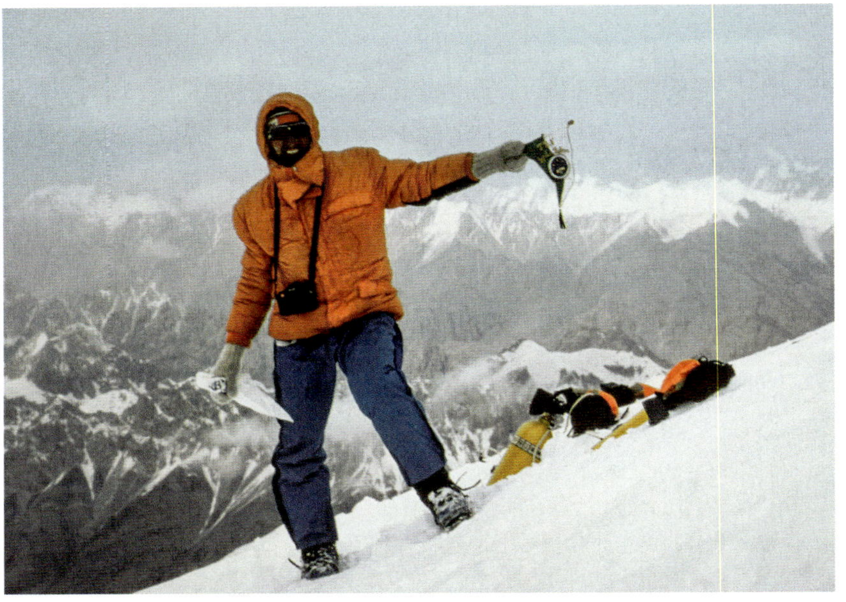

Endlich oben: Der österreichische Bergführer **Alfred Imitzer** (Bild) erreichte mit **Willi Bauer** am 4. August 1986 kurz nach 15 Uhr den Gipfel des K2. Der Berg sollte allerdings zu einer Falle für die Alpinisten werden.

4. August sollte am K2 ein unglaublicher Höhensturm aufkommen, der bis zum 10. August sechs weitere Todesopfer fordern würde.

Am frühen Morgen dieses 4. August waren auf der Schulter noch sieben Bergsteiger: Alfred Imitzer, Willi Bauer und Hannes Wieser, Alan Rouse und Dobrosława Miodowicz-Wolf sowie Julie Tullis und Kurt Diemberger. Die Koreaner, der Pole Piasecki und der Tscheche Božík befanden sich da bereits im Abstieg. Als sich die Bergsteiger für den Gipfel fertig gemacht hatten, gab es viel weiter unten am Abruzzengrat, noch unter dem Lager I, ein weiteres Todesopfer. Den pakistanischen Hochträger Mohammad Ali hatte ein Stein erschlagen. Er war der achte Tote des Sommers 1986.

Nasse Handschuhe, die schlimme Nacht und schwere Beine ließen den Österreicher Hannes Wieser seinen Gipfelversuch rasch abbrechen. Bereits gegen Mittag erreichte derweil ein Teil der anderen Bergsteiger das Ende der Traverse oberhalb des Flaschenhalses. Nun folgte der lange Bereich des Gipfelaufbaus. Während am Broad Peak und den Gasherbrum-Gipfeln bereits die Vorboten eines Wetterumschwunges aufzogen, spurte Alan Rouse unverdrossen weiter im tiefen Schnee. Imitzer und Bauer schlossen langsam zu ihm auf. Diemberger und Tullis stießen unterwegs auf die »Mrówka« – sie stand, mit dem Kopf an einen Felsen gelehnt, und schlief. Als die Polin aufwachte, setzte sie augenblicklich ihren Aufstieg verbissen fort. Kurz nach 15 Uhr erreichten die Österreicher Willi Bauer und Alfred Imitzer den Gipfel und stiegen bald darauf wieder ab. Da hatte der Himmel schon eine milchige Wolkenschicht.

Der Nächste am Gipfel war der Brite Alan Rouse. Am Weg hinauf kamen Kurt Diemberger und Julie Tullis bereits die absteigenden Bauer und Imitzer entgegen, und kurz darauf trafen sie auch auf Alan Rouse. Julie Tullis machten Rouse darauf aufmerksam, dass seine polnische Partnerin in keinem guten Zustand sei. Besorgt stieg Rouse zu der Stelle ab, an der die »Mrówka« wieder eingeschlafen war, und nahm sie mit hinunter. Es war bereits kurz nach 17.30 Uhr an diesem 4. August, als auch Julie Tullis und Kurt Diemberger den Gipfel erreichten. Die letzten dieser Fünfergruppe. Nach drei Anläufen hatten die beiden den Gipfel ihrer Sehnsüchte geschafft.

Auf dem Weg hinunter zu den Zelten wurde es bald dunkel. Beim Versuch, die Stirnlampe aus ihrer Jackentasche zu nehmen, verlor Julie Tullis auf den verschneiten und vereisten Platten das Gleichgewicht und stürzte an Kurt Diemberger vorbei. Dessen Versuch, die Partnerin mittels Pickelsicherung am Seil zu bremsen, misslang. Auch Diemberger wurde im hohen Bogen in die Dunkelheit hinauskatapultiert. Nun stürzten beide und überschlugen sich mehrmals. Wie tief, das wussten sie später nicht zu sagen. Als Diembergers Sturz endete, steckte er bis zu den Oberschenkeln im weichen Schnee. Julie Tullis lag oberhalb von ihm. Als die beiden sich aufrappelten, mussten sie feststellen, dass sie sich fernab der Route befanden, ohne jeden Orientierungspunkt und ohne funktionierende Lampe. In einer Höhe von fast 8.400 Metern wurden sie zu einem Biwak gezwungen. In einer kleinen Eisnische unter einem Hängegletscher verbrachten die beiden, einzig mit der Ausrüstung, die sie am Leib trugen, eine eiskalte Nacht. Alan Rouse, Dobrosława Miodowicz-Wolf, Willi Bauer und Alfred Imitzer waren zu diesem Zeitpunkt bereits zurück im Lager IV, wo auch Hannes Wieser gewartet hatte.

In dieser Nacht zog die Wolkendecke einen grauen, undurchsichtigen Kranz um den K2. Als Kurt Diemberger und Julie Tullis am nächsten Tag weiter abstiegen, gerieten sie im oberen Teil der Schulter immer weiter von der Route ab. Nach vielen Stunden des Umherirrens begann Diemberger in den Nebel hineinzuschreien. Plötzlich, schon fast nicht

Die vier hatten fast den unteren Teil am Ende der Schulter erreicht, als zuerst Hannes Wieser und dann Alfred Imitzer an Erschöpfung starben.

mehr erwartet, kam eine Antwort. Im nächsten Moment riss die wabernde Wolkendecke für Sekunden auf, und Diemberger sah nicht weit entfernt die drei kleinen Zelte. Julie Tullis schien hingegen schneeblind und vollkommen erschöpft. Sie war auf den letzten Metern nicht mehr auf die Beine zu bringen. Also packte sie Diemberger an den Armen und zog sie wie ein Bündel durch den Schnee, bis fast zu den Zelten. Dann erst konnte er sie wieder aufrichten, und gemeinsam gingen sie zu Willi Bauer. Sie brachten die Britin in das Zelt, das die Österreicher von den Koreanern übernommen hatten, und gaben ihr zu trinken. Diemberger verkroch sich in sein kleines Tunnelzelt. Julie Tullis hatte zwar Sehstörungen und Erfrierungen an den Händen und im Gesicht, doch sie schien die Strapazen einigermaßen überstanden zu haben.

In der Nacht zum 6. August zeigte der Sturm seine volle Härte, und am Morgen war die Sicht gleich null. Sieben Menschen saßen dort oben fest. An einen verantwortbaren Abstieg über den Abruzzengrat mit seinen vielen Kletterstellen und steilen Firnfeldern, den Eisplatten und Spalten war nicht zu denken. An diesem Tag kamen Przemysław Piasecki und Petr Božík zurück ins Basislager. Janusz Majer, Anna Czerwińska und Krystyna Palmowska, die am 5. August auf der Magic Line kehrtgemacht hatten, brauchten hingegen bis zum 8. August, ehe sie das Basislager erreichten.

Der Sturm legte in der Nacht zu. Orkanartige Böen wehten die Zelte zu. Willi Bauer und Alan Rouse gruben die Behausung von Kurt Diemberger und Julie Tullis, die nun zusammen im Zelt waren, von außen frei. Dabei wurde die Hülle beschädigt, und angesichts der Schneemassen wurde bald klar, dass das Zelt nicht mehr zu retten war. Julie Tullis übersiedelte in das Zelt der Österreicher, Kurt Diemberger fand Unterschlupf bei Alan Rouse und der »Mrówka«. In dieser Neubesetzung verging der 6. August. Die Enge für sieben Menschen in den beiden kleinen Zelten war qualvoll. Draußen tobte der Sturm und trieb den Schnee in jede Mulde, jede Ecke, jede Ritze, derweil die Lawinengefahr weiter anstieg.

Am Morgen des 7. August raffte sich Julie Tullis im Zelt der Österreicher plötzlich auf und kroch hinüber zu Kurt Diemberger, sprach durch die Zeltwand kurz mit ihm und kroch wieder zurück. Der Sturm schien an diesem Tag zwar nachzulassen, die Sicht war aber immer noch zu schlecht für einen Abstieg. Die Lage der sieben Menschen wurde immer auswegloser, immer dramatischer und verzweifelter. Auch Alan Rouse ging es zunehmend schlechter, und Dobrosława Miodowicz-Wolf war kaum noch präsent. Die Stunden dehnten sich endlos.

Am Morgen des 8. August rief Willi Bauer vom anderen Zelt herüber: »Kurt, heute Nacht ist uns die Julie g'storben.« Offenbar an Erschöpfung. Die Britin war das neunte Opfer in diesem Sommer am K2. Der 9. August war der zwölfte Tag seit dem Aufbruch im Basislager und der fünfte seit der Rückkehr vom Gipfel. Fünf Tage in der Todeszone. Fünf Tage oberhalb von 8.000 Meter Höhe. Auch dieser Tag verging in Lethargie, Trauer und Verzweiflung.

Am nächsten Morgen war der Himmel blau. Das Wetter war an diesem 10. August besser, der Zustand der Bergsteiger hingegen schlechter. Unter unglaublichen Anstrengungen kamen die Bergsteiger aus den Zelten. Außer Alan Rouse. Der fragte ständig nach Wasser. Doch Wasser gab es schon lange nicht mehr. Alle tranken nur noch den Schneematsch vom Zeltboden. Alan Rouse, der hilfsbereite und unermüdliche Brite, dürfte noch an diesem Tag einsam in dem Zelt auf der Schulter des K2 gestorben sein. Er wurde als zehnter Toter der Saison registriert.

Es dauerte Stunden, bis Kurt Diemberger, Willi Bauer, Alfred Imitzer, Hannes Wieser und Dobrosława »Mrówka« Miodowicz-Wolf sich für eine Flucht nach unten fertig gemacht hatten. Willi Bauer war zweifellos der Stärkste an diesem Tag, alle anderen hart an der Grenze, dem Tod bereits näher als dem Leben. Willi Bauer stieg ein Stück über die Schulter hinunter, um den Einstieg zum Grat zu finden. Als er merkte, dass ihm niemand folgte, ging er wieder zurück und schrie die anderen so lange an, bis sie auf den Beinen waren. An der Luft und in der Sonne erholte sich die »Mrówka« einigermaßen. Sie half dabei, Imitzer und Wieser aufzurichten, die jedoch schon nach wenigen Schritten wieder zusammenbrachen. Die vier hatten fast den unteren Teil am Ende der Schulter erreicht, als unmittelbar hintereinander zuerst Hannes Wieser und dann Alfred Imitzer an Erschöpfung starben. Die beiden waren das elfte und das zwölfte Opfer des Sommers am K2.

Nach über fünf Stunden erreichten die drei verbliebenen Bergsteiger das Lager III. Doch es war vollkommen zerstört. Ein paar Kekse fanden sich noch im Schnee. Kurt Diemberger nahm einen Fäustling der

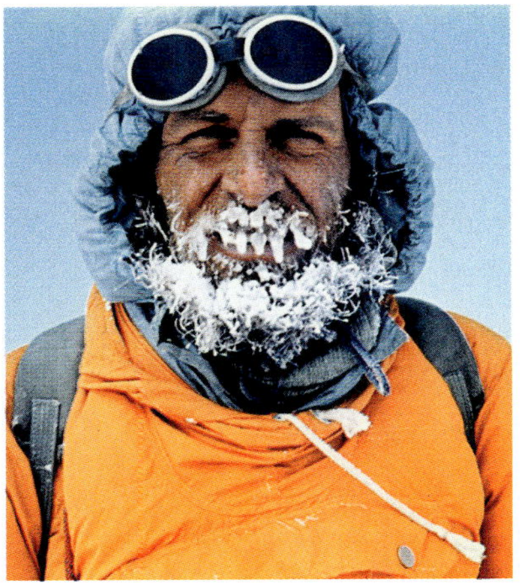

Himalaja-Legende: Der Kärntner **Kurt Diemberger** ist der einzige lebende Mensch, der zwei Achttausender (Broad Peak und Dhaulagiri) erstbestiegen hat.

Koreaner mit. Den zweiten ließ er liegen und vertraute auf seinen bereits nassen ledernen Fingerhandschuh. Das war zwar besser für das Handling der Abseilgeräte, sollte ihm jedoch schwere Erfrierungen einbringen und ihm alle Finger seiner rechten Hand kosten.

Unter dem Lager III gab es eine haushohe Sérac-Mauer aus blankem Eis. Dort führte ein Fixseil zum Lager II hinunter. Willi Bauer verschwand als Erster in der Tiefe. Er wollte bei den Zelten Tee kochen. Denn um zu überleben, mussten sie endlich trinken. Die geschwächte »Mrówka« brauchte nun für alles immer länger. Während Kurt Diemberger oben wartete, seilte sich die Polin ab. Als auch der Österreicher nach geraumer am Fuß des Séracs ankam, war von Dobrosława Miodowicz-Wolf nichts mehr zu sehen. Er traf sie erst viel später bei einer schwarzen plattigen Wand. Wieder ein Abseiler. Weil alles so lange dauerte, überholte Diemberger nun die Polin. Als er unten weiter über den Schnee abstieg, konnte er die »Mrówka« oben sehen, wie sie sich abseilte. Alles schien in Ordnung. Als Diemberger gegen 22 Uhr das Zelt von Lager II in 6.700 Metern erreichte, gab es endlich genug Flüssiges, aber von der Polin kein Lebenszeichen. Die beiden Österreicher hofften, die zähe Polin habe sich mit ihrem Schlafsack in ein Biwak gewühlt. Doch Dobrosława Miodowicz-Wolf sollte nicht mehr auftauchen, und erst ein Jahr später wurde sie in den Fixseilen jener schwarzen Wand hängend gefunden. Sie war das dreizehnte und letzte Opfer dieses schwarzen Sommers am K2.

Bauer und Diemberger warteten bis zum Mittag des 11. August, ob die Polin vielleicht doch noch auftauchte. Dann stiegen sie weiter ab. Die beiden erreichten den House-Kamin, Bauer eilte gleich weiter hinunter. Er hatte Diemberger in der Nacht zuvor erzählt, was Julie Tullis zuletzt gesagt hatte, bevor sie starb: »Bringt den Kurt gut hinunter.« Dieser eine Satz ging Kurt Diemberger unaufhörlich durch den Kopf, während auch er mit seinen schweren Erfrierungen an Händen und Füßen mühsam weiter abstieg. Kurz vor Mitternacht des 11. August erreichte er das vorgeschobene Basislager. Dort warteten einige der Polen. Die hatten gehört, wie Diemberger im Abstieg immer und immer wieder die Pickel und die Steigeisen in das Eis gerammt hatte. Teilweise trugen sie ihn, teilweise ging er selbständig das letzte Stück der Strecke – so gelangte Diemberger zwei Wochen nach dem Aufbruch dorthin zurück, wo dieses schreckliche Abenteuer begonnen hatte. Er und Willi Bauer lebten. Dann kehrten sie heim und mussten dort viel erklären – vor allem Willi Bauer den Familien seiner Teamkollegen. Nach der Expedition entbrannte zwischen Diemberger und Bauer ein erbitterter Streit. Diemberger warf man vor, er habe Dobrosława Miodowicz-Wolf im Stich gelassen. Das bestritt er stets. Und Bauer überwand das Trauma um seine toten Kollegen erst, als auch er wieder zu Expeditionen unterwegs war.

Willi Bauer lebt 2024, zur Drucklegung dieses Buchs, bald 82-jährig in Kraims bei Seewalchen am österreichischen Attersee, Kurt Diemberger 92-jährig im italienischen Bologna.

Dann kehrten sie heim und mussten viel erklären – vor allem Willi Bauer den Familien seiner Teamkollegen. Nach der Expedition entbrannte zwischen Diemberger und Bauer ein erbitterter Streit.

Hans Kammerlander

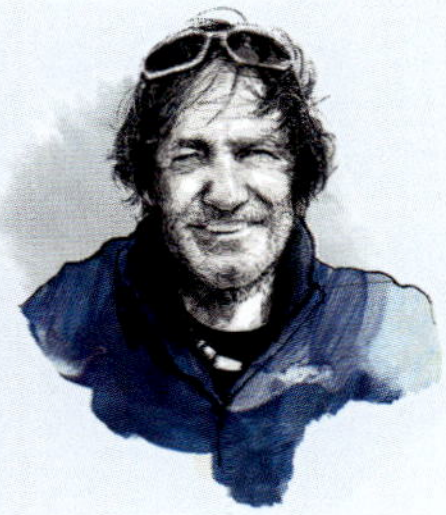

Wenn zu viele Menschen am K2 sind

Das Jahr 1986 am K2 hat gezeigt, wie schnell sich eine fürchterliche Entwicklung anbahnt, wenn dort zu viele Menschen zur selben Zeit unterwegs sind. Das Chaos ist entstanden, weil da oben nur noch eines zählte, nämlich der Gipfel. Die Österreicher hatten an dem ersten Tag die Seile im Flaschenhals verlegt, kamen aber nicht auf den Gipfel, weil sie zu erschöpft waren. Sie hätten über die Schulter hinaus weiter nach unten absteigen müssen. Dann wäre oben für alle anderen genug Platz gewesen. Ich kann verstehen, dass die drei eine zweite Chance witterten und geblieben sind. Aber sie hätten loslassen müssen nach dem missglückten Gipfelversuch.

Nichts, was da oben geschah, wurde von jemandem bewusst herbeigeführt, doch es passierte. Und die Entwicklung dieser Tragödie wird anhand der Aneinanderreihung von Fehlern offensichtlich. Das erkennt man schon an der Langsamkeit des Gipfelganges am zweiten Tag. Dann fehlte die innere Stärke zum Umdrehen. Als das Wetter umschlug, hätte ich alles versucht, von dort oben abzuhauen, nur ja nicht auszuharren in der Hoffnung auf eine Veränderung. Das funktioniert nicht, weil jeder Bergsteiger in diesen Höhen mit jeder Stunde immer weiter abbaut. Der Mensch denkt oberhalb von 8.000 Metern nicht mehr klar. Wenn er dann auch noch stark geschwächt ist, trifft er fast zwangsläufig falsche Entscheidungen. Und die enden oft tödlich.

Diese hochkomplexe Situation ist im Nachhinein nur schwer zu analysieren. Sämtliche Entscheidungen jedes Einzelnen sind in der jeweiligen Situation die vermeintlich richtigen gewesen. Dass sich die Überlebenden nach ihrer Rückkehr die Schuld zuweisen wollten, ist schon allein ein Beleg dafür, dass tatsächlich Fehler gemacht wurden. Doch in so einem Moment muss sich niemand zum Richter aufspielen. Eines jedoch bleibt ein Faktum – zu viele Menschen am K2 provozieren Tragödien. Man sagt ja, einen Fehler zu machen sei menschlich, denselben Fehler ein zweites Mal zu machen sei Dummheit. Wir werden später noch sehen, dass aus den Ereignissen von 1986 nichts gelernt wurde.

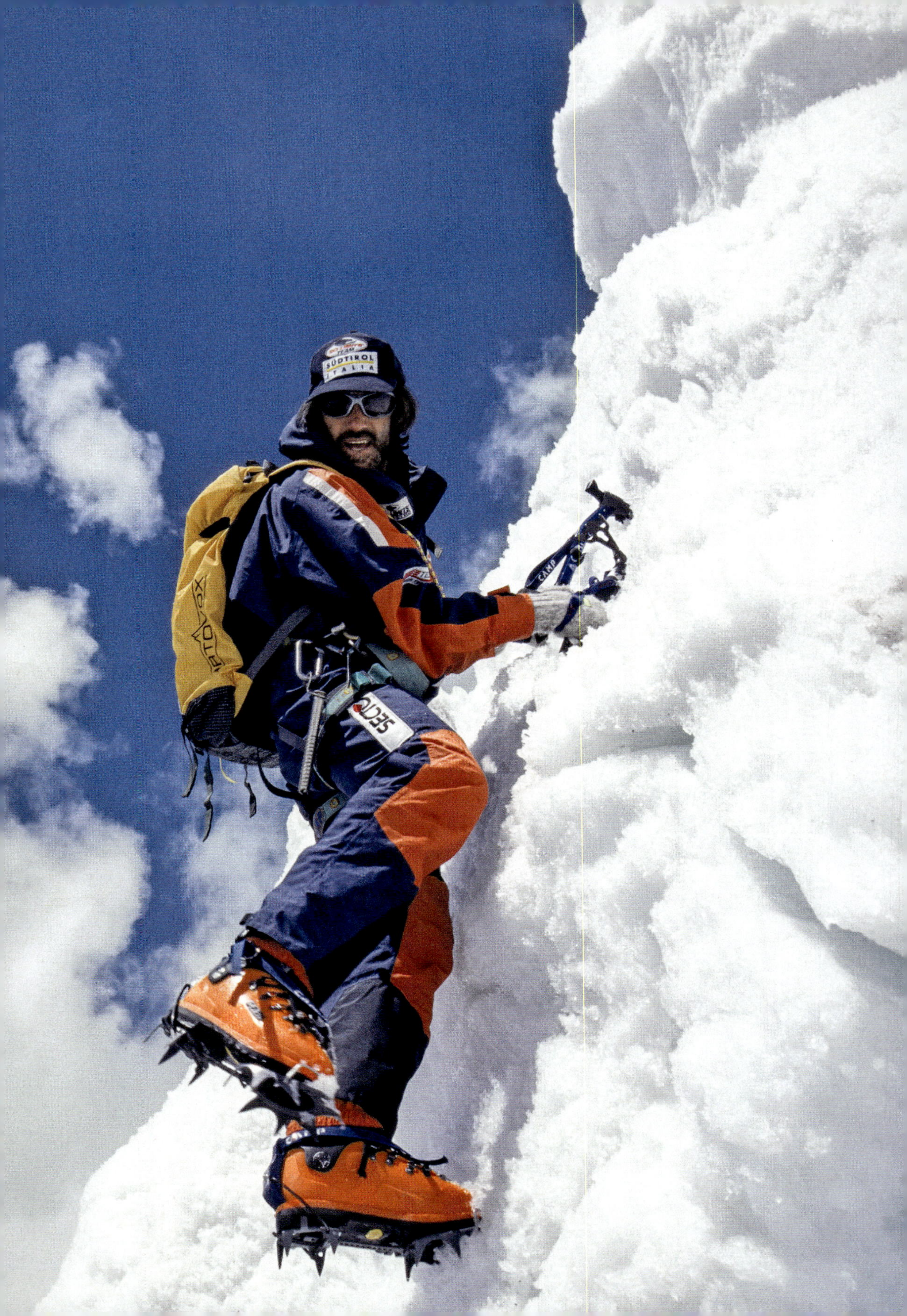
SÜDTIROL
ITALIA

2001

Hans Kammerlander und sein langes Ringen mit dem K2

Steiles Eis: **Hans Kammerlander** bei einem Akklimatisierungsaufstieg am Fuß des K2, nicht weit vom Basislager entfernt.

Am 20. Juli 2001, als es gerade hell geworden war, saß ein 36 Jahre alter französischer Extrembergsteiger auf einem flachen, dunklen Stein und starrte über die Südwand des K2 zur markanten Schulter hinauf. Keine drei Meter von ihm entfernt stand ein Südtiroler und nicht minder extremer Bergsteiger, damals 44 Jahre alt. Er schüttelte ebenso ungläubig den Kopf. Jean-Christophe Lafaille und Hans Kammerlander waren bei ihrem Versuch, den zweithöchsten Berg der Welt zu besteigen, von ihrem Basislager auf dem Godwin-Austen-Gletscher kaum drei Minuten weit gekommen, als es geschah.

»Ich habe an den hohen Bergen viele Lawinen erlebt, am Nanga Parbat, am Makalu, am Kangchendzönga waren sie sicher am schlimmsten, aber so ein Monsterding hatte ich bis dahin noch nie gesehen. Vor allem war ich davor noch nie so nah dran«, erinnert sich Hans Kammerlander. Ganz offensichtlich musste oberhalb des Flaschenhalses, in über 8.000 Meter Höhe, ein riesiger Sérac herausgebrochen sein. Der stürzte nun 3.000 Meter tief hinunter bis auf den Godwin-Austen-Gletscher. Schließlich schlug die Lawine mit lautem Getöse am Fuß des K2, nicht weit weg vom Basislager, auf. Tonnen von Schnee zerbarsten dort zu einer riesigen weißen Wolke. Kammerlander und Lafaille versuchten nicht einmal zu flüchten. Niemand kann schneller rennen als eine Lawine, erst recht nicht, wenn sie derart wuchtig dahergeschossen kommt. Die Druckwelle hob sie fast von den Beinen. Dann kam der Staub und legte den Godwin-Austen-Gletscher mitsamt dem Basislager unter eine weiße Decke.

Eigentlich beginnt diese Geschichte sieben Jahre zuvor. Im Sommer 1994 stand Hans Kammerlander auf dem Gipfel des Broad Peak und schaute sehnsüchtig hinüber zum gerade mal 9,2 Kilometer Luftlinie entfernten K2. Er hatte ein Permit für den Broad Peak bekommen. Doch die ebenfalls ausgestellte Genehmigung für den K2 hatten ihm die pakistanischen Behörden wieder entzogen. Das zweite Permit war auf eine international besetzte Gruppe an Bergsteigern unter der Leitung von Ralf Dujmovits ausgestellt. Aber die Behörde wollte, dass Kammerlander ein eigenes Permit für den K2 erwirbt. Der Hintergrund: Für Pakistan, ebenso wie für Nepal, sind die Permits wichtige Einnahmequellen. »Es wäre mir finanziell nicht möglich gewesen, für eine eigene K2-Genehmigung 80.000 Dollar zu zahlen«, erklärt Hans Kammerlander.

So stand er im Sommer 1994 auf dem Broad Peak und schaute wehmütig zum K2 hinüber. Er stieg vom Gipfel ab, schnallte in 7.000 Meter Höhe die Ski an und fuhr missmutig ins Broad-Peak-Basislager hinunter.

Das liegt nur eine gute Stunde vom Fuß des K2 entfernt. Die ursprüngliche Idee, den zwölfthöchsten Achttausender als Akklimatisierungsberg für den zweithöchsten zu nehmen, war – sprichwörtlich – naheliegend gewesen. Doch daraus wurde nichts. Zwei Jahre später fuhr Hans Kammerlander mit Ski vom Gipfel des Mount Everest über die Nordflanke bis in das vorgeschobene Basislager hinunter. Das Foto, auf dem er am höchsten Punkt der Erde steht, die Skispitzen über dem gähnenden Abgrund, ging um die ganze Welt und machte den Südtiroler zu einer Berühmtheit. Der K2 hat ihn trotzdem nicht losgelassen.

Seit den 1980er-Jahren hatte sich an den höchsten Bergen der Welt vieles verändert. Einige der Achttausender wie den Cho Oyu, den Manaslu, den Mount Everest oder auch den Broad Peak konnte man bei kommerziellen Anbietern aus dem Katalog heraus buchen. Reichlich Fixseile, Unmengen an Flaschensauerstoff, eine getretene Spur, dazu die Unterstützung von nepalischen Sherpa und den Bergführern der Agenturen ebneten diesen Touristen plötzlich den Weg auf den Gipfel. Sechsstellige Beträge wurden auf diesem Jahrmarkt der Eitelkeiten für die Abenteuer des modernen Tourismus gezahlt. Fast 500 Besteigungen des Everest an nur einem einzigen Tag und unterwegs ein stundenlanger Stau an den Engstellen – so sah es inzwischen an den einst so einsamen Bergen aus. »Ein Wahnsinn, das ist das Ende des Bergsteigens«, stöhnten Kletterer wie Reinhold Messner und Hans Kammerlander. »Das ist die Zukunft, und es werden noch viel mehr Interessenten zu den hohen Bergen kommen«, ließ der österreichische Anbieter Lukas Furtenbach wissen. Doch noch immer gab es auch die andere, die abenteuerliche Seite der Achttausender, und der K2 erschloss sich dem Massentourismus erst einmal nicht so leicht wie der Mount Everest.

Nach der K2-Tragödie von 1986 mit dreizehn Toten blieb der Gipfel für zwei Jahre gänzlich unberührt, obwohl sich sowohl 1987 als auch 1988 jeweils fünf Expeditionsgruppen an unterschiedlichen Routen abmühten. Erst 1990 gelangten wieder sechs Bergsteiger auf den Gipfel, diesmal über die Nordwand – zwei Japaner, zwei US-Amerikaner und

Im Sommer 1994 stand Hans Kammerlander auf dem Gipfel des Broad Peak und schaute sehnsüchtig hinüber zum K2.

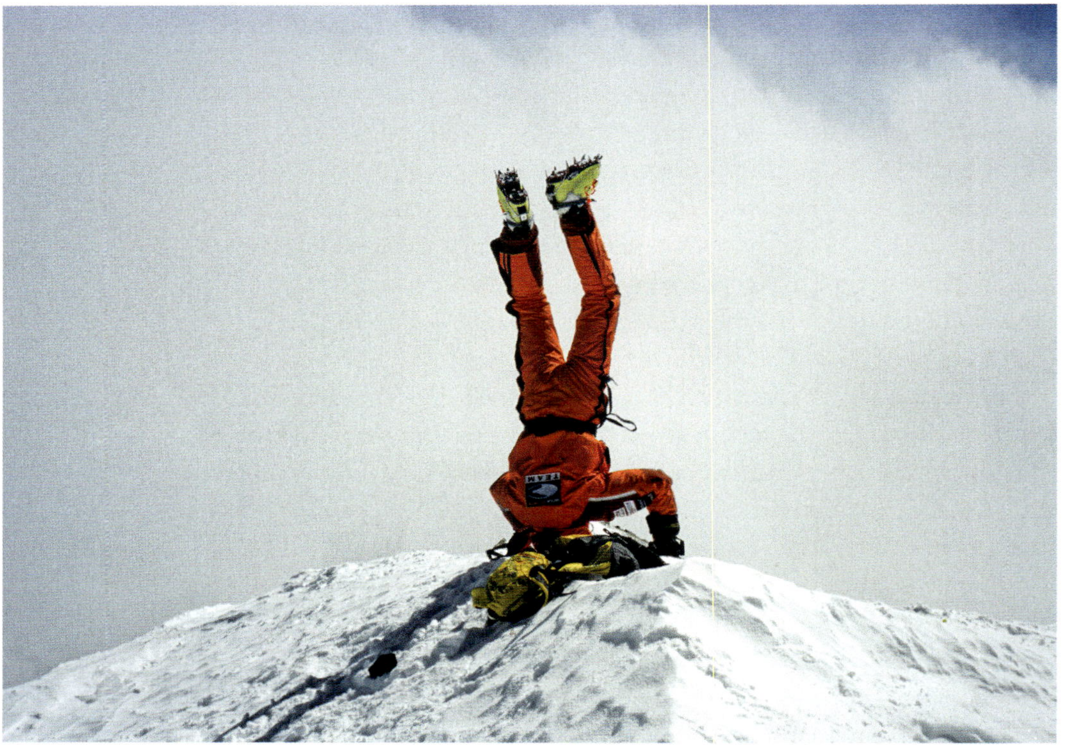

Wenn die Welt kopfsteht: Die Besteigung des 8.586 Meter hohen Himalaja-Riesen Kangchendzönga feierte **Hans Kammerlander** 1998 gleich am Gipfel.

zwei Australier. Ein Jahr später, Mitte August 1991, befand sich abends eine Trekkinggruppe in der Nähe des Concordiaplatzes auf dem Weg zu ihren Zelten. Ganz deutlich sahen sie am Gipfel des K2 kurz aufflackernde Lichter. Es waren die Blitzlichter der beiden französischen Bergsteiger Christophe Profit und Pierre Béghin, die sich am höchsten Punkt gegenseitig fotografierten. Hinter den beiden lag eine unglaubliche Expedition mit insgesamt 45 Tagen in der Nordwand. Sie waren vom Savoia-Gletscher zum Westnordwestgrat hinaufgestiegen. Von dort durch die Nordwestflanke und schließlich über den Nordnordwestgrat zum Nordgrat. Sie verbanden die Routen der polnisch-mexikanischen Expedition mit der Tour der Japaner von 1982 und umrundeten den Berg beinahe. Für die letzten 500 Höhenmeter benötigten sie über zwölf Stunden. Bis heute zählt dieser Aufstieg zu den bemerkenswertesten Leistungen in der K2-Historie.

Ein Jahr später, 1992, erreichte die Französin Chantal Mauduit als erste Frau den Gipfel im Alleingang, während 1993 fünf Menschen am Berg starben. 1994 stieg der Spanier Juanito Oiarzabal mit vier Landsleuten erstmals über die Česen-Route, links des Abruzzengrats, bis zum Gipfel des K2. Steiler und direkter, mit weniger Steinschlag und auch schneller geht es da für technisch starke Kletterer bis auf die Schulter. 1994 war auch das Jahr, in dem bereits zwölf Gruppen den Berg vom Norden und Süden her belagerten und immer mehr Menschen zum Abruzzengrat drängten. Selbst Tragödien wie die von 1995, als am 13. August ein Höhensturm gleich sechs Bergsteiger vom Abruzzengrat gefegt hatte, bremsten den Ansturm nicht. Ein Jahr später, 1996, dem Jahr der Everest-Katastrophe von Rob Hall und Scott Fischer und der Skiabfahrt von Hans Kammerlander, standen 29 Bergsteiger am Gipfel des K2, so viele wie nie zuvor an einem einzigen Tag. Der Boom hatte auch den zweithöchsten Achttausender erreicht.

Hans Kammerlander hatte für 1998 einen kühnen Plan: Mit gleich drei Permits in der Tasche wollte er zunächst auf den Kangchendzönga steigen, den ganz im Osten Nepals an der Grenze zum indischen Bundesstaat Sikkim gelegenen dritthöchsten Achttausender. Danach sollte ein Blitzbesuch am Manaslu folgen, wo er sich auch aufgrund der düsteren Gedanken an die desaströse Expedition von 1991 nur so kurz wie möglich aufhalten wollte. Seine Idee war es, vom Basislager mit nur einem Biwak zum Gipfel aufzusteigen, um auf Ski zurück ins Basecamp zu fahren. Und nach einer kurzen Erholungsphase in Nepal wollte er weiter zum K2 nach Pakistan. Doch sein Plan ging nicht auf: Er sollte nicht einmal in die Nähe des Manaslu, geschweige denn zum K2 kommen.

Der Kangchendzönga ist sicherlich der wuchtigste aller Achttausender. Kammerlander hatte für seine geplante Trilogie, die daheim in Südtirol und in ganz Italien nach der Everest-Skiabfahrt viel mediale Aufmerksamkeit fand, den damals 33 Jahre alten Pustertaler Bergführerkollegen Konrad Auer als Partner gewählt. Die beiden arbeiteten in Kammerlanders Alpinschule in Sand in Taufers eng zusammen und bildeten eine starke Seilschaft. Über die mächtige und nur schwer überschaubare Südwestflanke gelangten die beiden am 17. Mai um 14.40 Uhr auf den Gipfel. Dort schoss Konrad Auer jenes Foto, für das Hans Kammerlander in 8.586 Metern in seinem orangefarbenen Overall einen Kopfstand machte.

Schon da hatte Kammerlander seit Stunden eiskalte Füße. Allerdings maß er dem noch keine Bedeutung zu. Als die beiden das Biwakzelt

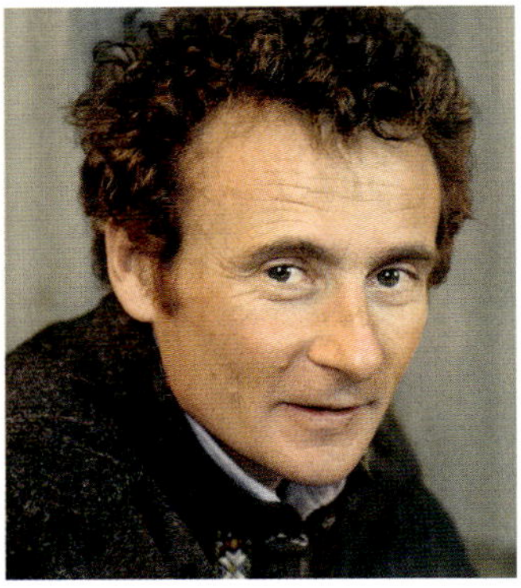

Der Motivator: Im Jahr 2001 überzeugte der französische Top-Alpinist **Jean-Christophe Lafaille** Hans Kammerlander, der schon vom Basislager abreisen wollte, zu einem gemeinsamen Versuch am K2. Miteinander erreichten sie dann den Gipfel.

wieder erreichten, waren Kammerlanders Zehen inzwischen gefühllos, vor allem die des linken Fußes. Am nächsten Morgen schlüpfte er in die Innenschuhe und in die gelben Plastikstiefel, die er wegen der geplanten Skiabfahrt bewusst klein und eng gewählt hatte – ein folgenschwerer Fehler. Er knallte die Schnallen zu, stieg in die selbst gebaute Ultraleichtbindung und fuhr aus einer Höhe von knapp 7.600 Metern mit Ski hinunter in das Basislager. Dort warteten der Bergführer Werner Tinkhauser, der Kameramann Hartmann Seeber und ich. Als Hans Kammerlander die Schuhe auszog, erschraken wir: Seine Zehen waren blutrot und am nächsten Tag dunkelblau. Als wir drei Tage später mit dem Hubschrauber nach Kathmandu flogen, waren sie bereits schwarz. In der Biwaknacht unter dem Gipfel hatte der Wind Triebschnee in das Zelt geblasen. Kammerlander waren die Innenschuhe aus dem Schlafsack gerutscht, und der Schnee hatte sie feucht werden lassen, was in Folge zu den Erfrierungen geführt hatte.

In einer Klinik in Kathmandu fragte Kammerlander den US-amerikanischen Arzt und Gefäßspezialisten Martin Springer, ob es nicht doch möglich sei, zum Manaslu und zum K2 zu gehen. »Keine Chance«, antwortete Springer und beendete mit zwei klaren Worten jäh ein gewagtes, jedoch keineswegs unmögliches Unternehmen. Hans Kammerlander flog eilig nach Hause, bekam zwei Wochen lang Heparin-Infusionen, ein blutverdünnendes Medikament, das eigentlich für Infarktpatienten entwickelt wurde, und verlor wie durch ein Wunder keine einzige Zehe.

Anfang Juni des nächsten Jahres landeten Konrad Auer, der Kameramann Hartmann Seeber, der TV-Reporter Bernd Welz und ich in Islamabad. Hans Kammerlander war zu diesem Zeitpunkt bereits seit über zwei Wochen mit einer Gruppe seiner Alpinschule am Muztagh Ata unterwegs, einem 7.546 Meter hohen und wunderbar für eine Skiabfahrt geeigneten Berg in China. Der dritthöchste Gipfel des Pamir-Gebirges sollte Hans die Akklimatisierung erleichtern. Konrad Auer sollte derweil mit uns das Basislager, ein vorgeschobenes und ein erstes Hochlager am K2 einrichten. Das geschah bis zum 30. Juni 1999. An einem der ersten Juli-Tage gingen wir in das Broad-Peak-Basislager, Hans Kammerlander lief uns, auf recht beschwerlichem Weg von China kommend, geradewegs in die Arme. Kammerlander und Auer fühlten sich hoch motiviert für den K2, die Blessuren an Hans' Füßen waren einigermaßen abgeklungen. Es war spürbar, wie er sich freute, endlich in die Flanken dieses großartigen Berges steigen zu können.

Unser Expeditionsteam war Teil eines Permits einer internationalen Gruppe mit den Italienern Oskar Piazza, Manuel Lugli und Angelo Giovanetti, dem Türken Uğur Uluocak, dem Rumänen Mihai Cioroianu und Jay Sieger aus Alaska. Ein bunt zusammengewürfelter Haufen, der in prächtiger Umgebung und guter Stimmung mit einer koreanischen Gruppe, einem Fernsehteam von *National Geographic* und einer großen Schweizer Ärzte-Expedition auf dem Gletscher hauste. Es herrschte gute Stimmung bis zum 10. Juli. An diesem schönen Tag waren Kammerlander und Auer bereits weit über das Lager I hinausgestiegen, als Mihai Cioroianu bei dem Versuch, ebenfalls das erste Lager zu erreichen, von einem handballgroßen Stein schwer verletzt wurde. Während er bei einer Rast sitzend hinüber zum Broad Peak schaute, hatte ihn der Stein im Rücken getroffen. Ein Rettungsteam konnte nichts mehr für den Rumänen tun. Er war bereits in den Armen von Jay Sieger an seinen inneren Verletzungen gestorben. Zwei Tage später wurde Mihai Cioroianu am Fuß des K2 beigesetzt – und an der Gilkey-Gedenkstätte hing bald danach ein weiterer Blechteller mit einem Namen und einem Datum darauf.

Vier Tage nach dem Unglück stiegen Hans Kammerlander und Konrad Auer in das Lager I hinauf, übersprangen tags darauf das zweite Hochlager und gelangten in 7.400 Meter Höhe zu einem kleinen Depot, das sie am 10. Juli dort angelegt hatten. Vom Basislager auf dem Godwin-Austen-Gletscher bis zum Gipfel sind es über 3.600 Höhenmeter. Die beiden Südtiroler hatten zwei der Schlüsselstellen im House-Kamin und an der Schwarzen Pyramide bereits überwunden. Über ihnen lagen noch die Schulter, der Flaschenhals, die Traverse und dann der Gipfelaufbau, in Summe noch etwas mehr als 1.200 Höhenmeter.

Am dritten Tag zeigte sich der K2 erbarmungslos. Für die 600 Höhenmeter bis zur Schulter benötigten Hans Kammerlander und Konrad Auer

Als von Konrad Auer der Ruf »Seil aus« kam, war die Falle zugeschnappt. Der Traum von einer Besteigung des K2 fand ein jähes Ende.

im grundlos tiefen Schnee mehr als zwölf Stunden. Manchmal kamen die beiden in einer Stunde gerade fünfzig Höhenmeter weiter. Auf der Schulter stellten sie abermals ihr kleines Biwakzelt auf. Alles in dieser Expedition war auf Leichtigkeit und Schnelligkeit ausgelegt. Am Morgen, um kurz nach 5 Uhr, starteten Kammerlander und Auer bei eisigen Minusgraden in Richtung Flaschenhals.

Schließlich standen die beiden direkt unter den Séracs, wo die Traverse beginnt. An dieser Schlüsselposition am K2 waren im Laufe der Jahre so viele Dinge geschehen: Tragödien und Glücksfälle. Momente, die Leben veränderten oder gar auslöschten. Hans Kammerlander und Konrad Auer wussten um all diese Geschichten. Nun standen sie selbst vor diesem eisigen Eck über dem Flaschenhals, und der Gipfel war zum Greifen nah. Alles schien zu passen. Zuversicht machte sich breit. Doch an dem steilen Hang, der hinter der Traverse folgte, brach Kammerlander bis zu den Waden, dann bis zu den Oberschenkeln ein und stand schließlich bis zum Bauch im Schnee. Er hoffte da noch, in eine mit Schnee gefüllte Mulde geraten zu sein. Doch der gesamte Hang war so. Er schob mit den Armen vor sich den Schnee zur Seite und versuchte mit den Beinen vorwärtszukommen. Wenn er den Körper zum Hang drehte, verschwand er bis an die Schultern in diesen scheinbar grundlosen Massen. Die beiden Südtiroler waren mit einem vierzig Meter langen Seil verbunden, doch es war unmöglich, Sicherungen anzubringen, und die rettenden Felsen waren zu weit weg. Als von Konrad Auer der Ruf »Seil aus« kam, war die Falle zugeschnappt. Der Traum von einer Besteigung des K2 fand ein jähes Ende. Denn für diese Situation in diesen ungeheuren Schneemassen gab es für jeden einigermaßen vernünftigen Menschen nur eine Entscheidung – umdrehen und so das Risiko durch Rückzug augenblicklich herausnehmen.

»Auf einer Länge von zwanzig, vielleicht dreißig Metern hatte uns der K2 ein Schnippchen geschlagen«, schrieb Kammerlander später. Es herrschte bestes, stabiles Wetter. 180, vielleicht 200 Höhenmeter unter dem Gipfel umzudrehen ist für jeden Spitzenbergsteiger eine harte, eine schwierige Entscheidung und mit starken Gefühlen verbunden. Eineinhalb Wochen später waren wir alle wieder daheim. Niemand hat den Berg in diesem Jahr bestiegen. Als wir über den Concordiaplatz eilten, fast wie auf der Flucht, sah ich, wie sich Hans Kammerlander zum K2 umdrehte und hinauf zur Schulter und zum Gipfel blickte. Dabei ballte er die Faust, als wollte er sagen: Ich werde wiederkommen.

Und tatsächlich, schon ein Jahr später bauten Hans Kammerlander und Konrad Auer zusammen mit ihrem Kameramann Hartmann Seeber unter dem K2 wieder Zelte auf. Auch diese Expedition geriet zu einer einzigen Enttäuschung: Die Besteigungsgenehmigung war im Jahr 2000 auf die Route von Tomo Česen ausgestellt, die links des Abruzzengrats etwas steiler, weniger felsig und direkter in Richtung Schulter verläuft. Am Fuß des K2 stand eine ganze Zeltstadt, als Kammerlander und Auer von dem Gilkey-Memorial heraufkamen. Auf 7.200 Metern schlugen die Südtiroler ein Hochlagerzelt auf. Vor der kleinen Behausung steckte Kammerlander wie ein Statement seine Ski in den Schnee. Nach ein paar Tagen stiegen sie über das Hochlager bis zur Schulter hinauf. Bis dahin lief alles viel besser als erwartet. Sie übernachteten bei bestem Wetter und besten Verhältnissen in dem Biwakzelt, um sich zu akklimatisieren. Eigentlich wäre es die ideale Gipfelzeit gewesen. Doch die beiden mussten noch einmal hinunter, ihre Körper mussten sich erholen. Bei strahlendem Sonnenschein kamen sie wieder im Basislager an. Am nächsten Morgen schneite es. Es schneite den ganzen Tag. Und am nächsten auch. Dann begann es wärmer zu werden, und es regnete und schneite fast 22 Tage lang ohne Unterbrechung. Die Schneemassen auf dem K2 wuchsen an und stellten ein viel zu großes Risiko dar. Schließlich, nach drei Wochen Schlechtwetter, zog Hans Kammerlander missmutig die Reißleine. Die Mini-Expeditionsgruppe packte zusammen und saß ein paar Tage später in Islamabad im Flugzeug Richtung München.

Was die Südtiroler damals nicht wussten: Noch während ihrer Rückreise hatten einige Expeditionen den Gipfel des K2 erreicht. Italiener, Koreaner, ein Türke, ein Brasilianer, US-Amerikaner, Nepali, ein Ecuadorianer – fünfundzwanzig Bergsteiger schafften es in diesem Sommer. Siebzehn von ihnen, nachdem Kammerlander, Auer und Seeber schon weg waren. »Mir fehlten damals die Worte«, erinnert sich Kammerlander. »Hat dieser Berg ein Eigenleben und wollte mich nicht? Oder war das doch nur ein großer Stein und ich der kleine, glücklose Wicht?«

Wann ist man mit einem Berg fertig? Wenn man im grundlos tiefen Schnee umkehrt, weil es vernünftiger ist? Wenn man nach 22 Tagen

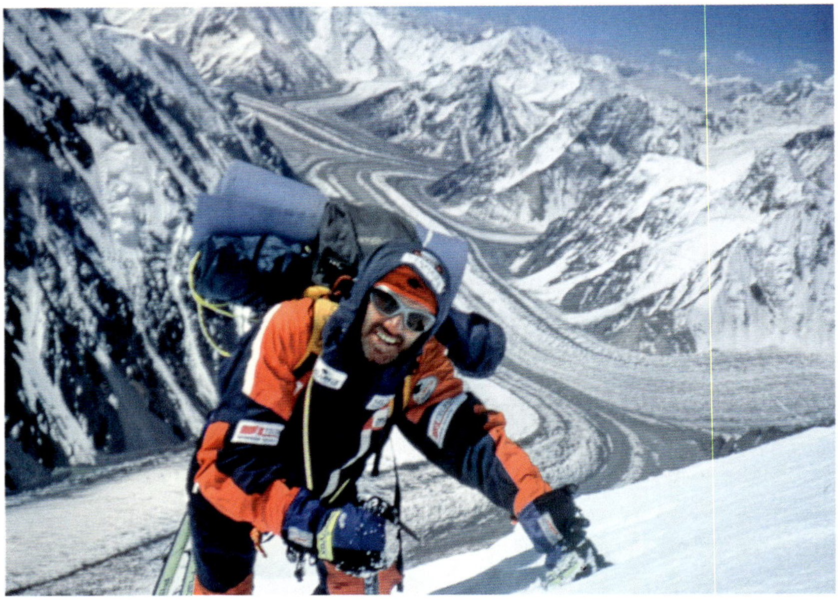

Lächelnd in die Todeszone: **Hans Kammerlander** in den steilen Flanken des zweithöchsten Berges der Erde.

Schlechtwetter die Nase gestrichen voll hat? Wenn man in den Wirren der Bürokratie zurückgepfiffen wird? Wenn man sich an einem anderen Berg die Zehen erfriert? Das mögen für einen wie Hans Kammerlander Umstände sein, die dazu führen, an allem zu zweifeln, jedoch zweifelte er nie an sich selbst. So dauerte es weniger als zwölf Monate, bis Kammerlander wieder in Pakistan landete – mit Genehmigungen für den K2 und den 7.285 Meter hohen Ogre im Karakorum.

Bergsteiger machen Fehler. Hans Kammerlander war davon ebenso wenig ausgenommen wie andere Alpinisten. Nun hatte er wohl wieder einen gemacht. Der Ogre erwies sich als ausgesprochen harte Nuss, die für ihn und seinen Ahrntaler Bergführerkollegen Luis Brugger nicht zu knacken war. »Der Ogre ist kein Vorbereitungsberg für einen Achttausender«, analysiert Kammerlander im Nachhinein. »Er ist zu anspruchsvoll, zu kräftezehrend, zu stressig und zu unsicher für eine gute Akklimatisierung.« Nach der dramatischen Erstbesteigung durch Chris Bonington und Doug Scott im Jahr 1977, bei der Scott beim Abseilen während des Abstiegs vom Gipfel einen beidseitigen Unterschenkelbruch erlitten hatte und Bonington eine Serienfraktur der Rippen, scheiterten zwanzig Expeditionen bei ihren Versuchen einer Wiederholung. Hans Kammerlander und Luis Brugger wurden im Sommer 2001 Teil dieser vergeblichen Bemühungen. Hans Kammerlander: »Der Vollständigkeit halber muss ich erwähnen, dass 2001 dem deutschen Kletterer Thomas Huber, zusammen mit den Schweizern Iwan Wolf und Urs Stöcker, die zweite Begehung am Ogre gelang. Ich muss sagen, die drei haben uns ein wirklich schweres Stück Arbeit abgenommen.«

Hans Kammerlander machte sich indessen mit drei Trägern und seinem Expeditionsgepäck zum K2 auf. Dort warteten die beiden französischen Bergsteiger Jean-Christophe Lafaille und Christian Trommsdorff sowie der deutsche Leiter dieser Expeditionsgruppe, Peter Guggemos aus Marktoberdorf im Allgäu. Hans Kammerlander hatte sich in dieses Permit eingekauft, das ursprünglich für den Abruzzengrat ausgestellt, jedoch wegen des Andrangs dort auf eine Besteigung über die Route von Tomo Česen geändert worden war. Als Kammerlander im Basislager ankam, waren die Arbeiten in der Route bereits in vollem Gange. Hans Kammerlander plante mit nur einem Zelt zwei Biwaks in 7.000 und in 8.000 Meter Höhe und eine Skibefahrung vom Gipfel weg zur Schulter. Auf der Česen-Route wollte er anschließend weiter zum Godwin-Austen-Gletscher abfahren. Es sollte alles anders kommen. Natürlich. An diesem Berg läuft selten etwas wie gedacht.

Hans Kammerlander fühlte sich gar nicht gut. Halbherzig stieg er ein Stück den Berg hinauf, kehrte aber schon bald wieder um. Später notierte er dazu in seiner offenherzigen Art: »Der Berg lastete immer stärker auf mir. Der K2 gab mir das Gefühl, ein kleiner ohnmächtiger Zwerg zu sein. Das entsprach so überhaupt nicht meiner Einstellung, die ich sonst an den Achttausendern hatte … Ich fand keine Taktik, keine Vorgehensweise, die mich selbst überzeugt hätte. Der K2 begann mir den letzten Nerv zu rauben.« Als Kammerlander sich etwas besser akklimatisieren wollte, geriet er in 7.200 Meter Höhe prompt in Not. Es schneite einen Tag und eine Nacht lang. Nur die Angst und eine blitzschnelle Flucht nach unten sicherten da wohl das Überleben.

Als Hans Kammerlander aus dem Hochlager gegen Mittag in das Basislager zurückkehrte, teilte er den anderen Expeditionsmitgliedern mit, dass er zusammenpacken und heimfahren werde. Er müsse nun dem K2 einmal für einige Jahre den Rücken zukehren, um den Kopf wieder freizubekommen. Alle Überredungsversuche der anderen halfen nicht. Erst als in der Dämmerung dieses Tages Jean-Christophe Lafaille am Zelt von Hans Kammerlander kratzte, kam wieder Bewegung in die

»In 8.000 Meter Höhe stand ich mit zwei Paar Brettern da. Ich hätte fast einen Skiverleih eröffnen können«, erzählte Kammerlander später lachend.

Sache. Man muss sich das vorstellen: Kammerlander sprach kein Wort Französisch, der Franzose kein Wort Deutsch und nur wenig Englisch. Mit Händen und Füßen vermittelte Lafaille Kammerlander die Idee, einen gemeinsamen Versuch zu unternehmen. Es war längst klar, dass beide ihre Solo-Ideen angesichts der Schneesituation am K2 würden aufgeben müssen. Jean-Christophe Lafaille, der zu diesem Zeitpunkt als der weltbeste Höhenbergsteiger eingeschätzt wurde und der sechs Achttausender bestiegen hatte, war offenbar sehr überzeugend. Denn plötzlich blitzte etwas in Kammerlanders Augen. Einen Versuch, so befand Kammerlander, sei es vielleicht doch noch wert.

Am nächsten Morgen, es war der 19. Juli 2001, stiegen Peter Guggemos und Christian Trommsdorff zum Lager I auf. Tags darauf klingelten um drei Uhr in einer eisig kalten Nacht im Basislager zwei Wecker. In der Folge stolperten zwei Bergsteiger in stockdunkler Nacht über vereiste Steine, kehrten zurück zu den Zelten, starteten in der Dämmerung neu und kamen gerade einmal drei Minuten weit, als plötzlich jene Monsterlawine herunterdonnerte und sie fast eine Viertelstunde komplett einnebelte. Das war der Zeitpunkt, als sich Jean-Christophe Lafaille auf den dunklen Stein setzte und mit Hans Kammerlander fassungslos die Wand hinaufstarrte.

Als die beiden sich einigermaßen von dem Schrecken erholt hatten, nestelte Hans Kammerlander sein Funkgerät heraus. Dort oben im Lager I, genau in der Schusslinie der Lawine, lagen Peter Guggemos und Christian Trommsdorff in ihren Schlafsäcken. Bei nüchterner Beurteilung konnten sie dort keine Überlebenschance gehabt haben. Doch Peter Guggemos meldete sich sofort. Die Lawine habe sich an den Felsen über ihren Köpfen geteilt, und sie hätten nichts abbekommen – außer einen mächtigen Schrecken und Berge von Schneekristallen. Sie würden nun in Richtung ihres Lagers II aufsteigen. Das war noch immer auch die Intention von Lafaille und Kammerlander. Und so gingen die beiden zum dritten Mal an diesem Tag los.

Sie kamen nicht weit. Kaum zweihundert Höhenmeter. Dort hatte das Team ein Depot mit Steigeisen, Klettergurten und weiterem Material angelegt. Als sie zu der Stelle hinkamen, lag da nichts mehr außer einem Steigeisen. Alles andere hatte die Lawine mitgenommen. Also stiegen sie abermals zurück bis ins Basislager. Dort plünderten sie die Zelte der anderen, bis sie hatten, was sie brauchten. Inzwischen war es Vormittag, und die beiden hatten kostbare Stunden verloren.

Die Sonne brannte unbarmherzig auf die Česen-Route. Kammerlander und Lafaille schwitzten sich bis ins Lager I und von dort weiter bis auf 7.200 Meter Höhe in das Lager II. Dort kamen sie am späten Nachmittag des 20. Juli 2001 fast gleichzeitig mit Peter Guggemos und Christian Trommsdorff an. Den kühnen Gedanken, aus dieser Position am nächsten Tag direkt zum Gipfel aufsteigen zu können, hatten Lafaille und Kammerlander längst verworfen. Der erste Tag hatte in der Hitze zu viel Kraft gekostet. Tags darauf, am 21. Juli, stiegen die vier weiter hinauf und erreichten die ausladende Schulter unter dem K2-Gipfel. Dort oben standen sie vor einem vollständig zerfledderten Zelt – dem Zelt von Kammerlander und Auer aus dem Vorjahr. Und dort ragten zwei Paar Ski aus dem Schnee. »In 8.000 Metern Höhe stand ich mit zwei Paar Brettern da. Ich hätte fast einen Skiverleih eröffnen können«, erzählte Kammerlander später lachend.

Eines war inzwischen klar: Die gewaltige Lawine hatte die Route sicherer gemacht, weil sie reichlich von dem vielen Schnee mit nach unten genommen hatte. Die vier verbrachten eine klirrend kalte Nacht auf der Schulter, bevor sie am Morgen des 22. Juli in Richtung Gipfel aufbrachen. Mit den erwachenden Lebensgeistern hatte Hans Kammerlander viel Schnee für Getränke geschmolzen und sich Kaffee in eine Thermoskanne gefüllt. Er nahm daneben nur das Allernotwendigste mit. Von der Schulter war zu diesem Zeitpunkt auch eine koreanische Expeditionsgruppe zum Flaschenhals aufgebrochen, überdies zwei nepalische Sherpa und die starken Spanier Carlos Pauner und Pepe Garcés.

Während Kammerlander und Lafaille diese größere Gruppe im oberen Bereich des Bottlenecks einholten, hatten Christian Trommsdorff und Peter Guggemos schon auf der Schulter kehrtgemacht und den Abstieg zum Basislager angetreten. Als Kammerlander und Lafaille die Gruppe vor ihnen am Beginn der Traverse überholten, hörten sie das Rasseln der Atemmasken, durch die der Flaschensauerstoff in die Lungen der anderen Bergsteiger strömte. Die alte Debatte, was Besteigungen mit Flasche wert sind, geisterte Kammerlander kurz durch den Kopf. Mit den Koreanern hatte er deswegen sogar gestritten, als sie mit ihm und allen anderen gemeinsam gehen wollten. »Ich weigere mich, mit Gruppen aufzusteigen, die einen Achttausender mit ihrem Doping aus der Flasche zu einem kleinen Siebentausender machen«, hatte Kammerlander während einer Besprechung im Basislager gesagt. Nun waren er und Lafaille ohne Flaschen die Spitze dieser Gruppe – und versanken am Ende der Traverse bis an die Oberschenkel im weichen Pulverschnee. Genau wie 1999. Aber diesmal drehte Kammerlander nicht um.

Die beiden spurten abwechselnd und benötigten über vier Stunden für die letzten Höhenmeter. Es war inzwischen fast 14 Uhr. Vor sich sah Hans Kammerlander den gelben Daunenanzug von Jean-Christophe Lafaille. Der K2 legt sich im oberen Bereich deutlich zurück und ist dort viel weniger steil. Der Untergrund wurde nun fester auf dem vom Wind hart gepressten Schnee. Der Schlussgrat macht schließlich eine leichte Biegung nach links. Dort blieb Lafaille stehen und wartete auf Kammerlander. Zusammen gingen sie die letzten Höhenmeter zum Gipfel. Dann standen sie tatsächlich oben. »Endlich«, dachte Kammerlander. Und dieser Seufzer betraf nicht allein diesen Tag, sondern all die Jahre, all die Mühen, all die Fehlversuche, all die Hoffnungen, all die Rückschläge. »Endlich.«

Mit dem Selbstauslöser fotografierten sich Kammerlander und Lafaille am zweithöchsten Punkt der Erde. In der nächsten Dreiviertelstunde, während Hans Kammerlander mühsam die Steigeisen gegen seine Ski tauschte, kamen Carlos Pauner und Pepe Garcés, dann die Sherpa Jangbu und Pasang sowie schließlich auch die Koreaner Oh Hee-jun, Park Young-seok und Kang Seong-gyu zum Gipfel. Lafaille und Kammerlander schätzten die Temperatur am Gipfel auf minus vierzig Grad. Dieser 22. Juli war im Jahr 2001 der einzige Tag, an dem der K2 bestiegen wurde.

Als Erster begann Lafaille den Abstieg. Langsam trottete er den flachen und dann immer steiler werdenden Gratrücken hinunter. Hans Kammerlander rutschte bald darauf auf den Kanten seiner Ski über den harten Untergrund hinterher. Nach nicht einmal zweihundert Höhenmetern war die geplante Skiabfahrt vom zweithöchsten Punkt der Erde zu Ende. Kammerlander legte wieder die Steigeisen an. Seitdem sich die Wolken wie eine Haube über den K2 gestülpt und für diffuses Licht gesorgt hatten, waren die Verhältnisse nicht mehr geeignet für eine Skiabfahrt. Der Untergrund war nur noch eine kontrastlose, weiße Fläche. »Blindflug« nannte es Kammerlander später. Er stieg dann zusammen mit Lafaille bis hinunter zu dem Zelt auf der Schulter. Elf Stunden nach ihrem Aufbruch kamen sie dort an. Genau zu diesem Zeitpunkt stürzte im Flaschenhals einer der Koreaner ab und verunglückte tödlich.

Am nächsten Nachmittag und vier Tage nach der Monsterlawine erreichten der Franzose und der Südtiroler das Basislager. Sie bekamen dort Tee und etwas zu essen. Hans Kammerlander, so heißt es, sei da sehr, sehr still gewesen. An allen vierzehn Achttausendern hatte dieser außergewöhnliche Mann nun seine Spuren hinterlassen. Der K2 hatte es ihm dabei zweifelsfrei am schwersten gemacht. Doch nicht nur daran dachte Kammerlander. Er wusste auch: Nun ist es vorbei. Was sollte jetzt noch kommen? Höher ging es nicht mehr hinaus. Doch in ihm schlummerte, wie ein stiller Vulkan, jener großartige Gedanke, der sein ganzes Leben bestimmte: Erinnerungen sind etwas Schönes, doch wichtiger sind neue Ziele. Und die suchte er sich. Er bestieg die zweithöchsten Berge auf allen Kontinenten und suchte weltweit nach seinen »schönsten« Gipfeln. Sie mussten allesamt so ebenmäßig aussehen wie das Matterhorn, der K2 und die Ama Dablam.

Jean-Christophe Lafaille, der Ausnahme-Bergsteiger aus dem französischen Gap, bestieg in den folgenden Jahren die Annapurna, den Dhaulagiri, den Nanga Parbat, den Broad Peak und die Shishapangma. Seit dem 26. Januar 2006 gilt Lafaille, als er den Versuch unternahm, den Makalu im Winter zu besteigen, als vermisst.

Hans Kammerlander, so heißt es, sei da sehr, sehr still gewesen. An allen vierzehn Achttausendern hatte dieser außergewöhnliche Mann nun seine Spuren hinterlassen.

Hans Kammerlander

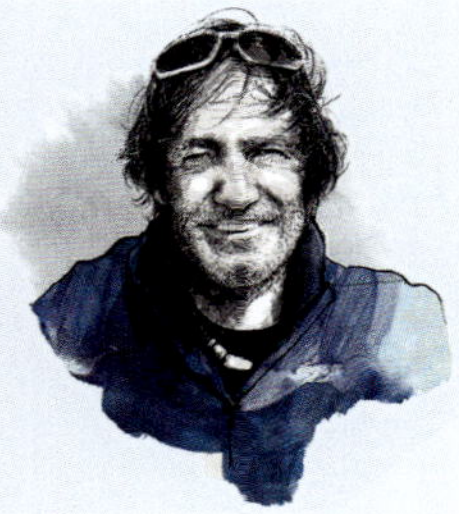

Über die Freude, am Gipfel zu stehen und nicht mehr zu diesem Berg zurückkehren zu müssen

In den Jahren meiner Achttausender-Besteigungen habe ich den K2 immer nach hinten geschoben. So, als hätte ich gespürt, dass ich zuerst sehr viel Erfahrung an den anderen hohen Bergen sammeln muss, bevor ich zum schwierigsten gehe. Ich hielt das für vernünftig, und das war es ganz sicher auch. Zudem war mir klar, dass ich nicht einfach auf den K2 steigen wollte wie alle anderen auch. Ich wollte etwas Besonderes machen. Etwas, was noch niemand versucht hatte. Am Everest war mir die Skiabfahrt gelungen. Also wollte ich sie auch am K2 wagen. Als ich in der Česen-Route dann auch noch eine Linie erkennen konnte, die das ermöglicht hätte, wollte ich es unbedingt.

Im Laufe der Jahre hielt der Berg für mich sehr viel Negatives bereit: Zweimal war ich gar nicht hingekommen, einmal knapp unter dem Gipfel gescheitert, dann im Wetterchaos versunken. Schließlich hätte diese monströse Lawine fast alles verdorben. Ich war ehrlich gesagt froh, als ich endlich auf dem Gipfel stand. Dass ich bei der Skiabfahrt nicht den letzten Zacken riskiert habe, war eine Vernunftentscheidung. Bereut habe ich das nie.

Als ich dann las, dass der Pole Andrzej Bargiel 2015 nach einer Besteigung ohne Flaschensauerstoff auf »meiner« Linie den K2 mit Ski befahren hat, habe ich mich mit ihm gefreut. Mit Ski auf den Achttausendern unterwegs zu sein ist etwas Einzigartiges. Natürlich war das bei ihm schon eine andere Zeit am K2. Die Drohnenbilder und die Unterstützung seines Bruders, der ihn immer wieder eingewiesen hat, haben es sicher leichter gemacht. Dass Bargiel unterwegs noch half, einem Schotten das Leben zu retten, gibt seiner Tour noch mehr an Besonderem.

Und als er schließlich sagte, er sei froh, nicht mehr an den K2 zurückkehren und das alles noch mal tun zu müssen, war ich endgültig ganz seiner Meinung.

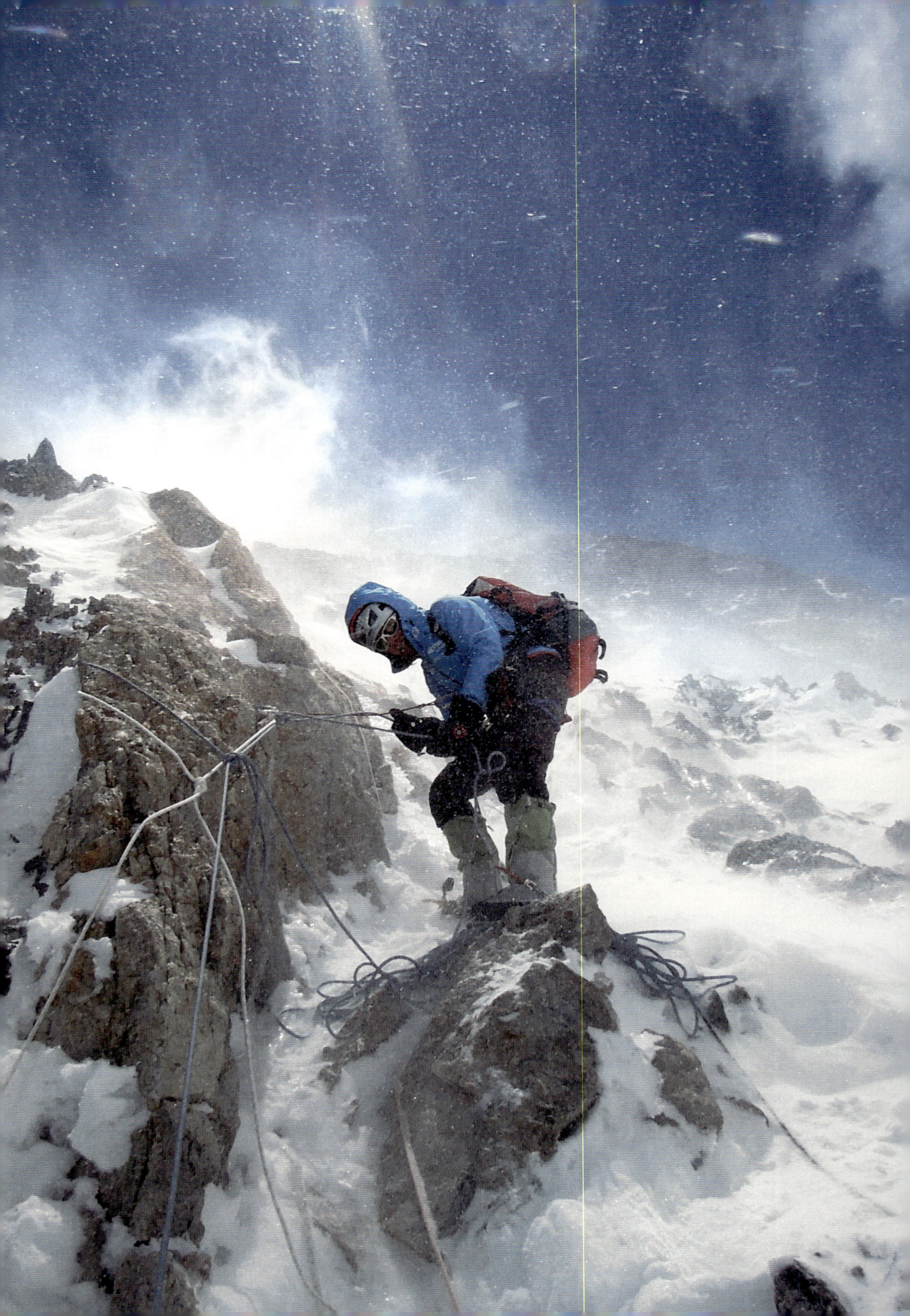

2011
Ein schicksalhafter Sommer und die Königin der Todeszone

Schneegestöber: Unbändige Höhenstürme machten auch der österreichischen Spitzenalpinistin **Gerlinde Kaltenbrunner** die Anstiege zum K2 zu einer bitterkalten Angelegenheit.

Im Sommer 2008 war Gerlinde Kaltenbrunner krank. Die österreichische Ausnahmealpinistin kurierte eine verschleppte Lungenentzündung aus, die sie sich im Frühjahr am Lhotse eingefangen hatte. Deshalb musste sie ihre geplante K2-Expedition absagen. Hätte sie das nicht getan, wäre sie sehr wahrscheinlich an jenem schicksalhaften 1. August, dem letzten Tag im einzig stabilen Wetterfenster der Saison, im Flaschenhals geklettert. Ab Mitternacht hatten sich 24 Bergsteiger auf der Schulter zu einem Gipfelversuch aufgemacht: vier Norweger, zwei Niederländer, ein Ire, ein Italiener, drei Serben, fünf Koreaner, ein Baske, ein Franzose, vier nepalische Sherpa und zwei pakistanische Hochträger.

An diesem Tag gab es von Beginn an Probleme. Das Team, das die Fixseile im Flaschenhals und in der Traverse anbringen und schon am späteren Abend des Vortages hätte starten sollen, machte sich später als vereinbart auf den Weg und verlegte schon sehr weit unten Seile, noch bevor der Flaschenhals wirklich steil wird. Das löste eine Kettenreaktion aus. Zu früh schlossen die ersten Klienten der kommerziellen Expeditionsgruppen auf, mussten warten, und es bildete sich bald ein Stau. Nie zuvor waren an einem Tag und zur selben Stunde so viele Menschen im Bottleneck unterwegs gewesen. Schließlich gingen im oberen Teil des Flaschenhalses die Seile aus. Unten bauten Bergsteiger nun die Seile und die Sicherungen ab und reichten sie nach oben durch. Graham Bowley, Reporter bei der *New York Times* und Buchautor von *Kein Weg zurück – Leben und Sterben am K2*, hat herausgefunden, dass die Bergsteiger dadurch weniger als 50 Höhenmeter in der Stunde hinaufkamen. Und über all diesen Menschen hing in diesem Jahr ein außergewöhnlich großer Sérac, der sich jederzeit lösen konnte. »Eisbalkon« wird diese Stelle am K2 auch verniedlichend genannt. Als der Morgen dämmerte, kehrten die Ersten um. Es würde unter diesen Umständen sicher bis zum Abend dauern, um den Gipfel zu erreichen, und – schlimmer noch – der Abstieg durch den Flaschenhals würde dann in der Nacht erfolgen müssen.

Die meisten dieser Bergsteiger waren mit Expeditionsagenturen unterwegs. Sie hatten teilweise weit über 50.000 US-Dollar in ihr »Unternehmen K2« investiert und monatelang dafür trainiert. Viele waren großartige Ausdauersportler, nicht alle gute Bergsteiger. Als Erster an diesem Tag stürzte der Serbe Dren Mandić ab, als er einen Moment lang ungesichert im Eiscouloir stand, um der Norwegerin Cecilie Skog dabei zu helfen, ein Fixseil nach oben weiterzureichen. Er riss die Norwegerin mit, doch die hing im Gegensatz zu ihm mit einem Karabiner gesichert am Fixseil. Dren Mandić stürzte 120 Meter tief den Flaschenhals hinunter und blieb im Schnee liegen. Er rappelte sich gleich wieder auf, knickte aber um und fiel dann erneut fast hundert Meter in die Tiefe – diesmal über felsiges Gelände. Das überlebte er nicht. Das serbische Team, ein Schwede und ein US-Amerikaner traten augenblicklich den Abstieg an. Bald danach stürzte der pakistanische Hochträger Jahan Baig ab.

Wenig unterhalb von Cecilie Skog kletterte deren Mann herauf – nur noch wenige Meter von der Traverse entfernt. Rolf Bae war in Norwegen als Polarforscher tätig und ein erfahrener Bergsteiger. Als Rolf Bae nun in die Traverse stieg, war er emotional aufgewühlt und trotz Flaschensauerstoff erschöpft. Baes Frau hingegen hatte sich vom Absturz Dren Mandićs wenige Minuten zuvor rasch wieder erholt. Sie war es gewohnt, ehrgeizige Projekte zu realisieren: Als erste Frau hatte sie beide Pole erreicht und die höchsten Berge der sieben Kontinente erstiegen. Rolf Bae setzte sich eineinhalb Stunden später und nur noch etwas mehr als hundert Höhenmeter unter dem Gipfel erschöpft in den Schnee, um dort auf seine Frau zu warten, während die zusammen mit den anderen weiter zum Gipfel aufstieg.

Gegen 15 Uhr erreichte der baskische Alleingeher Alberto Zerain als Erster den Gipfel. Als einziger Bergsteiger würde er den Abstieg an diesem Tag noch bei Tageslicht bewältigen. Nach Zerain schafften es Cecilie Skog und ihr norwegischer Landsmann Lars Nessa zum höchsten Punkt. Dann erreichten die Koreaner Kim Hyo-gyeong, Park Kyeong-hyo und Hwang Dong-jin zusammen mit Go Mi-sun, die damals in Korea ein Bergsteiger-Star war, den Gipfel. Und schließlich auch die Niederländer Wilco van Rooijen und Cas van de Gevel, der Ire Gerard McDonnell, der Franzose Hugues d'Aubarède und der Italiener Marco Confortola. Eine außergewöhnliche Erfolgsquote. Doch es war inzwischen nach 20 Uhr und dämmerte bereits, als die Niederländer als Letzte den Abstieg begannen.

Von allen Lawinenarten ist die Eislawine sicherlich die brutalste. Niemand kann beurteilen, wann das Eis bricht. Das hängt von der Neigung der Geländekante ab, über die ein Gletscher fließt und wo er auseinander-

Und über all diesen Menschen hing in diesem Jahr ein großer Sérac, der sich jederzeit lösen konnte. »Eisbalkon« wird diese Stelle am K2 auch verniedlichend genannt.

gerissen wird, von der Fließgeschwindigkeit der Eismassen, von der Wärmeentwicklung oder von Schneefällen. Die vielen Unwägbarkeiten machen es schwer, die Situation richtig einzuschätzen.

Als Cecilie Skog beim Abstieg ihren Mann Rolf Bae auf dem riesigen Gipfelschneefeld im Schnee hockend und völlig durchgefroren wiedergefunden hatte, war eine weitere Stunde vergangen. Zusammen mit Lars Nessa erreichten sie die ersten Fixseile am Einstieg in die Traverse. Nessa seilte sich als Erster ab, dann Cecilie Skog und Rolf Bae zum Schluss. Über eine Stunde lang. Es war ganz still am K2 und inzwischen nach 21 Uhr. Unten im Lager auf der Schulter konnte man ein Licht bei einem der Zelte sehen. Es rührte von einer Stroboskoplampe her, die die Serben zur Orientierung für die anderen Bergsteiger aufgestellt hatten.

Plötzlich knackte es im Eisbalkon, dann ein Donnergrollen, und schließlich kam das Eis von oben herunter. Cecilie Skog wurde von den Beinen gerissen und krachte gegen die Eiswand. Doch sie fiel nicht. Sie spürte, wie sich ruckartig das Seil unter ihr spannte und sich dann augenblicklich der Zug wieder löste, weil es riss. Ihre Stirnlampe war durch den Aufprall erloschen. Wie durch ein Wunder waren Lars Nessa und Cecilie Skog nicht vom Eis getroffen worden. Skog rief nach ihrem Mann. Doch der gab keine Antwort mehr. Er war den Flaschenhals hinuntergestürzt, hunderte Meter tief. Nun hingen Skog und Nessa allein in der Dunkelheit der eisigen Rinne. Und unter ihnen waren sämtliche Fixseile von der Urgewalt des fallenden Séracs zerstört worden. Es dauerte Stunden, ehe die beiden schockiert, aber unversehrt ihr Lager auf der Schulter erreichten. Rolf Bae blieb verschwunden.

Über Stunden verteilt, kamen weitere Bergsteiger von oben herunter in die Nähe dieser nun extrem gefährlichen Passage im Flaschenhals. In der Dunkelheit wusste niemand mehr, wer es schon hinuntergeschafft hatte, wer abgestürzt war. Einige versuchten irgendwo zu biwakieren, wie der Italiener Marco Confortola, der Ire Gerard McDonnell und der Niederländer Wilco van Rooijen.

Als Nächster stürzte in der Nacht zum 2. August Hugues d'Aubarède den Bottleneck hinunter. Er war an der Stelle, ab der es keine Seile mehr gab, an einen Felsen gekauert, auf Cas van de Gevel getroffen. Während sich van de Gevel vorsichtig in die Dunkelheit und an Eisbrocken vorbei in die Tiefe tastete, stürzte d'Aubarède – keine zehn Meter entfernt – fast lautlos an ihm vorbei. Der Niederländer hörte nur das Kratzen eines Körpers auf dem Eis. Die Stirnlampe des Franzosen brannte noch.

Als es endlich hell wurde, begann der niederländische Expeditionsleiter Wilco van Rooijen vom Schneefeld unter dem Gipfel den Abstieg

– ohne auf McDonnell und Confortola zu warten. Er sah wegen einer beginnenden Schneeblindheit schon fast nichts mehr, als er auf dem Weg nach unten, noch oberhalb der Traverse, auf zwei Koreaner und den Sherpa Jumik Bhote stieß. Die drei waren auch von dem Eisschlag getroffen worden und hingen seit Stunden vollkommen hilflos und verheddert in zwei der noch intakten Sicherungsseile. Der Niederländer konnte nicht helfen. Einer der Verletzten regte sich nicht mehr, die beiden anderen waren vollkommen erschöpft. Auch van Rooijen geriet zunehmend in Schwierigkeiten. Schneeblind irrte der starke Niederländer von dem Moment, als er den Fuß des Flaschenhalses erreichte, bis zum 3. August auf der Schulter umher, bevor Sherpa ihn in der Nacht mit schweren Erfrierungen und akuter Höhenkrankheit fanden. Der US-amerikanische Bergsteiger Chris Klinke hatte van Rooijen gegen Abend vom Basislager aus mit einem Teleskop entdeckt. Van Rooijen konnte geborgen werden – nach über 60 Stunden unter freiem Himmel.

Auch der Italiener Marco Confortola und der Ire Gerard McDonnell trafen nach ihrem Freibiwak oberhalb der Traverse am Morgen des 2. August auf die in den Sicherungsseilen hängenden Koreaner und den Sherpa. Einer befand sich noch immer kopfüber in seinem Gurt, und zehn Meter tiefer hing der zweite Koreaner, noch weiter unten, auf einem kleinen Sims, kauerte der Sherpa. Unerklärlicherweise hatte er einen Schuh verloren. Confortola und McDonnell versuchten zu helfen, während sich bereits ein Rettungsteam näherte, das sich auf der Schulter in Bewegung gesetzt hatte. McDonnell kletterte wieder ein Stück weit hinauf, wohl mit dem Gedanken, er könne das Fixseil entlasten.

Als Confortola den Iren nicht mehr sah und nicht mehr hörte, setzte er entkräftet den Abstieg in Richtung Flaschenhals fort. Wenigstens hatte er die drei Verletzten in eine aufrechte Position bringen können. Dem Sherpa hatte er einen seiner Ersatzhandschuhe über den Fuß gestülpt. Bald darauf stieg er die Traverse hinunter und hörte plötzlich, wie sich hundert Meter über ihm ein Sérac löste und als Folge eine riesige Eislawine auf ihn zukam. Sie traf ihn glücklicherweise nicht. Doch für den Bruchteil einer Sekunde glaubte er in diesem Chaos aus Schnee und Eis die gelb-schwarzen Stiefel des Iren Gerard McDonnell erkannt zu haben. Der Italiener war schockiert und brach, als er schließlich den unteren Teil des Flaschenhalses erreicht hatte, zusammen.

An einen Felsen gelehnt fanden ihn die Sherpa Chhiring und Big Pasang Bhote, die als Teil eines Rettungsteams heraufgekommen waren. Sie gaben Confortola zusätzlichen Sauerstoff. Der Sherpa Pemba Gyalje erreichte die Stelle ebenfalls und half dem Italiener auf dem Weg nach

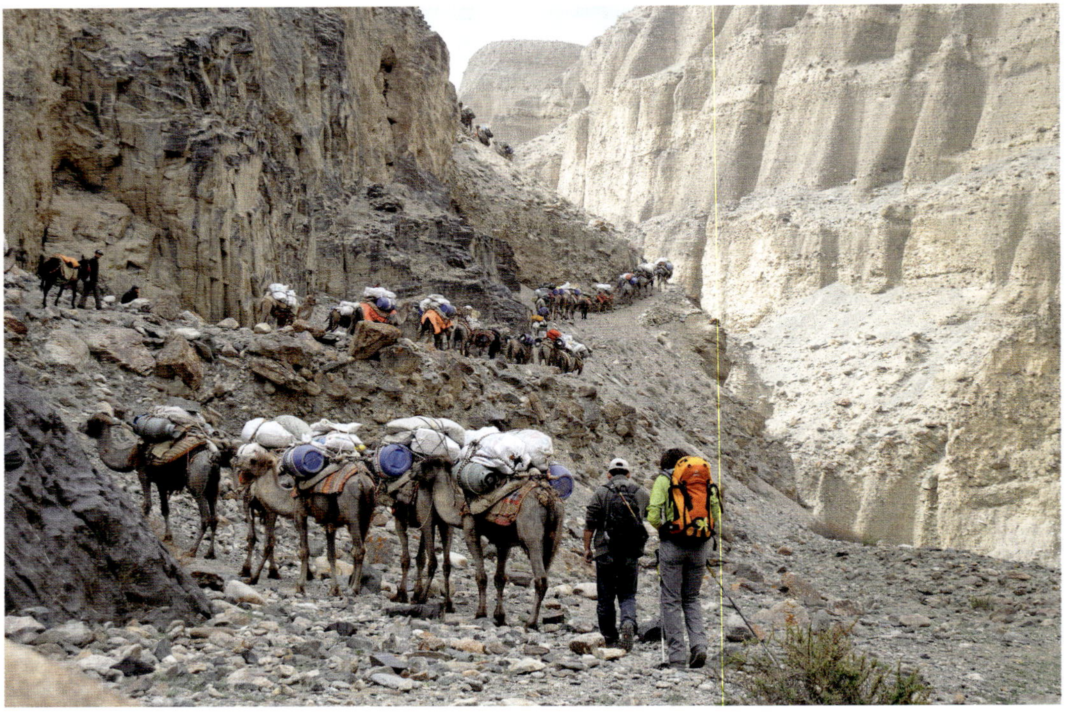

Zug der Dromedare: Mit einer schier endlosen Karawane nähert sich die Österreicherin **Gerlinde Kaltenbrunner** 2011 dem Ziel ihrer Träume – dem K2.

unten. Big Pasang Bhote und Chhiring kletterten weiter den Flaschenhals hinauf. Während Chhiring nun Seilstücke aus dem verbliebenen Gewirr herausschnitt, traf Big Pasang Bhote weiter oben völlig überraschend auf die beiden Koreaner und den Sherpa Jumik Bhote. Die drei hatten sich – fast einem Wunder gleich – aus den Seilen befreien können, waren dann die Traverse bis unter den Eisbalkon geklettert und schließlich in den Flaschenhals eingestiegen. Genau in dem Moment, als Big Pasang Bhote zu ihnen kam, brach über der Traverse wieder ein Eisblock aus dem Gletscher, zerbarst und raste den Berg hinunter.

Mit dieser Lawine stürzte ein Bergsteiger in einem roten Daunenanzug ab. Als Pemba Gyalje das über Funk hörte, wusste er sofort: Nur einer trug so einen Anzug – sein Freund, der Ire Gerard McDonnell. Doch wer war der andere Bergsteiger, der zuvor abgestürzt war? Jener, dessen Stiefel der entkräftete Italiener gesehen haben wollte? Im Licht des neuen Tages fanden Sherpa später am Fuß des Flaschenhalses die sterblichen Überreste eines Mannes. Ob es sich dabei um den Iren Gerard McDonnell, um den pakistanischen Hochträger Karim Meherban oder um den vermissten Koreaner Hwang Dong-jin handelte, konnte nie geklärt werden. Doch irgendwann in dieser Nacht waren auch der freundliche Pakistani aus dem internationalen Team unter französischer Leitung und der Koreaner spurlos verschwunden.

Big Pasang Bhote versuchte, ganz auf sich gestellt, die beiden Koreaner und seinen Sherpa-Freund nach unten zu bringen. Und während sich weiter unten der Italiener Confortola Schritt für Schritt ins Leben zurückkämpfte, schrie hinter ihm Pemba Gyalje, er solle so schnell rennen, wie er nur könne. In diesem Moment glaubte Confortola, der K2 würde explodieren. Gleich mehrere Séracs hatten sich am Eisbalkon über dem Flaschenhals gelöst und krachten nun dort herunter – genau auf die beiden zu. Confortola stürzte, Pemba Gyalje warf sich über ihn, dann raste die Lawine wenige Meter an ihnen vorbei. Nur ein paar Eisbrocken und eine leere Sauerstoffflasche trafen sie. Doch ein Stück unter ihnen, in diesem Chaos aus Schnee, Eisstaub und wuchtigen Eisbrocken, lagen zerschmettert die leblosen Körper von zwei koreanischen Bergsteigern und zwei nepalischen Sherpa. Chhiring hatte hingegen gerade noch einen Felsen erreichen können, als die Eismassen daherschossen.

Elf tote Bergsteiger binnen 36 Stunden, sechs Schwerverletzte mit massiven Erfrierungen, Höhenkrankheiten und gefährlichen Erschöpfungszuständen – diese beiden Tage im Sommer 2008 gingen in die Historie des Höhenbergsteigens ein. Danach bestieg zwei Sommer lang niemand mehr den Gipfel des K2.

Die Erste, der das 2011 wieder gelang, war Gerlinde Kaltenbrunner. Als die Oberösterreicherin 2011 vom Gipfel herunterkam, sagte sie, zehn Jahre nach Hans Kammerlander, einen ganz ähnlichen Satz wie der Südtiroler: »Kein anderer Berg hat mir so viel abverlangt wie der K2.« An jenem 22. August 2011, als Gerlinde Kaltenbrunner den Gipfel des K2 erreichte und ihr damaliger Mann Ralf Dujmovits unten im Basislager die Uhrzeit 18.18 für diesen Moment notierte, gehörte sie längst zur Weltelite. Doch erst der K2 vervollständigte ihre grandiose Sammlung. 2006 hatte sie das deutsche Nachrichtenmagazin *Der Spiegel* als »Königin der Todeszone« bezeichnet. Nun, 2011, hieß es dort: »Gerlinde Kaltenbrunner, die beste Höhenbergsteigerin der Welt«.

Die Österreicherin ist die erste Frau der Welt, die alle vierzehn Achttausender ohne Flaschensauerstoff bestieg. Erst zwölf Männer hatten das bis zu jenem 22. August 2011 geschafft. Die Koreanerin Oh Eun-sun und

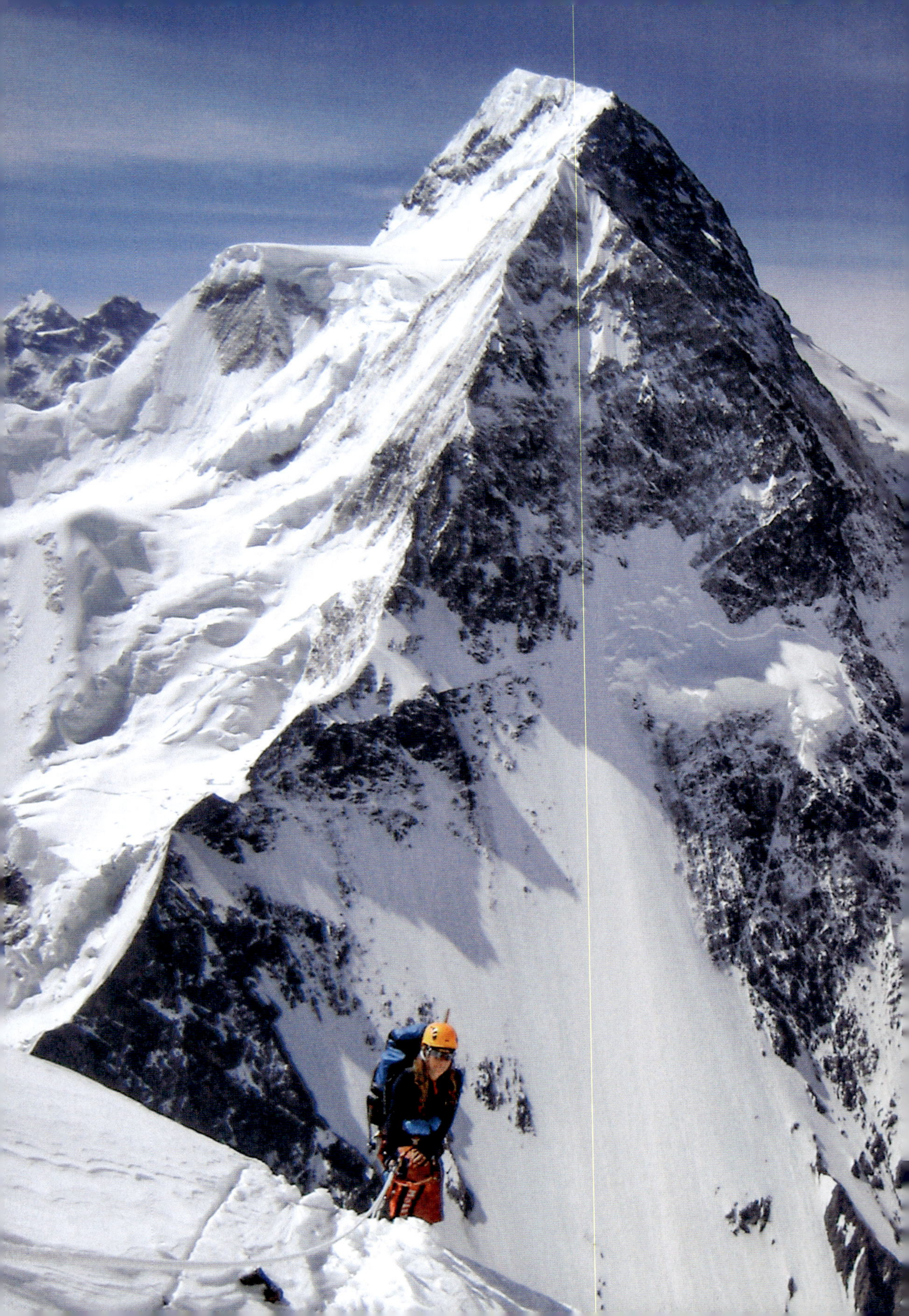

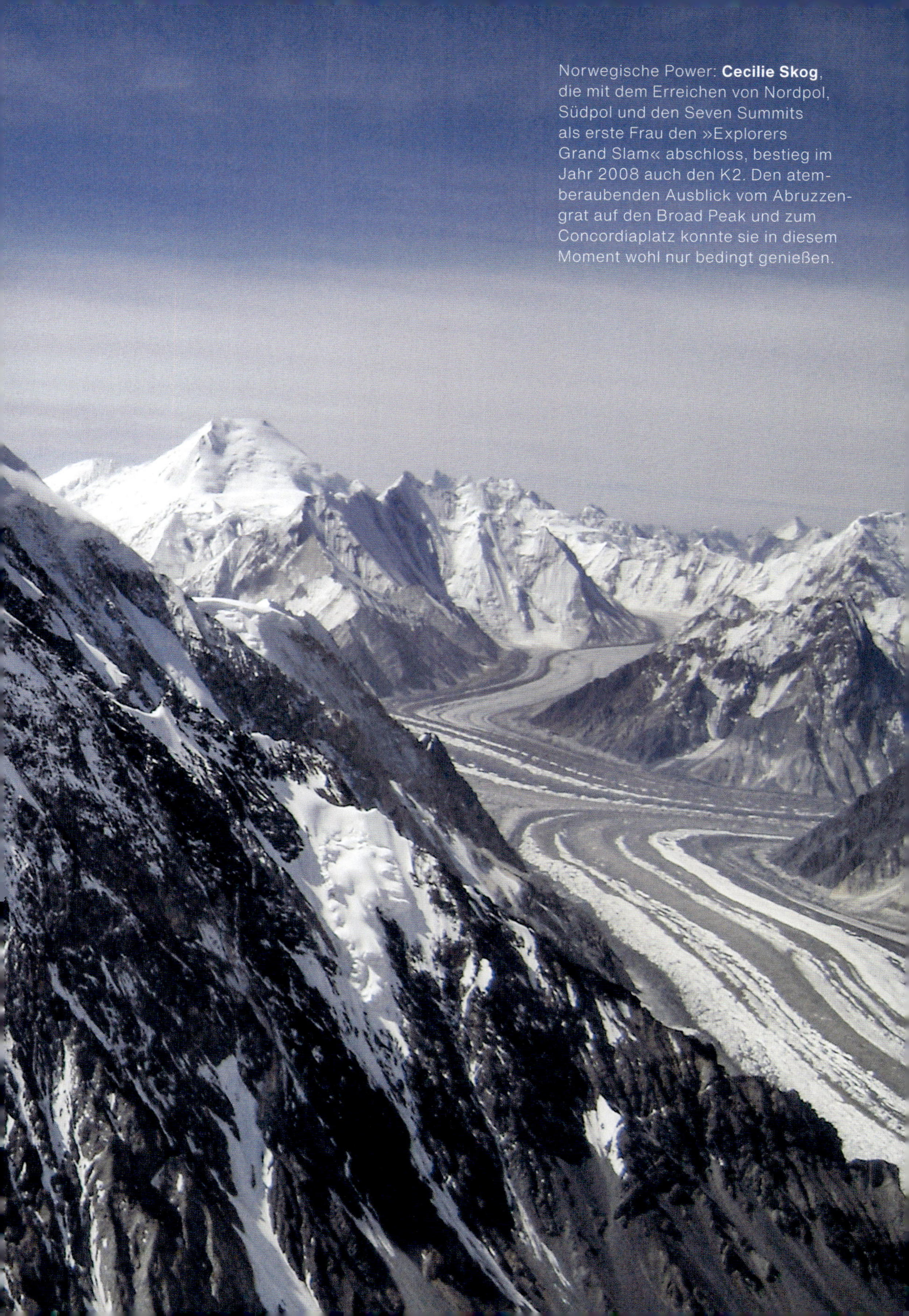

Norwegische Power: **Cecilie Skog**, die mit dem Erreichen von Nordpol, Südpol und den Seven Summits als erste Frau den »Explorers Grand Slam« abschloss, bestieg im Jahr 2008 auch den K2. Den atemberaubenden Ausblick vom Abruzzengrat auf den Broad Peak und zum Concordiaplatz konnte sie in diesem Moment wohl nur bedingt genießen.

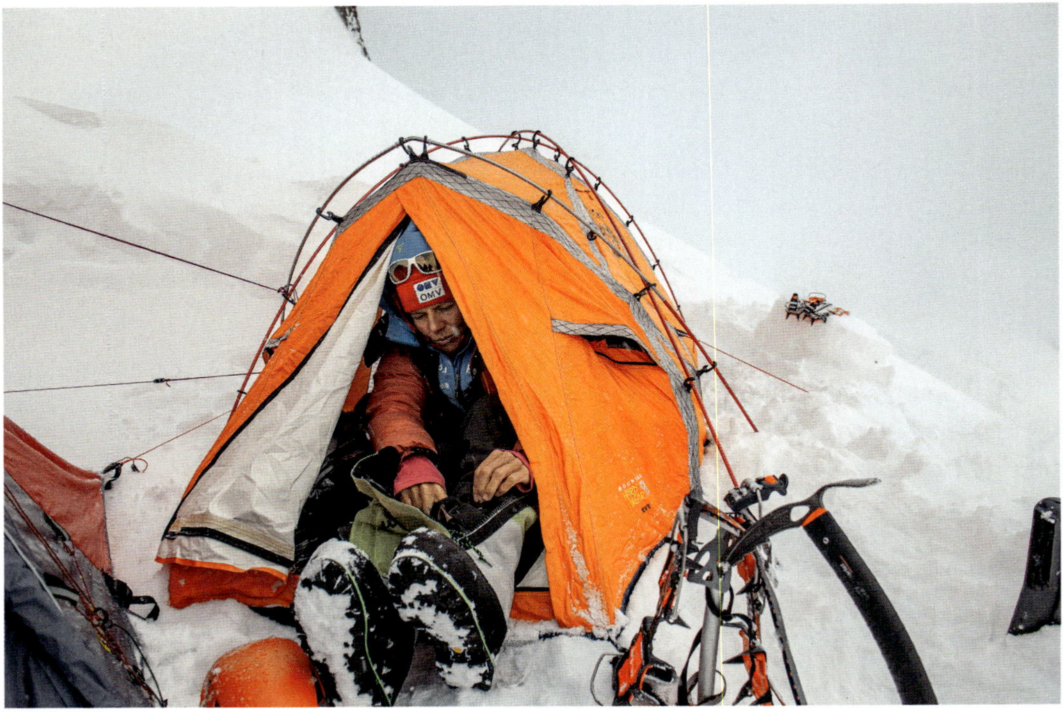

Biwak in schwindelerregender Höhe: Das Minizelt, das **Gerlinde Kaltenbrunner** bei der Expedition von der steilen Nordseite am K2 nutzte, war ein Schlüssel zum Erfolg. Sie konnte es selbst auf noch so kleinen Flächen aufstellen.

die Spanierin Edurne Pasaban hatten ihre Sammlung der vierzehn zwar bereits im Frühjahr 2010 vervollständigen können, doch die Koreanerin hatte wenigstens am Everest und am K2 Sauerstoff verwendet. Überdies blieb ihre Gipfelbesteigung des Kangchendzönga immer umstritten. Und Edurne Pasaban war am Everest und am Kangchendzönga mit zusätzlichem Sauerstoff unterwegs gewesen. Selbst Reinhold Messner würdigte Kaltenbrunners Sammlung als »außergewöhnliche Leistung«, konnte sich jedoch im selben Atemzug nicht verkneifen, der Österreicherin vorzuhalten, sie betreibe »Pistenalpinismus«. Mit diesem Begriff prangert der Südtiroler – immerhin Kaltenbrunners männliches Pendant, wenn es um Besteigungen ohne Flaschensauerstoff geht – seit Jahren das Begehen präparierter Normalrouten an. Dabei war Gerlinde Kaltenbrunner körperlich enorm stark und auf vielen ihrer Expeditionen treibende Kraft, Quelle der Inspiration und Motivatorin für ihre Begleiter. Als sie 2003 den Nanga Parbat bestieg, verliehen ihr kasachische Bergsteiger, die den Gipfel in ihrer Spur erreichten, den nicht sehr schmeichelhaften, aber treffenden Titel »Cinderella Caterpillar«.

Gerlinde Kaltenbrunner wurde als fünftes von sechs Kindern in Spital am Pyhrn in Oberösterreich geboren. Sie war kaum 16 Jahre alt, als sie 1986 bei einem Lichtbildvortrag zum ersten Mal den K2 sah. Das war das Jahr, als dort 13 Menschen, darunter der ebenfalls aus Spital am Pyhrn stammende Alfred Imitzer, ums Leben gekommen waren. Ungeachtet dessen war sie sofort von diesem Berg angetan.

Nur acht Jahre nach dem Lichtbildvortrag wurde aus jenem Dia auf der Leinwand ein realer Eindruck: Am 2. Juli 1994, mit gerade 23 Jahren, erreichte Gerlinde Kaltenbrunner den 8.028 Meter hohen Vorgipfel des Broad Peak im Karakorum. Bald darauf sammelte sie die Gipfel der Achttausender: 1998 den Cho Oyu, als Erstlingswerk sozusagen. 2000 bis zum Zentralgipfel der Shishapangma. 2002 die Gipfel von Makalu und Manaslu. 2003 zunächst ein Versuch am Kangchendzönga, der im Sturm auf 7.200 Metern endete. Im selben Jahr die Diamirflanke und die Kinshofer-Route am Nanga Parbat, eine ihrer spannendsten Leistungen. 2004 bestieg die Österreicherin die Annapurna und zwei Monate später den Gasherbrum I.

2002 hatte Gerlinde Kaltenbrunner am Manaslu den deutschen Extrembergsteiger und Expeditionsveranstalter Ralf Dujmovits kennengelernt, auch so einer aus der Riege der Achttausender-Abenteurer. Anfang 2004 zog sie zu ihm in den deutschen Schwarzwald nach Bühl. 2005 bestiegen sie den Hauptgipfel der Shishapangma, und es gelang ihnen die erste Süd-Nord-Überschreitung des Massivs. Gleich danach folgte ein Versuch im Hornbein-Couloir an der Everest-Nordseite. Das ging gut bis auf 7.650 Meter, dort erlitt ein guter Freund und Kletterpartner, der Japaner Hirotaka Takeuchi, ein Hirnödem. Sie brachten ihn heil hinunter. Dujmovits war nun fast immer an Kaltenbrunners Seite und komplettierte dabei seine eigene Achttausender-Sammlung. Im Juli 2005 stand Kaltenbrunner am höchsten Punkt des Gasherbrum II und am 14. Mai 2006 am Kangchendzönga.

2007 riss am Dhaulagiri eine Lawine Kaltenbrunners Zelt mit und verschüttete sie. Sie konnte sich mit einem Messer aus den Schneemassen befreien. Danach suchte sie das Zelt zweier Basken, konnte diese aber nur noch tot ausgraben. Einen weiteren Spanier barg sie lebend. Obwohl schockiert, ließ sie sich nicht entmutigen und bestieg noch im selben Jahr den Broad-Peak-Hauptgipfel, ihren zehnten Achttausender. Zusammen mit ihrem Mann spazierte sie direkt danach in das nicht weit entfernte K2-Basislager.

21 Jahre nachdem sie auf einer Leinwand ein Dia des zweithöchsten Berges der Erde gesehen hatte, näherte sich Gerlinde Kaltenbrunner zum ersten Mal ihrem Traumziel. In ihrer Achttausender-Sammlung fehlten nur noch der K2, der Dhaulagiri, der Lhotse und der Mount Everest.

Die Spanierin Edurne Pasaban, eine baskische Bergsteigerin aus Tolosa und nur knapp drei Jahre jünger als Gerlinde Kaltenbrunner, hatte ebenfalls am 12. Juli 2007 den Gipfel des Broad Peak erreicht. In dieser Zeit begannen die Medien gezielt einen Wettlauf zwischen Pasaban und Kaltenbrunner zu konstruieren – wer wohl die erste Frau sein würde, die alle vierzehn Gipfel jenseits der Achttausender-Marke bestiegen haben würde. Niemand dachte zu diesem Zeitpunkt an die südkoreanische Bergsteigerin Oh Eun-sun. Am 20. Juli sollte sie am K2 mit ihrem fünften Gipfel erfolgreich sein und danach rasant aufholen. Diese stilisierte Konkurrenz war Gerlinde Kaltenbrunner von Beginn an zuwider. Edurne Pasaban machte nie einen Hehl daraus, alle vierzehn bezwingen zu wollen, doch von einem Wettrennen wollte auch sie nichts wissen. Die Südkoreanerin nahm, auch getrieben von den Medien, die Herausforderung an und erhielt fortan jede nur erdenkliche Unterstützung in ihrer Heimat. Und schließlich war da noch die Italienerin Nives Meroi. Die stille Frau aus den Bergamasker Alpen hielt 2007 ebenfalls bei neun Achttausendern. Sie beteiligte sich nicht einmal an dieser Diskussion.

Ralf Dujmovits hatte den K2 bereits 1994 über den Abruzzengrat bestiegen, und somit wusste der Deutsche, dem zu diesem Zeitpunkt nur noch der Makalu und der Lhotse zur Vierzehner-Marke fehlten, wie gefährlich dieser Berg ist. Trotzdem entschloss er sich 2007, noch einmal mit hinaufzugehen. Die beiden stiegen zusammen mit den deutschen Bergsteigern David Göttler und Daniel Bartsch die Česen-Route hinauf. Diese erschien ihnen objektiv sicherer und nicht so überlaufen. Bei einem ersten Gipfelversuch hatten sie mit zwei Biwaks die Schulter erreicht und den Flaschenhals bereits vor Augen, als ein höllischer Sturm sie wieder hinuntertrieb. Dujmovits hatte nach der Durchsteigung der Česen-Route genug. In einem zweiten Versuch stiegen Kaltenbrunner, Göttler und Bartsch um zwei Uhr morgens noch einmal auf. In der nächsten Nacht erreichten sie die Schulter – nach 3.000 Höhenmetern in etwas mehr als 24 Stunden. Als auf der Schulter der Morgen graute, blieb Bartsch zurück. Kaltenbrunner und Göttler brachen um sechs Uhr zum Gipfel auf. Um neun waren sie unter dem Flaschenhals. Noch 400 Höhenmeter fehlten bis ganz hinauf. Allerdings kündigte der Wetterbericht des österreichischen Meteorologen Karl Gabl Sturm an. Der Wind blies da schon mächtig über den Schulterrücken und zwang die beiden letztlich zur Umkehr. Um fünf Uhr nachmittags standen Gerlinde Kaltenbrunner und David Göttler wieder unten am Wandfuß. Binnen 39 Stunden einmal fast den K2 hinauf und wieder hinunter. Man kann die Kasachen und ihre Bezeichnung »Cinderella Caterpillar« verstehen.

An dieser Stelle muss man auch eine andere Expedition erwähnen. Zwei ihrer Mitglieder sollten Jahre später eine entscheidende Rolle für Gerlinde Kaltenbrunner spielen: An der Nordseite des K2 kletterten im Sommer 2007 zwei Kasachen am Nordgrat. Der damals 30 Jahre alte Maksut Schumajew aus Fjodorowka bei Uralsk und der 32-jährige Wassili Piwzow aus Almaty. Sie versuchten wochenlang, die Route der Japaner von 1982 nachzusteigen – bis sie keine Vorräte mehr hatten und hungrig zurück in die Zivilisation flüchteten.

Nachdem Gerlinde Kaltenbrunner am 1. Mai 2008 mit David Göttler den Gipfel des Dhaulagiri erreicht hatte, musste sie nur 27 Tage später einen Versuch am Lhotse, zusammen mit ihrem Mann, abbrechen. Der war, vom Makalu kommend, schon mit einer Bronchitis angereist. Am Rückweg nach Lukla hustete dann auch Gerlinde Kaltenbrunner unaufhörlich, und als sie daheim in Bühl im Schwarzwald ankam, hatte sie eine Lungenentzündung. Diese Erkrankung führte dazu, dass sie ihre Expedition zum K2 in diesem schicksalhaften Sommer absagte.

Den Gipfel des Lhotse erreichten Gerlinde Kaltenbrunner und Ralf Dujmovits ein Jahr später gemeinsam. Für den Deutschen war es der dreizehnte Achttausender, für die Österreicherin der zwölfte. Das Paar, deren Ehe unter den extremen Bedingungen bis 2015 hielt, ging die letzten Schritte zum höchsten Punkt gemeinsam.

Im Juli 2009 saßen Gerlinde Kaltenbrunner und David Göttler wieder im Flugzeug, wieder mit dem Ziel K2. Im Basislager bauten sie ihre Zelte neben einem US-amerikanischen Team und den beiden Steilwand-Skifahrern Fredrik Ericsson und Michele Fait auf. Der Schwede und der Italiener hatten bereits begonnen, die Česen-Route hinaufzusteigen. Bei einem ersten Versuch, vom Lager II aus mit Ski abzufahren, stürzte Fait und fiel hinunter bis zum Fuß der Wand. Wieder ein tödlicher Unfall am K2 – Fait war der 78. Tote. Dem standen damals erst 302 erfolgreiche Besteigungen gegenüber.

Niemand würde 2009 den Gipfel des zweithöchsten Berges erreichen. Am 26. Juli saßen Gerlinde Kaltenbrunner und David Göttler auf der Schulter und schauten zum Flaschenhals hinauf. Dort hing schon wieder ein riesiger Sérac in bedrohlicher Kipplage. Die beiden versuchten es links über die Felsen – so wie Fritz Wiessner 1939. Doch sie hatten zu wenig Material dabei, um das Klettergelände abzusichern. Im Basislager verabschiedete sich David Göttler. Ihm war ein erneuter Versuch in diesem Jahr viel zu riskant. Und so stieg Gerlinde Kaltenbrunner Ende Juli ganz allein die Česen-Route hinauf. Ihre einzige Verbindung zur Welt war ein Satellitentelefon, über das sie gelegentlich mit ihrem Mann sprach. Sie erreichte die Schulter im dichten Nebel und traf dort oben zufällig ein paar Kasachen. Auch Maksut Schumajew und Wassili Piwzow waren dort und versuchten sich diesmal am Abruzzengrat. Gemeinsam stiegen sie die Schulter hinauf und versanken schon dort im Triebschnee. Den Flaschenhals versicherten sie an den heikelsten Stellen – und standen dann am Ende der Traverse hüfttief im Schnee. Für vier Meter benötigten sie dort über eine Stunde Zeit. Während die Bergsteiger enttäuscht aufgaben, dehnte sich ein strahlend blauer Himmel über den Bergen des Karakorums aus, und kein Lüftchen regte sich. So ein Wetter hat man selten am K2, und noch nie war Gerlinde Kaltenbrunner an ihrem Traumberg so weit hinaufgekommen.

Welch unglaublicher Antrieb in dieser feinfühligen Frau steckt, zeigte sich ein Jahr später: Wieder packte sie in Bühl ihre Ausrüstung und reiste mit ihrem Mann nach Tibet zur Nordseite des Mount Everest. Dujmovits' einziger Makel in seiner Achttausender-Sammlung war, dass er am höchsten Berg der Welt 1992 ab dem Südsattel Flaschensauerstoff benutzt hatte. Nun wollte er es noch einmal ohne probieren, während seine Frau vielleicht ihren dreizehnten Gipfel besteigen würde. Dujmovits musste übermüdet und entkräftet aufgeben, nachdem ihm nachts um zwei Uhr der Trinkbecher aus der Hand gefallen und er im Sitzen eingeschlafen gewesen war. Gerlinde Kaltenbrunner aber stand am 24. Mai 2010 am Gipfel des Mount Everest. Wieder ohne Flaschensauerstoff.

Jetzt fehlte nur noch der K2.

Nun muss man wissen: Am 17. April 2010 hatte Edurne Pasaban den höchsten Punkt der Annapurna erreicht und einen Monat später den der Shishapangma. Das war ihr vierzehnter Achttausender. Am 27. April war allerdings schon Oh Eun-sun auf die Annapurna gestiegen, ebenfalls ihr vierzehnter Gipfel. Die Koreanerin hatte mit einem unglaublichen Aufwand 2008 Makalu, Lhotse, Broad Peak und Manaslu bestiegen. 2009 dann Kangchendzönga, Dhaulagiri, Nanga Parbat und den Hidden Peak. Am Kangchendzönga behauptete sie, ohne Flaschensauerstoff unterwegs gewesen zu sein. Dagegen stand das Wort von Edurne Pasaban, die sie am Berg mit Maske gesehen haben wollte. Sollte es je einen Wettlauf gegeben haben, dann war er entschieden. Doch bis heute ist nicht geklärt, wer nun wirklich die Erste war. Gerlinde Kaltenbrunner betrachtete das alles mit großer Gelassenheit, wohl wissend, dass niemand ihr den »wahren« Titel, also alle vierzehn Achttausender ohne die Verwendung von Flaschensauerstoff bestiegen zu haben, würde streitig machen können. Die stille Nives Meroi sollte ihre Sammlung dann 2017 an der Annapurna komplettieren – ebenfalls komplett ohne zusätzlichen Sauerstoff.

Nach einem kurzen Zwischenstopp im Schwarzwald und ein wenig Erholung vom Everest trieb es Gerlinde Kaltenbrunner Ende Juni 2010 wieder zum K2. Das Abenteuer begann erneut. Zuerst stieg sie auf 6.300, dann 7.100 Meter mit Übernachtungen zum Akklimatisieren. Auch der Schwede Fredrik Ericsson kletterte in der Česen-Route, diesmal zusammen mit dem US-amerikanischen Skifahrer und Journalisten Trey Cook. Ralf Dujmovits nervte der ständige Steinschlag derart, dass er das Vorhaben aufgab, nachdem das kleine Team sogar mit Helmen in den Zelten geschlafen hatte. Am Nachmittag des 5. August erreichten neun Bergsteiger unterschiedlicher Nationen die Schulter. Gerlinde Kaltenbrunner, Fredrik Ericsson und Trey Cook rasteten bis Mitternacht, dann brachen sie wieder auf. Sie spurten abwechselnd durch den Schnee die Schulter hinauf, bis unter den Flaschenhals. Es war sternenklar in dieser Nacht. Nur dem Gipfelbereich des K2 war noch eine Zeitlang eine Wolkenmütze übergestülpt. Als Kaltenbrunner und Ericsson gegen sieben Uhr den Einstieg in das bis zu 70 Grad steile Eiscouloir erreichten, war Trey Cook längst umgekehrt, weil er einen Wetterumschwung fürchtete. Fredrik Ericsson, der erfahrene Alpinist aus dem schwedischen Sundsvall, war bereits die Shishapangma und den Gasherbrum II mit Ski abgefahren. Sein Traum war es, dies auch von den drei höchsten Gipfeln der Erde zu tun. Mit einem 50-Meter-Seil wollten sich Kaltenbrunner und Ericsson im kombinierten Gelände am Rand des Flaschenhalses sichern.

Als jedoch Ericsson – noch seilfrei – das erste Stück den Flaschenhals hinaufgestiegen war, hörte Gerlinde Kaltenbrunner über sich Hammer-

Gerlinde Kaltenbrunner aber stand am 24. Mai 2010 am Gipfel des Mount Everest. Wieder ohne Flaschensauerstoff. Jetzt fehlte nur noch der K2.

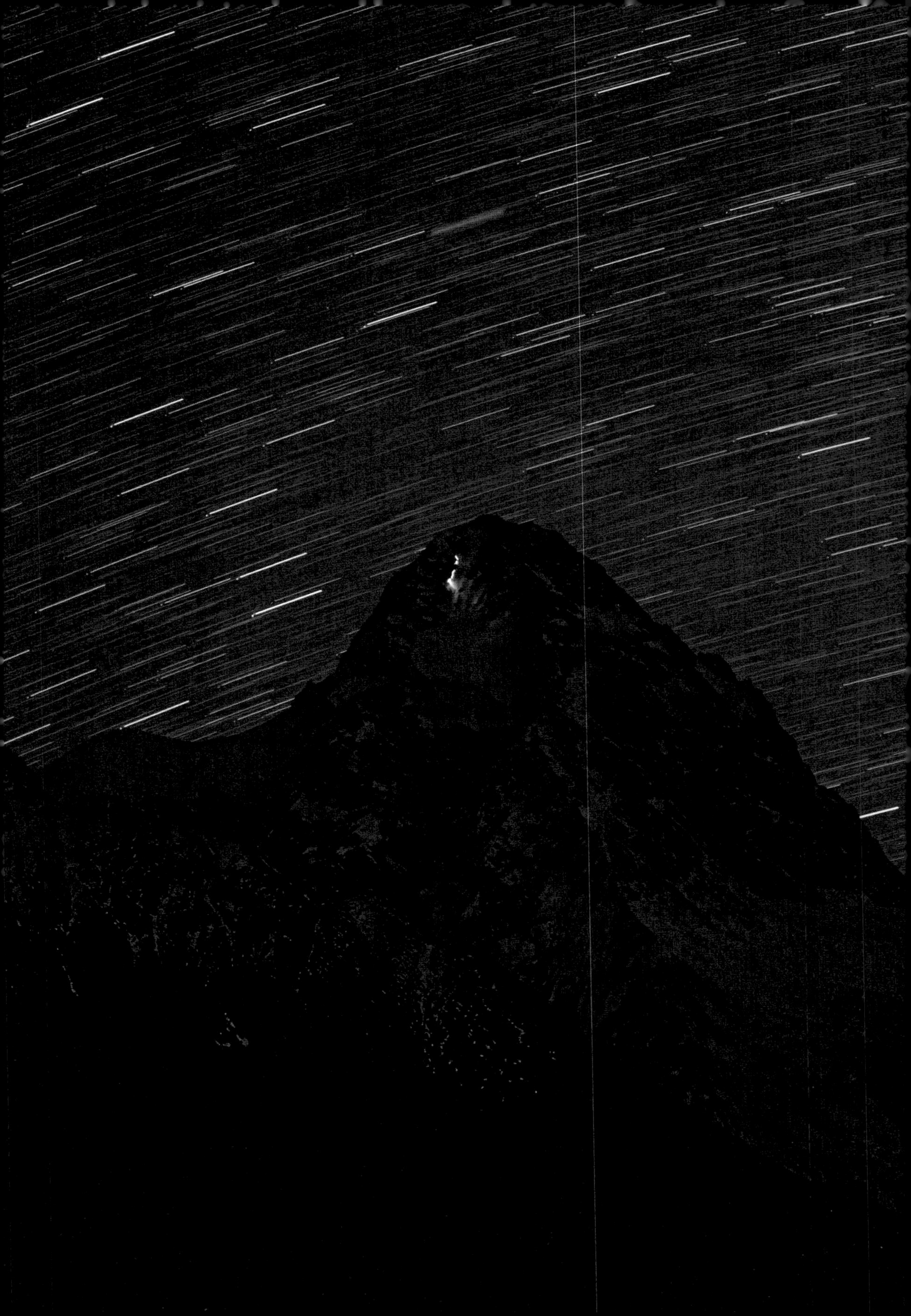

Großes Kino, kleine Lichter: Im Gipfelbereich des K2 sieht man in dieser Nacht die Stirnlampen von Gerlinde Kaltenbrunner, Maksut Schumajew, Wassili Piwzow und Dariusz Załuski.

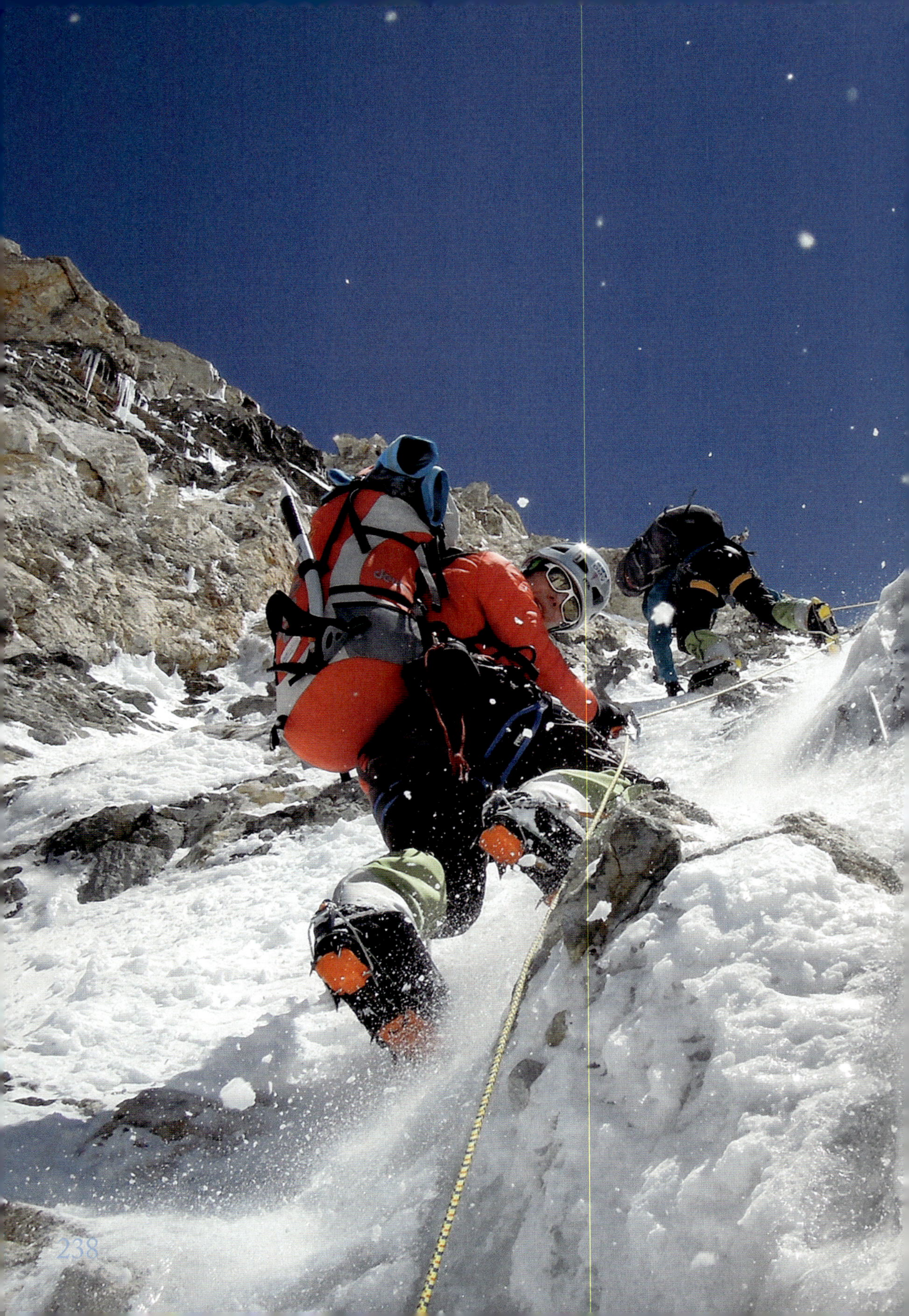

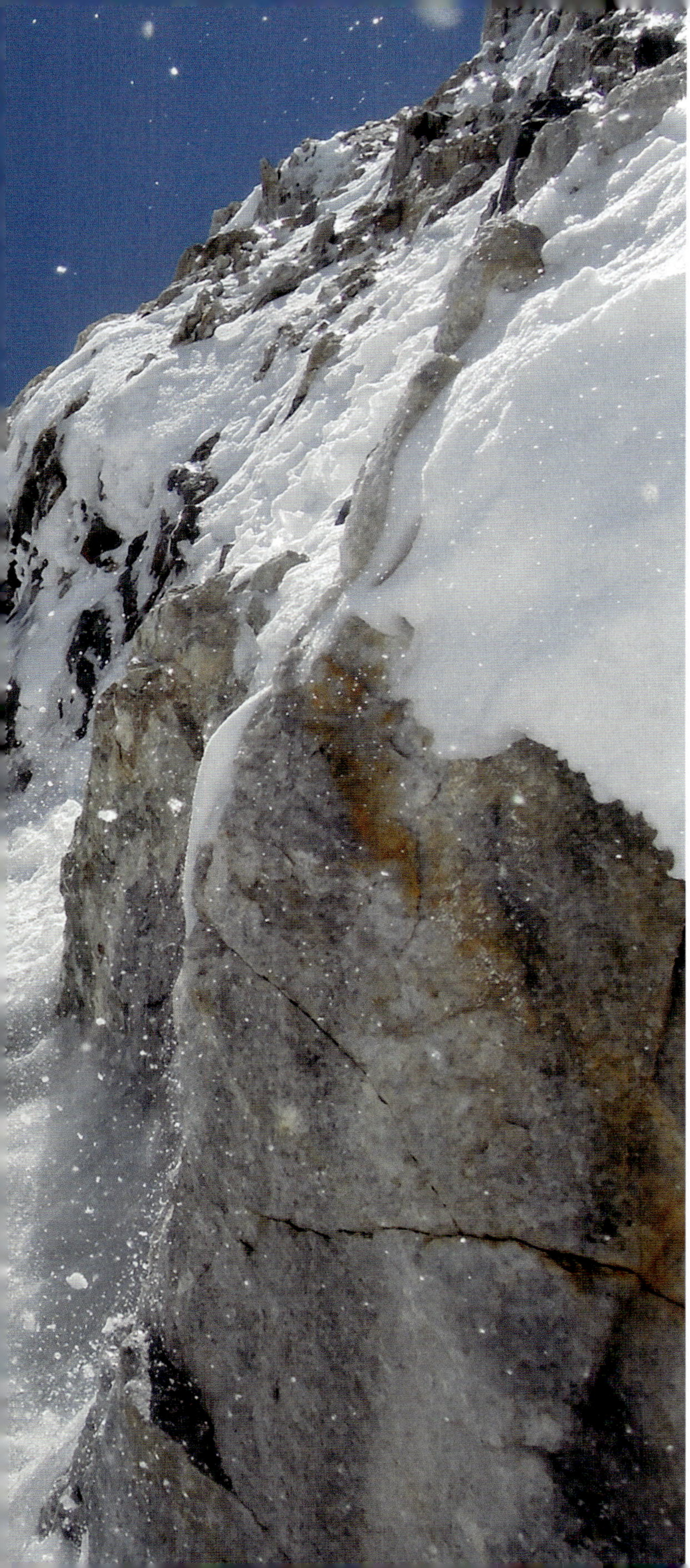

Auf 6.400 Meter Höhe: **Gerlinde Kaltenbrunner** nutzt die sehr guten Bedingungen, um am Nordpfeiler des K2 weiter aufzusteigen.

schläge. Ericsson war offenkundig dabei, einen Haken in den Fels zu treiben. »Die Hammerschläge brachen ab«, schrieb Gerlinde Kaltenbrunner später, »und im nächsten Moment stürzte Fredrik an mir vorbei, mit ihm mehrere Steine. Schreie. Dann war er verschwunden.«

Vollkommen schockiert stieg die Österreicherin zurück und begann zu suchen. Doch sie fand nichts außer einem der beiden Ski, die der Schwede an den Rucksack geschnallt mit sich getragen hatte. Sie setzte einen Funkspruch mit der erschütternden Nachricht in das Basislager zu Ralf Dujmovits ab, stieg dann zu ihrem Zelt zurück und von da aus hinunter zum Wandfuß. Ein russischer Bergsteiger entdeckte die Leiche des Schweden an diesem Nachmittag in der Nähe von Lager III, also fast tausend Meter unter dem Flaschenhals. Er konnte jedoch wegen der hohen Lawinengefahr in dem Bereich nicht zu der Stelle gelangen. Um niemanden in Gefahr zu bringen, entschied Ericssons Vater, seinen Sohn dort zu lassen. Noch am selben Abend traf Gerlinde Kaltenbrunner die Entscheidung, nicht mehr an die Südseite des K2 zurückzukehren.

Sehr wohl machte sie sich im Jahr darauf wieder zum K2 auf – diesmal von der chinesischen Nordseite. Im Juni 2011 kam sie über den Aghil-Pass und das zauberhafte Shaksgam-Tal zum K2, nachdem sie seit 2007 dreimal von Süden her versucht hatte, den Berg zu besteigen. Dabei hatte sie sechsmal auf der Schulter in 8.000 Meter Höhe gestanden und war viermal dem Gipfel bis oberhalb des Flaschenhalses auf 300 Meter nahe gekommen. Nun begann der vierte Anlauf. Die Nordseite war emotional unbelastet und bot vollkommen neue Perspektiven. Und tatsächlich sieht der »Berg der Berge« dort noch majestätischer, noch größer und noch unnahbarer aus. Der Nordgrat wirkt fast wie mit einem Lineal gezogen. Pure Magie für jedes Bergsteigerauge.

So ging es auch Gerlinde Kaltenbrunner und Ralf Dujmovits, als sie unter dem Grat standen. Außer den beiden war der 49 Jahre alte Argentinier Tommy Heinrich im Team. Er hatte sich schon zweimal am K2 versucht. Darüber hinaus die beiden kasachischen Bergsteiger Maksut Schumajew, 34, der sechsmal am K2 gewesen war, und Wassili Piwzow, 36, mit sieben Versuchen. Das halbe Dutzend komplettierte der 52 Jahre alte Bergfilmer Dariusz Załuski aus Polen, der schon drei Versuche gehabt hatte. 42 Tage lang stiegen die sechs Bergsteiger den Nordgrat hinauf und hinunter. Sie richteten Hochlager und Depots ein und verlegten weit über zweieinhalb Kilometer Fixseile. Sie spurten brusttief im frischen Schnee und kletterten auf des Messers Schneide an dieser Himmelslinie. Sie überwanden Felswände und Eisflanken, sie schleppten riesige Rucksäcke und statteten den Berg mit Material und Lebensmitteln aus. Sie schufteten tatsächlich wie Maschinen.

Aus Innsbruck kam am 16. August das »Go!« von Karl Gabl. Der Innsbrucker »Wettergott« hatte als Meteorologe Berechnungsmethoden für Wettervorhersagen entwickelt, die in den meisten Fällen weltweit Volltreffer sind. Der 21. August sollte der Tag der Tage für den Gipfel werden. Unter dem Nordgrat befindet sich das Basislager auf 4.650 Meter Höhe. Am 16. August stiegen sie zu sechst ins Lager I in 5.300 Meter Höhe. Das hatten sie erst elf Tage zuvor errichtet. Es ging somit alles recht zügig. In dieser Nacht schneite es fast einen halben Meter. Überall gingen mit Getöse Lawinen ab. Die Gruppe wartete einen Tag und eine weitere Nacht. Dann brachen sie erneut auf. Überall kam ihnen der Schnee entgegen. Nach eineinhalb Stunden beendete Ralf Dujmovits seinen Aufstieg. Viel zu gefährlich, urteilte er.

Das außergewöhnliche Achttausender-Paar hatte schon Jahre zuvor die Entscheidung getroffen, dass sie einander nicht im Wege stehen würden, wenn einer zurück- und der andere weiter hinaufwollte. Wie schon am Lhotse, am Everest oder auch an der Südseite des K2 war es nun wieder so weit. Doch diesmal beschwor Dujmovits seine Frau, umzukehren, während sie es unbedingt versuchen wollte. So stieg Ralf Dujmovits mit einem unguten Gefühl ab, während Gerlinde Kaltenbrunner mit der verbliebenen Hoffnung weiter hinauf stapfte. Weit kam sie nicht, dann traf ein Schneerutsch Tommy Heinrich. Er wurde von den Beinen gerissen und steckte kopfüber im Schnee, nur das Fixseil bewahrte ihn vor einem fast 1.500 Meter tiefen Absturz. Panisch grub sich der Argentinier aus und schrie hinauf, dass er nun genug habe. Hinter Dujmovits her stieg er in Richtung Basislager ab. »Es war da schon alles hart am Rand dessen, was man riskieren kann«, sagte er später.

Gerlinde Kaltenbrunner und die anderen drei kamen an diesem Tag nach elf Stunden nicht mehr hinauf bis zu den Zelten des Lagers II. Sie kauerten zu viert in einem kleinen Biwakzelt, das eigentlich für höchstens zwei Personen entwickelt worden war. Auf sie warteten eisige Stunden, denn ihre Daunenanzüge hatten sie im eigentlichen Lager II deponiert, fast vierhundert Höhenmeter weiter oben. Erst am nächsten Tag gelangten sie dorthin und stiegen sofort weiter in das dritte Hochlager in 7.250 Meter Höhe. Die darauffolgende Nacht wurde noch kälter.

Dann kam der Sonntag. Der Kalender zeigte den 21. August 2011. In 7.900 Meter Höhe errichteten sie ihr Lager IV. In der Nacht trat Charly Gabls Wetterprognose fast punktgenau ein. Als es Tag wurde, dehnte sich der blaue Himmel über dem K2. Der Wind flaute endlich

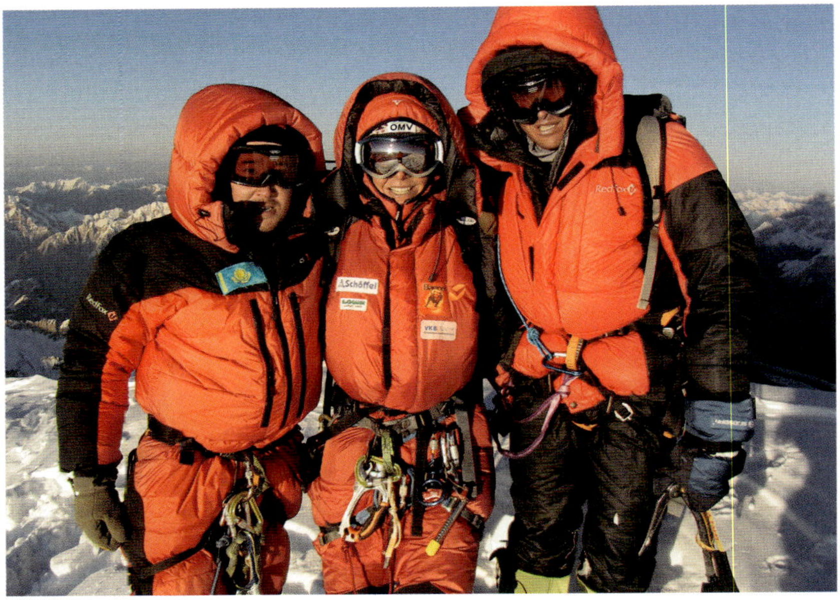

Dreimal 14 Achttausender: Die erfolgreiche Expedition über den Nordpfeiler bedeutete für **Maksut Schumajew** (links), **Gerlinde Kaltenbrunner** (Mitte) und **Wassili Piwzow** auch die Komplettierung ihrer Gipfelsammlung.

ab. Mit nur wenig Notfallausrüstung, dem kleinen Biwakzelt von Gerlinde Kaltenbrunner, zwei Gaskartuschen und einem Topf, stiegen vier winzig kleine Gestalten am nächsten Morgen weiter diesen riesigen Berg hinauf. Ralf Dujmovits und Tommy Heinrich beobachteten sie von unten stundenlang mit dem Fernglas. Im Japaner-Couloir lagen wie erwartet Unmengen von Schnee, und die Querung hinüber in den Fels war blitzgefährlich. Bis zur Brust versanken die vier und kamen in über sechs Stunden nicht einmal 200 Höhenmeter weiter hinauf. Zu viert suchten sie dort oben nach einer Lösung dieser Aufgabe.

Doch die kam dann von unten. Ralf Dujmovits, der an diesem Tag vom vorgeschobenen Basislager mehr als zehn Stunden mit einem Fernglas gebannt den Grat hinaufstarrte, erkannte inmitten des Couloirs eine horizontal verlaufende, fast waagrechte Gletscherspalte. Direkt unter dieser Spalte – die Steigeisen auf dem unteren Rand der Spalte, die Eisgeräte auf der oberen Lippe eingeschlagen – tasteten sich nun die Österreicherin, zwei Kasachen und der Pole vorsichtig auf die linke Seite des Couloirs. Dann noch ein Stück hinauf, bis zu einem schwarzen

Felsturm. Im Tagebuch von Gerlinde Kaltenbrunner steht, dass sie dort fast eineinhalb Stunden zu viert eine kleine Plattform für das Biwakzelt aus dem beinharten Eis pickelten.

Dann schmolzen sie Schnee und tranken wie Verdurstende. Bei fast 30 Grad minus kochte Kaltenbrunner für alle eine Tomatensuppe aus der Tüte. Als sie dann um ein Uhr wieder starteten, war es draußen so kalt, dass sie sofort umkehrten und bis sieben Uhr warteten. Noch 300 Meter bis zum Gipfel. Wieder war Kaltenbrunner nah dran. Und wieder musste sie eine unglaubliche Anstrengung auf sich nehmen. Erneut versanken sie so tief im Schnee, dass sich die vier beim Spuren alle zehn Schritte abwechseln mussten.

Elf Stunden lang mühten sie sich so in der Todeszone ab, ehe sie es geschafft hatten: Gerlinde Kaltenbrunner erreichte zuerst den Gipfel. Ralf Dujmovits beobachtete sie bis zum Schluss mit dem Fernglas und notierte 18.18 Uhr. Eine Viertelstunde stand sie ganz allein oben. Die Krankenschwester aus Spital am Pyhrn, die längst eine berühmte Profi-Bergsteigerin geworden war, hatte ihr schönstes und bedeutendstes Ziel erreicht. Sie stand an dem Punkt, den sie 25 Jahre zuvor bei besagtem Lichtbildvortrag gesehen und von dem sie jedoch nicht einmal gewagt hatte zu träumen. Da war dann wieder der Gedanke, den so viele vor ihr hatten, die diesen Punkt am K2 erreichen konnten: »Kein anderer Berg zuvor hat mir so viel abverlangt.«

Als Nächste kamen Seite an Seite Maksut Schumajew und Wassili Piwzow daher. Schließlich der Pole Dariusz Załuski. An diesem Tag wurde die Liste derer, die alle vierzehn Achttausender ohne Flaschensauerstoff bestiegen hatten, gleich um drei Bergsteiger fortgeschrieben – Kaltenbrunner, Piwzow, Schumajew.

Und Gerlinde Kaltenbrunner war nun die erste Frau, die sie alle ohne Atemmaske bestiegen hatte. Sie trug an diesem Abend ihren roten Daunenanzug, die grünen Thermoschuhe, einen schwarzen Helm unter der Kapuze und schwarze Fausthandschuhe. Man könnte glauben, hinter der Skibrille leuchten zwei Augen wie Sterne.

Was man jedoch deutlich sieht, ist dieses unverkennbare Lachen der Gerlinde Kaltenbrunner – der Königin der Todeszone.

Hans Kammerlander

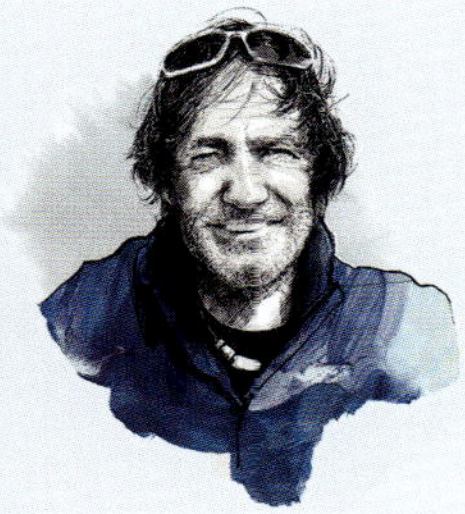

Über meine Bewunderung für Gerlinde

Dass Gerlinde Kaltenbrunner in diesem grausamen Sommer 2008 nicht am K2 gewesen ist, war sicherlich eine glückliche Fügung. Auch ich hatte einmal diese Portion Glück: Als ich 1997 mit meinem Bergführerkollegen und Freund Maurizio Lutzenberger am Nuptse East einen Besteigungsversuch unternahm, diskutierten wir in 7.000 Meter Höhe in einem kleinen Hochlagerzelt lange, was wir nun tun sollten. Wir entschieden uns, für eine Ruhephase noch einmal ins Basislager abzusteigen, bevor wir den Gipfel versuchen wollten. Als ich am nächsten Morgen von unten unsere Route absuchte, war das Zelt da oben weg – hinunterkatapultiert mitsamt dem abgebrochenen Sérac, auf dem es gestanden hatte.

Mich fasziniert an Gerlinde, dass sie immer vernünftig reagiert hat. Bald nach dem Absturz ihres schwedischen Freundes Fredrik Ericsson traf ich sie auf einer Sportmesse. Sie erschien mir sehr berührt, schockiert, fast gebrochen und unter dem Eindruck der Ereignisse ganz offensichtlich nicht mehr gewillt, noch einmal zum K2 zurückzukehren. Ich sagte damals zu ihr: »Gerlinde, geh weiter, geh nach vorn, mach du nicht den Fehler, den ich nach der Tragödie am Manaslu gemacht habe – geh zurück zum K2.«

Sie hat danach den Nordpfeiler am K2, diese fantastische Route, sehr sportlich, elegant, ja souverän gelöst. Ich bewundere diese Frau und ihren Weg, den sie an den Achttausendern gegangen ist, fast vollkommen unbeeindruckt von allen Einflüssen um sie herum. Sie hat sich nie treiben lassen. Für mich ist sie die »Königin der Achttausender«.

Und was die Katastrophe im Jahr 2008 betrifft, kann ich nur feststellen, dass es dort eine Fehlerquote gab, die kaum noch zu übertreffen ist. Das beginnt beim Fixing-Team und den Ausdauersportlern, die alle im entscheidenden Moment – als es nämlich darauf ankam – keine erfahrenen Bergsteiger waren. Sich so lange in einem »Stau« an der objektiv gefährlichsten Stelle des Berges aufzuhalten, muss fast zwangsläufig zu einer solchen Tragödie führen.

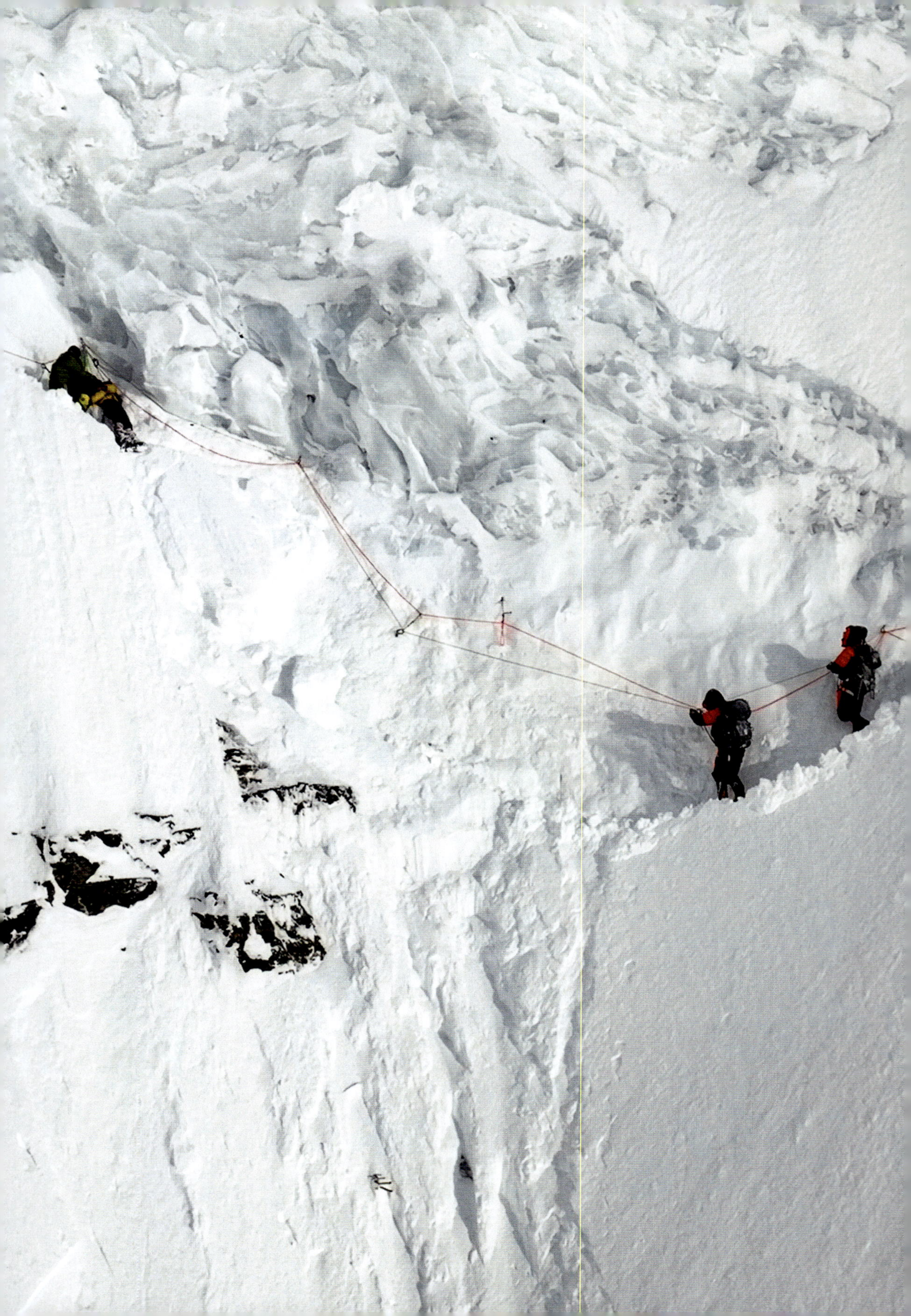

2023
Der Tod eines Trägers

Absturzstelle: Der sterbende pakistanische Hochträger **Mohammad Hassan** liegt in den Flanken des K2 (links oben), und viele andere steigen über ihn.

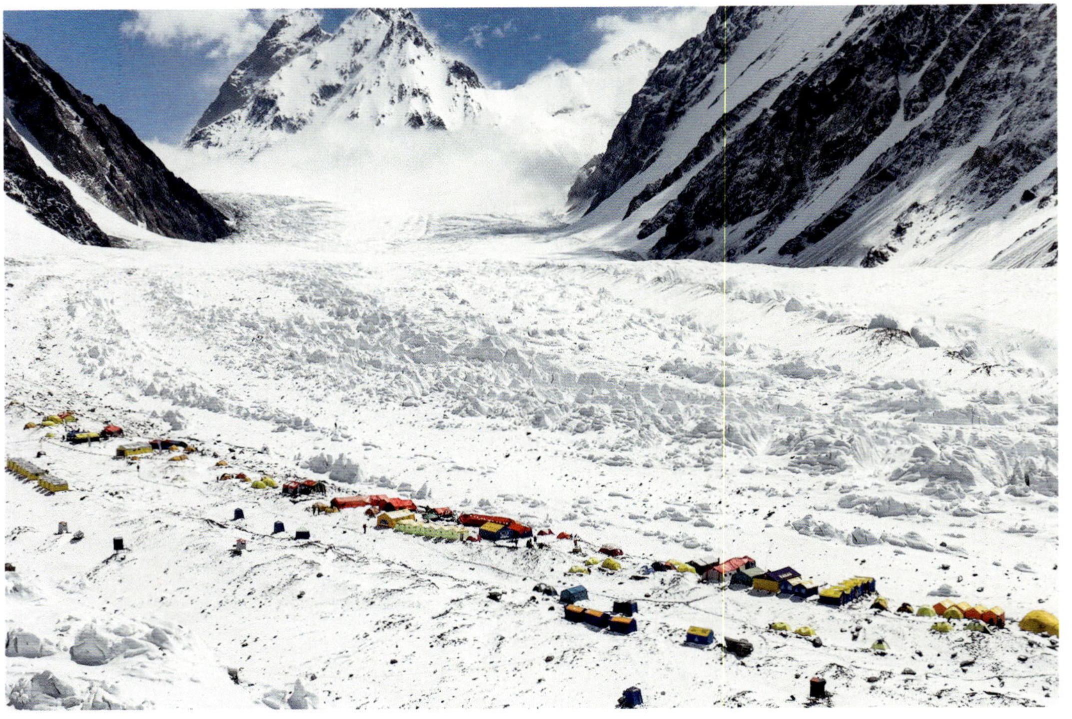

Verhältnisse fast wie am Mount Everest: Im **Basislager des K2** reihte sich im Sommer 2023 auf einer Länge von zwei Kilometern Zelt an Zelt.

Als Ende 2023 am K2 Bilanz gezogen wurde, waren dort über einhundert Besteigungen registriert. Es hatte in diesem Jahr lediglich einen Todesfall gegeben. Doch dieser eine stellte alles Bisherige in den Schatten. Ein mutiger Journalist und Filmemacher aus Wiesbaden, ein österreichischer Hotelier aus Tirol und ein Filmproduzent aus Wien machten öffentlich, was die Betreiber der Maschinerie Höhenbergsteigen wohl lieber nicht veröffentlicht wissen wollten: den Tod eines erst 27 Jahre alten, vollkommen unerfahrenen Hochträgers in knapp 8.300 Meter Höhe, der wochenlang weltweit für aufsehenerregende Schlagzeilen sorgte.

Die Saison 2023 hatte begonnen wie in den Jahren zuvor – mit einer enormen Ansammlung von Bergtouristen auf dem Godwin-Austen-Gletscher. Ruhig war es dort selbst im Winter nicht mehr, wenn Eisesstarre sich über den Berg legt und ein einigermaßen erträgliches Bergsteigen unmöglich macht. Doch jeder noch so einsame, noch so hohe Berg braucht offenbar irgendwann auch eine Winterbesteigung.

So kam es, dass im Karakorum-Winter 2020/21 über 300 Menschen am K2 froren. Darunter 60 Bergsteigerinnen und Bergsteiger verschiedener Nationen. Den höchsten Punkt erreichte am 16. Januar 2021 eine Gruppe von neun unglaublich starken nepalischen Sherpa und einem Mitglied der Magar-Volksgruppe, Nirmal Purja (Nims Dai). Er stammt aus dem Kali-Gandaki-Tal zwischen Dhaulagiri und Annapurna und hatte 2019 die Welt in Staunen versetzt, als er in nur 189 Tagen alle vierzehn Achttausender bestieg. Das sind gerade mal sechs Monate und sechs Tage. Er hatte dabei teilweise Helikopter-Unterstützung und Flaschensauerstoff genutzt, was viele Debatten auslöste.

Als die neun Sherpa und Nirmal »Nims« Purja im Januar 2021 in Nepals Hauptstadt Kathmandu zurückkehrten, erlangten die glorreichen zehn Heldenstatus. Die Geschichte über die Winterbesteigung des K2 ist nicht nur historisch von Bedeutung. Sie steht auch beispielgebend für die Entwicklung am K2 und den anderen Achttausendern in Pakistan, die der in Nepal um fast dreißig Jahre hinterherhinkt. Während in Nepal längst einheimische Agenturen das Geschäft um die Besteigungen dominieren und inzwischen auch die fünf Achttausender Pakistans fast vollständig okkupiert haben, sind andere nepalische Ethnien und die Pakistani allenfalls billige Handlanger geblieben: schlecht ausgebildete, schlecht ausgerüstete und schlecht organisierte junge Männer. Es ist erhellend, ein paar Zusammenhänge und Entwicklungen zu beleuchten, um die Ereignisse von 2023 besser zu verstehen.

Der nepalische Trekking- und Expeditionsanbieter Thamserku war seit 1992 eines der ersten bedeutenden lokalen Unternehmen und ab 1997 eines der größten der Branche. Die Brüder Mingma, Chhang Dawa, Tashi Lakpa und Pemba verließen Thamserku 2009 und gründeten Seven Summit Treks. 2021 lösten sich dann die Sherpa Pemba und Lakpa von Seven Summit Treks (SST), nachdem beide ihr Handwerk dort gelernt hatten. Sie gründeten 8K Expeditions und schufen mit dieser Konkurrenz über Nacht den Nährboden für eine bis heute anhaltende, bitterböse Feindschaft. Daneben gibt es noch Climbalaya mit den Sherpa Mingma und Dawa an der Spitze. Climbalaya steht in bestem Einvernehmen mit Seven Summit Treks. An diesem Tellerrand sitzt auch Nirmal Purja, der kurz vor dem Beginn seiner Rekordjagd zusammen mit den Sherpa Mingma David und Mingma Tenzi das Unternehmen Elite Exped gegründet hatte und seitdem versucht, auch ganz oben mitzumischen.

Die Namensgleichheit so vieler Sherpa erklärt sich dadurch, dass sie bis heute die Bezeichnung des Tages, an dem sie geboren wurden, auch als Namen erhalten. So bedeutet Nyima Sonntag, Dawa Montag, Mingma Dienstag, Lhakpa Mittwoch, Phurba Donnerstag, Pasang Freitag und Pemba Samstag.

Bei den Statistiken fällt auf, dass die Mehrzahl der Todesfälle der vergangenen Jahre an den Achttausendern den drei großen Agenturen SST, 8K und Climbalaya sowie dem britischen Anbieter Pioneer Expeditions zuzuordnen sind. Experten erklären das damit, dass die Risikobereitschaft der nepalischen Agenturen und ihrer am Berg tätigen Sherpa signifikant höher ist als die der westlichen Anbieter und ihrer Bergführer. Seinen Grund hat dies in den Dumpingpreisen, ausgelöst durch konkurrierende Agenturen und den Druck, der auf den Sherpa lastet, Erfolge liefern zu müssen. Derweil ächzen die westlichen Anbieter vor allem unter den Versicherungs- und exklusiven Ausstattungskosten ihrer Expeditionen. All das hat in den vergangenen Jahren an den höchsten Bergen der Welt zu einer gefährlichen Gemengelage geführt, in denen die Sherpa mit ihren Klienten immer noch bergauf steigen, während westliche Anbieter längst den Stecker gezogen haben.

Ein weiterer wichtiger Aspekt in dem schwer durchschaubaren Business sind die Permits, also die Besteigungsgenehmigungen. Sie sind nicht nur teuer (bis zu 80.000 Dollar), sondern bisweilen auch schwierig zu bekommen. Vor allem wenn es um die Besteigung der Shishapangma geht, die gänzlich auf chinesischem Territorium liegt, um die Nordseite des Mount Everest oder des Cho Oyu. Traditionell hat Climbalaya mit ihren Sherpa Mingma und Dawa beste Verbindungen zur CTMA, der China Tibet Mountaineering Association, und somit direkt bis in die höchsten Kreise der chinesischen Regierung. Es heißt, die beiden könnten bei der CTMA so ziemlich alles möglich machen und ebenso vieles verhindern. Dawa war einst Büroleiter bei Asian Trekking, die lange Zeit die Permits für die Anstiege von Tibet aus für die nepalischen Agenturen managte.

Im späten Frühling 2023 erhielt der damals 27 Jahre alte Träger Mohammad Hassan 250.000 pakistanische Rupien in bar, also rund 830 Euro, von einem Mitarbeiter der Brüder Anwar und Akbar Syed. Den beiden gehört der pakistanische Expeditionsanbieter Lela Peak.

Mohammad Hassan erzählte gern, dass er 2010 Gepäck für die österreichische Bergsteigerin Gerlinde Kaltenbrunner in das Basislager des K2 getragen habe. Mit seiner Frau Batool und drei kleinen Kindern lebte er in dem Bergdorf Tissar am Fluss Shigar. Batool war im Sommer 2023 mit dem vierten Kind schwanger. Wie viele Männer in seinem Dorf versuchte auch Mohammad Hassan, bei den Expeditionsveranstaltern als Träger angestellt zu werden. Mit dem Verdienst – oft dem einzigen Einkommen im Jahr – wollte er die Schulbildung seiner Kinder bezahlen. Mit den 250.000 Rupien sollte er sich für den K2 ausrüsten. Als Mohammad Hassan Ende Juni 2023 auf dem Godwin-Austen-Gletscher ankam, war er nur unzureichend ausgestattet. Das gaben Beobachter später zu Protokoll. Offenbar hatte Mohammad Hassan nur einen Teil der Summe in seine Ausrüstung investiert und den Rest beiseitegelegt.

In diesem Frühjahr sortierte im deutschen Wiesbaden der damals 54-jährige Philip Flaemig seine Ausrüstung. Neben Pickeln, Steigeisen, einem einteiligen Daunenanzug, Seilklemmen Klettergurten, Karabinern und Expeditionsschuhen, gehörte dazu auch eine Filmausrüstung und vor allem eine Hochleistungsdrohne, mit der er am K2 einzigartige Sequenzen filmen wollte. Seit 2005 produziert Flaemig als freiberuflich arbeitender Regisseur und Kameramann Dokumentationen und Reportagen. Zudem hatte er zweimal den Everest bestiegen und bei Erstbegehungen hoher Gipfel in Patagonien, im Oman und in Nepal geknackt. Und er hatte bei all diesen Unternehmungen gefilmt. Für diesen Sommer sollte er die K2-Besteigung des Tiroler Bergsteigers Willi Steindl für den österreichischen Privatsender ServusTV drehen.

Der 30 Jahre alte Hotelier aus Kirchberg schlief zur Vorbereitung in einem sogenannten Hypoxie-Zelt. Das medizinische Ziel dabei war, die Menge der roten Blutkörperchen zu erhöhen. Seinem Körper wurde damit eine Situation auf rund 7.000 Meter Meereshöhe simuliert. Akklimatisierung an hohen Bergen ist unabdingbar, kein Mensch kann »aus dem Stand« in die Todeszone vordringen, ohne schwere Schäden davonzutragen oder zu sterben. Der Tiroler würde sich durch das Hypoxie-Zelt zu Hause die ersten Hochlager-Nächte erleichtern. Dafür musste er mindestens vier Wochen, besser zwei Monate, den lauten Generator aushalten, Kopfschmerzen ertragen, dazu Gewichtsverlust und eingeschränkte Leistungsfähigkeit – alles Nebengeräusche, die Willi Steindl nicht zum ersten Mal auf sich nahm. Ein Jahr zuvor hatte er mit

Als Mohammad Hassan Ende Juni 2023 auf dem Godwin-Austen-Gletscher ankam, war er nur unzureichend ausgestattet.

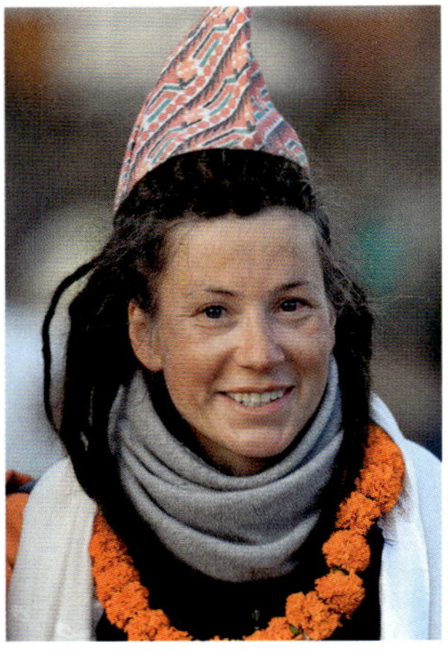

Rekordjägerin: Die Norwegerin **Kristin Harila** bestieg alle vierzehn Achttausender in nur 92 Tagen und geriet trotz dieser Leistung heftig in die Kritik.

derselben Vorbereitung den Mount Everest bestiegen – in nur 21 Tagen vom Flughafen München aus und wieder dorthin zurück.

Willi Steindl war Kunde bei Furtenbach Adventures, dem Innsbrucker Expeditionsunternehmen von Lukas Furtenbach. Der gilt als Erfinder der »Flash-Expeditionen«, bei denen hohe Achttausender in gut drei Wochen bestiegen werden, während Bergsteiger sonst mehr als zwei Monate unterwegs sind. Nach einer hohen Erfolgsquote am Everest bot Furtenbach Flash-Expeditionen auch am K2 an. 2023 gab es neben Willi Steindl und dem Kameramann Philip Flaemig zwei weitere Gipfelaspiranten: den Tiroler Andreas Aschauer und die niederösterreichische Oberärztin Cosima Eggenberger-Huspenina. Der ServusTV-Regisseur und Filmemacher Franz Fuchs aus Niederösterreich hatte schon 2022 für die Sendereihe »Bergwelten« eine Doku mit Willi Steindl über dessen Everest-Besteigung produziert. Bis zum Basislager war der ServusTV-Kameramann Martin Stoni für die Aufnahmen verantwortlich, weiter oben Philip Flaemig. Unterstützt wurden die Filmer von dem argentinischen Bergführer Fernando Arnaudi. Dazu von den vier Sherpa Gelu, Ang Kashi, Pempa und Dawa mit ihrem leitenden »Sirdar« Mingma.

Auf dem Godwin-Austen-Gletscher herrschte Hochbetrieb, als die Gruppe von Furtenbach Adventures dort ankam. Im Basislager befanden sich zum Höhepunkt der Saison fast 400 Menschen, unter ihnen etwa 200 mit Gipfelambitionen und Permits. Die größte Gruppe bildete das Team des 7 Summit Club unter der Leitung des russischen Bergführers Alex Abramov, der 20 Landsleute als Kunden und 20 Sherpa um sich versammelt hatte. Die US-amerikanische Agentur Madison Mountaineering war mit sechs Kunden und sieben Sherpa da. Folgende nepalische Anbieter hatten 2023 ihre zahlende Klientel zum Fuß des K2 gebracht: 8K mit 15 Kunden und 21 Sherpa, Elite Exped von Superstar Nirmal Purja mit sieben Kunden und 16 Sherpa, Imagine Nepal mit fünf Kunden und sieben Sherpa. Und schließlich waren da neun Klienten mit 14 Sherpa von Seven Summit Treks – unter ihnen die norwegische Bergsteigerin Kristin Harila mit ihrem Privat-Guide Tenjen Lama. Die junge Frau mit den langen Rastazöpfen und dem strahlenden Lachen stand unmittelbar davor, den Rekord von Nirmal Purja zu unterbieten.

Kristin Harila wurde 1986 geboren und stammt aus Vadsø, ganz im Nordosten Norwegens. Die ausgezeichnete Ausdauersportlerin war 29 Jahre alt, als sie 2015 den Kilimandscharo in Kenia bestieg, vier Jahre später in Nepal den Lobuche East und den Putha Hiunchuli am Dhaulagiri-Massiv. Als sie am 23. Mai 2021 innerhalb von nur 23 Stunden auf dem Gipfel von Everest und Lhotse stand und danach auch noch die technisch anspruchsvolle Ama Dablam bestieg, spann sie den kühnen Plan, die Rekordzeit von Nirmal Purja anzugreifen. Dass Nims für die vierzehn Achttausender 189 Tage gebraucht hatte, schien ein Rekord für die Ewigkeit zu sein. Die spektakuläre Jagd Harilas begann am 28. April 2022 auf der Annapurna. Bis zum 22. September, innerhalb von 147 Tagen, hatte die Norwegerin zwölf der vierzehn Achttausender-Gipfel erreicht und damit noch 42 Tage Spielraum gegenüber Nims' Vorlage. Auf der Schlussgeraden waren ihr die Mittel für das extrem kostspielige Unternehmen ausgegangen. Sie hatte bereits ihr Haus verkauft und alles, was sie sonst noch besaß. Nun bat sie in den sozialen Medien um finanzielle Unterstützung. Dort war sie längst ein gefeierter Star – und verhasst bei ihren Kritikern, die ihr vorwarfen, zwischen den Basislagern mit dem Helikopter zu fliegen und Flaschensauerstoff zu verwenden. Das hatte Nims auch getan, allerdings nicht so häufig. Am Ende fehlten nur noch zwei Gipfel: der Cho Oyu und die Shishapangma. Um beide Berge zu besteigen, musste sie nach China, dessen Grenzen nach der Pandemie allerdings noch immer geschlossen waren. Die letzte Ausnahmegenehmigung hatte ein Nepali erhalten – Nirmal Purja.

Kristin Harila wurde zu dieser Zeit von einem beeindruckend großen Sherpa-Team von 8K Expeditions begleitet und auf die Gipfel geführt. Darunter die Sherpa-Guides Pasawa und dessen Onkel Dawa Ongju. Seit Monaten hatten sich Harila und 8K Expeditions bemüht, die China-Permits für das gesamte Team zu erhalten. Doch aus Peking gab es keinerlei Reaktion zu all den Anfragen. Möglicherweise hatte Climbalaya

> Eines war ihr trotz aller Kritik nicht abzusprechen: Diese Frau hatte jeden Schritt selbst gemacht, niemand hatte sie getragen oder gezogen.

bei der China Tibet Mountaineering Association Einfluss genommen, zu beweisen war das freilich nicht. Kristin Harila durfte 2022 die beiden ihr noch fehlenden Berge nicht besteigen, trat tränenreich die Heimreise an und kam, fast auf den Tag genau, ein Jahr später wieder. Diesmal, am 26. April 2023, begann sie jedoch mit der Shishapangma, und nur sieben Tage später folgte der Cho Oyu über die chinesische Nordseite. Möglich wurde dies, weil sie inzwischen die Expeditionsagentur gewechselt und bei Seven Summit Treks eingestiegen war. Ausgerechnet beim Erzfeind und nicht, wie einige erwartet hatten, bei Climbalaya. Das sorgte für Verdruss bei den Verlierern in diesem prestigeträchtigen Gaming. Vor allem waren Pasawa und Dawa Ongju enttäuscht, die bis dahin alle Hindernisse aus dem Weg geräumt hatten. Auf wundersame Weise jedoch hatte sie nach ihrem Wechsel die Permits für China erhalten.

Von nun an gab es noch mehr Aufmerksamkeit in der Öffentlichkeit: Kristin Harila ließ sich via Tracking im Internet verfolgen, man sah sie unaufhörlich mit ihrem Sherpa Lama Tenjin und dem großen Team, das sie fortan zu jedem Achttausender begleitete. Die Jagd wurde spektakulär. Und umstritten. Am Manaslu warf man ihr vor, das Team habe mit Helikopterhilfe die Route von oben nach unten mit Fixseilen ausgestattet, um Zeit zu sparen. Auf jedem Gipfel stand Harila mit Sauerstoffmaske, und die junge Frau wirkte zunehmend gehetzt, gab sich gleichzeitig aber ihren Fans gegenüber zugewandt und beantwortete eloquent aus dem Basislager auf Facebook zuvor eingereichte Fragen – von ihrer Unterwäsche bis zum Familienstand. Und am 24. August 2023 blickte sie gespannt, aber stets lächelnd die Flanken des K2 hinauf, des letzten Achttausenders, der ihr noch fehlte. Bis hierher hatte sie 88 Tage benötigt, also 101 Tage weniger als Nirmal Purja. Und eines war ihr trotz aller Kritik nicht abzusprechen: Diese Frau hatte jeden Schritt selbst gemacht, niemand hatte sie getragen oder gezogen. Nun blieben Harila nur noch vier Tage, ehe sich das von Meteorologen berechnete, einzige Wetterfenster dieser Saison am K2 mit dessen brachialen Höhenstürmen und Schneefällen wieder schließen würde. Sie musste jetzt hinauf.

Im Laufe der Jahrzehnte hat sich am Fuß des K2 ein gefährliches Gebräu zusammengemischt. Ausdauer statt Technik. Amateure statt Profis. Kraft statt Können. Geld statt Inspiration. Immer mehr Sauerstoff, immer mehr Risiko, immer mehr Sherpa, immer mehr Aspiranten. Und die meisten Klienten wissen am Gipfeltag ganz genau, dass sie nur diesen einzigen »Schuss« haben. Wenn der nicht sitzt, haben die meisten keine Kraft mehr, es noch einmal zu versuchen, und noch viel weniger die Mittel, das Unternehmen finanziell noch einmal zu starten. Das alles ist der Stoff, aus dem Katastrophen und Tragödien gestrickt werden.

In einem der Dome-Zelte im Basislager hatte es Tage vor diesem 24. Juli eine lebhafte, jedoch an den höchsten Bergen übliche Diskussion gegeben. Die Teamleiter der Agenturen und die Leiter der Sherpa-Gruppen besprachen, wer am Berg was tun, wer wann starten würde und wie man sich am besten einteilen sollte. Wohl wissend, dass all diese endlosen Debatten nicht den Atem wert waren, mit dem sie geführt wurden. Es würde sowieso wieder alles anders kommen. Philip Flaemig und der leitende Sherpa Mingma vertraten das Furtenbach-Team im Dome der Russen. Alex Abramov führte das Wort – und auch die Seven-Summit-Sherpa von Kristin Harila. Daheim in Innsbruck saß Lukas Furtenbach am Telefon und ließ sich stündlich berichten. Er war nach einer erfolgreichen Lhotse-Besteigung nicht nach Pakistan mitgekommen. Furtenbach hatte seit 2001 reichlich Expeditions- und Organisationserfahrung gesammelt. 2014 hatte er Furtenbach Adventures gegründet und bald danach begonnen, die Flash-Expeditionen anzubieten. Die teuerste von allen hatte einen Japaner 210.000 Dollar gekostet.

Der K2 hatte binnen weniger Jahre trotz seiner Gefährlichkeit unglaublich an Popularität gewonnen. Das lag auch an dem Rückstau der Permits, die während der Pandemie nicht hatten eingelöst werden können und sich deshalb verlängert hatten. Teilweise warteten Bergsteiger seit zwei Jahren auf ihre Chance, und sie alle konzentrierten sich nun auf dieses wohl einzige Wetterfenster der Saison. Einige erinnerten sich an den Ansturm 2022, an den beeindruckenden Stau, der sich im Flaschenhals gebildet hatte und in dem fast 200 Menschen über acht Stunden nahezu bewegungslos ausgeharrt hatten. Dass am Ende dennoch fast alle Klienten der Agenturen, angetrieben von ihren Sherpa, den Gipfel erreicht hatten, ließ den Staudamm brechen, der den K2 bis dahin vor solchen Auswüchsen geschützt hatte. Plötzlich fragten Kunden die Expeditionsagenturen wegen des K2 an, die das vorher in ihrem großen Respekt vor den Gefahren an diesem Berg nie gewagt hätten. Der K2 bekam das Everest-Problem, von zu vielen Menschen zum selben Zeitpunkt am selben Ort. Eineinhalb Tage stabiles Wetter – mehr verhieß das Wetterfenster nicht. In dem Dome-Zelt der Russen hatten alle Expeditionen einander versprochen, dass niemand zu dicht auf das Team aufschließen sollte, das die Route mit Fixseilen versehen würde. Fünf Stunden »Vorsprung« waren ausgemacht.

Das Wetter war schlecht in dieser Saison. Die meisten Bergsteiger taten sich schwer, bei diesen Verhältnissen die 1.700 Höhenmeter zu Lager II zurückzulegen. Das Lager III hatten die Sherpa bei extrem schlechter Sicht eingerichtet. Und dann, noch deutlich unter der Schulter, gab es ein Lager, das »Camp 3.5« genannt wurde. Auf der Schulter gab es in diesem Jahr nicht das übliche Lager IV. Das alles bedeutete, dass der Aufstieg am Gipfeltag in 7.350 Meter Höhe oder noch tiefer beginnen würde – 1.300 Höhenmeter bis zum Gipfel, ab Lager III auf rund 7.000 Metern waren es deutlich mehr. Eine echte Herausforderung.

Am Nachmittag des 23. Juli startete das Fixing-Team im Basislager. Drei Sherpa von Seven Summit Treks, zwei vom Mitbewerber 8K Expeditions, zwei von Imagine Nepal und dazu drei pakistanische Hochträger, High Altitude Porters, die im Basislager kurz HAPs genannt wurden. Einer der HAPs war Mohammad Hassan. Er und sein Cousin Shigri Hassan waren Mitarbeiter von Lela Peak Expedition und von dort an die russische Expedition von Alex Abramov ausgeliehen. Sie trugen die zwölf bis fünfzehn Kilogramm schweren 200-Meter-Seilrollen, von denen die Sherpa die Stücke abschnitten, um die Routen zu versichern. Furtenbach Adventures hatte für den Sommer 2023 am K2 Material zum Fixieren der Route im Wert von 100.000 Dollar zur Verfügung gestellt. Die Agenturen zahlen lieber, als dass sie ihre Sherpa einsetzen.

Da am 24. Juli der Wind stürmte, kam alle Bewegung zwischen den Camps I bis III zum Erliegen. Tags darauf war das Wetter immer noch schlecht, als die ersten Gruppen um die Mitternachtsstunde herum den Aufstieg im Basislager begannen. Willi Steindl, Philip Flaemig, Andreas Aschauer und Cosima Eggenberger-Huspenina stiegen an diesem Tag mit ihrem Bergführer Fernando Arnaudi von Furtenbach Adventures sowie ihren fünf Sherpa bis in das Lager II hinauf. Das Lager I war an dem Tag restlos überfüllt, und auch weiter oben herrschte eine beängstigende Enge. Willi Steindl brauchte ohne Flaschensauerstoff kaum zwölf Stunden für die mehr als 1.700 Höhenmeter und sagte oben, dass ihm das »richtig Spaß« gemachte habe.

Am 26. Juli steckte das Team im Stau. Auf der Route zum Lager III, unter der Pyramide, erinnert sich Philip Flaemig, »standen wir über eine Stunde auf einem Fleck«. Weit über hundert Bergsteiger waren dort zur selben Zeit unterwegs. Willi Steindl erreichte Lager III um 15 Uhr. Für die gut 600 Höhenmeter hatte er acht Stunden benötigt. Philip Flaemig kam bald nach ihm an. Die anderen deutlich später. Doch gleich wie – das Chaos am K2 war spürbar. Und die Unruhe. Im Lager III traf Expeditionsleiter Fernando Arnaudi auf seinen ecuadorianischen Freund Oswaldo Freire, der in dem Jahr für Alex Abramovs 7 Summit Club tätig war. Er berichtete nichts Gutes von oben, wo er den ganzen Tag versucht hatte, das Fixing-Team zu unterstützen. Die Lawinengefahr habe verhindert, den Aufstieg bis zur Schulter vollständig zu versichern.

Trotzdem stiegen noch am Abend dieses 26. Juli gegen 22 Uhr die ersten Gruppen weiter hinauf. Zu den Ersten, die noch viel früher, kurz nach 20 Uhr, aufbrachen, gehörte das Team von Seven Summit Treks mit Kristin Harila. Das belegen ihre Track-Aufzeichnungen. Sie stand in ständigem Kontakt mit dem Sherpa Pasang Nurbu, der weiter oben das Fixing-Team anführte. Pasang Nurbu war mit den anderen vier Sherpa und den drei pakistanischen Hochträgern schon um 16 Uhr an diesem Nachmittag gestartet, weitere Fixseil-Rollen im Gepäck. Keine Frage, die Sherpa von Seven Summit Treks gaben alles für ihre VIP-Kundin.

Das Team von Furtenbach Adventures brach kurz vor Mitternacht auf. Es herrschten erträgliche Wetterbedingungen. Die Sherpa Mingma und Gelu gingen vor Willi Steindl. Das Team gewann erneut rasch an Höhe. Als man die Schulter 650 Höhenmeter weiter oben erreichte, war es erst zwei Uhr. Der Wind hatte etwas aufgefrischt. Vielleicht 30 bis 40 Stundenkilometer, schätzte Willi Steindl. Etwa 150 Höhenmeter unter dem Einstieg in den Flaschenhals hielt er an, um zu warten. Über sich sah er in der stockdunklen Nacht viele Lichter von Stirnlampen tanzen – sicherlich fast hundert. Verlässlichen Quellen zufolge hatten sich in der Nacht rund 180 Bergsteiger in Richtung Gipfel aufgemacht.

Es war also wieder genau das passiert, was alle verhindern wollten: Die zahlenden Kunden hatten mit ihren Bergführern und Sherpa viel

Das Lager I war an dem Tag restlos überfüllt, und auch weiter oben herrschte eine beängstigende Enge.

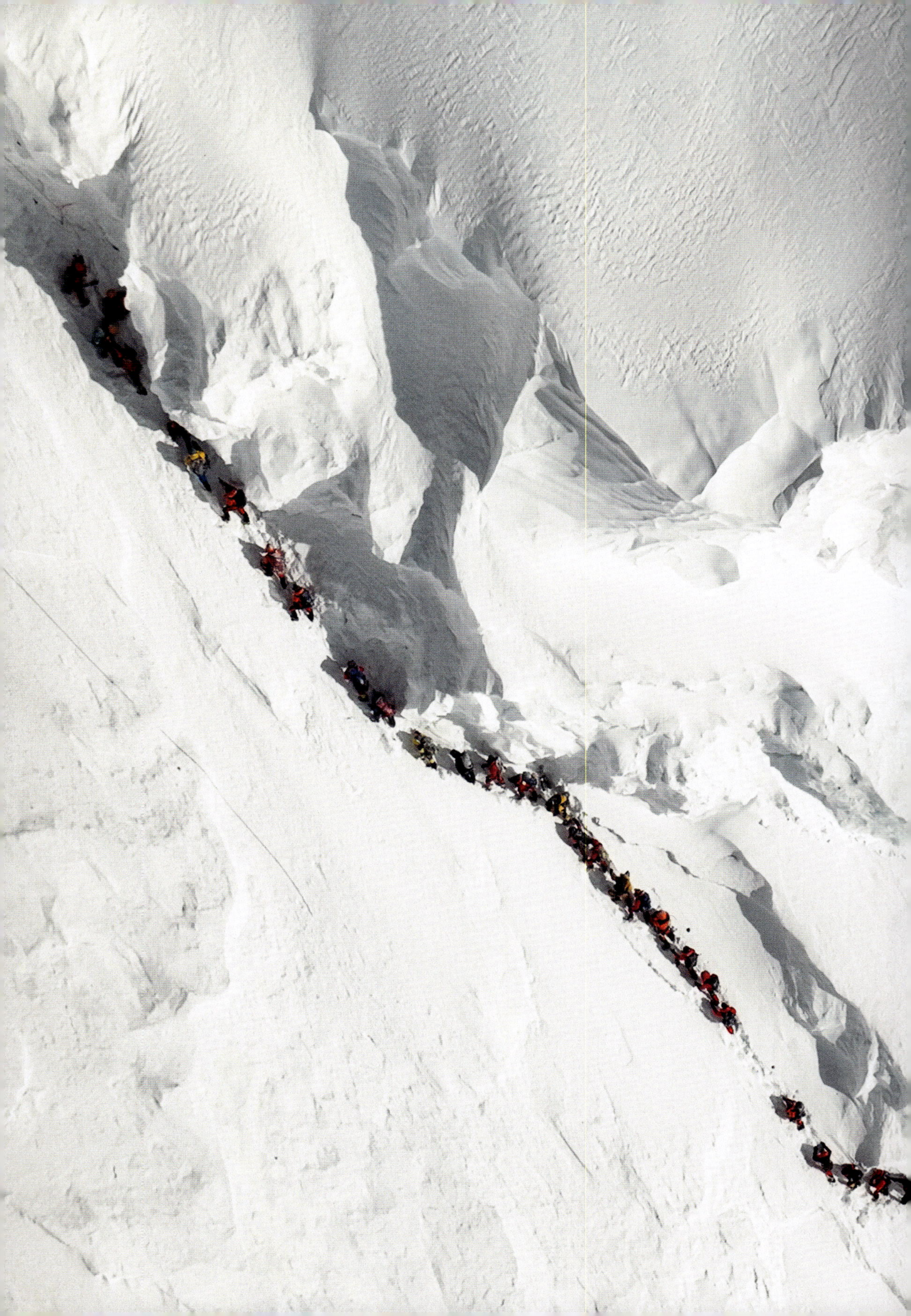

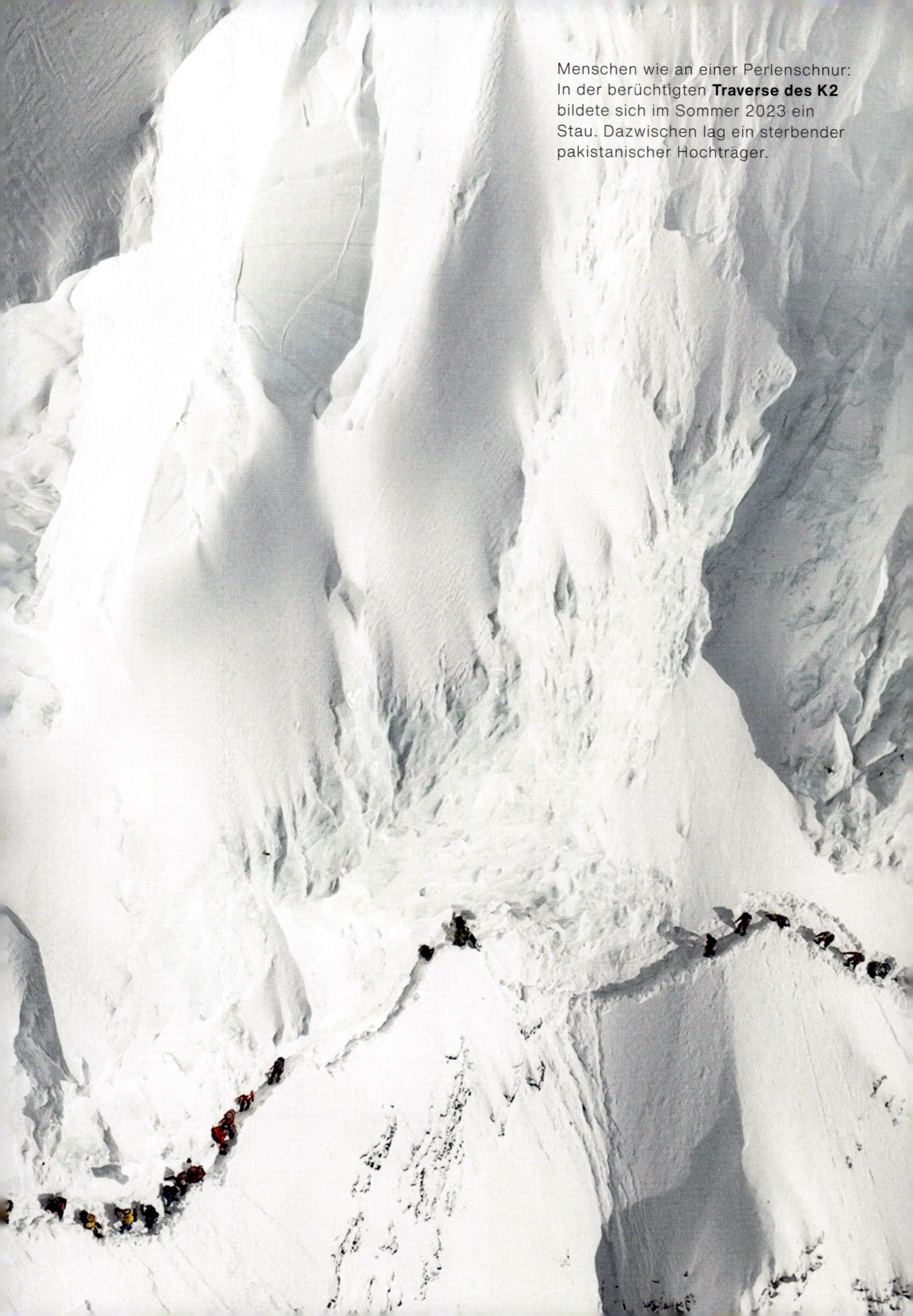

Menschen wie an einer Perlenschnur: In der berüchtigten **Traverse des K2** bildete sich im Sommer 2023 ein Stau. Dazwischen lag ein sterbender pakistanischer Hochträger.

Er trug keine Handschuhe. Hassan weinte, stöhnte vor Schmerzen und bat verzweifelt um Hilfe.

zu schnell zum Fixing-Team aufgeschlossen. Kristin Harila befand sich direkt hinter den ersten Sherpa, die rasch versuchten, die Seile zum Ausstieg aus der Traverse zu verlegen. Dort und im Flaschenhals stauten sich die Bergsteiger zu einer langen Schlange. Während Willi Steindl mit Mingma und Gelu in der Kälte wartete, kamen als Nächste der filmende Philip Flaemig mit den Sherpa Dawa und Ang Kashi, kurz danach auch Andreas Aschauer und der Argentinier Fernando Arnaudi herauf. Gelu, der fünfte Sherpa befand sich mit der Ärztin Cosima Eggenberger-Huspenina auf dem Weg zurück Richtung Lager II. Sirdar Mingma schaute skeptisch hinauf zu der Menschenschlange.

»Wir beschlossen, weiterzugehen«, erinnert sich Philip Flaemig, als genau in diesem Moment zuerst eine und gleich darauf eine zweite Lawine im Bereich der Séracs über dem Bottleneck abgingen. Es waren nicht die ersten in dieser Nacht. Minutenlang verschwand der Gipfelaufbau im Schneestaub. Das Schlimmste war zu befürchten. Doch als sich die Schneekristalle lichteten, zeigte sich, dass sich die Lichter dort oben noch an derselben Stelle befanden und sich bewegten.

Wenigstens zwei Expeditionsteams traten in dem Moment auf der Schulter ihren Rückzug aus der gefährlichen Zone an – die Kletterer von Madison Mountaineering und auch die von Furtenbach Adventures. »Es erschien uns alles viel zu gefährlich, viel zu ungewiss, da noch weiterzumachen«, sagt Philip Flaemig, »ich dachte, wir würden Zeugen eines ganz schrecklichen Unglücks.«

Fernando Arnaudi, Willi Steindl, Andreas Aschauer und alle Sherpa außer Dawa begannen gegen vier Uhr den Abstieg. Dawa blieb mit Philip Flaemig auf der Schulter zurück, nicht weit vom Einstieg in das steile Gelände des Abruzzengrats entfernt. Flaemig hoffte auf einzigartige Aufnahmen im ersten Licht des Morgens, außerdem wollte er den Stau dort oben im Flaschenhals und in der Traverse filmen. Zu dieser Zeit, kurz nach vier Uhr am 27. Juli 2023, hing Mohammad Hassan seit etwa eineinhalb Stunden kopfüber in der Traverse, die durch die extrem steile Flanke hinter dem Flaschenhals führt.

Es ist bis heute nicht möglich, diese Situation genau zu rekonstruieren. Schon die ersten Funksprüche offenbarten widersprüchliche Beobachtungen. Lakpa Sherpa von 8K Expeditions hatte im Basislager gehört, Mohammad Hassan sei in der Traverse gestürzt, und dabei sei seine Sauerstoffmaske gebrochen. Später gab es übereinstimmende Aussagen, der 27-jährige Pakistani sei mit einer normalen schwarzen Hose und einer einfachen gelben Jacke bekleidet gewesen, habe keinen Helm getragen und auch keinen Flaschensauerstoff gehabt. Der bekannte Sherpa Mingma saß ebenfalls im Basislager vor einem Funkgerät und hörte, Hassan sei gestürzt und gegen einen Felsen geprallt. Es hieß auch, Alex Abramov habe die Hochträger zurückbeordert, nachdem sie den Flaschenhals erreicht hatten. Doch Hassan sei – gegen Rat und Anweisung der Sherpa – weiter in Richtung Gipfel aufgestiegen.

Als gesichert gilt, dass die beiden Lawinen gegen 2.30 Uhr abgingen und etwa zu dieser Zeit Mohammad Hassan aus ungeklärter Ursache in stockdunkler Nacht am Beginn der Traverse gestürzt war. Von dem schmalen, vereisten Pfad glitt er einige Meter in die Tiefe, der an dieser Stelle 70 Grad steilen Flanke. Dabei brach eine der Eisschrauben aus, an denen die Fixseile befestigt waren. Die Seilklemme, mit der Hassan am Fixseil hing, verhinderte einen noch tieferen Sturz.

Als nachfolgende Bergsteiger zu der Stelle kamen, hing Mohammad Hassan kopfüber in der vereisten Flanke. Zu den Ersten gehörten Kristin Harila und ihre Sherpa Tenjen Lama und Nima. Kurz dahinter der brasilianische Berg-Profi Gabriel Tarso Silva, ein damals 35 Jahre alter Fotograf und Filmer. Er war im Team von Kristin Harila und sollte an diesem Tag den Rekordjubel am Gipfel des K2 filmen. Was Tarso sah, erschreckte ihn: Mohammad Hassans Klettergurt war bei dem Sturz bis fast zu den Knien gerutscht. Sein Oberkörper war entblößt, nachdem die Bekleidung nach oben gerutscht war – und das bei minus 30 Grad. Er trug keine Handschuhe. Hassan weinte, stöhnte vor Schmerzen und bat verzweifelt um Hilfe. Die Sherpa des Fixing-Teams hatten das Ende der Traverse erreicht und zogen nun hinauf zum Gipfelaufbau des K2. Als Kristin Harila an der Absturzstelle ankam, kauerte da noch ein zweiter pakistanischer Hochträger – Shigri Hassan, der Cousin von Mohammad. Er hatte vergebens versucht, Hilfe zu leisten.

In den folgenden eineinhalb Stunden passierte dort oben nach Bekunden aller Beteiligten viel und doch zu wenig: Kristin Harila, ihre beiden Sherpa und Kameramann Gabriel Tarso beteuerten später, sie hätten alles unternommen, um Mohammad Hassan zu helfen, und dass sich hinter ihnen ein unglaublicher Stau zusammendrängte. Die Aufsteigenden schoben ungeduldig nach oben, weil sie aus dem Gefahrenbereich der Séracs wegwollten. Es dauerte fast eineinhalb Stunden, bis es gelang, Hassan in die Spur hinaufzuziehen. Das lag offenkundig auch daran, weil zunächst kein Material für einen Flaschenzug aufzutreiben war. Gabriel Tarso erhielt in seinen Bemühungen Unterstützung von Halung Dorchi, einem weiteren Sherpa aus dem Team von 8K.

Als Hassan endlich in der Traverse lag, machte niemand Anstalten, den pakistanischen Hochträger nach unten zu transportieren. Im Gegenteil, in ihrem Drang, den Gipfel zu erreichen, stiegen alle rücksichtslos über Mohammad Hassan hinweg. Gabriel Tarso gab später für eine Untersuchungskommission der pakistanischen Regierung zu Protokoll, Hassan sei unterkühlt gewesen, nicht mehr in der Lage, sich selbständig zu bewegen, und habe sich offenbar beide Beine gebrochen.

Nachdem sie den Hochträger nach oben gezogen hatten, hatten Kristin Harila und die beiden Sherpa, den Schilderungen der Norwegerin zufolge, einen Funkspruch vom Fixing-Team erhalten, dass eine Lawine abgegangen sei und es Schwierigkeiten gebe. Sie sei sich sicher gewesen, sagt Harila noch heute, dass alles für Mohammad Hassan getan werde. Nur deshalb sei sie mit Tenjen Lama und Nima in Sorge um das Fixing-Team weiter aufgestiegen. In einer ausführlichen Stellungnahme schrieb Harila später angesichts der Hasstiraden und der Morddrohungen, die sie erhielt: »In Anbetracht der vielen Menschen, die zurückgeblieben waren und umgedreht hatten, glaubte ich, dass Hassan alle Hilfe bekommen würde, die er bekommen konnte, und dass er in der Lage sein würde, nach unten zu gelangen. Die Schwere der Ereignisse wurde uns erst später richtig bewusst.«

Gabriel Tarso blieb nach eigenen Aussagen über eineinhalb Stunden bei Hassan, gab ihm Sauerstoff und warmes Wasser, während immer mehr Bergsteiger an ihnen vorbeizogen. Erst als sein eigener Flaschensauerstoff zur Neige ging und Tarso klar wurde, dass seine zweite Flasche im Rucksack eines Sherpa vor ihm steckte, habe er sich aufgemacht, um den anderen hinterherzugehen. In der Folge begannen nun immer mehr Bergsteiger, über den am Boden liegenden und vollkommen hilflosen Mohammad Hassan hinwegzusteigen. Shigri Hassan, der viele Stunden bei seinem Cousin ausgeharrt hatte, berichtete später, Bergsteiger seien mit ihren Steigeisen auf sie getreten, andere hätten sich beim Vorübergehen bekreuzigt, wieder andere hätten verärgert dazu aufgefordert, Mohammad aus dem Weg zu schaffen. Nur geholfen habe niemand mehr. Einzig Shigri Hassan blieb bei Mohammad Hassan sitzen, bis dieser in den Vormittagsstunden starb. Die bulgarische Bergsteigerin Silvia Azdreeva sagte später in einem Gespräch mit Angela Benavides von explorersweb: »Ein Mensch starb vor meinen Augen. In einem Moment war er noch am Leben, und auf dem Rückweg mussten wir über seinen Leichnam an der Eiskante springen, an der wir vorbeikamen.«

Kristin Harila dürfte sich im Gipfelbereich befunden haben, als unten auf der Schulter, in rund 8.000 Meter Höhe und um fünf Uhr früh, der deutsche Kameramann Philip Flaemig seine Drohne in der morgendlichen Dämmerung aufsteigen ließ. Fast eineinhalb Stunden flog er mit ihr den Flaschenhals hinauf, die Traverse hinüber und sogar bis über die Séracs des gefährlichen Gletschers. »Ich war etwas enttäuscht, dass wir selbst nicht weiter hinaufgekommen waren«, erinnert sich Philip Flaemig, »doch diese schier endlos wirkende Schlange im Stau sagte mir, dass ich dort lieber nicht sein wollte. Ich filmte, und als ich fast kein Gefühl mehr in den Fingern hatte, packte ich zusammen und begann bald danach den Abstieg.« Da war es ungefähr 6.30 Uhr am 27. Juli 2023.

Philip Flaemig waren außergewöhnliche Aufnahmen auf diesem so gefährlichen Berg gelungen. Doch was er da wirklich gefilmt hatte, wurde erst am nächsten Morgen klar: Als er im Teamzelt von Furtenbach Adventures die Sequenzen von den Speicherkarten auf ein Notebook überspielte, rief Willi Steindl plötzlich: »Stopp, zoom da mal weiter rein, da liegt einer in der Traverse.« Auf den Bildern wurde ersichtlich, was im Basislager längst die Runde machte: Ein Pakistani sei gegen 2.30 Uhr abgestürzt und bald darauf gestorben.

Doch auf den Drohnenaufnahmen war zu erkennen, dass das so nicht stimmen konnte. Denn zwischen 5 und 6.30 Uhr bewegte sich Mohammad Hassan noch, sein Cousin Shigri Hassan massierte ihm die Brust, und Bergsteiger stiegen oberhalb dieser Stelle immer weiter auf. Der Filmer Philip Flaemig, der Hotelier Willi Steindl und der ServusTV-Regisseur Franz Fuchs waren entsetzt, was sie da sahen.

Am Ende dieses Tages hatten 112 Personen aus sechs Teams den Gipfel erreicht und waren wieder hinuntergelangt. Sie alle waren somit zweimal an Mohammad Hassan vorbeigekommen. Und sie mussten zwangsläufig über ihn gestiegen sein. Die australische Profi-Bergsteigerin Allie Pepper sagte: »Zuerst war der pakistanische Hochträger noch am Leben, aber er konnte nicht gerettet werden. Dann mussten alle über ihn steigen, um zum Gipfel zu gelangen.«

An diesem Tag erreichte Kristin Harila gegen 10.45 Uhr als eine der Ersten den höchsten Punkt des K2. Innerhalb von nur 92 Tagen hatte sie alle vierzehn Achttausender bestiegen und den alten Rekord von Nirmal Purja geradezu pulverisiert. Im Basislager, mehr als dreieinhalbtausend Meter tiefer, sah und hörte Franz Fuchs an dem Tag immer wieder Raketen in den Himmel steigen, wenn ein weiteres Team den Gipfel erreicht hatte. Auch tags darauf war die Freude groß, als immer mehr erfolgreiche Bergsteiger zurückkehrten. Nur wenige erwähnten den toten Mohammad Hassan, der noch immer da oben in der Route lag. Niemand sprach darüber, dass der Mann noch am Leben war, als sie sich auf dem Weg nach oben befunden hatten. Willi Steindl war von all dem emotional mitgenommen. Philip Flaemig und Franz Fuchs begriffen sofort, dass ihre Filmsequenzen einen enormen Nachrichtenwert hatten.

Ein paar Tage später gingen die Bilder viral und lösten ein beispielloses Medieninteresse aus. Kristin Harila wirkte mittendrin fast wie ein Brandverstärker. Von all den anderen Bergsteigern sprach zunächst kaum jemand. Das Basislager war zu diesem Zeitpunkt längst verlassen, und oben in der Traverse lag noch immer der Körper von Mohammad Hassan. Der zaghafte Versuch des pakistanischen Militärs, ihn zu bergen, scheiterte kläglich. Unterdessen hatten sich Willi Steindl, Gabriel Tarso, Philip Flaemig, der zweite ServusTV-Kameramann Martin Stoni und ein Dolmetscher nach Tissar am Shigar-Fluss, dem Heimatdorf von Mohammad Hassan, aufgemacht. »Was wir dort vorfanden, war herzzerreißend«, berichtet Willi Steindl. »Die drei Kinder Mohammads, seine Frau Batool, im fünften Monat schwanger, und die schwer diabeteskranke Mutter des Hochträgers lebten mit drei anderen Familien auf engstem Raum in einem kleinen zweigeschossigen Haus, in fast unvorstellbarer Armut.« Steindl übergab der Witwe sein restliches Geld, 2.000 Dollar, und Spenden, die er im Basislager gesammelt hatte.

Willi Steindl wurde klar, dass er nicht gehen konnte, ohne weitere Hilfe zu versprechen. Er richtete eine Spendenaktion ein und sammelte binnen weniger Wochen 170.000 Euro. Sämtliche Medien, die Interviews haben wollten, mussten sich verpflichten, das Spendenkonto zu nennen. Auch Kristin Harila verlinkte die Aktion in ihren Veröffentlichungen. Am 1. Januar 2024 kam Mohammad Hassans viertes Kind zur Welt. Im September zuvor waren Willi Steindl, der Regisseur Franz Fuchs und der Kameramann Martin Stoni noch einmal nach Tissar gereist. »Diese Geschichte ist nicht zu Ende, und es muss noch etwas Gutes daraus erwachsen«, sagte Franz Fuchs. Willi Steindl hatte von den Spenden für 33.000 Euro ein Grundstück nahe Skardu erworben und den Bau eines Hauses in die Wege geleitet. 20.000 Euro sollten für die Schulbildung aller vier Kinder dienen, und er hatte 30.000 Euro auf ein Sperrkonto überwiesen – mit über 20 Prozent

Festzinsen. »Von den Zinserträgen wird die Familie gut leben können«, sagt Willi Steindl, »auf das Geld kann niemand zugreifen. Erst wenn alle Kinder 18 Jahre alt sind, erhält jedes von ihnen 6.000 Euro.« Mohammads Cousin, dem die Bezahlung mangels Gipfelerfolg verweigert worden war, erhielt 5.000 Euro. Nun waren noch 82.000 Euro übrig. Dieses Geld wird, mit den Einnahmen von ServusTV für den Verkauf der Rechte an den Drohnenbildern, für ein in Pakistan einzigartiges Projekt verwendet – den Bau einer Ausbildungsstätte für Hochträger.

Als das Jahr 2023 zu Ende ging, war die Bergsteigerwelt noch immer entsetzt. Hans Kammerlander sagte schon bald nach den Geschehnissen: »Es ist fast kriminell, den pakistanischen Hochträger dort oben einfach verrecken zu lassen. Wäre das ein westlicher Bergsteiger gewesen, man hätte ihm geholfen. Wäre das ein Sherpa gewesen, die anderen Sherpa wären keinen Schritt mehr weitergegangen.« Man dürfe all denen nie wieder ein Permit geben, und sie sollten sich vor Gericht verantworten müssen. »Vor allem aber sollten sie sich schämen.« Mit zwei, drei Karabinern, so Kammerlander, sei ein behelfsmäßiger Flaschenzug gebaut, das lerne man in jedem Fels- und Eis-Kurs. In solch einem Notfall müssten die westlichen Bergführer und auch die ausgebildeten Sherpa die Mitglieder ihres Expeditionsteams sichern und unverzüglich helfen. Das sei weltweiter Standard unter Bergführern. Egal wer da im Fixseil hinge. »Doch wieder einmal zählte nur der Gipfel. Die norwegische Bergsteigerin hätte an diesem Tag unsterblich in die Geschichte des K2 eingehen können. So aber hat sie sich ein beschmutztes Denkmal errichtet.«

Im Herbst 2023 hatte in Skardu ein Untersuchungsausschuss der pakistanischen Regierung getagt. Der Abschlussbericht kam zu dem Schluss, dass der Veranstalter Lela Peak Expedition gegen mehrere Vorschriften verstoßen hatte. Die Agentur hatte keine angemessene Ausrüstung zur Verfügung gestellt. Sie hatte einen unerfahrenen High Altitude Porter angestellt und nicht für die erforderliche Versicherung gesorgt. Lela Peak Expedition wurde für drei Jahre untersagt, in Pakistan Expeditionen zu veranstalten oder sich an deren Ausrichtung zu beteiligen.

Gabriel Tarso erhielt ein Anerkennungsschreiben für seine Bemühungen, in jener Nacht ein Leben zu retten. Lela Peak Expedition und die geschäftsführenden Brüder Syed wurden als Einzige mit Sanktionen belegt. Alle anderen kamen unbehelligt aus diesem Vorfall heraus.

Der K2 bleibt ein großer, erhabener Berg

Hans Kammerlander hat die Leserinnen und Leser am Beginn dieses Buches eingeladen, den K2 von allen Seiten und in allen Facetten zu betrachten. Einfach war das nicht, dazu ist der Berg zu groß, seine Historie zu reich an großen und kleinen, glorreichen, dramatischen und beschämenden Ereignissen. Der K2 hat im Laufe der Zeit vieles überdauert. Von seiner abenteuerlichen Entdeckung über die Erstbesteigung bis hin zu den dreizehn grandiosen Routen, die heute auf den vielleicht am härtesten zu besteigenden Berg der Welt führen. Zwischen Tragödien und Glanztaten, bemerkenswerten Leistungen und kapitalen Fehlern bis hin zum Geschehen von 2023 gibt es so vieles zu erzählen und zu beleuchten.

Als Hans Kammerlander und ich mit dem Manuskript fertig waren, saßen wir lange zusammen und haben sinniert, was nun rückblickend von der Geschichte der Besteigung des K2 bleibt. Und wie immer war es zunächst eine gewisse Leere. »Fast so, als hätten wir einen

Gipfel bestiegen«, sagte Hans. Und: »Wenn man so nachdenkt, dann ist es einerseits der komplette Wahnsinn, was sich an diesem Berg abgespielt hat, das hat ja mit dem klassischen Bergsteigen an den Achttausendern praktisch nichts mehr zu tun.« Andererseits müsse man auch die Gegenseite betrachten: »Menschen wollen überall hin. Die Klettersteige und Wanderwege an den Lieblingsdestinationen der Dolomiten sind genauso überlaufen wie der Everest und der K2.« Überall würden Wege geebnet und immer sicherer gemacht. In den Alpen ebenso wie im Himalaja und dem Karakorum. Dadurch werde das »Abenteuer Berg« immer weiter zurückgedrängt.

Wir sprachen darüber, dass inzwischen manche für die Besteigung des Everest schon 200.000 US-Dollar bezahlt hätten, was Hans aufbrachte: »Das ist es, was ich mit Wahnsinn meine. Da versuchen Menschen, eine getretene, oft knietiefe Spur, die Fixseile, den Sauerstoff, den Guide und die Sherpa zu kaufen, und glauben, sie hätten damit auch die Sicherheit erworben.«

Man mag über den Wandel an den beiden höchsten Gipfeln denken, wie man will, ob Wahnsinn oder folgenschwere, aber unvermeidliche Entwicklung. Eines ist jedoch sicher: Diese beiden Berge sind zu Jahrmärkten der Eitelkeit verkommen, zu begehrten Tourismuszielen für all jene, die sich diesen zweifelhaften Spaß im Sturm, bei 30 Grad unter null und knietiefem Schnee leisten können. Eine Tatsache bleibt jedoch gültig, allen bezahlten Annehmlichkeiten zum Trotz: Der K2 ist nach wie vor ein technisch sehr schwieriger Berg.

Hans zog in unserem Gespräch einen Vergleich: »Ich fahre auch nicht einen Wildbach mit dem Kanu hinunter, wenn ich nicht schwimmen, geschweige denn paddeln kann.« – »Ja«, antwortete ich, »aber am K2 steigen sie alle sofort in gewaltige Fußstapfen, nur weil sie glauben, gewisse technische Voraussetzungen seien geschaffen.«

Hans plädierte erneut dafür, dass man Besteigungen mit Flaschensauerstoff nicht mehr anerkennen sollte, »dann wären da gleich deutlich weniger Menschen unterwegs«. Ich fragte ihn: »Was glaubst du, welchen dieser Protagonisten es interessiert, ob du oder irgendeine Liste ihn gelten lässt? Im Übrigen gibt es schon seit Jahren keine verlässlichen Zahlen mehr zum K2.« Hans hob ratlos die Schultern: »Natürlich ist es ein himmelweiter Unterschied, ob ich als Bergführer mit zwei Gästen auf die Große Zinne steige oder ob ich sie auf den K2 begleite – was ich nicht tun würde. Im Grunde ist es aber das Gleiche – Bergführer ermöglichen einem Gast die Erfüllung seines Wunsches. Denn ohne mich käme der Gast ja wahrscheinlich auch nicht auf die Zinne.«

Wieder Schweigen. Und dann sagte Hans Kammerlander in seiner feinfühligen, ruhigen Art: »Und trotz allem, der K2 bleibt ein großer, erhabener Berg. In seiner ganzen Wucht und in seiner unvergleichlichen Schönheit. Es ist ihm egal, wer da versucht, in seinen Flanken hinaufzusteigen. Er bleibt immer der großartigste Berg der Erde, zudem einer der schwierigsten und gefährlichsten. Ein Wunderwerk der Natur – der Berg der Berge, der König der Achttausender.«

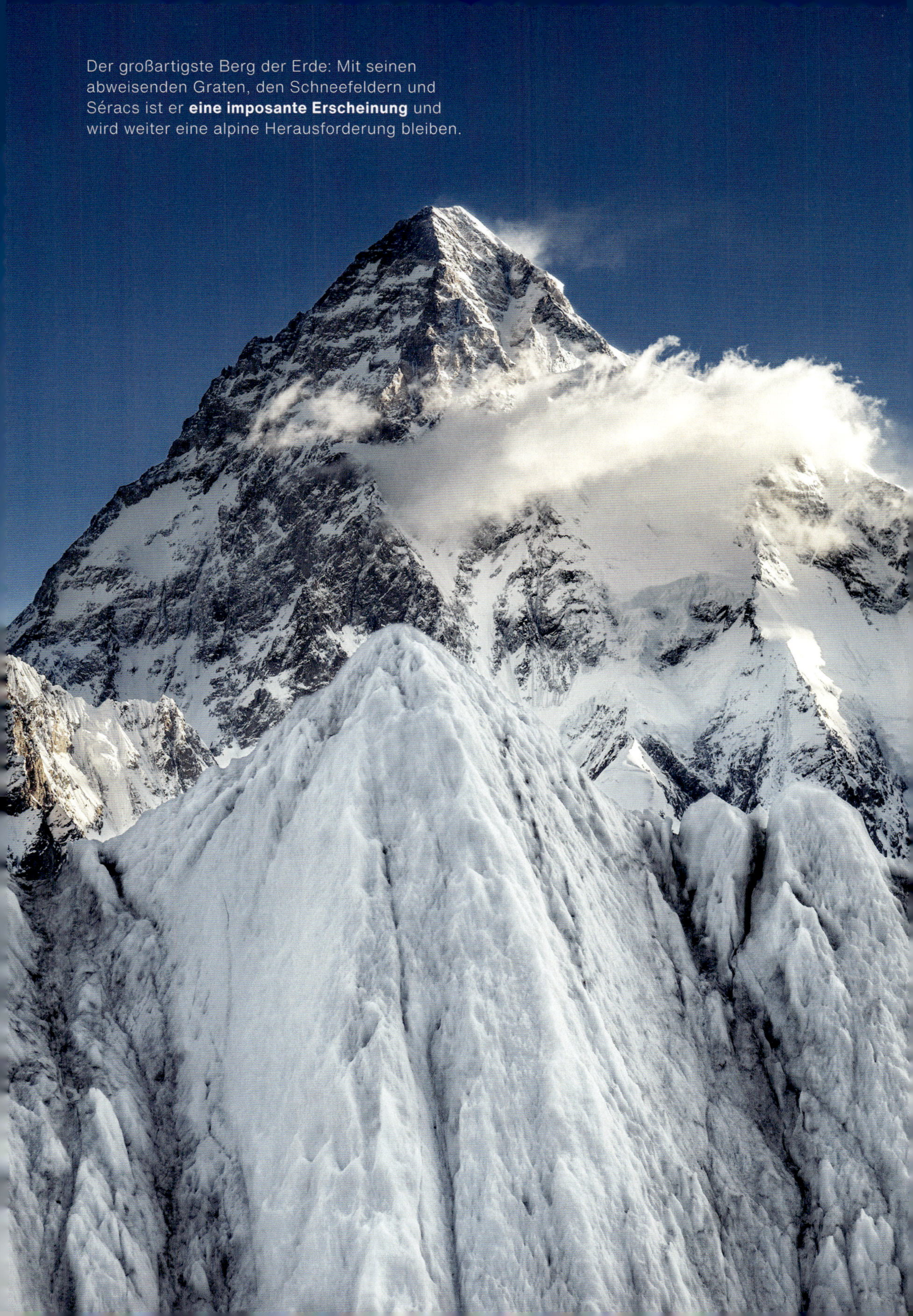

Der großartigste Berg der Erde: Mit seinen abweisenden Graten, den Schneefeldern und Séracs ist er **eine imposante Erscheinung** und wird weiter eine alpine Herausforderung bleiben.

Autoren

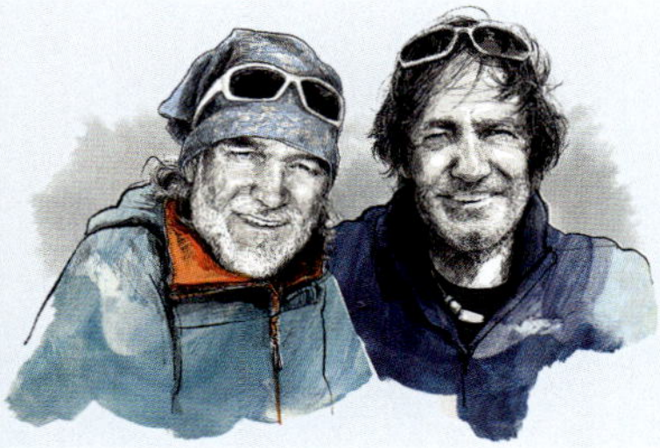

Hans Kammerlander, geboren 1956 in Ahornach in Südtirol, Extrembergsteiger und -skifahrer, bestieg die höchsten Berge der Welt, darunter zwölf Achttausender. Zudem gelangen ihm rund 50 Erstbegehungen und 60 Alleinbegehungen. Zu seinen bedeutendsten Erfolgen zählt die Doppelüberschreitung der beiden Achttausender Gasherbrum II und Hidden Peak im Alpinstil, zusammen mit Reinhold Messner. Kammerlander hielt darüber hinaus zehn Jahre lang den Rekord für die schnellste Everest-Besteigung und engagierte sich im Wettlauf um die Seven Second Summits. Er ist Bestsellerautor und hält Vorträge über seine Expeditionen. Hans Kammerlander lebt in Ahornach, Südtirol.

Walther Lücker, geboren 1957 in Frankfurt am Main, war viele Jahre Redakteur bei der *Frankfurter Rundschau* und ist heute freier Journalist und Fotograf für verschiedene Magazine, Zeitungen und Internetseiten. Er begleitete Hans Kammerlander auf mehreren Expeditionen, unter anderem am K2, und schrieb mit ihm zusammen einige erfolgreiche Bücher. Walther Lücker lebt in Sand in Taufers, Südtirol.

Danksagung

Ein Buch schreibt sich nicht allein. Zwar sitzt der Autor oft einsam und dumpf brütend über seiner Tastatur, doch wenn das Buch dann lektoriert, redigiert, korrigiert, umbrochen, grafisch verarbeitet und schließlich illustriert wird, gibt es hinter den Kulissen viele kluge Köpfe und helfende Hände.

Und so gehört es mehr als nur zum guten Ton, ein paar dieser Verlagsmenschen Danke zu sagen. Allen voran Gerlinde Tiefenbrunner für ihr einfühlsames und zugewandtes Management dieses großen Projekts. Natürlich Klaus Haselböck für sein großes Wissen in fachlicher und redaktioneller Hinsicht. Christoph Loidl für einfach alles, was er möglich gemacht hat, wenn der Berg fast zu hoch wurde. Der Grafikerin Isabel Neudhart-Haitzinger, die im Verborgenen blieb und doch immer präsent war. Der Bildredakteurin Isabella Russ, deren Fotorecherche in den Untiefen der Archive zu diesem Berg so wertvoll war. Und, ganz wichtig, dem Korrektorat um Hans Fleissner, mit dem man so herrlich selbst um des Kaisers Bart streiten kann, obwohl der hier gar nicht vorkommt. Danke allen Genannten für diese großartige Zusammenarbeit unter einem großartigen Berg!

Literatur

Bachinger, Eva Maria: *Die besten Bergsteigerinnen der Welt. Die Freiheit am Berg, die Wettläufe um die Achttausender, die Abhängigkeit von den Sponsoren.* Milena, Wien, 2013.

Bauer, Willi / Reinisch, Gertrude: *Licht und Schatten am K2.* Pinguin, Innsbruck, 1988.

Bianchi, Marco: *Die Achttausender. Die 14 höchsten Berge der Welt im Karakorum und im Himalaya.* Tyrolia, Innsbruck, 2004.

Bonatti, Walter: *Berge, meine Berge.* Albert Müller, Rüschlikon, Zürich, 1964.

Bonington, Chris: *Triumph in Fels und Eis. Die Geschichte des Alpinismus.* Motorbuch, Stuttgart, 1995.

Bowley, Graham: *Kein Weg zurück. Leben und Sterben am K2.* Malik, München, 2011.

Buffet, Charlie: *Erhard Loretan. Ein Leben am Abgrund.* AS Verlag, Zürich, 2014.

De Filippi, Filippo: *Karakorum and Western Himalaya.* Constable and Company, London, 1909.

Diemberger, Kurt / Mantovani, Roberto: *K2. Die große Herausforderung.* Müller, Erlangen, 1997.

Diemberger, Kurt: *K2. Traum und Schicksal.* Piper, München, 1993.

Dujmovits, Ralf / Kaltenbrunner, Gerlinde: *2 × 14 Achttausender.* Bruckmann, München, 2012.

Fanshawe, Andy / Venables, Stephen: *Himalaya – Magic Lines. Die anspruchsvollsten Routen auf die höchsten Gipfel.* Bergverlag Rother, 1996.

Howkins, Heidi: *Herausforderung K2. Eine Frau auf dem Weg zum Gipfel.* Frederking & Thaler, München, 2003.

Kaltenbrunner, Gerlinde / Steinbach, Karin: *Ganz bei mir. Leidenschaft Achttausender.* Malik, München, 2009.

Kammerlander, Hans / Lücker, Walther: *Am seidenen Faden. K2 und andere Erfahrungen.* Piper, München, 2005.

Kammerlander, Hans / Lücker, Walther: *Bergsüchtig. Klettern und Abfahren in der Todeszone.* Piper, München, 1999.

Lichtenberger, Bernhard: *Gefangen in der Todeszone.* In: *Oberösterreichische Nachrichten*, 6. August 2016.

Lücker, Walther: *Der höchste Berg. Traum und Albtraum Everest.* Malik, München, 2013.

Messner, Reinhold: *K2 – Chogori. Der große Berg.* Malik, München, 2004.

Messner, Reinhold: *Überlebt. Alle 14 Achttausender.* BLV, München, 1987.

Scott, Doug: *Himalayan Climber. Ein Leben in den höchsten Gebirgen der Welt.* Rosenheimer, Rosenheim, 1992.

Shirahata, Shiro: *The Karakoram. Mountains of Pakistan.* Mountaineers Books, Seattle, 1990.

Online-Quellen

Benavides, Angela: *explorersweb.com*
Dujmovits, Ralf / Kaltenbrunner, Gerlinde: *bergsteigen.com/news/expeditionen/der-weg-zum-k2-gipfel-im-detail/*
Furtenbach, Lukas: *furtenbachadventures.com*
Harila, Kristin: *kristinharila.com*
Messner, Reinhold: *stern.de/panorama/tod-bei-k2-expedition-reinhold-messner-prangert-fehlende-empathie-an-33728264.html*
Nestler, Stefan: *abenteuer-berg.de*
Seyfferth, Günther: *himalaya-info.org*

Bildnachweis

Coverbild: Mauritius Images
Autorenillustration: Claudia Meitert / carolineseidler.com
Vor- bzw. Nachsatz: historische italienische Karte von 1969, Biblioteca nazionale del Club alpino italiano – Torino. Die Italiener leisteten Pionierarbeit bei der Kartografierung des Karakorum-Gebirges.
Bilder Innenteil: S. 6, 8, 10, 14, 18, 19, 202, 206, 212 Archiv Hans Kammerlander; S. 22/23, 230, 236/237, 242 Tommy Heinrich; S. 24/25 Marco Bianchi 1993; S. 32, 58, 112/113, 208 Getty Images; S. 36, 72 AKG Images; S. 38 Bibliothèque Nationale de France; S. 42, 46, 48, 52/53 ETH-Bibliothek Zürich, Bildarchiv/Fotograf: Jules Jacot-Guillarmod; S. 56, 62, 104, 124 Courtesy Fondazione Sella, Biella; S. 66, 76 Phillips Exeter Academy; S. 70 Biblioteca nazionale del Club alpino italiano, Torino; S. 80, 86, 90 Courtesy of American Alpine Club Library/Photo by Jack Durrance; S. 82 Courtesy of American Alpine Club Library; S. 94, 96 Peter K. Schoening Mountaineering Archives LLC; S. 98 Courtesy of Dee Molenaar; S. 102, 114 CISDAE Fund / National Mountain Museum Documentation Center, CAI Turin; S. 110/111 Bridgeman Images; S. 122 Walter Bonatti Archive, National Mountain Museum Documentation Center, CAI Turin; S. 130/131, 133/134 Mauritius Images; S. 136, 144/145, 146, 147, John Roskelley; S. 140, 142 Hans-Robert Schauer; S. 158, 164, 168, 172, 174, 176, 186 Fundacja Wielki Człowiek; S. 162 Nazir Sabir; S. 190, 194 Archiv Willi Bauer; S. 198 dpa Picture-Alliance; S. 220, 226, 238/239 Ralf Dujmovits; S. 228/229 Cecilie Skog; S. 246, 258/259 Philip Flaemig / ServusTV; S. 248 Martin Stoni / ServusTV; S. 252, 269 Picturedesk.com

FSC
www.fsc.org
MIX
Papier | Fördert gute Waldnutzung
FSC® C020353

2. Auflage 2025

Medieninhaber, Verleger und Herausgeber:
Red Bull Media House GmbH
Oberst-Lepperdinger-Straße 11–15
5071 Wals bei Salzburg, Österreich
info@at.redbullmediahouse.com

Umschlaggestaltung, Layout und Satz: Isabel Neudhart-Haitzinger
Gesetzt aus der: Aguila, Helvetica Now Text, Adobe Caslon Pro
Redaktionelle Beratung: Klaus Haselböck
Korrektorat: Hans Fleissner, Monika Hasleder, Petra Hannert
Bildrecherche: Isabella Russ
Lithografie: Claudia Heis

Gedruckt bei Neografia, Slowakei

ISBN: 978-3-7109-0198-0

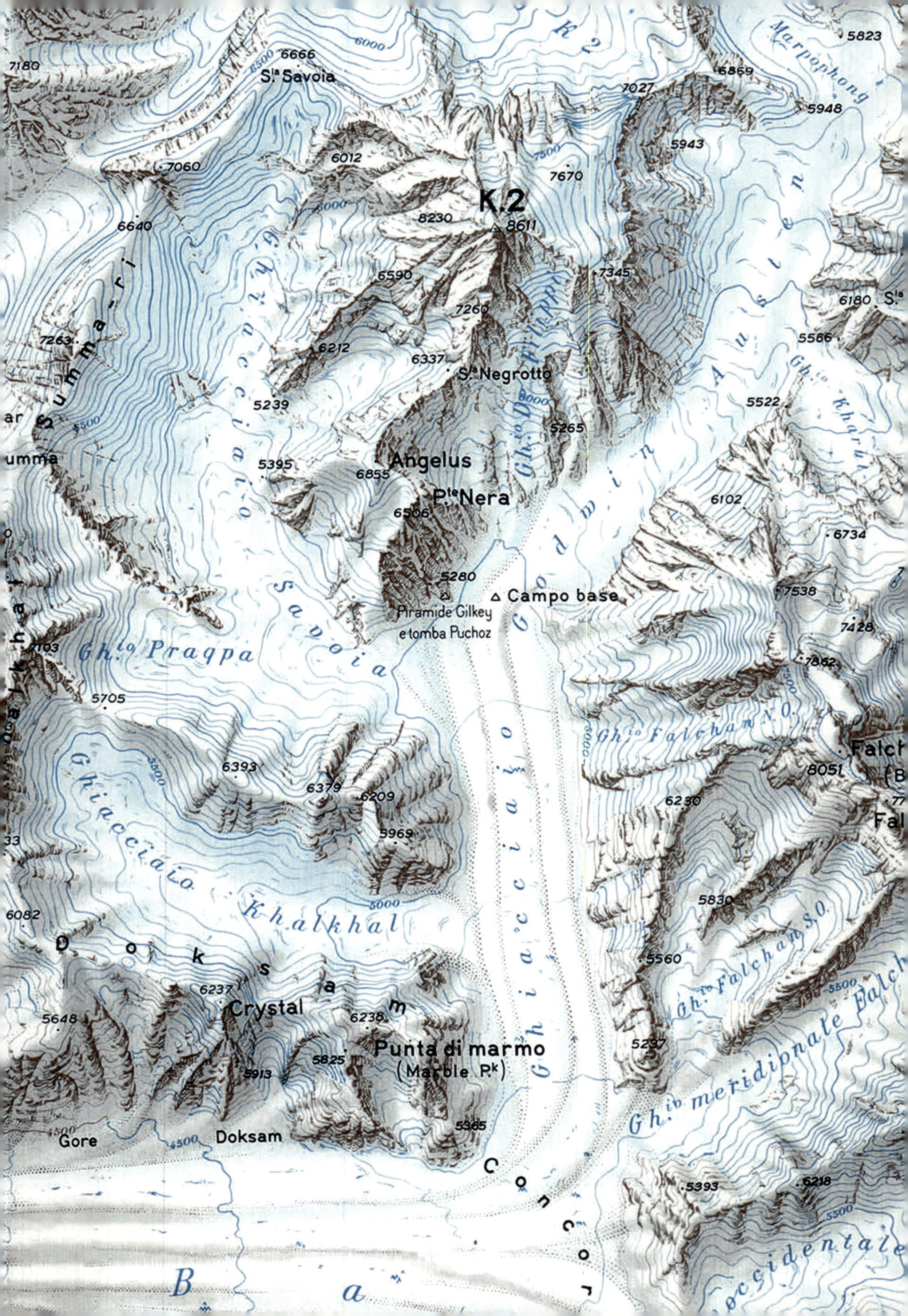

K.2
8611
8230
Sla Savoia
6666
7180
Marpophong
5823
6869
7027
5948
6012
7060
5943
7670
6640
6590
7345
7260
6180
5566
7263
6212
6337
Sta Negrotto
5239
5522
5265
Angelus
5395
6855
Pte Nera
6506
6102
6734
5280
Campo base
Piramide Gilkey
e tomba Puchoz
7538
7428
7103
Gh.io Praqpa
7862
5705
Gh.io Falchan N.O.
8051
6393
6379
6209
5969
6230
Ghiacciaio Savoia
Ghiacciaio Godwin Austen
Ghiacciaio Khalkhal
5830
6082
Doksam
5560
6237
Crystal
6238
Punta di marmo
(Marble Pk)
5825
5913
5648
5237
5365
Gore
Doksam
5393
6218